KB054480

더 나은
유엔을 위하여

| 일러두기 |

- 옮긴이 주는 *로 표시했다.
- 달러에 병기된 한화 환산액은 2017년 1월 환율을 기준으로 계산했다.

THE WORK OF THE UNITED NATIONS 2007~2016

더 나은
유엔을 위하여

반기문 사무총장 10년의 기록

UN 지음 | 오준 감수

김태훈·이영래·김은경 옮김

생각정거장

추천의글 1 강력한 유엔이 더 나은 세상을 만든다

오준 Oh Joon
전 유엔 대사

유엔은 인류가 20세기 전반에 8,000만 명이 넘는 희생자를 낸 사상 최대 전쟁을 2차례 겪은 후, 전쟁의 재발을 막지 못하면 인류에게 미래가 없다는 절박한 공동 인식에 바탕을 두고 태어난 국제기구다. 1945년에 창설된 유엔이 지난 70여 년간 걸어온 길에 대하여는 여러 가지 다른 평가가 있을 수 있다. 그러나 최소한 제3차 세계대전이 일어나지 않았고, 유엔이 없었으면 더 많은 사람들이 가난과 분쟁과 인권 탄압으로 고통받았을 것이라는 데 이견이 없는 것 같다. 유엔은 세계 정부가 아니고 주권 국가들의 합의에 의하여 기능하는 조직이므로, 국제 정치의 현실과 국제 규범의 이상 사이에서 최선의 타협을 추구하고 발전을 모색한다. 오늘의 국제사회가 가진 가장 크고 광범위한 국제기구인 유엔이 앞으로 어떻게 발전해나갈 것이냐, 어떠한 글로벌 거버넌스를 제공할 것이냐는 인류의 장래에 있어서 가장 중요한 변수 중 하나다.

유엔을 대표하고 사무국을 운영하는 수장으로 여태까지 8명의 유엔 사무총장이 있었다. 그중 제8대 사무총장으로 10년을 근무한 반기문 사무총장은 우리나라가 배출했다. 193개 유엔 회원국이 10년씩 돌아가면서 사무총장을 배출한다고 생각하면 앞으로 단시간에 우리나라 인사가 유엔 사무총장을 다시 맡게 될 가능성은 없다. 반 총장의 10년 임기 자체가 우리에게는 역사에 기록될 자랑스러운 일이다.

이 책은 반 총장이 재직한 2007~2016년간 유엔의 주요 발자취를 기록한 것이다. 유엔에서 사무총장의 근무 기간을 단위로 해서 활동과 기록을 정리한 것은 이 책이 처음이다. 이러한 기록이 발간된 것 자체가 유엔 역사에서 의미 있는 진전이다. 반 총장의 임기 10년은 적어도 3가지의 중요한 의미를 갖는데, 이것들을 관통하는 키워드는 '세계화globalization'라고 생각된다.

첫째, 반 총장의 10년은 세계화에서 중요한 개념인 다양성의 구현을 뜻한다. 반 총장은 서구 이외의 문화권에서 나온 최초의 유엔 사무총장이었다. 앞선 7명의 사무총장들은 유럽 출신이거나 유럽 문화권 국가에서 나왔다. 아시아, 아프리카, 중남미 출신의 사무총장들도 예외 없이 유럽식 교육을 받은 인사들이었다. 한국 고유의 문화와 유교적 전통이 강한 관료제도에서 성장한 반 총장이 유엔의 국제적 업무환경에서 성공적으로 임무를 수행했다는 것은 세계화 시대에 다양한 문화의 공존과 조화가 가능함을 보여주는 중요한 선례가 된다.

둘째, 지난 10년은 세계화가 가져온 문제들이 오늘의 인류가 직면한 가장 큰 도전이 되고 있음을 부각시켜준 시기였다. 당초 교통과 통신의 발달과 같은 혜택들이 강조되던 세계화는 시간이 갈수록 문제점도 많다는 것을 보여주고 있다. 예를 들어, 경제·사회적 불평등의 증대는 경쟁의 국제화, 기업의 다국적화, 조세와 같은 국가의 소득 재분배 수단의 효과 감소 등 세계화의 영향과 밀접하게 연계되어 있다. 세계 금융 위기, 폭력적 극단주의와 난민 문제, 기후변화와 자연재해의 증가, 대량파괴무기의 확산 문제 등 국제사회가 지난 10년간 다루어온 지구적 도전들은 거의 모두가 세계화의 부정적 영향으로 발생하거나 악화되었다. 이러한 가운데, 유엔은 인류 전체의 지속 가능한 미래를 위하여 "강력한 유엔이 더 나은 세상을 만든다Strong UN, Better World"는 기치 아래 국제사회를 단합시켜 지구적 도전에 대응했다. 20년 이상 끌어온 기후변화협약을 2015년 12월 파리기후변화협약으로 마무리하고 2030 지속가능개발목표SDGs의 합의를 도출한 것 등이 좋은 예가 된다.

셋째, 세계화가 도전뿐 아니라 희망도 함께 가져옴을 확인할 수 있는 10년이었다. 세계화의 혜택으로 국제관계에 있어서 정부만이 아닌 다양한 이해관계자들이 중요한 역할을 하게 되었다. 시민사회나 기업, 언론계나 학계는 개발, 평화 유지, 인권 신장 등 유엔의 모든 활동에 있어서 중요한 파트너로 참여하게 되었다. 소통 수단도 다양해져서 멀티미디어, SNS 등 전 세계의 더 많은 시민들이 실시간으로 유엔이 하는 일을 알게 되고 참여가 가능해졌다. 이러한 변화는 국제사회가 유엔을 중심으로 다양한 지구적 도전들에 더 효과적으로 대응할 수 있게 해주며, 여기에 필수적인 세계시민의식의 확산을 도와준다.

한 시대를 정리하고 기록해서 다음 시대의 도약을 위한 발판으로 사용할 수 있게 하는 것은 인류 문명의 발달에 항상 필수적인 요소였다. 그렇게 보면 유엔이 《더 나은 유엔을 위하여》와 같이 이정표가 되는 기록물을 이제 처음으로 만들었다는 것은 뒤늦은 감이 있다. 반 총장의 첫 5년간 비서실장을 지낸 비제이 남비아르 사무차장의 '들어가며' 글과 반 총장 자신의 '나오며' 글은 이러한 기록과 연속성의 중요함을 분명히 보여준다.

끝으로 유엔이 이 책을 출간한 것과 거의 동시에 한국어판을 준비해준 매경출판과 번역자들에게 감사를 표하고, 책을 읽는 모든 독자들에게 도움이 되기를 바란다.

추천의글2 기자가 본
반기문

황인혁 Hwang In Hyeok
《매일경제》 뉴욕특파원

지중해 동부 섬나라인 키프로스Cyprus. 한반도와 함께 세계에 남은 2개의 분단국 중 하나다. 2007년부터 키프로스의 통일을 위해 많은 애정을 기울인 반기문 사무총장은 2012년 키프로스를 방문했다. 반 총장이 남과 북으로 갈린 완충지대의 통로를 지나가자 많은 키프로스 국민들이 장미꽃을 던지면서 그의 방문을 열렬히 환영했다. 반 총장은 "그 길을 걸으면서 이게 내 조국 한반도였으면 얼마나 좋았을까 하는 생각이 절실했다"고 회상했다.

'한반도 갈등'은 10년 임기를 마감한 반 총장에게는 쓰린 생채기다. 그는 "10년간 마라톤을 해야 하는데 매일 100미터를 뛰는 기분으로 하루하루를 살아왔다"면서도 다만 한반도 긴장 완화를 위해 하고자 했던 역할을 다하지 못한 게 못내 아쉽다고 밝혔다. 반 총장은 임기 중 북한 방문을 수차례 추진했지만 거듭되는 북한의 핵·미사일 실험과 남북 경색 국면 속에 뜻을 이루지 못했다.

반 총장의 10년 발자취를 언급할 때마다 빼놓을 수 없는 게 유엔 지속가능개발목표와 파리기후변화협약(이하 '파리협약')이다. 사무총장 취임 직후인 2007년부터 기후변화 문제에 매달린 그는 임기 9년 만인 2015년 12월 온실가스 감축 의무방안을 담은 파리협약 체결을 이끌어낼 때를 가장 짜릿한 순간으로 꼽는다. 파리협약을 도출한 것도 기념비적 성과이지만 불과 1년도 안 돼 공식 발효에 돌입한 건 기적에 가깝다는 게 외교가의 평가다.

세계 온실가스 배출량의 55퍼센트를 책임지는 최소 55개국이 비준해야 공식 발효된다는 요건을 충족시키기 위해 반 총장은 직접 발로 뛰면서 각국의 협약 비준서를 받아냈다. 사실 2016년 여름만 해도 연내 발효는 꿈도 못 꿨다. 그해 8월까지 서명에 참여한 23개국의 온실가스 배출량은 다 합쳐봐야 1퍼센트에 불과했다. 극적인 전기가 마련된 건 2016년 9월 초, 버락 오바마 미국 대통령과 시진핑 중국 국가주석이 반 총장에게 비준서를 기탁할 때였다. 그는 세계 온실가스 배출량의 38퍼센트를 차지하는 G2(주요 2개국)의 비준서를 받기 위해 중국 항저우로 날아갔다. 유엔 사무총장이 해외로 나가 비준서를 받아오는 건 전례가 없다면서 유엔 본부 실무자들이 말렸지만 그의 논리는 명쾌했다. "이번 행사에 내가 참석해 각국 비준을 이끌어내는 데 좋은 자극제가 된다면 얼마든지 가겠다."

기후변화에 대한 그의 강력한 의지를 보여주는 일화는 얼마든지 있다. 그는 재임 중 북극에 3번, 남극에 1번 다녀왔다. 그는 "기후변화의 영향을 확인할 수 있는 거의 모든 곳을 찾아가 봤다"고 말했다.

외교가 일각에선 '친미적 이미지'를 문제 삼지만 반 총장은 이러한 평가에 억울한 심정을 갖고 있다. 그는 2013년 8월 일화를 예로 들며 이를 해명한 적이 있다. 반 총장은 "미국 오바마 정부가 시리아 공습을 긴박하게 준비했을 때 나는 유엔 조사단이 시리아 현지에 있다는 점을 들어 사흘간 공습을 늦춰 달라고 미국 정부에 요청했다. 그랬더니 오바마 대통령과 존 케리 국무부 장관이 연달아 전화를 걸어와 'Pack and leave(빨리 짐 싸서 나와라)'라고 외치면서 유엔 조사단을 출국시키라고 압박했다"고 당시를 떠올렸다. 그는 "그래도 나는 버텼다. 유엔 조사단이 시리아의 화학무기 사용 여부를 검증하는 게 미국의 공습을 정당화하는 방법이라고 강조했다"고 말했다.

유엔 사무총장은 각국 정상들과 달리 해외 출장 때 유엔 출입기자 1명도 데려가기 힘들다. 그럴 만한 예산이 없기 때문이다. '세계의 대통령'이라 불리는 유엔 사무총장이지만 별도의 전용기도 없다. 반 총장은 "비행기 추락을 제외하고는 비행기에서 겪을 수 있는 모든 경우의 수를 겪어봤다"고 토로하기도 했다.

반 총장은 현안이 있을 때마다 뉴욕 유엔 본부 집무실에 앉아 있지 않고 현장을 찾았다. 10년간 약 480만 킬로미터를 이동하는 강행군을 고집했는데, 이는 지구를 100여 바퀴나 돈 거리다. 1년 중 36퍼센트를 해외에서 보냈다. 역대 유엔 사무총장 어느 누구도 이렇게 많이 해외를 드나든 경우는 없다. 유엔 내부에선 반 총장이 개인의 정치적 욕심에 잦은 해외 발걸음을 강행한 게 아니냐는 불만도 토로하지만, '현장'과 '소통'을 중시하는 반 총장에겐 글로벌 현안이 벌어지는 그곳이 곧 사무실이다.

2016년 3월에는 난민 실상을 파악하기 위해 아프리카 북서부 서사하라 지역을 순방하는 강행군을 했다. 40년간 모로코 지배를 받고 있는 이 지역에 반군이 득세하면서 난민 문제가 심각한 쟁점으로 부상했기 때문이다. 서사하라 난민촌을 찾은 반 총장은 격앙된 난민들에 둘러싸여 신변의 위협을 받기도 했다. 2년 전에는 말리, 시에라리온, 라이베리아, 기니 등 에볼라 발생 국가들을 방문했다. 당시 외부인들이 일체 찾지 않던 '죽음의 땅'에 찾아가겠다고 하자 유엔 관계자들이 극구 말렸다. 하지만 반 총장은 발걸음을 멈추지 않았다. 이스라엘 가자지구, 프랑스 테러 현장 등 세계 곳곳에 그의 발자취가 남아 있다.

조태열 유엔 주재 한국 대사는 "반 총장은 겸손하고 부드럽지만 강한 설득력을 가진 협력의 리더십으로 지난 10년간 유엔을 이끌었다. 분쟁과 위기, 고통이 있는 곳은 어디든 달려가 이해관계자들과 대화하고 소외된 사람들에게 손을 내민 지도자"라고 평가했다. 오바마 대통령은 백악관을 찾아 작별인사를 전한 반 총장에게 "국제사회의 난제를 성공적으로 끌어냈다"고 화답했다.

시곗바늘처럼 바쁘게 돌아가는 그의 일상은 매년 유엔 총회 개막기간이 되면 절정에 달한다. 반 총장을 보좌하는 한 관계자는 "총회기간에는 유엔 연설과 오·만찬, 각종 면담으로 하루에 보통 30개씩 살인적인 일정이 잡힌다. 모든 일정을 지키려면 5분 간격으로 외빈을만나야 한다"고 귀띔했다. 반 총장은 큰 나라든 작은 나라든, 국가 정상급이든 장관급이든 유엔 총회를 찾은 각국 대표들을 모두 성의껏만나줬다. 전임 사무총장들과는 사뭇 대비되는 행보다. 그래선지 그의 퇴임 전 마지막으로 진행된 9월 유엔 총회 기간 중 수많은 정상들이 반 총장에 대한 진심 어린 감사의 마음을 유엔 연설문에 담았다.

역대 유엔 사무총장들에 비해 '눈에 띄지 않는다'는 서구 언론의 평가가 뒤따랐지만, 반 총장은 카리스마가 아니라 업무 성과로 평가받을 것이라고 자신을 다독이며 한국인 특유의 '정중동靜中動' 자세를 10년간 고집했다. 《반기문과의 대화》의 저자 톰 플레이트는 반 총장에게 이렇게 권유한 적이 있다. "죽어라 일만 하시잖아요. 하지만 그게 반기문이죠. 이제 날개를 좀 펴세요." 이에 반 총장은 "제가 열심히 하지 않았으면 사무총장으로서 성공하지 못했을 것"이라며 다음과 같이 말했다. "나는 회의 시간을 지키는 확률이 97퍼센트이고 회의를 주재하기 전에 100퍼센트 모든 자료를 읽고 갑니다. 유엔 직원들에게 강조하는 게 규율이고 나부터 솔선하겠다고 했습니다." 역시 반기문은 반기문이다.

반기문 사무총장 체제의
유엔 10년

비제이 남비아르 Vijay Nambiar
유엔 사무차장, 미얀마 특사, 총 편집자

이 책의 목적은 유엔UN, 국제연합United Nations의 반기문 사무총장 임기 10년
에 대해 다양하고 자세한 기록을 제공하는 것이다.

2007년 1월 1일 취임 당시 반 총장과 그의 팀은 사무총장실의 업무
를 포함해 상당한 분량의 자료를 제공받았다. 이제 반 총장은 2016년
말에 자리를 넘기면서 유엔의 필수적인 활동을 진전시키기 위해 노
력한 결과를 한 권의 책으로 요약해 제공하고, 2017년 1월 1일에 취
임할 차기 사무총장이 직면하리라 예상하는 사안들을 제시하고자 한
다. 이 책의 각 장들은 유엔 전반에 걸쳐 모든 직급에 속한 사람들의
생각과 이상 그리고 기여를 반영하고 있다. 또한 해당 기간에 다양한
부문의 경험을 기록하는 일에 더하여, 신임 사무총장과 차기 팀원들
이 현황을 파악하고 앞으로 폭넓은 의무와 무거운 책임들을 짊어질
준비를 하는 데 도움을 주기 위해 취합되었다. 동시에 이 책은 유엔
체제 전반에 속한 여러 분야의 사람들과 유엔 활동에 관심 있는 모든

사람들도 대상으로 한다.

변화하는 국제 정세

반기문이 유엔 사무총장으로 일한 10년은 유례없는 세계적 혼란과 크나큰 변화가 일어난 시기였다. 세계화의 속도는 예전과 사뭇 다르게 사람들의 운명을 연결시켰다. 세계는 더욱 상호 의존하고, 상호 연결되는 방식으로 변했다. 기술과 과학 그리고 통신의 발달은 사람들이 생활하고 교류하는 양상을 빠르게, 또 근본적으로 바꾸었다. 이제는 세계의 많은 지역에서 손가락만 움직이면 여러 시간대에 걸친 통신을 통해 생각과 정보, 지식, 기술을 나눌 수 있게 되었다. 경제와 시장은 갈수록 깊이 연계되고 있으며, 경제적 활력의 새로운 중심이 부상하고 있다. 이런 변화들은 인류애를 바탕으로 지구촌을 만들어 번영을 구가할 유례없는 기회를 불러왔다.

그러나 이 새로운 세계가 낳은 모든 기회에는 그 기회마다 강력한 난관 내지 위험이 존재한다. 상품과 사람, 지식은 훨씬 쉽게 국경을 넘나들고 있지만 질병, 무기, 불법자금, 극단주의적 선동도 마찬가지가 되었다. 분쟁이나 상승하는 식량 가격 혹은 질병 등 한 지역에서 발생한 문제는 더 이상 격리되지 않으며, 국경을 훌쩍 넘어 빠르게 퍼져나간다. 국내 및 국제적 불평등이 가속화할 뿐 아니라 세계적 통신 혁명 덕분에 더 이상 무시할 수도 없게 되었다. 빈자들은 부자들이 무엇을 누리는지 갈수록 자세히 알게 되었으며, 당연히 그렇게 살고 싶어 한다.

이 시기에는 2008년의 금융, 식량, 연료 위기부터 아랍의 봄(2010년 말 튀니지에서 시작되어 중동과 북아프리카로 번진 반정부 시위들*)이 불러온 불안까지 엄청난 경제적, 지정학적 변화도 일어났다. 인구 변화는 전세계 체제에 유례없는 압력을 가하기 시작했다. 게다가 돌이킬 수 없는 기후변화의 위협은 이 모든 위기를 압도한다.

국가적 문제와 국제적 문제의 경계가 갈수록 흐릿해지면서 이민, 보건, 에너지, 물, 테러 등 한 국가 안에서 논의되는 거의 모든 사안은 그에 상응하는 국제적 측면을 갖게 되었다. 각국 정부는 이제 더 이상 국제적 협력 없이 개별적으로 안정되고 번영하는 사회를 이룰 수 없다.

국제적 사안에 대해 상당한 영향력을 지닌 새로운 이해관계자들도 등장했다. 소셜미디어Social Media 시대의 첫 10년에 해당하는 이 시기는 국제 문제와 관련하여 전 세계에 있는 평범한 시민들의 목소리를 증폭시키는 동시에 정부와 공공기관의 능력에 대한 불신을 갈수록 노출시켰다.

앞으로 살펴보겠지만 이런 세계적 추세는 지난 10년 동안 유엔의 활동에 심대한 영향을 미쳤다. 각 사안들은 깊이 연계되어 있을 뿐 아니라 매우 복잡하며, 유엔 회원국들 간 그리고 회원국과 유엔 간의 관계를 변화시켰다. 또한 유엔이 직면한 과제들의 속성을 변화시킨 동시에 유엔이 이 과제들에 대응하는 방식을 변화시켰다. 개발의제는 국가와 사안 그리고 사람들 사이에 늘어나는 상호 연결성을 감안해야 했다. 세계적 충격과 사태는 자원을 발전을 위해서라기보다 위기 대응용으로 사용하게끔 만들었다. 기후변화는 갈수록 명확해졌으며, 다른 충격을 견딜 수 있는 능력을 더욱 약화시켰다. 평화와 안보 지형은 무기의 확산으로 더욱 심각해진 초국가적 위협과 폭력적 극단주의에 갈수록 지배당하고 있다.

이 10년 동안 유엔 역사상 최대 규모의 평화유지군이 갈수록 복잡해지는 작전 환경으로 파견되었다. 그에 따라 유엔은 세계에서 두 번째로 많은 병력을 운용하게 되었다. 이 기간에 제2차 세계대전 이후 가장 많은 사람들이 강제로 이주해야 했으며, 인도적 지원을 위한 비용이 가장 높아졌다. 또한 인권 의제를 비롯해 유엔 활동을 뒷받침하는 규범적 기틀이 상당한 도전을 받았다. 여성의 권리와 권한을 늘리기 위한 노력은 불균등하게 성과를 냈으며, 청년의 역할은 여전히 거의 인정받지 못했다. 유엔 체제 전체가 이처럼 빨리 변하는 세상에 대응해야 하는 문제에 직면해 있다.

재임 1기: 다자주의의 재개

반기문이 사무총장으로 취임했을 때 유엔은 국제 정세의 변화에 대응하기 위해 애쓰는 한편, 주요 활동 부문을 개혁해야 하는 압박에 직면해 있었다. 그는 지난 세기에 유엔의 핵심 사명이 국가 간 분쟁을 방지하는 일이었다면, 새로운 세기의 핵심 임무는 인류가 새로운 난관을 극복하는 데 도움이 되도록 국가 간 체제를 강화하는 일임을 인식했다. 전임자들은 효과적인 통치의 부재와 그에 따른 인권 및 인도적 원칙의 약화를 우려하면서 유엔이 사람들, 특히 가난하고 취약한 계층의 필요를 충족하는 유능하고 책임감 있는 국가들로 이뤄진 세상을 만드는 데 일조해야 한다고 생각했다.

2000년에 열린 유엔 총회에서는 창설 이래 수십 년 동안 이뤄진 개발 관행들을 종합하고 관련 부문 사이의 상호 연관성을 반영한 새천년정상선언Millennium Declaration이 채택되었다. 뒤이어 8개 목표로 구성된 새천년개발목표Millennium Development Goals가 수립되었다. 이 목표들은 각국 정부가 이행해야 할 책임뿐 아니라 개발과 관련하여 유엔 체제의 활동의 중심이 될 '통합적 기본 틀'ⁱ을 포괄했다. 반 총장은 이 사업들, 특히 2005년 세계정상회의의 결과가 중요하다는 사실을 알고 더 나은 세상을 위해 강력한 유엔을 구축함으로써 다자주의多者主義를 강화시키는 데 나섰다.

반 총장이 취한 접근법은 전 세계 사람들의 일상생활에 분명하고 실용적인 말로 의미를 부여하는 것이었다. 그가 생각하기에 사무총장실은 희망 어린 눈으로 유엔을 바라보는 세계의 지도자들과 사람들에게 솔직하고 소박하게 다가가기 위한 토대였다. 그는 개인적으로 엄한 유교적 교육을 통해 얻은 엄격성과 절제심 그리고 헌신을 바탕으로 새로운 소명에 임했다. 그에게 "리더십은 이상을 세우고 사람들이 그 이상을 추구하도록 만드는 것이 아니라 매일 직면하는 상황에 대한 책임을 지도록 만드는 것, 귀 기울여 듣고 신뢰를 쌓는 것"ⁱⁱ이었다. 또한 궁극적으로는 모범을 통해 사람들을 이끄는 것이기도 했다.

이는 한 사람이 취한 접근법 이상의 의미를 넘어서 유엔이 조직으로서 새로운 세기에 나타난 문제들에 대응하는 방법을 말해주었다. 21세기의 다자주의는 이전 세기의 토대 위에 구축되어야 할 뿐 아니라 새롭고 극적인 방식으로 이 토대의 폭과 깊이를 늘려야 한다. 그러기 위해서는 적어도 5가지 요소를 인식해야 한다.

첫째, 기후변화에 대응하고, 모두를 위한 경제적 안정과 충분한 식량 및 번영을 보장해야 하며, 국제 보건을 관리해야 한다. 또한 군축을 추진하며 핵무기 확산을 방지하고 테러 활동 등 국경을 넘어 모든 사람들의 운명과 직접 연결되는 위협에 맞서는 국제적 공공선을 제공해야 한다.

둘째, 21세기 새로운 접근법은 앞으로 드러날 복잡한 세계적 상호연관성을 반영하는 동시에 국가적·지역적 분쟁과 인도적 재난, 그리고 보편적인 인권을 위한 투쟁 같은 현재의 난관들에 대응해야 한다. 이런 문제들을 하나씩 따로 해결하는 것은 가능하지도, 효율적이지도, 효과적일 수도 없다. 따라서 모든 노력을 조율할 통합적 접근법이 필요하다.

셋째, 이런 노력들은 전 세계에서 가장 취약한 사람들에게 혜택을 주고 그들에게 반드시 필요한 안전과 개발, 인권을 제공하지 못한다면 진정한 의미를 지닐 수 없다. 이 점은 도덕적 토대에서, 그리고 계몽을 통한 자기 이익의 관점에서 매우 중요하다. 가난하고 취약한 사람들을 전반적으로 무시하는 관행이 지속되어서는 안 된다. 21세기의 세계화는 모두를 위한 것이어야 하며, 무엇보다 새천년개발목표의 실현을 전제로 삼아야 한다.

넷째, 다자주의는 반드시 법치를 복원력 있고 안정된 인간 공동체의 토대로 삼는다는 약속에 기초해야 한다. 차별 금지와 법 앞의 평등 및 평등한 보호는 인간의 존엄성이라는 개념과 떼어놓을 수 없는 관계로 국제적 인권법의 근본 원칙들을 구성한다. 유엔의 인권 기준은 폭넓은 경제적·사회적·문화적·시민적·정치적 권리뿐 아니라 이런 권리의 존엄성을 보장하는 열쇠로서 개발에 대한 권리도 포함해야 한다.

다섯째, 유엔은 모든 국가, 특히 새로운 세기에 부상하는 국가들의 힘을 활용하여 기존의 국제적 구도 안에서 적응하고 힘을 키워야 한다. 또한 더 크고 강한 힘을 발휘하고, 정부와 시민사회, 민간분야와 학계를 포함하여 집단적 대응의 폭을 넓히는 한편, 차별과 배제의 근본적인 원인에 초점을 맞추고 특히 여성과 청년에게 힘을 부여해야 한다. 이처럼 폭넓은 참여를 통해 다양한 이해관계자들의 연합이 생겨나 이 연합들이 보편적으로 자리 잡도록 도와야 한다. 그러면 주요 의사결정에서 모든 이해관계자들이 목소리를 낼 수 있도록 경로와 역학관계가 개선될 것이다.

이처럼 조직의 구조를 강화하려면 유엔의 역학관계를 개선하여 강건함과 유연성, 대응력을 키워야 한다. 그러기 위해서는 의사결정의 속도를 높여서 조기경보 및 예방 역량을 강화하고, 목적에 맞는 관리 통제를 보장해야 한다. 또한 부문 간 장벽을 허물고, 연합을 구성하며, 신속하고 민첩하게 문제에 대응할 수 있도록 협력을 위한 다양한 구도의 기틀을 마련해야 한다. 무엇보다 대응력과 책임성을 갖춘 체제가 되어야 한다. 유엔은 이 새로운 관계망의 중심축이 되어 상충하는 이해관계와 관점을 조율하고 세계가 직면한 다양한 문제들을 해결하는 토대를 제공할 것이다.

이런 이상은 현실적으로 어떤 의미를 지닐까? 반 총장은 기후변화의 위협이 지닌 존재론적 성격을 인식하고 2007년에 열린 발리회의에서 협상이 진행되는 동안 외교적 문제가 발생한 사실을 감안하여 이 부문에서 일찍이 리더십을 발휘했다. 또한 개발 분야에서는 새천년개발목표를 이행하는 일을 확고하게 뒷받침하는 데 집중했다. 이런 노력은 2010년에 새천년개발목표의 약속들을 지키고 그 이행을 촉진하며, 격차와 불균형에 대응하기 위한 세계적인 행동 계획을 세우는 데 이르렀다. 그에 따른 교훈과 경험들은 17개의 지속가능개발목표를 채택하기 위한 토대를 조성했다.

평화와 안보 분야에서는 현장지원국Department of Field Support, DFS을 신설하는 주요한 구조 개혁을 통해 갈수록 늘어나고 복잡해지는 세계적 평화 유지 활동의 추가적 필요에 대응하려는 노력이 있었다. 평화유지활동국Department of Peacekeeping Operations, DPKO 내에서는 법치 부문에 총체적 접근법을 제공하기 위한 법치안보제도실Office of Rule of Law and Security Institutions이 만들어졌다. 또한 평화유지활동국은 유엔 및 아프리카연합 혼성군을 다푸르에 성공적으로 파견했다.

2005년 세계정상회의에서는 인권이사회Human Rights Council의 신설, 새로운 평화 구축 체계의 마련, 정치적 중재 지원 및 예방적 외교 역량 강화를 비롯하여 일련의 개혁 조치들이 이뤄졌다. 안보 측면에서는 군축 체계의 가시성을 높여야 할 필요성에 따라 핵무기가 없는 세상을 향한 세계적인 노력을 강력한 의지로 되살려야 했다.

반 총장은 2005년에 인도적 개혁의제에 새로운 생명을 불어넣어서 사이클론 나르기스Cyclone Nargis(미얀마, 2008년), 쓰촨 지진(중국, 2008년), 아이티 지진(2010년), 파키스탄 대홍수(2010년)를 비롯한 유례없는 자연재난에 대응한 유엔 활동을 감독했다. 또한 일찍이 여성의 권리 신장 활동에 앞장서서 유엔 여성기구UN Women를 만들었다. 성폭력에 맞서는 활동을 강력하게 지지하여 임기 초에 분쟁 지역의 성폭력과 아동 폭력에 대응하기 위한 특별대표를 임명했다.

반 총장은 강력한 지원 체계와 더 나은 서비스 제공, 진지한 경영 개혁이 지니는 중요성을 인식하고, 유엔 사무국이 본부에 기초한 회의 진행 기구에서 4만 5,000명의 직원들이 전 세계에서 복잡하고 위험한 임무를 수행하는 현장 중심 기구로 바뀌도록 변화를 추진했다. 또한 그 과정에서 책임성과 투명성, 윤리 및 행동 규범 문제에 대응해야 할 필요성을 단호하게 주장했다.

반 총장은 빠르게 나아가는 현대 사회에 걸맞게 유엔이 일하는 방식을 변화시켰다. 그 첫 단계로 취임하기도 전에 자발적으로 재산 공개를 결정했으며, 뒤이어 고위 간부들도 모범을 따르도록 권장했다. 또한 유엔에 전체적 자원관리 시스템 우모자Umoja를 도입하고, 유엔 본부 개보수사업을 감독했다. 더불어 고위 간부들과 협약을 맺고, 윤리실과 내부감사 체계를 운영하며, 직원들의 애로사항에 신속하고 적절하게 대응할 수 있도록 독립적인 평가를 맡겼다.

떠오르는 과제와 난관

시간이 지나면서 전 세계에서 진행되는 변화의 규모와 속도가 회원국들이 이끄는 유엔 내부의 대응 역량을 압도한다는 사실이 분명해졌다. 개발 분야에서 새천년개발목표를 이루기 위한 사업들이 속도를 냈지만 균등하게 이뤄지지 않았으며, 각국 정부가 단독으로 추진하는 데 따른 성과의 차이와 한계를 드러냈다. 빈곤, 기아, 성차별, 청년 실업, 교육 기회와 물·위생시설·에너지 부족 문제는 민간분야, NGO와 시민사회, 학계와 과학 부문 등 폭넓은 참가자들을 포괄하는 변혁적인 접근법이 필요하다는 사실을 분명하게 보여주었다. 변화하는 국제 정세 속에 과거 세대가 씨름하지 않았던 문제들, 가령 국제 경제 체제가 얼마나 많은 성장을 지속할 수 있는지, 경제 성장과 탄소 배출을 분리하는 방법은 무엇인지, 2016년을 기준으로 상위 1퍼센트가 전 세계 부의 50퍼센트 이상을 차지할 만큼 민간분야에서 불평등이 심화되고 부가 집중되는 추세에 어떻게 맞설 것인지와 같은 문제들이 제기되었다.

평화와 안보 분야에서는 지정학적 경쟁이 재발하고 폭력적 극단주의가 부상하는 문제가 그에 대응하려는 체제에 엄청난 부담을 가하기 시작했다. 아랍의 봄이 일으킨 반향이 전 세계로 퍼져나갔으며, 분쟁 상황을 변화시키면서 이라크, 리비아, 시리아, 예멘을 비롯한 여러 곳에서 불안을 조성했다. 시리아, 우크라이나, 예멘 같은 곳에서 발생한 분쟁은 갈수록 더 큰 지정학적 긴장을 불러오는 단초가 되었다. 이는 안전보장이사회의 교착 상태와 함께 세계적, 지역적 강국들이 기존의 안정을 깨는 군비 경쟁을 새롭게 시작할 가능성으로 이어졌다. 특히 시리아의 상황은 우려스러운 화학무기의 사용을 비롯하여 지역적, 국제적 안보에 엄청난 악영향을 끼쳤다.

많은 분쟁이 갈수록 분파적, 사상적 성격을 띠게 되면서 전통적인 외교 수단의 효과가 한층 약해졌고 분쟁을 다루는 일 또한 매우 까다로워졌다. 테러 활동에 대한 야심과 국경을 넘나드는 영향권 그리고 치명적인 무기를 손에 넣을 수 있는 능력을 점점 더 많이 확보하고 있는 폭력적인 극단주의 집단은 평화와 안보를 위한 노력을 크게 저해하면서 유엔의 평화 유지 활동과 중재 노력 그리고 전 세계에 걸친 현지 파견팀에 대단히 복잡한 문제를 안겼다. 이런 현실은 분쟁에 시달리는 취약한 국가뿐 아니라 오랫동안 국제법을 안정적으로 지켜온 국가들에서도 핵심 원칙들을 존중하는 태도를 심각하게 손상시켰다. 한편 자연재해뿐 아니라 분쟁으로 인한 이민자와 난민들에 따른 새로운 문제는 인도적 원조와 지원 체제에 부담을 가하면서 더욱 총체적인 관심이 필요해졌다.

여기에 더하여 오랫동안 씨름해온 다른 문제들도 있었다. 2009년에 타밀엘람해방호랑이Liberation Tigers of Tamil Eelam(스리랑카의 반정부 무장단체*)가 무너지는 과정에서 스리랑카 당국이 인도적 원칙을 지키도록 압박하지 못한 일은 비슷한 상황에 처했을 때 상충하는 임무들 사이에서 어떻게 균형을 잡을 것인지에 대한 고민을 안겼다. 이러한 고민은 우선순위에 대한 고려를 통해 인권이 우선이라는 지침으로 이어졌다. 또한 갈수록 복잡해지는 작전 환경 속에서 사상 최대 규모의 유엔 평화유지군 파견은 분쟁 지역의 취약한 민간인들을 보호하는 유엔의 역량과 능력에 많은 도전을 제기했다. 평화 유지 활동은 일부 좌절을 겪기도 했지만(중앙아프리카공화국, 말리, 남수단), 민간인을 보호하고(콩고민주공화국), 민주주의를 복원하며(코트디부아르), 분쟁의 악화를 막기 위해 강력한 노력을 펼쳤다. 한편 성 착취와 학대를 비롯한 인권 침해와 관련하여 유엔 깃발 아래 활동하는 평화유지군의 형사 책임 문제도 제기되었다. 이처럼 자연적, 인위적 재난과 분쟁에 따른 인도적 필요가 꾸준히 늘어나면서 유엔 내부의 대응 체계는 거의 한계점에 이르렀다.

재임 2기: 적응과 혁신 그리고 대응

유엔은 국제 정세의 변화를 맞아 전반적인 해법을 마련해야 했다. 반 총장은 재임 2기에 세계적인 협력이 가능하고 필요하며 시기적절한 5가지 분야에 걸쳐 '세대의 임무와 기회'를 실현시키기로 결심했다. 이 5가지 분야에서 회원국들과 협력하여 진행시킨 사업들은 그의 재임 기간 대부분에 걸쳐 진행되었으므로 이 책 전반에 걸쳐 심도 있게 다룰 예정이다.

유엔은 지속가능개발 부문에서 새천년개발목표의 진전 속도를 높이기 위해 꾸준히 노력한 한편, 이 경험을 통해 얻은 교훈을 차세대의 지속가능개발목표에 적용했다. 반 총장은 재임 기간 내내 새천년개발목표보다 더 폭넓고 포괄적이며 지속가능한 차기 개발 목표에 대한 합의를 이끌어내기 위해 애썼다. 이 노력은 2015년 9월에 2030 지속가능개발의제The 2030 Agenda for Sustainable Development(이하 '2030 개발의제')의 채택으로 결실을 맺었다.

반 총장은 기후변화에 대처하는 일을 최우선순위로 삼고 세계적인 리더십을 발휘했으며, 재임 기간 동안 이 일에 열성적으로 임했다. 그는 이 사안을 전 세계 지도자들에게 체계적으로 제기하고, 그들을 규합하여 행동에 나서도록 부추겼다. 또한 심각한 영향을 받은 지역들(북극, 남극, 아랄 해, 차드 호수)을 직접 방문했으며, 이 문제가 국제적 의제의 우선순위를 유지하도록 다양한 활동을 벌였다. 그에 따라 2015년에 파리기후변화협약이 성공적으로 체결되었다. 이런 노력들은 이 책의 '더 평등하고 지속가능하며 복원력 있는 세상을 위하여' 부분에서 자세히 다룰 것이다.

반 총장은 또한 자연적, 인위적 재난을 방지하는 데 더 많은 자원과 세계적 관심을 집중시키려고 노력했다. 인권 침해를 방지하는 데 필요한 기본 요소들을 제시하는 정책 기준, 즉 인권최우선 정책Human Rights Up Front Initiative을 개발한 것도 이런 노력의 일환이었다. 이 정책은 인권 침해가 불안정과 분쟁을 미리 알려주는 최고의 경고 신호라는 그의 확신에서 나왔다. 그는 적절한 사회적 안전망과 일자리 중심 성장을 촉진하는 정책들을 채택하여 취약한 공동체가 외부의 경제적, 금융적 충격을 견디는 힘을 기르도록 도와야 한다고 역설했다. 이 부문에서 그가 행한 노력은 대부분 세계은행과의 긴밀한 협력을 통해 이뤄졌다. 특히 그는 세계은행 총재와 함께 어려움에 시달리는 지역들을 여러 번 방문했다.

이 책의 '더 안전하고 평화로운 세상을 위하여' 부분에서 다룰 세 번째 중점 부문은 더 많은 지원을 통해 더욱 강해진 평화유지군, 더 세계적이고 책임감 있고 강력한 인도적 활동 체계, 새로운 군축 제도를 통해 더 안전하고 안정적인 세상을 만든 일이다. 반 총장은 평화 유지 활동을 긴밀하게 검토하고 2016년에 최초로 세계인도지원정상회의World Humanitarian Summit를 소집하는 등 평화 유지 활동과 인도적 대응을 뒷받침하는 세계적 협력 체계의 폭과 깊이를 더하려고 노력했다.

반 총장은 분쟁 지역으로 유입되는 무기가 늘어나는 동시에 중재 노력의 동력이 약화되는 현실을 직시했다. 세계적인 군축과 비핵화 의제를 되살리며, 회원국들로 하여금 화학물질·생체시료·핵물질·방사능물질의 안전을 강화하게 하고, 폭력적인 극단주의와 테러에 대응하며, 조직범죄와 저작권 침해·불법 약물 및 무기 거래에 맞서는 집단적 행동과 새 접근법을 돕는 유엔의 활동을 키우고자 노력했다. 또한 그는 아랍의 봄이 전 세계에 여파를 미치는 가운데 평화 구축, 인권, 법치, 선거 지원, 국가적 화해, 분쟁 해소, 반부패 조치, 헌법 제정, 권력 공유, 민주적 관행 등을 통해 전환기에 있는 국가들을 돕는 데 더 큰 관심을 기울여야 한다고 생각했다.

또 다른 중점 부문은 여성과 청년의 권리를 신장하고, 그들이 더 활발히 참여할 때 경제와 정치와 사회에서 맡을 수 있는 역할이 크다는 점을 널리 인식시키는 것이었다. 반 총장은 이 의제를 진전시키기 위해 2010년에 사무차장급의 수장을 두고 양성평등과 여성의 권리 신장을 추구하는 유엔 여성기구를 발족시켰으며, 2013년에는 최초로 청년 담당 특사를 임명했다. 또한 반 총장은 여성에 대한 폭력을 종식시키기 위한 운동을 지원하고, 여성도 평등하게 정치 지도자의 자리에 오를 수 있도록 돕는 조치들을 촉구했으며, 청년의 취업과 창업, 정치적 포용, 시민권 등 권리 보호 그리고 모자 보건을 비롯한 교육 관련 활동을 강화했다. 이런 노력들은 이 책의 '더 공정하고 권리에 기초한 세상을 위하여' 부분에서 소개할 것이다.

반 총장은 유엔이 이처럼 많은 약속과 의무들을 지킬 수 있도록 내부 제도 및 운영을 우선순위로 개혁했고, 책임성과 투명성, 윤리 그리고 회원국들이 위임한 자원의 관리 체계를 강화했다. 이런 노력들은 이 책의 '더 강하고 더 많은 권한을 직원들에게 주기 위하여'에서 자세히 설명할 것이다. 반 총장은 다양한 활동 부문에서 파트너십을 적극적으로 이끌어내는 등 변화하는 사업 방식에 유엔이 적응하도록 만들었다. 또한 새로운 인사 정책과 성과 기반 기획 및 관리 체계를 마련했다.

미래를 향하여

반 총장의 임기가 끝나면서 유엔은 지난 10년 동안 진전된 체제에 적응하고 그간의 활동과 사업 결과를 바탕으로 새 과제를 맡은 새로운 지도부와 미래를 맞았다. 이 책에서 개발 분야를 담당한 필자들은 새로운 지도부가 과거의 교훈을 흡수하여 더욱 포괄적이고 변혁적이며 보편적인 2030 개발의제를 만들어가는 동시에, 질적 측면과 더 폭넓은 사회적 필요를 충족할 수 있도록 새천년개발목표를 다음 단계로 진전시키기를 기대한다. 우리는 "인류와 지구의 번영"을 위해 "누구도 소외되지 않도록" 2030 개발의제와 실천계획을 확정했다. 이를 실행할 때 국가적, 지역적, 세계적 차원에서 정치적 요소와 협력적 요소를 적절하게 활용해 경제적, 사회적, 환경적 측면을 통합하는 한편, 일관되고 효율적이며 포괄적인 후속 조치들을 취해야 한다. 파리기후변화협약은 많은 국가들과 모든 당사자들의 적극적인 참여를 이끌어내어 세계적인 경제·무역 체제로 하여금 기후과학이 제시하는 의무를 이행하도록 요구할 수 있는 강력한 토대를 제공했다.

정치적 측면에서는 국제적, 지역적 기구에 예방 역량이 강화되었음에도 불구하고 2007년부터 2016년에 이르는 기간이 '분쟁 예방의 10년'이 될 것이라는 기대는 거의 충족되지 못했다. 전 세계에서 분쟁 예방과 중재 활동을 하는 단체들이 생겨났고, 그에 따른 경쟁과 중복이 발생했다. 이런 상황에서 안타깝게도 유엔 활동은 우선순위와 자원 측면에서 미진했다는 점을 인정하지 않을 수 없다. 이 책의 '더 강하고 더 많은 권한을 직원들에게 주기 위하여' 부분에서 언급하겠지만 신임 사무총장은 조기 경고 체제 개발, 신속 대응을 위한 표적형 재원 확보 장치 마련, 분쟁 예방 전문 기구의 설립, 특사의 활용을 통해 더 적극적인 외교 활동에 나서야 한다. 그러나 지금은 폭력 행위가 탈중심화되고 초국가적 테러 집단들이 지역별 지부를 설립하는 상황이다. 이에 따라 영토와 천연자원을 둘러싸고 반복되는 분쟁과 국가 내의 다양성을 관리하는 일은 현지인들에게 교섭 상대로 신뢰받고 있으며 관련자들을 모을 수 있는 정당성과 능력을 지닌 '내부자'들이 처리하는 편이 가장 좋다. 유엔의 정치 및 개발 관련 부서는 서로 간에 또한 현지 기관과 적극 협력하여 분쟁 당사자들의 대화를 유도하고 위기를 완화시켜야 하며, 분쟁을 해소하기 위해 관계자들로 하여금 필요한 기술을 갖추고 능력을 개선하며 현장과 가깝다는 점을 활용하게 해야 한다. 또한 지역 차원, 특히 아프리카에서는 새롭게 채택된 '무관심에서의 탈피_{non-indifference}' 원칙을 통해 지역의 안정을 도모해야 한다. 다른 지역에서도 관련 단체들이 실효성을 강화하고 분쟁을 방지하기 위한 새로운 규범적 장치를 추구하고 있다. 유엔 역시 신뢰를 높이고 역량을 뒷받침하며 국가 건립과 민주화에 필수적인 정치적, 제도적, 법적 사안들에 대응하는 국가적 정책 기반을 통합할 수 있도록 더욱 구조적이고 일관된 현지 조직을 마련할 때가 된 것 같다.

평화 유지 활동 분야에서는 지난 10년 동안 이뤄진 개혁들을 통해 새로운 세기의 과제들에 대응하는 역량을 크게 키웠다. 제5장의 필자들은 유엔이 "분쟁을 방지하고 관리하고 해소하는 작전에 좀 더 초점을 맞추고 기민성과 활력을 높였다"고 평가한다. 역량을 강화하는 일련의 조치와 함께 더 강력한 임무를 부여하는 새로운 시도들은 잠재적인 위험 상황에 대응하는 어려운 상황에서 추진되고 있다. 그 과정에서 커다란 과제들이 제기될 것이다. 이런 사안에 대응하고 앞으로 통합해야 할 일관적이고 전반적이며 효율적인 현장 중심 접근법의 기반을 제공하기 위한 평화 유지 활동은 제5장 등에서 포괄적이고 자세하게 다뤄지고 있으며 관련된 절차들도 검토된다. 변화가 심한 상황에서 이뤄지는 평화유지군 파병과 역할에 대한 합의의 어려움, 해당 국가의 미온적 태도, 안전보장이사회 권위의 하락으로 인한 새로운 딜레마와 규범적 문제들도 나타나기 시작했다. 이런 사실들은 평화 유지 활동 전반에 걸쳐 새로운 복잡성과 과제를 더했다. 게다가 평화유지군의 성과 문제와 활동 지역에서 자행되는 성적 착취 및 학대 문제도 불거졌다. 불관용 정책과 엄격한 규제가 적용되고 있지만 이 문제는 유엔 수뇌부가 앞으로 직면해야 할 중요한 과제로 남아 있다.

오늘날의 유엔 활동을 살펴보면 상반되는 추세들 속에 어렵게 진행되고 있다. 한편으로 2030 개발의제는 여러 측면에서 발전을 이루겠다는 세계의 의지를 담은 많은 약속을 제시한다. 그러나 여러 국가들에서 발생한 문제로 난민과 이민자들이 늘어나고, 전 세계에 걸쳐 외국인 혐오와 차별 그리고 부정주의가 심화되는 등 중대한 인도적 과제들이 나타나고 있다. 제8장의 필자들은 이런 과제들을 제시하면서 유엔이 지금 그리고 앞으로 원칙과 관련하여 강력하고 심지어 투쟁적인 입장을 고수해야 한다고 주장한다. 그렇게 해야만 사람들로 하여금 복원력과 자신감을 갖춘 사회를 건설하는 기본 구성요소인 인권을 행사하게 하고, 위협에 맞서고 분쟁을 해결하며 지속가능한 번영과 복지를 이룩하도록 도울 수 있기 때문이다. 성폭력 같은 인권 침해 패턴이 위험 수위에 이르면 유엔은 포괄적인 조치를 신속하게 취해야 한다. 인권최우선 지침을 유엔의 모든 부문에 도입하려면 지속적인 노력이 필요하다. 이런 노력은 지속가능개발과 지속적인 평화를 보장하는 가장 강력한 지렛대가 될 것이다.

유엔의 변화가 의미를 지니고 목적에 맞으려면 더 강력하고 공정하며 투명한 체제를 구축하는 데, 그리고 인권을 나침반으로 삼고 모든 직급에서 양성평등을 실현하는 가운데 유엔의 3개 핵심 원칙(평화·안보, 개발, 인권)을 한데 묶는 데 기여해야 한다. 또한 인간의 존엄성과 공통의 인간성을 고수하고, 아무리 어려운 상황에서도 여성과 청년의 권리를 보호하고 촉진하기 위해 인도주의 활동가들을 규합하는 일도 계속 진행해야 한다. 양성평등과 여성 및 청년에 대한 권한 부여는 모든 분야를 동시에 진전시킬 특별한 기회를 제공하므로

2030 개발의제 전반에 반영되어 있다. 이 새로운 의제가 지닌 포괄적·통합적·보편적인 속성과 그 포부 및 포용성은 권리를 기반으로 더 공정하고 평화로운 세상을 건설하는 필수 동력원으로서 여성과 청년을 인식하는 데서 잘 드러난다.

유엔 내부에서 갱신한 회계 기준과 통합된 정보통신기술ICT 체계를 수반한 현대적 운영 체제의 기본 요소들은 많은 어려움과 시행착오를 거쳐 도입되었다. 향후 중요한 과제는 우모자 체계를 완성하고, 새로운 세계적 서비스 제공 모델을 제도화하며, 직원 배치를 더욱 체계화하는 것이다. 이런 작업들은 전 세계에 걸쳐 활동하는 전문 인력에게 활동 기반을 제공할 것이다. 기존 환경에 안주하는 태도와 뿌리 깊은 편견 그리고 내부의 이해관계를 감안할 때 진전을 이루는 일은 쉽지 않다. 그렇지만 2016년 1월에 정치, 평화, 인도주의 직군POLNET 이 새로운 직원 선발 및 순환근무Managed Mobility 제도를 처음으로 도입한 것을 발판으로 삼을 수 있다.

끝으로 국제기구로서 유엔의 성공은 얼마나 많은 약속을 하느냐가 아니라 궁극적으로 어떤 일을 이룰 수 있느냐에 달려 있다. 성과를 내는 데에는 강력한 파트너십이 중요하다. 이는 유엔에만 해당되는 게 아니다. 2005년에 출범한 '결집된 노력Delivering as One' 제도가 2006년에 시범 운영되어 54개국으로 퍼져나갔다. 이와 별개로 다양한 이해관계자들이 참여하는 협력 모델이 관련 기관을 한데 모아서 실행되었다. 유엔 내부와 다양한 하부 조직 사이의 이런 파트너십은 유엔의 대응이 지니는 개별적, 집단적 영향력을 극대화하는 데 도움을 주었다. 이 제도는 2014년 이후 132개국에 걸쳐 10개의 핵심 협력 사업에 적용되었다.

지난 몇 년 동안 유엔 체제 내에서 협력과 일관성을 도모하는 핵심 기구로서 고위급조정이사회Chief Executives Board for Coordination, CEB의 역할이 지니는 중요성과 실효성이 커졌다. 외부 조직 및 기관과 일하는 경우에도 큰 변화가 생겼다. 가령 성폭력에 맞서고 양성평등을 보장하기 위해 여러 지역 기구들과 남남 협력 증진을 위한 고위급위원회High-level Committee on South-South Cooperation와 맺은 파트너십을 활용했다. 외부적으로는 지난 10년 동안 교육, 보건 및 영양, 물, 친환경 에너지, 유엔 민주주의기금UN Democracy Fund 등 다양한 분야에 걸쳐 학계와 자선사업계, 예술계뿐 아니라 기업계 및 시민사회와 협력하는 일이 크게 늘었다.

2012년에 발표한 대로 사무총장실 내에 민간분야, 시민사회, 자선사업계, 학계와 파트너십을 추진하는 별도의 조직을 두려는 시도는 총회에서 폭넓은 지지를 얻지 못했다. 그러나 상호 연결된 오늘날의 세상에서 파트너십의 역할 및 중요성을 감안할 때 2030 개발의제를 이행하는 주요 수단으로서 파트너십을 강조하는 접근법은 옳았다. 이런 방식은 미래에도 계속 필요할 것이다.

이 책은 본부와 현장에서, 직능과 운영부문에서 유엔 헌장에 담긴 고귀한 이상을 분명하게 실현하고, 회원국들의 이익을 반영하기 위해, 계속 변하는 국제 환경의 과제와 난관 앞에서 국제사회의 폭넓은 희망과 기대 그리고 열망을 이루기 위해, 특별한 조직인 유엔에서 일하는 사람들이 지나온 여정을 담고 있다. 또한 반 총장이 10년 동안 보여준 한결같은 헌신과 확고한 리더십에 대한 이야기를 전한다.

CONTENTS

더 평등하고
지속가능하며
복원력 있는
세상을 위하여

더 안전하고
평화로운
세상을 위하여

더 공정하고
권리에 기초한
세상을 위하여

더 강하고
더 많은 권한을
직원들에게
주기 위하여

더 평등하고
지속가능하며
복원력 있는
세상을 위하여

01

ACHIEVING
THE MILLENNIUM
DEVELOPMENT
GOALS

이 장은 유엔 개발계획UN Development Programme, UNDP과 유엔 경제사회국UN Department of Economic and Social Affairs, DESA의 주도로, 인권최고대표사무소OHCHR, 유엔 유럽경제위원회 UNECE, 유엔 여성기구, 세계식량계획WFP, 유엔 에이즈계획UNAIDS, 국제농업개발기금IFAD, 아프리 카경제위원회ECA, 유엔 환경계획UNEP, 사무총장경영사무소EOSG, 고위급조정이사회사무국, 유네 스코UNESCO의 도움을 받아 작성되었다.

앞 장 사진: 과테말라 파추춘Patzutzun 지역의 작은 마을에 사는 칵치켈Cakchiquel 부족의 가족. 칵치 켈 부족은 과테말라 중서부 고원지대에 사는 토착 마야인이다.

UN Photo | F. Charton

01 새천년개발목표를 달성하다

헬렌 클라크 Helen Clark
유엔 개발계획 총재

우흥보 Wu Hongbo
유엔 경제사회국 사무차장

반기문 사무총장은 새천년개발목표Millennium Development Goals, MDGs가 추진되는 15년이 절반쯤 지났을 때 취임했다. 새천년개발목표는 21세기 초인 2000년 9월 8일에 유엔 총회에서 채택되었으며, 새 세기의 첫 10년을 포함한 50년 동안 국제개발의제가 추구할 가치와 원칙, 목표를 밝힌 새천년정상선언[1]에서 비롯되었다. 새천년정상선언은 코피 아난Kofi Annan 전 사무총장이 발표한 보고서 〈우리 인류: 21세기 유엔의 역할We the peoples: the role of the United Nations in the twenty-first century〉[2]을 토대로 삼았다. 2000년 3월에 새천년정상회의Millennium Summit를 앞두고 나온 이 보고서는 유엔 헌장의 정신을 반영하며, 새 천 년의 과제 및 기회와 관련된 가치들을 제안했다.

새천년정상선언은 이 제안을 토대로 삼아 자유, 평등, 연대, 관용, 자연 존중, 공동 책임[3]이라는 6가지 기본 가치를 내세웠다. 또한 "극심한 빈곤에 따른 비참하고 비인간적인 환경으로부터 모든 남성과 여성, 아동을 해방시킨다"는 희망, "전쟁의 재앙으로부터 우리 인류를 해방시키고, 인간의 활동으로 돌이킬 수 없이 망가지는 지구의 위협으로부터 모든 인류, 무엇보다 후손들을 해방시키기 위해 모든 노력을 아끼지 말아야 한다"는 요청과 "국제적으로 인정되는 모든 인권과 근본적인 자유를 존중할 뿐 아니라 민주주의를 촉진하고 법치를 강화하기 위해 모든 노력을 아끼지 않겠다"는 의지를 담고 있다. 그리고 아프리카에 사는 취약한 사람들을 보호하고 그들의 특별한 필요를 충족시켜줘야 한다는 점도 인정했다.

1년 후인 2001년 9월 6일에 발표된 아난 총장의 보고서는 새천년정상선언을 이행하기 위한 이정표[4]를 제시하고 약속한 내용들을 어떻게 지킬 것인지 설명했다. 이 새로운 보고서에는 '개발과 빈곤 퇴치: 새천년개발목표Development and Poverty Eradication: The Millennium Development Goals'라는 내용과 함께 여러 지표들, 그리고 기간별 목표를 제시한 부록이 담겨 있었다. 이 목표들(새천년개발목표 1~7)은 전 세계에 걸쳐 달성되어야 하는 것이지만 "개발을 위한 세계적 파트너십"(새천년개발목표 8)을 통해 각국 정부의 행동이 필수적으로 뒤따라야 했다. 아난 전 총장은 새천년정상회의로부터 5년 후에 열린 2005년 세계정상회의에서 〈더 큰 자유 안에서: 모두를 위한 안전과 개발 그리고 인권을 향하여In Larger Freedom: Towards Security, Development, and Human Rights for All〉라는 제목의 보고서를 발표했다. 이 보고서는 새천년정상선언의 진척 상황을 제시하는 한편 "결핍으로부터의 자유Freedom from Want"라는 제목을 붙인 제1부에서 모든 개도국에 2015년까지 새천년개발목표를 달성하기 위해 포괄적인 국가 전략을 채택하도록 요청했다.[5] 세계 정상들은 이 자리에서 추가 목표를 달성하겠다고 약속했다. 또한 새천년개발목표 지표를 위한 기구 및 전문가 그룹Inter-Agency and Expert Group on Millennium Development Goal Indicators의 후속 연구에 따라 2007년에는 개정안이 발표되었다.[6] 반 총장은 임기 동안 이 개정안을 이행하기 위해 노력했다.

전략적 방향과 결과

이제 초점은 새천년개발목표에 담긴 약속들을 실천하는 일에 맞춰졌다. 반 총장은 2007년 보고서[7]의 머리글에서 "세계는 더 이상 새로운 약속을 원치 않는다. 이제 모든 이해관계자가 하나로 뭉쳐야 한다. 약속은 새천년정상선언, 2002년 몬테레이에서 열린 제1차 개발재원총회(이하 '몬테레이 컨센서스Monterrey Consensus'), 2005년 세계정상회의에서 이미 이뤄졌다"고 밝혔다. 또한 그는 "이제 우리는 새천년개발목표를 채택한 시점과 기한으로 정한 2015년의 중간 지점에 와 있다. 지금까지 우리가 이룬 성과는 만족스러운 부분도 있고 그렇지 못한 부분도 있다. (중략) 정치 지도자들은 하루 빨리 단결된 행동에 나설 필요가 있다. 그렇지 않으면 수백만 명이 새천년개발목표가 약속한 기본 혜택들을 평생 누리지 못할 것이다. (중략) 지금이라도 행동에 나서면 새천년개발목표를 달성할 수 있다"고 덧붙였다.

반 총장의 임기가 끝난 2016년, 세계 통계를 기준으로 그간의 결과를 보면 새천년개발목표의 거의 모든 부문에서 상당한 진전이 이뤄졌다. 이는 여러 국가와 국민이 이룬 성과다. 공적개발원조Official Development Assistance, ODA는 2000년부터 2014년까지 66퍼센트라는 유례없는 증가율을 기록했으며, 개도국들의 대외 부채 상환액이 수출입에서 차지하는 비중도 2000년에는 12퍼센트였지만 2013년에는 3퍼센트로 줄었다. 새천년개발목표 시대에 이뤄진 주요 성과는 다음과 같다.

• 세계적 빈곤이 사상 최대 폭으로 감소했다. 1990년에는 개도국 국민 중 거의 50퍼센트가 하루 1.25달러(약 1,500원) 미만의 돈으로 극심한 빈곤 속에 살았다. 그러나 2015년에는 그 비율이 14퍼센트로 줄었다.[8] 또한 유엔 개발계획이 발표한 2015년 〈인간개발보고서 Human Development Report, HDR〉에 따르면 1990년부터 2014년까지 인간개발 수준이 낮은 국가에서 살아가는 사람들의 수가 32억 명에서 12억 명으로 줄었다.[9]

• 2000년에 약 1억 명이던 미취학 아동 수가 2014년에 6,100만 명으로 줄었다.[10] 특히 사하라 이남 아프리카 지역이 가장 많이 향상되어 이 지역 아동의 초등학교 입학률이 20퍼센트나 늘었다. 또한 15년 전보다 학교에 다니는 소녀의 수도 훨씬 많아졌다.[11]

• 아동 사망 건수가 사상 최저치로 떨어졌다. 개도국에서 1990년에 약 1,300만 명이던 5세 미만 사망자가 2015년에는 인구 증가에도 불구하고 600만 명으로 줄었다.

• 2000년부터 2013년까지 신규 인간면역결핍바이러스(이하 'HIV') 감염자가 40퍼센트 줄었다. 또한 항레트로바이러스 치료를 받는 HIV 환자 수가 2003년에 80만 명이었으나 2014년에는 1,300만 명으로 늘었다. 그 결과 750만 명이 목숨을 구한 것으로 추정된다.

• 2000년에서 2015년까지 말라리아에 걸렸다 살아난 사람이 600만 명, 2000년부터 2013년까지 결핵에 걸렸다 살아난 사람이 3,700만

명이다. 또한 현재 2세 미만 아동의 90퍼센트 이상이 예방접종사업의 혜택을 받는다.

• 인터넷을 쓸 수 있는 사람의 비율이 2000년 6퍼센트에서 2015년 43퍼센트로 늘었다.

이는 숱한 난관을 이겨내고 이룬 탁월한 성과다. 새천년개발목표를 이행하는 과정에서 얻은 성공과 난관들이 지속가능개발목표로 나아가는 단초를 마련했다.

새천년개발목표의 중간 목표: 세계적 구상에서 실천으로

2000년 말 새천년정상선언이 승인된 후 새천년개발목표 이행의 초기 단계에서는 전 세계적으로 목표를 달성하는 데 드는 비용을 추정하고, 달성 가능하다는 사실을 밝히는 학문적·정치적 주장을 제시하는 일에 집중했다. 한마디로 '세계적 구상'에 집중했다고 할 수 있다.

2002년에 몬테레이 컨센서스가 처음 열렸을 무렵에 새천년개발목표를 달성하는 데 필요한 자금에 대한 추정치가 검토되었다. 그에 따라 필요한 비용과 국내 및 민간분야에서 조달할 수 있는 자금 사이의 차이가 밝혀졌다. 또한 공적개발원조를 통해 이 간극을 메워야 한다는 주장이 제기되었다. 여러 추정치들이 검토되었으나 정책적으로 의미 있는 추정치에 따르면 2000년부터 2015년까지 공적개발원조로 메워야 하는 세계적인 자금 부족액이 2배로 늘어날 예정이었다. 또한 몬테레이 컨센서스에서는 부채 탕감뿐 아니라 혁신적인 자금 조달 방식에 대한 논의도 이뤄졌다. 원조(이후에는 개발)의 유효성과 관련한 논의도 탄력을 받았다.

이 기간에 다양한 기금이 생겨나거나 통합되었다. 가령 2000년에 국제백신면역연합Global Alliance for Vaccines and Immunization, GAVI, 2002년에 에이즈·결핵·말라리아 퇴치를 위한 글로벌 펀드Global Fund to Fight AIDS, Tuberculosis and Malaria, GFATM, 1990년에 지구환경기금Global Environment Fund, GEF 이 설립되었다. 특히 지구환경기금은 설립 당시에 할당된 금액의 3배인 30억 달러가 4년 동안 확보되었다. 2000년과 2001년 불황 이후의 대안정기에는 개도국과 선진국에서 경제 성장이 재개되는 세계 경제 상황으로 인해 재정 부족분을 메워야 한다는 요구에 우호적이었으며, 수직적 기금이 새롭고 매력적인 경로로 등장했다.

이 기간에 국제 개발을 둘러싼 정치·경제적 측면은 선진국과 개도국 사이에 맺어진 협정을 중심으로 구성되었다. 개도국들은 목표(빈곤·기아·질병 감소를 위한 목표 1~7)를 설정하고 거버넌스를 개선하기로 했으며, 선진국들은 재원(원조, 부채 탕감)과 기회(교역)를 제공하여 개도국들의 목표 달성을 돕기로 했다(빈곤·기아·질병 감소를 위한 목표 8).

또한 이 기간에 국제사회는 국제 개발과 관련하여 20세기 말을 지배하던 사상적이고 관료적인 워싱턴합의와 구조조정 시대의 논쟁에서 벗어났다. 논쟁은 더욱 실용적으로 변하여 국가들의 소득과 보건, 교육이 너무나 부실하기 때문에 스스로 성장하기는 어려우며(빈곤의 덫), 사회적 이전, 보건, 교육에 대한 투자를 대폭 늘려야만 성장과 개발의 선순환이 이뤄질 수 있음을 밝혀냈다. 새천년개발목표를 달성하는 일은 내재적 가치를 지니는 동시에 개발을 촉진하는 수단으로도 간주되었다.

이런 기조는 20세기 말과 그보다 훨씬 전부터 개발 협력을 선진국과 개도국 사이의 관계로 인식하게 만들었다. 이 기조에 따르면 개발 협력은 대개 국가적 차원에서 고소득층에서 저소득층으로 돈이 흘러가는 사회적 이전과 비슷한 '원조' 활동으로 간주되었다. 이러한 관점의 변화는 민간 재원의 조달과 대규모 공적 동원 및 후원으로 이어진 동시에 세계적 목표와 국가적 개발 전략 사이에 효과적인 정책 조율 수단을 제공했다.

이 기간 동안 세계적으로 많은 사업들이 진행되었고 새천년개발목표를 현지화하기 위한 활동들도 이뤄졌다. 가령 정부와 시민사회의 지원을 받아 새천년개발목표를 국가 환경에 접목하여 진전 상황을 정확하게 추정할 수 있도록 지표 기준을 정했다. 또한 폭넓게 적용할 수 있으며 증거를 기반으로 삼아 국가 수준에서 효과를 볼 수 있는 개입수단[12]을 파악했다. 이에 따라 어느 정도 지역 특수성을 반영하여 10개 부문에서 추진할 개입수단을 제안하는 유엔 밀레니엄프로젝트UN Millennium Project가 아난 총장의 주도로 만들어졌다. 이 프로젝트의 핵심은 개입수단들을 국가적으로 이행하는 데 필요한 비용을 파악하고 세계적으로 종합하는 것이었다.

반 총장이 임기를 시작할 무렵에는 유엔의 동력이 지역과 국가 차원에서 이뤄지는 활동 쪽으로 옮겨갔으며, 부문별로 통합된 접근법의 중요성이 강조되었다. 2007년 무렵 많은 국가들이 일부 목표에서 양호한 성과를 거두었으나 그보다 더 많은 국가들이 뒤처지고 있었다. 또한 새천년개발목표 전반에 걸쳐 성과가 차이를 보이면서 구조적 문제를 해결해야 할 필요성이 대두되었다. 반 총장은 2007년 새천년개발목표 보고서에서 다음과 같이 밝혔다. "이 보고서에 제시된 결과들은 어느 정도 성과가 있었으며 대다수 지역에서 여전히 성공할 수 있음을 말해준다. 그러나 아직 해야 할 일들이 얼마나 많은지도 보여준다."[13] 한편 지역, 국가, 부문별로 더욱 자세하게 나눠진 정보와 분석이 나와 가장 필요한 곳으로 관심을 돌리는 데 도움을 주었다.

이처럼 반 총장의 1기 임기에는 새천년개발목표의 달성에 근접하는 초기 시도들이 있었다. 덕분에 그 경험을 토대로 더욱 전략적이고 방향성 있는 개입수단을 마련할 수 있었다. 이 시기의 핵심적 교훈은 진전이 느려서 집중과 노력이 필요한 부문의 후원자로서 사무총장의 역할이 중요하다는 것이었다. 이런 후원은 국가 지도자들이 목표를 달성하겠다며 내건 정치적 약속을 뒷받침하고 강력한 파트너십을 구축하는 데 도움을 주었다. 이와 관련하여 반 총장은 2007년에 다음과 같이 밝혔다. "목표를 달성하려면 국가별 개발 전략 및 예산을 정렬시켜야 한다. 또한 개발을 위한 국제적 파트너십과 상호 책임성을 위한 틀이 마련된 뒤에 적절한 재원이 뒷받침되어야 한다."[14]

아프리카의 경우에는 더욱 집중적인 접근법이 시행되었다. 2007년 기준으로 새천년개발목표에 뒤처진 국가들 중 다수가 사하라 이남 아프리카 지역에 속해 있었다. G8 정상들은 2005년에 글렌이글스에서 개최된 G8 정상회의Gleneagles Summit에서 2010년까지 아프리카에 대한 공적개발원조를 2배로 늘리겠다고 이미 약속한 상태였다. 그러나 일부 아프리카 국가들이 상당한 금액의 추가 재원을 거시경제 측면에서 별다른 문제없이 흡수할 수 있을지 회의적으로 바라보는 시각들이 있었다. 또한 이 추가 재원을 활용할 기성 투자나 개입수단이 없다는 비판도 제기되었다. 이에 대응하여 반 총장은 유엔 사무부총장이 위원장을 맡고 아프리카연합위원회African Union Commission, AU, 아프리카개발은행그룹African Development Bank Group, AFDB Group, 유럽위원회 European Commission, EC, 국제통화기금International Monetary Fund, IMF, 이슬람개발 은행그룹Islamic Development Bank Group, IDB Group, 경제협력개발기구Organization for Economic Cooperation and Development, OECD, 세계은행그룹World Bank Group의 지도자들로 구성된 새천년개발목표 아프리카운영그룹MDG Africa Steering Group(2007년)을 만들었다.

이 단체는 아프리카에서 새천년개발목표를 달성하는 데 가장 중요한 일이 무엇인지, 그리고 이행 가능하며 성과를 낼 수 있는 확고한 활동들이 무엇인지를 파악했다. 권고안은 농업과 식량 안보, 교육, 보건, 인프라, 교역, 국가 통계 체계, 기후변화 대비, 재원 조달, 원조 예측성에 초점을 맞췄다. 거시경제에 주어진 부담과 관련해서는 새천년개발목표 아프리카운영그룹이 연구를 진행한 뒤 유엔과 국제통화기금에서 '글렌이글스 시나리오Gleneagles Scenarios'를 발표했다. 이에 따르면 아프리카 국가들은 거시경제적 측면에서 큰 문제없이 추가 공적개발원조 자금을 흡수할 수 있었다.[15]

새천년개발목표를 추구하려면 개발을 위한 세계적 파트너십이 필요하다는 사실이 명백해졌다. 2007년 이전에는 목표 1부터 7에 초점이 맞춰졌다. 그러나 2007년부터는 반 총장이 만든 새천년개발목표 이행 점검팀MDG Gap Task Force에서 목표 8에 제시된 대로 개발을 위한 세계적 파트너십을 강화하는 작업이 어느 정도 진전되었는지 확인했으며, 2008년부터 연례보고서를 발표했다. 반 총장은 첫 보고서에서 다음과 같이 분명하게 이상을 밝혔다. "모두를 위한 공통의 미래는 세계적으로 조율된 활동과 강력한 파트너십 없이는 불가능하다.

2015년으로 설정된 기한을 앞두고 중간 지점에 있는 지금, 모든 관계 자들이 약속을 지키기 위한 노력에 박차를 가하는 일이 매우 중요하다."[16]

목표 8에 제시된 대로 개발을 위한 세계적 파트너십의 5가지 핵심 부문인 공적개발원조, 시장 접근(교역), 부채 지속가능성, 저렴한 필수 의약품에 대한 접근, 신기술에 대한 접근에 어느 정도 성과가 있었는지를 꾸준히 확인하려면 추진력이 필요했다. 새천년개발목표 이행 점검팀의 연례보고서는 국제적·지역적·국가적 차원에서 이 핵심 부문의 간극과 난관을 파악하고 모든 이해관계자들에게 대처방안을 권고했다.

새천년개발목표 이행 점검팀과 그 보고서는 반 총장이 세계은행과 국제통화기금을 비롯한 유엔 체제를 단결시키고, 개발을 위한 세계적 파트너십에 대한 약속을 지키기 위해 추진한 야심 찬 기획이었다. 덕분에 유엔 회원국들이 아디스아바바 행동의제Addis Ababa Action Agenda 에서 합의한 후속 조치에 대한 토대를 마련할 수 있었다. 이 합의안의 제133항에는 다음과 같이 명시되어 있다. "사무총장은 세계적인 차원에서 후속 절차를 강화하기 위해 주요 관계기관과 유엔 체제, 관련 의무를 지닌 기금과 사업, 전문 기관을 포함한 기관 간 태스크포스를 구성하여 새천년개발목표 이행 점검팀의 경험을 활용할 것을 촉구한다."[17]

다발적 개발 위기에 대응하다

21세기 초에 조성된 우호적인 세계 경제 환경은 2008년 말과 2009년에 발생한 세계적 금융 및 경제 위기로 급격히 악화되었다. 그때까지는 공적개발원조와 관련하여 상황이 좋았다. 그러나 2011년에 처음으로 총 원조액이 실질적으로 감소했다. 게다가 세계적 식량 가격 위기에 이은 경제 여건은 새천년개발목표를 이행하는 데 유례없는 난관으로 다가왔다.

2009년 세계적 불황이 진행되는 동안 금융 위기 때문에 목표를 달성하려는 노력이 계속 위협받을 수 있다는 우려가 생겼다. 새천년개발목표 이행 점검팀이 밝힌 바에 따르면 "보호주의적 조치와 새로운 이민 규제 같은 대응책이 위기를 악화시킨다. 원조국 정부들이 관련 예산을 삭감하라는 압력을 받는 탓에 개도국이 활용할 수 있는 자원이 줄어들면 국민의 필요를 충족하고 위기를 극복하는 일이 더욱 어려워진다."[18]

사실 새천년개발목표를 달성하는 데 큰 차질이 생길지 모른다는 우려는 식량 가격과 유가가 크게 오른 2007년과 2008년 초에 이미 제기되었다. 가격 급등은 원자재와 식량 순수출국에는 도움이 되었지만 수입국에는 부정적인 영향을 끼쳤다. 또한 소득의 상당 부분을 식량과 연료에 할애하는 빈곤 가정에 부담을 주었다. 그에 따라 유엔 차원에서 강력하고 일관된 대응과 지원이 절실해졌다.

2008년 4월에 유엔 고위급조정이사회는 세계 식량 위기에 대응하는 고위급태스크포스를 만들었다. 이 태스크포스에는 사무총장을 필두로 유엔 전문 기관, 기금 및 사업, 사무국 유관 부서, 세계은행, 국제통화기금, 경제협력개발기구, 세계무역기구의 수장들이 모였다. 덕분에 새천년개발목표를 향한 노력을 진전시키는 데 위협이 되는 식량 가격 위기에 일치단결하여 대응할 수 있었다.

세계적인 식량 가격 위기와 금융 위기는 (자연재해, 질병, 환경 악화, 분쟁 및 어려운 정치적 전환 같은) 거듭되는 국지적인 비상사태와 맞물리면서, 새천년개발목표의 성취가 지역과 국가 차원에서 느려지거나 중단되거나 심지어 후퇴할 수도 있다는 사실을 드러냈다. 동시에 여러 개도국의 탄탄한 경제 성장 패턴은 개선된 정책과 공적개발원조를 유지하려는 시도, 그리고 잘 유도된 노력을 통해 부정적인 면을 완화할 수 있음을 보여주었다. 그럼에도 시급한 문제를 해결하는 데 자원을 전용하거나, 그에 따라 새천년개발목표를 위한 투자가 부족해지거나, 특히 선진국에서 내부 지향적인 정책들을 추진할 위험이 존재했다. 이처럼 부진한 상황은 복원력을 갖추는 데 투자가 필요하다는 사실도 드러냈다. 대다수 목표의 기한인 2015년까지 시간이 얼마 남지 않은 가운데, 복원력을 갖추고 취약국들을 지원해야 할 필요성이 더욱 체계적으로 고려되기 시작했다. 가령 2009년에 분쟁 및 취약국들을 위한 국제적 활동을 관리하기 위해 '분쟁 및 취약성에 대응하기 위한 국제네트워크International Network on Conflict and Fragility, INCAF'가 창설되었고, 2011년 말에는 해당 국가의 개발 정책과 관행을 개선하기 위해 '취약국 지원을 위한 뉴딜 합의New Deal for Engagement in Fragile States'가 출범했다.

이런 문제들에 직면하여 반 총장은 특히 아프리카, 최빈개도국, 특별한 상황에 처한 국가들을 위해 공적개발원조와 교역 부문의 약속들이 이행되도록 쉼 없이 노력했다. 그 결과 앞서 언급한 대로 목표 8의 진전을 점검하는 새천년개발목표 이행 점검팀 연례보고서가 도입되고 제도화되었다.

불리한 경제 여건 때문에 2000년의 약속들이 이행되지 않을지도 모른다고 우려한 반 총장은 2009년에 다음과 같이 말했다.[19] "지금은 물러서기보다 새천년개발목표를 추구하는 일에 박차를 가하고 개발을 위한 세계적 파트너십을 강화할 때다. 국제사회가 위기에 건설적으로 대응한다면 목표를 달성할 수 있다. 원조를 늘리겠다는 약속을 지키는 일은 대단히 중요하다. 교역 협상에서 개도국, 특히 빈국의 이해를 보장하는 일도 마찬가지로 중요하다." 또한 그는 결론에서 다음과 같은 내용을 강조했다. "국제사회는 가난하고 취약한 사람들에게 등을 돌려서는 안 된다. 우리는 세계적 협력과 단결을 강화하고, 새천년개발목표를 달성하기 위한 노력을 배가하며, 폭넓은 개발의제를 밀어붙여야 한다. 여기에 그야말로 세계의 생존과 인류의 미래가 걸려 있다."

유엔은 위기의 여파 속에서도 새로운 사업들을 추진했다. 높은 식량 가격에 대한 우려가 줄어들자 해당 고위급태스크포스는 세계적 식량 및 영양 안보에 대한 고위급태스크포스로 바뀌었다. 또한 2012년 6월에 열린 리우+20 지속가능개발 정상회의(이하 '리우+20 정상회의')에서는 같은 달에 출범한 '기아종식사업Zero Hunger Challenge'에서 표명한 대로 기아 없는 세상에 대한 반 총장의 이상을 진전시키는 쪽으로 고위급태스크포스의 활동을 집중한다는 데 합의했다.

또 다른 사례는 공식 통계보다 훨씬 빠르게 (식량 가격 급등이나 경제 위기 같은) 충격의 영향에 대한 데이터와 정보를 수집하는 일과 관련된다. 2008년부터 2009년까지 금융 위기와 식량 위기가 진행되는 동안 의사 결정자들은 취약계층이 어떤 영향을 받는지 말해주는 실시간 데이터와 정보를 거의 얻지 못했다. 이 문제를 해결하기 위해 2009년에 유엔 글로벌펄스UN Global Pulse 사업이 시작되었다.[20] 이후에 이 사업은 '데이터를 혁신하여 책임성과 의사결정을 개선하라'는 포스트 2015 개발의제Post-2015 Development Agenda에 대한 유엔 고위급패널의 권고에 따라서 개발을 뒷받침하는 대규모 데이터를 활용하는 방향으로 나아갔다.

약속의 이행: 위기 대응에서 헌신으로

대다수 목표의 달성 기한인 2015년까지 5년을 앞둔 시점에서 유엔은 달성 가능성이 낮고 취약한 목표에 집중하는 쪽으로 선회했다. 이 무렵 여러 국가에서 쌓은 풍부한 경험들은 양성평등 같은 특정 목표를 달성하면서 복수의 목표에 도움을 주었으며, 여러 부문에 걸쳐 효과를 내는 접근법은 특정 부문의 성과를 크게 높일 수 있음을 말해 주었다. 당시 개도국들은 디레버리징de-leveraging(부채 축소)에 대처하고 2009년 불황을 완화해야 하는 이중 과제에 직면하면서 재정 압박을 받고 있었다. 특히 부채 위기에 처한 일부 유럽 국가들이 긴축 정책으로 선회하는 바람에 공적개발원조를 동원하기가 어려운 환경이었다.

2010년 새천년개발목표 검토 정상회의MDG Review Summit는 2009년의 세계적 불황으로 세계 경제가 여전히 휘청거리는 상황에서 열렸다. 따라서 부정적인 결과가 나올 가능성이 높았다. 그러나 반 총장이 2010년 2월 12일에 발표한 보고서인 〈약속의 이행: 2015년까지 새천년개발목표 달성을 위해 합의한 실천의제를 촉구하는 전향적 검토Keeping the promise: a forward-looking review to promote an agreed action agenda to achieve the millennium Development Goals by 2015〉는 세계 경제 위기의 여파 속에서 새천년개발목표에 재헌신하고 진전을 이루려는 회원국들의 노력을 지지했다.

반 총장은 2010년 3월 16일에 '약속의 이행'과 관련하여 회원국들에게 다음과 같이 명확한 메시지를 전달했다.[21]

"우리가 합의한 기한인 2015년까지 5년이 남은 지금, 우리는 교차로에 서 있다. 지금까지 많은 국가들이 탁월한 진전을 이뤘다. 그러나 또 다른 많은 국가들은 어려움을 겪고 있다. 난관은 여전히 크다. 금융과 경제 위기, 식량 위기, 기후변화와 자연재해는 어렵게 얻은 성과를 무산시키려고 위협한다. 이번 정상회의는 수십억 명, 그렇다, 수십억 명의 가난하고 취약한 사람들에 대한 약속을 지킬 기회다. 이는 정부, 시민사회, 민간분야, 사회운동 및 종교운동 부문, 유엔을 비롯한 우리 모두의 책임이다. 또한 현실적인 필요인 동시에 도덕적인 의무다. 새천년정상선언은 우리에게 약속을 제시했다. 세계 지도자들은 더 공정하고 지속가능한 세상을 만들기 위해 노력을 아끼지 않겠다고 약속했다. 새천년개발목표는 그 토대를 제공했다. 이 보고서는 앞으로 나아갈 길을 가리키고, 우리의 노력에 재차 활력을 불어넣으며, 세계적인 파트너십을 강화하기 위한 것이다."

2010년 새천년개발목표 정상회의 결과문서Outcome Document에는 〈약속의 이행: 새천년개발목표 달성을 위한 단결Keeping the Promise: United to Achieve the Millennium Development Goals〉이라는 제목이 붙었다.[22] 이 문서는 새천년개발목표에 대한 세계 지도자들의 약속을 재확인했으며, 공표한 기한까지 빈곤 퇴치 목표 8개를 달성하기 위한 세계적인 실천 계획과 여성 및 아동 보건 사업 그리고 빈곤, 기아, 질병에 맞서는 다른 사업들에 대한 새로운 선언 형태로 확고한 의제를 제시했다.

2010년 새천년개발목표 정상회의는 상호 지원의 통합적 접근법의 잠재력을 강조했다. 이 잠재력은 반 총장과 새천년개발목표 수석자문 역 제프리 삭스Jeffrey Sachs가 말라위에 있는 엠완다마Mwandama 마을을 방문했을 때 잘 드러났다. 반 총장은 개발을 위한 통합적이고 총체적인 접근법 덕분에 전체 공동체 스스로가 극심한 빈곤으로부터 벗어나는 모습을 직접 확인했다고 밝혔다. 새천년개발목표들은 서로 연관되어 있으며, 빈곤과 기아, 질병과 맞서는 포괄적인 투쟁이었다. 반 총장은 스마트폰과 광대역 이동통신, 개선된 종자, 최신 점적관수點滴灌水, drip irrigation시스템, 현대적인 말라리아 진단법, 저비용 태양광 발전망 같은 현대 기술들이 몇 년 전만 해도 불가능했던 방식으로 인류 복지를 증진하는 잠재력도 확인했다.

통합적 접근법의 잠재력을 깨닫는 경험은 뒤처지거나 다른 목표들에 배가 효과를 발휘할 수 있는 부문에 더 집중할 수 있도록 도와주었다. 가령 여성 문제 및 모자 보건 문제와 관련된 목표 5는 이해하기 어려울 정도로 느리게 움직였다. 여성 및 아동 보건 문제를 진전시키기 위해 여러 선진국과 개도국 정부는 민간분야, 재단, 국제기관, 시민사회, 연구기관과 함께 향후 5년 동안 400억 달러의 재원을 제공하겠다고 약속했다.[23] 또한 1,600만 여성 및 아동의 생명을 구하고, 3,300만 건의 원치 않는 임신을 방지하고, 1억 2,000만 명의 아동을 폐렴으로부터, 8,800만 명의 아동을 영양실조로부터 보호하고, 말라리아와 HIV/AIDS 같은 치명적인 질환을 제대로 통제하며, 여성 및 아동들이 우수한 보건 시설과 유능한 의료 종사자들을 가까이 할 수 있도록 보장하는 것을 목표로 하여 '여성·아동의 보건 증진을 위한 글로벌전략Global Strategy for Women's and Children's Health'을 채택했다.

마찬가지로 교육 관련 목표를 추진하기 위해 2012년에 '글로벌교육협력구상Global Education First Initiative'을 출범시켜 다양한 관계자들을 한데 묶는 동시에, 현재 지속가능개발목표에 포함된 세계적 교육 의제에 대한 합의를 이끌어냈다. 뒤이어 성과가 부진하여 공동의 노력이 필요한 다른 사업들도 여러 부문과 분야 관계자들의 관심과 자원, 협력을 얻을 수 있었다.

이런 맥락에서 양성평등이 새천년개발목표를 이행하는 데 우선 사항이 되도록 만드는 일은 매우 중요했다. 반 총장은 '여성과 소녀를 위한 새천년개발목표 이행에 있어서 도전과제 및 성과Challenges and Achievements in the Implementation of the Millennium Development Goals for Women and Girls'라는 주제로 2014년에 열린 제58차 여성지위위원회Commission on the Status of Women, CSW 회의를 준비하는 과정에서 여성과 관련된 새천년개발목표의 진전이 이해하기 어려울 정도로 느리고 불균등하다는 보고서를 냈다. 소녀들의 초등학교 진학 같은 일부 분야에서는 주목할 만한 성과를 냈지만, 좋은 일자리 그리고 안전하고 안정적이며 깨끗한 위생 시설에 대한 접근권 같은 다른 분야에서는 발전이 더뎠다.

이 보고서에서는 새천년개발목표에서 불충분하게 다뤄진, 그러나 중요한 양성평등 사안들이 파악되었다. 또한 고질적인 구조적 성차별과 차별적 법규, 사회 규범, 선입견과 관행 때문에 새천년개발목표의 진전이 정체되었다는 사실이 명백해졌다. 이 보고서는 금융 위기와 식량 위기, 환경 변화, 분쟁을 비롯하여 여성을 위한 새천년개발목표의 폭넓은 난관들을 제기했다. 그리고 여성들이 모든 인권을 온전히 누리도록 만들고, 양성평등을 촉진하는 환경을 강화하며, 양성평등에 대한 투자를 늘리고, 모든 직위에서 여성의 참여를 늘리고 책임성을 강화하며, 양성평등을 감시하기 위한 데이터를 개선함으로써 여성을 위한 새천년개발목표의 이행을 가속해야 한다고 권고했다. 일부 권고안은 제58차 여성지위위원회 회의의 합의안에 반영되었다.[24]

양성평등을 촉진하고 여성에게 권한을 부여한다는 목표 3은 범위가 좁기는 했으나 양성평등이 새천년개발목표에서 지니는 중요성을 드러내는 데 큰 역할을 했다. 이에 따라 양성평등과 관련된 2030 개발의제, 구체적으로는 양성평등에 대한 지속가능개발목표 5가 중점적으로 논의되었다. 또한 새천년개발목표의 성과를 측정하는 과정에서 더 나은 데이터가 필요하며, 총계로는 파악되지 않는 그 이상을 보아야 한다는 사실이 드러났다. 새천년개발목표들은 나름의 한계를 지니지만, 장기적인 영향력이 주어지는 결과를 내기 위해 국가적 차원에서 대응해야 하는 폭넓은 사안들에 많은 국가가 관심을 갖게 해주었다.

결승선을 향해 나아가다

각국 협력기관들이 새천년개발목표를 달성하도록 돕는 유엔의 활동은 대개 국가적 차원의 기획과 보고, 재원 조달에 초점이 맞춰졌다. 회원국들은 여러 유엔 국제회의에서 합의한 목표와 새천년개발목표를 향한 국제적 진전을 점검하기 위해 5개년 검토 정상회의의 일정을 세웠다.

시기적절한 점검과 보고는 세계적 차원만이 아니라 국가적, 지역적 차원에서도 중요하게 다루어질 예정이었다. 이를 위해 새천년개발목표의 진전 상황을 전 세계에 알리고 총회 연례보고서에 필요한 일관된 최신 표준 데이터를 관리하는 기관 전문가 그룹과 각국 정부의 새천년개발목표 관련 보고를 돕는 유엔 국가팀UN Country Teams이 서로를 지원했다. 또한 지역기관들은 5개의 유엔 지역위원회와 협력하여 정기 지역보고서를 발행했다. 완벽하고 신뢰할 만한 이 체제는 진전 상황을 평가하는 일뿐 아니라 노력을 기울여야 할 간극과 결함을 파악하는 일에도 큰 도움을 주었다.

유엔이 각국의 보고를 도운 것은 국가 차원에서 의제를 밀고나가는 데 필수적이었다. 550편이 넘는 국가별 새천년개발목표 보고서의 제작을 돕는 과정은 해당 보고서가 모든 부문에서 의제를 다시 주목하는 데 중요함을 보여주었다. 언론과 시민사회 그리고 전체 국민들은 국가별 보고와 관련 자문을 통해 새천년개발목표 및 자국의 진전 상황을 더 많이 알게 되었다. 국가별 보고는 통계부서에 대한 지원, 지표의 활용 및 논의, 공식 통계를 넘어서 시민사회와 민간 분야를 아우르는 데이터 수집 활동이 더욱 필요하게 만들었다. 또한 각 보고서는 정책 논의와 수립에 필요한 분석적 토대와 증거 기반을 제공했다.

이런 국가별 보고 활동은 세계적 맥락으로 흡수되었다. 그래서 세계적인 활동에 참여할 수 있는 데이터와 정보를 제공하는 한편 여러 국가가 정책적 교훈을 공유하고, 다른 나라와 성과를 비교하며, 지역 및 세계 현안에 대한 집단적 행동에 참여하도록 만들었다. 한편 국가별 자발적 발표를 포함하는 '새천년개발목표의 진전을 검토하는 장관급 연례회의'를 통해 공식적인 정부 간 절차가 유엔 경제사회이사회UN Economic and Social Council, ECOSOC에서 확립되었다. 유엔 사무국은 여러 국가팀들과 협력하여 발표 준비와 이행을 도왔다.

반 총장은 2010년에 점검과 보고를 넘어서 새천년개발목표의 이행 촉진을 주도했다. 이는 마지막 기한인 2010년부터 2015년까지 남아 있던 새천년개발목표의 시급한 과제에 대한 직접적인 대응이었다. 이 노력으로 국가적 맥락에서 새천년개발목표를 진전시킬 수 있도록 여러 부문과 기관이 협력하여 일관되게 지원하는 수단이 마련되었는데, 유엔 개발그룹UN Development Group과 고위급조정이사회가 승인한 새천년개발목표 촉진 프레임워크MDG Acceleration Framework, MAF가 바로 그것이었다. 이 조직은 새천년개발목표를 진전시키기 위한 개별 정부의 요청, 각국 정부가 승인한 국가별 맥락에 맞는 실천 계획, 부문별 문제에 유엔 체제가 통합적으로 대응할 수 있도록 해주었다. 중점 활동 분야는 목표 진전의 촉진, 분야별 해법 파악, 체제 전반에 걸친 더 나은 정책 지원, 각국 정부와의 협력, 체제 효율성 및 유효성 개선이었다.

고위급조정이사회는 2013년 4월에 국가적 차원에서 새천년개발목표 사업이 얼마나 진척되었는지 반기별 검토를 했다. 이 검토는 유엔 체제 내에서 부문과 기관을 아울러 미진한 목표를 진전시키기 위한 해결책을 찾도록 만들었다. 유엔 국가팀들의 협력 지침이 그 해결책 중 하나였다. 이런 노력 중 일부는 역량을 계발하고 제도를 강화하는 장기 목표로 향했다. 유엔은 역사상 최초로 세계은행 및 비상주 기관들과 협력하여 개도국들이 직면한 여러 위기에 대응하는 동시에, 국가적 차원에서 인프라와 인적 자원을 개발하는 변혁적인 사업에 투자하고 성과를 내 새천년개발목표를 달성하도록 노력했다. 새천년개발목표 촉진 프레임워크의 분석은 국가 차원에서 공유한 실천계획을 중심으로 유엔 기관, 기금과 사업, 세계은행, 다른 고위급조정이사회의 지원을 이끌어낼 기회를 찾는 데 도움을 주었다.

세계은행과의 강화된 파트너십은 고위급조정이사회의 검토 외에도 다른 영역으로 확대되었다. 반 총장은 세계은행 김용 총재와 함께 콩고, 르완다, 우간다를 포함한 아프리카 대호수Great Lakes Region 지역을 방문했다. 방문 목적은 2013년 2월 24일에 아디스아바바에서 이 3개 국과 나머지 8개국이 서명한 '평화·안보·협력 프레임워크Peace, Security and Cooperation Framework'의 이행을 지원하려는 것이었다. 이러한 방문 덕분에 해당 국가들의 취약성과 새천년개발목표를 달성하기 위한 노력을 지원해야 할 필요성을 세계에 알릴 수 있었다. 또한 이 공동 방문은 유엔과 세계은행이 긴밀하게 협력하는 새로운 장을 열었다.

현장에서 이뤄진 진전은 일관된 정책을 위해 통합적인 접근법을 적용하는 일이 현실적으로 어떤 의미를 지니는지 말해주었다. 새천년개발목표 촉진 프레임워크가 제시한 병목 분석bottleneck analysis은 상주 및 비상주 기관들이 해당 부문의 문제를 풀기 위해 투자를 해야 하지만, 이것만으로는 특정 목표를 달성하기에 불충분하다는 사실을 이해하는 데 도움을 주었다. 또한 유엔 국가팀과 세계은행그룹 국가사무소 사이의 긴밀한 협력은 분석 대상이 된 국가들에서 유엔 체제의 효율성과 유효성을 개선해야 할 필요성을 보여주었다.[25]

새천년개발목표 촉진 프레임워크의 수단들을 전 세계 여러 국가에서 폭넓게 활용할 수 있다는 사실은 부문과 임무 그리고 협력기관에 걸쳐 서로 조율하고 일관성을 유지하는 실용적인 접근법이 필요함을 말해주었다. 이는 지속가능개발목표로 나아가기 위한 더욱 중요한 방식이었다. 태평양 도서국가들을 포함한 세계 16개국들이 새천년개발목표에 대응하는 여러 사업에 참여했다. 해당 국가들은 고위급조정이사회 활동에 대한 준비와 관심, 새천년개발목표 촉진 프레임워크 실천계획의 존재, 정부의 참여 의지, 유엔 국가팀과 세계은행의 현지 협력, 전체 지역 및 국가 유형의 포괄성 등을 기준으로 선정되었다. 고위급조정이사회의 검토는 궁극적으로 기관들이 힘을 모아서 촉진 목표와 국가팀을 지원하면 상당한 성과를 낼 수 있다는 사실을 보여주었다. 3가지 주요 방식은 현지에서 이뤄지는 유엔 활동의 정렬도와 일관성을 개선하고, 개별 기관들의 전문성을 중시하는 동시에 부문별 장벽을 뛰어넘어 다면적 대응과 시너지 효과를 촉진하며, 정기적인 공동 검토를 통해 활동을 조정하고, 정부와 다른 협력기관을 더욱 효과적으로 지원하는 것이었다. 2015년에 고위급조정이사회는 검토 절차 덕분에 조화를 이루어내고 모범 관행을 공유하며, 조율 과정을 개선하고 책임의식을 고취하며, 초점에 더 집중할 수 있었다는 결론을 내렸다.[26] 새천년개발목표 촉진 프레임워크와 고위급조정이사회의 검토는 지원 국가들이 새천년개발목표의 진전을 가로막는 병목을 파악하고 이를 극복하기 위해 유엔 체제와 모든 위원들의 지원을 이끌어내야 할 필요성을 드러냈다. 새천년개발목표를 달성하려면 새천년정상선언에 서명한 회원국들을 넘어서서 활동가부터 기업 경영자들까지 폭넓은 참여자 연합의 지원을 얻어내야 한다는 사실이 분명해졌다.

다른 주요 사항은 2010년 6월에 만들어진 새천년개발목표 지원그룹MDG Advocacy Group이 활동에 나서고, 글로벌콤팩트Global Compact, 비즈니스 콜 투 액션Business Call to Action, 유엔 밀레니엄캠페인UN Millennium Campaign, 유엔 재단UN Foundation과의 협력을 통해 민간분야 및 시민사회단체와 교류한 것이다. 2013년에 회원국과 유엔 공동체는 2015년 말까지 1,000일 동안 진전을 촉진하기 위한 행동에 나섰다. 사람들을 빈곤에서 구제하고, 아동과 산모의 사망을 줄였으며, AIDS 및 말라리아와 싸우는 등 여러 부문에서 이뤄진 진전을 1,000분에 걸쳐 부각시키는 디지털 행사인 '모멘텀 1000Momentum 1000'에 80개가 넘는 단체들이 참여했다. 유엔 기관과 협력기관 그리고 개인들은 #MDGMomentum이라는 해시태그를 이용하여 2,600만 개가 넘는 계정으로 4만여 개의 트윗을 보냈다. 2014년에는 완수하지 못한 목표에 대응하기 위해 마지막 노력을 기울이자는 운동도 새로이 전개되었다.

지속가능개발목표로 나아가다

15년에 걸친 새천년개발목표의 추구와 중기 이후의 이행 노력은 전 세계에서 사람들의 삶을 개선하고 새천년정상선언의 바람을 충족하려는 수많은 사람과 단체에 활력을 불어넣었다. 새천년개발목표는 지속가능개발목표라는 더 폭넓고 포괄적이며 보편적인 틀로 이행하는 와중에도 다양한 차원에서 활동하는 토대로 남아 있었다. 생식 보건처럼 덜 두드러진 목표에 초점을 맞추고, 이미 거둔 성과를 유지하며, 아직 이루지 못한 목표를 달성하고, 모두에게 소득을 나눠주며, 사회적 필요 측면에서 다음 단계로 나아가는 일과 같은 미완의 과제들과 그동안 얻은 교훈들이 2030 개발의제에 반영되었다. 2030 개발의제는 지속가능개발을 위해 마련된 더 광범위하고 변혁적이며 보편적인 의제였다.

반 총장은 2015년에 다음과 같이 밝혔다.[27]

"새천년개발목표의 이면에서 이뤄진 세계적인 노력은 역사상 가장 성공적인 빈곤 퇴치 운동을 낳았다. 2000년에 '극심한 빈곤에 따른 비참하고 비인간적인 환경으로부터 모든 남성과 여성, 아동을 해방시키는 데 노력을 아끼지 않겠다'고 다짐한 전 세계 정상들의 기념비적인 약속은 8개 목표라는 고무적인 토대를 마련하게 해주고, 전 세계 사람들로 하여금 삶과 미래의 전망을 변화시킬 수 있도록 해주는 폭넓고 실용적인 단계들로 나아갔다. 새천년개발목표는 10억여 명의 사람들을 극심한 빈곤에서 구제하고, 기아에 맞서는 단초를 마련했으며, 그 어느 때보다 많은 소녀들을 학교에 보내고, 우리의 지구를 보호하는 데 도움을 주었다. 또한 새롭고 혁신적인 파트너십을 낳았고, 공론에 활기를 불어넣었으며, 야심 찬 목표를 설정하는 일이 지니는 엄청난 가치를 보여주었다. 새천년개발목표는 사람과 사람들의 즉각적인 필요를 우선시함으로써 선진국과 개도국에서 의사결정 양상을 바꾸었다."

이처럼 새천년개발목표는 그 시대에 필요한 역할을 했다. 그러나 2000년에 의제를 설정할 때 우선순위에 오르지 않았거나, 제대로 인식되지 않았던 새로운 사안들이 그 이후에 많이 나타났다. 기후변화, 경제 활동과 환경 변화 사이의 깊은 상호 연관성, (모든 곳에서) 평화롭고 포용적인 사회의 부재가 개발과 복지에 가하는 위협, 심화되는 불평등에 따른 과제 등이 그 예였다.

2030 개발의제는 회원국들이 이끄는 폭넓은 절차와 합의를 통해 정당성을 얻었다. 또한 초기의 여러 사업들도 전문가들과 교류하고, 새천년개발목표의 경험을 활용하는 굳건한 토대를 구축하며, 미완의 과제들을 다음 장에서 다룰 새로운 의제의 초석으로 삼는 데 도움을 주었다.

새천년개발목표를 진전시킨 많은 사업들은 개발도상국들, 가령 남미에서 진행된 조건부 현금 이전 사업, 남아시아에서 진행된 소득 보장 사업, 아프리카에서 진행된 모자 쉼터 사업 등의 정책 혁신에서 기인했다. 반 총장은 남남 협력 체제를 관리하면서 이런 경험들을 다양한 국가적 맥락에서 전파하고 적용하기 위한 토론의 장을 제공했다. 그 결과 전 세계에 걸쳐 더욱 빠른 진전이 이뤄지도록 도울 수 있었다. 이런 노력은 2030 개발의제를 성공적으로 이행하는 데 필수적인 역할을 할 것이다.

반 총장은 '새천년개발목표 시대'의 종말을 맞아 다음과 같은 글을 남겼다.[28]

"2015년은 세계적 실천의 이정표다. 우리는 새천년개발목표를 따르기 위해 정해놓은 기간의 끝에 이를 것이다. 우리는 지속가능개발목표를 비롯한 변혁적 개발의제를 채택할 것이며, 기후변화에 대한 의미 있고 보편적인 합의를 도출할 것이다. 새천년개발목표에서 지속가능개발목표로 가는 이행은 번영을 촉진하고 미래 세대를 위해 지구를 지속가능하게 만들며, 교육과 보건, 평등한 성장, 지속가능한 생산 및 소비에 투자할 자원을 확보할 수 있는 일생일대의 기회다. 지속가능개발목표를 달성하려면 지식과 전문성, 기술, 재정적 자원을 동원하고 공유하기 위해 다양한 이해관계자의 파트너십을 보완하는 등 더욱 강력한 세계적 파트너십이 필요할 것이다. 이는 2030 개발의제의 이행을 지원하기 위해 모든 자원을 동원할 때 우리 모두에게 주어질 요구다. 이에 따라 진전을 보장하려면 일관성과 조율이 훨씬 더 중요해질 것이다."

02

THE SUSTAINABLE
DEVELOPMENT
GOALS: 17 GOALS TO
TRANSFORM OUR WORLD

이 장은 유엔 경제사회국과 유엔 개발계획의 주도로 사무총장경영사무소, 유네스코, 유엔 환경계획,
인권최고대표사무소의 도움을 받아 작성되었다.

앞 장 사진: 아일랜드 더블린을 방문한 반기문 사무총장. 조각작품은 지속가능개발목표를 상징한다.
UN Photo　|　Evan Schneider

02 지속가능개발목표로 나아가다

우홍보 Wu Hongbo
유엔 경제사회국 사무차장

헬렌 클라크 Helen Clark
유엔 개발계획 총재

 1982년에 세계자연헌장World Charter for Nature이 채택되면서 등장한 '지속가능개발sustainable development' 개념은 유엔 환경개발세계위원회 UN World Commission on Environment and Development, WCED 혹은 브룬틀란트위원 회Brundtland Commission가 1987년에 발표한 보고서 〈우리 모두의 미래Our Common Future〉에서 구체적으로 정의되었다. 이 보고서에 따르면 지속 가능개발은 "미래 세대가 자신들의 필요를 충족하는 능력을 손상시키지 않고 현재의 필요를 충족하는 개발"이다. 이 정의는 2가지 주요 개념을 담고 있다. 하나는 최우선순위를 부여해야 하는 '필요', 특히 빈자들의 근본적인 필요라는 개념이다. 다른 하나는 현재와 미래의 필요를 충족시켜주는 환경의 능력에 기술과 사회 조직이 부과하는 '한계'다.
 여기서 중요한 개념은 아마르티아 센Amartya Sen과 마흐붑 울 하크 Mahbub ul Haq 교수가 1990년대에 개발한 '인간 개발' 접근법 혹은 "인간을 개발의 중심에 놓고 경제와 사회를 개발하기 위해 체제 전반에 접근하는 새로운 방법을 낳는 통합적인 지적 토대"였다. 유엔 개발계획이 선견지명을 가진 이 사상가들의 지침을 따라 개발한 인간개발지수Human Development Index, HDI는 개발의 3가지 측면, 즉 출생 시 기대수명으로 평가되는 보건 측면, 성인의 교육년수와 취학 연령 아동의 기대교육년수로 측정되는 교육 측면, 1인당 국민총소득으로 측정되는 생활수준 측면을 표준 지표로 나타낸 종합 지수였다. 이 지수는 늘어나는 국민총소득과 함께 줄어드는 소득의 중요성을 반영하여 소득의 대수로 활용했다. 또한 3가지 지표의 점수를 합하여 인간 개발이 수반하는 변화를 실질적이고도 단순한 방식으로 포착했다. 이후 유엔 개발계획이 해마다 발표하는 〈인간개발보고서Human Development Report〉는 영역을 확대하여 사회적 불평등, 빈곤, 안전, 성차별 및 권한 부여, 환경적 지속가능성 같은 사안들을 반영하고, 여러 사안들에 대한 지수를 제공했다.

반 총장은 새천년개발목표의 진전 상황에 대한 보고서를 마련하고 유엔 개발의제를 2015년 이후로 밀고 나가기 위해 2010년 9월에 열린 새천년개발목표 총회의 고위급회담에서 나온 요청[29]에 부응하여 2011년 7월 11일에 새천년개발목표 연례보고서를 발표했다. 이 보고서는 새로운 국제적 개발의제의 주요 고려사항뿐 아니라 적절한 협의 절차에 대한 권고안까지 제시했다.[30] 반 총장은 다양한 이해관계자가 참여해 포괄적이고, 개방적이며, 투명한 절차를 거쳐야만 2015년 이후 개발의 토대가 개발 측면에서 최고 효과를 낼 수 있다는 점을 강조하면서[31] 국제사회가 새로운 개발의제에 대한 유례없는 협의 절차에 나설 것을 촉구했다.

유엔은 이런 포괄적인 활동을 통해 설립 헌장 도입부에 나오듯이 '우리 인류'의 정신을 따른다는 의지를 갖고 있었다.[32] 반 총장은 국제 사회가 2030 개발의제를 향해 나아가도록 적극적이고도 영향력 있는 역할을 수행했다. 특히 그는 회원국과 다자간 체제뿐 아니라 시민사회, 민간분야, 학계, 과학자, 의회 의원, 여성, 청년, 노인, 장애인, 원주민, 종교 지도자를 비롯한 모든 관련자들이 의제를 마련하는 데 참여하도록 이끌었다. 또한 (2010년 새천년개발목표 정상회의와 리우+20 정상회의에서 시작된) 2가지 절차를 지속가능개발의 경제적·사회적·환경적 측면에 걸친 하나의 공통되고 일관된 포스트 2015 개발의제로 수렴하자고 주장했다. 더불어 기후변화를 전반적인 지속가능성 개념에 통합했고, 보편적인 지속가능개발의제로 향하는 변화를 모든 국가로 확대시켰으며, 데이터 혁신의 필요성을 강조했다. 그리고 회원국들로 하여금 복수의 이해관계자들이 다양한 측면에서 이행하는 일을 검토하고 후속 조치를 취하는 일환으로 책임 문제를 따지게끔 했다.

앞으로 자세히 살필 이런 사항들은 관련 정부 간 절차에 미치는 영향과 유엔 체제의 활동, (일부는 지속가능개발목표에 직접 포함되는) 반 총장의 특별 사업, 여러 고위급패널과 자문단을 통해 풍부해지는 야심 차고 보편적인 지속가능개발의제의 핵심이 된다.

리우+20 정상회의

반 총장은 2011년 새천년개발목표 연례보고서에서 2012년 6월에 열릴 리우+20 정상회의가 2015년 이후의 토대에 기여하고 3가지 측면인 경제적·사회적·환경적 측면을 묶음으로써 지속가능개발을 재고할 중요한 기회를 줄 수 있다고 밝혔다.[33] 그는 리우+20 정상회의 준비 과정에서 정부 간 협의에 핵심 지침을 제공했으며, 포괄적이고 증거에 따른 절차를 적극 지원했다. 또한 회의가 다가오는 시점에 세계의 지속가능성을 위한 고위급패널High-level Panel on Global Sustainability을 꾸려서 지속가능한 성장과 모두를 위한 저탄소 번영이라는 새로운 청사진을 그리도록 만들었다.[34] 이 패널이 발표한 최종 보고서, 〈복원력 있는 인류, 복원력 있는 지구: 선택할 가치가 있는 미래Resilient people, resilient planet: a future worth choosing〉는 지속가능개발을 이행에 옮기고 가능한 한 빨리 경제 정책의 주류로 삼기 위한 56개의 권고안을 담았다.[35] 이 보고서는 리우+20 정상회의와 유엔 기후변화협약United Nations Framework Convention on Climate Change, UNFCCC 당사국총회를 비롯한 정부 간 절차에 반영되었다.

리우+20 정상회의는 2015년 이후의 지속가능개발 절차에 초석을 놓은 〈우리가 원하는 미래The Future we want〉[36]라는 제목의 결과문서와 함께 마무리되었다.[37] 회원국들은 회의에서 "균형 잡힌 방식으로 지속가능개발의 3가지 측면과 그 연결고리를 모두 통합하고 유엔 포스트 2015 개발의제에 맞춘" 지속가능개발목표를 위해 포괄적이고 투명한 정부 간 절차를 구축하는 데 동의했다.[38] 또한 제68차 총회에 제출할 지속가능개발목표 제안서를 마련하기 위해 30명의 대표단으로 구성된 공개 작업반을 만들기로 결정했다. 그리고 공개 작업반과 재원조달위원회의 활동을 위해 사무국에서 체계적인 지원을 받아 지속가능개발 재원 조달을 위한 정부 간 전문가위원회를 만들기로 합의했다. 또한 리우+20 정상회의는 유엔 환경계획을 강화하고, 58개국으로 구성된 유엔 환경계획관리이사회를 모든 국가가 참여하는 유엔 환경총회UN Environment Assembly, UNEA로 발전시키기 위한 토대를 마련했다.

포스트 2015 개발의제를 위한 유엔 전담팀

반 총장은 2010년 새천년개발목표 관련 총회인 고위급회담의 결과에 따라 협상 절차를 지원하고 체제 전반에 걸친 준비를 조율하며 포스트 2015 개발의제를 숙고할 체제 전반의 이상과 이정표를 정의하기 위해 전담팀을 구성했다. 유엔 경제사회국과 유엔 개발계획이 공동으로 이끄는 이 전담팀은 60여 개의 유엔 기관과 다른 국제기관을 한데 모았다. 그들이 발표한 첫 보고서는 포스트 2015 개발의제를 다룬 다른 보고서들에 큰 영향을 끼쳤다.[39] 반 총장은 리우+20 정상회의에서 제기된 회원국들의 요청에 따라 공개 작업반을 지원하도록 전담팀 산하에 기관 간 기술지원팀을 만들었다. 경제사회국과 유엔 개발계획이 공동으로 이끄는 이 팀은 고려되는 각 부문과 관련하여 29개 사안에 대한 개요뿐 아니라 통계 관련 조언도 제공했다.[40]

포스트 2015 개발의제에 대한 의견과 사업

유엔 개발그룹은 포스트 2015 개발의제에 관한 논의를 포괄적이고 개방적이며 투명하게 만들기 위해, 2012년에 약 100개국의 협의와 11개 사안[41]에 관한 세계적인 협의 그리고 세계적인 온라인 토론 및 인터넷과 휴대전화를 통해 194개국에 걸쳐 1,000만여 명을 대상으로 실시한 마이월드MY World 설문조사[42]를 포함하는 유례없는 협의 절차를 시작했다. 전 세계의 많은 시민단체와 연구기관들도 토론에 적극적으로 참여했다. 유엔 개발그룹은 2013년 3월에 낸 초기 보고서인 〈세계적 대화가 시작된다The Global Conversation Begins〉에 이어 2013년 9월에 〈100만 개의 목소리: 우리가 원하는 세계, 모두를 위한 존엄을 달성한 지속가능한 미래A Million Voices: The World We Want, A Sustainable Future with Dignity for

All⟩[43]라는 제목으로 협의 관련 최종 보고서를 발표했다. 이 보고서들은 정부 간 절차에 반영되었으며, 패러다임을 바꿀 반 총장의 종합보고서를 만드는 데 도움을 주었다.

포스트 2015 개발의제를 이행하는 방식에 대한 제2차 협의는 2014년에 열렸다. 유엔 개발그룹은 그 결과를 2014년 9월에 ⟨포스트 2015 개발의제의 이행Delivering the post-2015 development agenda⟩[44]이라는 제목의 보고서로 발표했다. 협의 절차에서 이뤄진 대화들은 확고한 참여와 포용, 강화된 역량과 파트너십을 강조한다. 그리고 효과적 이행에 초점을 맞춘 의제만이 각국 정부를 새로운 의제로 이끈 전 세계 수백만 명의 바람과 희망에 부응한다는 점을 보여준다. 사람들은 새로운 의제를 이행하고 정부가 공약을 준수하도록 하는 과정에 참여하고 싶어 했다.

2012년 7월에 반 총장은 과감하면서도 현실적인 개발 이상을 수립하고 "모든 국가가 책임을 분담하는 가운데 빈곤 퇴치와 지속가능개발을 핵심에 둔 포스트 2015 개발의제에 대한 권고안"[45]을 제공할 수 있도록 저명인사들로 고위급패널을 구성했다. 26명으로 구성된 이 패널은 새로운 개발 과제를 반영하는 동시에 새천년개발목표를 이행하는 동안 쌓은 경험들을 성과와 개선 측면에서 활용했다. 그들이 2013년 5월에 반 총장에게 제출한 ⟨새로운 글로벌 파트너십: 지속가능개발을 통한 빈곤 퇴치 및 경제 변혁A New Global Partnership: Eradicate Poverty and Transform Economies through Sustainable Development⟩은 ① 누구도 소외시키지 않고 ② 지속가능개발을 핵심으로 삼으며 ③ 일자리와 포용적 성장을 위해 경제를 변혁하고 ④ 평화와 함께 효과적이고 개방적이며 책임성 있는 공공기관을 구축하며 ⑤ 새로운 글로벌 파트너십을 수립하는 5가지 획기적 변화가 필요하다고 강조했다.[46]

반 총장은 2011년 9월에 출범한 '모두를 위한 지속가능한 에너지 Sustainable Energy for All, SE4All' 사업을 통해 정부와 기업, 시민사회가 협력하면 2030년까지 모두를 위한 지속가능한 에너지를 실현할 수 있다는 비전[47]을 제시했다.[48] 그는 이 내용을 자세히 설명하는 대목에서 현대적인 에너지 서비스에 대한 보편적인 접근권을 보장하고, 에너지 효율 부문에서 개선 속도를 2배로 높이며, 세계적인 에너지 구성에서 재생가능한 에너지의 비율을 2배로 늘린다는 3가지 목표를 강조했다.[49] 이 사업은 여러 기관과 국가들이 현재 진행하고 있거나 앞으로 계획 중인 사업들을 서로 연계시키고 협력시킬 수 있는 세계적인 토대를 제공했다. 또한 반 총장이 제시한 비전은 "모두를 위한 저렴하고 안정적이고 지속가능하고 현대적인 에너지에 대한 접근권을 보장한다"는 지속가능개발목표 7과 관련한 다양한 목표를 수립하는 데 영향을 미쳤다.

2012년에 유네스코를 사무국으로 출범시킨 글로벌교육협력구상은 모든 아동을 학교로 보내고, 학습의 질을 개선하며, 세계 시민정신을 배양하는 일을 우선순위로 삼았다. 그 목표는 교육에 대한 정치적 관심을 높이고, 양질의 교육을 달성하기 위한 세계적 운동을 강화하며, 지속적인 후원 활동을 통해 추가적이고 충분한 재원을 조달하는 것이었다. 이 사업은 2030 개발의제의 핵심에 있는 새롭고 폭넓은 교육 비전을 세우는 데 도움을 주었다.

2012년에 리우+20 정상회의에서 출범한 '기아종식사업'은 기아 없는 세상을 위한 전 지구적 행동을 꿈꾸는 반 총장의 개인적 비전을 반영했다.[50] 이 사업은 한데 묶으면 기아를 종식시키고, 최악의 영양실조를 막으며, 포괄적이고 지속가능한 식량 체계를 구축할 수 있는 5가지 요소를 중심으로 진행되었다. 또한 이 공동 비전을 실현하기 위해 다양한 이해관계자들을 불러 모았다.[51] 회원국들은 반 총장이 제시한 과제에 호응하여 '기아 종식'을 2030 개발의제에 포함시켰다. 지속가능개발목표 2는 회원국들이 "기아를 종식시키고, 식량 안보 및 영양 개선을 달성하며, 지속가능한 농업을 촉진하도록" 촉구한다. 이 목표는 홍보와 접근권, 농업 생산성, 소농 및 여성을 위한 소득과 관련된 목표들을 포함한다. 또한 지속가능개발목표 12는 회원국들이 "지속가능한 소비와 생산 패턴을 보장"하도록 촉구하며, 음식 폐기물 및 낭비와 관련된 세계적 목표를 포함한다.[52]

기후변화에 맞서는 일은 반 총장의 임기를 대표하는 요소였다. 반 총장이 기후변화에 관한 야심 찬 합의를 이끌어내고 해당 사안을 2030 개발의제에 포함시키기 위해 결연하게 나선 것은 당연한 일이었다. 반 총장은 2기 임기 초에 팀을 모아서 기후변화에 대한 대응을 핵심 목표로 삼는 5개년 실천의제Five-Year Action Agenda[53]를 만들었다. 한편 2014년에 열린 기후정상회의Climate Summit에 참석하기 위해 100여 명의 국가수반과 800여 명의 기업계 및 시민사회 지도자들이 뉴욕 유엔 본부에 모였다. 2015년 초에 반 총장은 전 세계 지도자들이 자발적 감축 목표Intended Nationally Determined Contributions, INDCs를 조기에 제출하도록 만드는 데 집중하기 시작했다. 그 결과 11월 30일에 파리에서 유엔 기후변화회의UN Climate Change Conference가 열렸을 때 180여 개국이 자발적 감축 목표를 제출했다. 또한 반 총장은 2015년 내내 기후변화와 관련된 외교 활동을 지속하는 한편, 유엔 기후변화회의와 파리협약의 협상 전까지 다른 지도자들과 긴밀하게 협력하여 효과를 극대화하려고 노력했다.

리우+20 정상회의 직후인 2012년 8월, 뉴욕에서 세계적으로 시급한 환경적·사회적·경제적 문제의 해결책을 함께 찾기 위해 연구소와 대학, 기술 단체들이 연대한 독립적 네트워크로서 '지속가능개발을 위한 해법 네트워크Sustainable Development Solutions Network, SDSN'[54]가 출범했다. 이 단체는 기업계, 시민사회, 유엔 기관 및 다른 국제기관을 비롯한 이해관계자들과 협력하여 지속가능개발을 이루는 최선의 경로를 파악하고 공유하는 일에 나섰다.[55] 또한 과학 기반, 실천 중심 의제를 채택하고, 지속가능개발의 경제적·사회적·환경적 측면을 네 번째 측면인 통치와 통합하도록 권고했다. 이들의 작업은 종합보고서에 반영되었다.[56] 이들은 지금도 2030 개발의제의 여러 측면을 이행하고 검토하는 일을 자문하고 지원한다.

2013년에는 2030 개발의제를 비롯하여 지속가능개발과 관련된 논쟁에 추가 정보를 제공하고, 과학과 정책 사이의 상호작용을 강화하기 위해 자연과학과 사회과학, 인문과학 분야의 저명한 학자들로 구성된 사무총장과학자문단Scientific Advisory Board of the Secretary-General을 출범시켰다. 반 총장은 유네스코에 자문단을 설립하고 사무국을 설치할 것을 요청했다. 2014년에는 유엔 체제와 다른 협력기관들이 포스트 2015 개발의제의 진전을 점검하기 위해 적절한 데이터를 생산하고 사용하고 분석할 수 있도록 '데이터 혁명'을 활용하는 방안을 사무총장에게 자문할 목적으로, 독립단체인 '지속가능개발을 위한 데이터 혁명 관련 전문가 자문단Expert Advisory Group on the Data Revolution for Sustainable Development'이 구성되었다.[57] 이 단체가 발표한 보고서인 〈중요한 세계 A World That Counts〉[58]와 권고안은 지속가능개발목표와 관련된 지표 개발 작업에 반영되었다.

반 총장은 2013년 7월에 회원국들에게 새천년개발목표 진척 보고서를 제시했다. 〈모두를 위한 존엄한 삶: 새천년개발목표의 진전을 촉진하고 2015년 이후 유엔의 개발의제를 진전시키다A life of dignity for all: accelerating progress towards the Millennium Development Goals and advancing the United Nations development agenda beyond 2015〉라는 제목의 이 보고서는 지속가능개발을 위해 보편적이고 통합적이며 인권에 기초한 의제를 수립해야 한다는 권고안을 담았다. 또한 경제 성장, 사회 정의, 환경 관리 문제에 대응하고 누구도 소외시키지 않는 의제를 만들기 위해 평화와 개발, 인권 사이의 상관성을 부각시켰다. 또한 반 총장은 엄격한 검토와 점검, 한층 뛰어나고 세분화된 데이터, 측정하기 쉽고 적용하기 쉬운 목표를 요청했다. 그리고 모든 국가에 적용될 수 있는 변혁 조치들을 제시했다. 이 보고서는 유엔 개발그룹이 이행한 '세계적 대화'에서 얻은 통찰, 앞에서 언급한 전문가패널과 네트워크, 팀들이 만든 보고서, 시민사회와 학계, 민간분야 협력단체들의 기여, 모두를 위한 지속가능한 에너지 등의 사업으로 쌓은 경험을 참고했다. 지속가능개발목표 관련 공개 작업반은 이런 자료들을 토대로 제68차 총회에서 제시할 지속가능개발목표를 수립하기 위한 논의를 실시했다.

특기할 만한 사실은 이런 여러 활동들을 통해 일관된 이야기가 만들어졌으며, 목표를 위한 제안들이 서로 유사했다는 점일 것이다. 포스트 2015 개발의제를 수립하고 리우+20 정상회의의 후속 조치를 취하기 위해 개별적으로 진행된 초기 활동들을 한데 묶는 일은 분명 어려운 과제였다. 이런 노력들의 중요한 성공은 회원국 지도자와 협상 책임자들이 보여준 전면적인 노력과 정치력, 그리고 반 총장이 사무국에 확고한 지원과 함께 방향을 제시한 덕분에 가능했다.

패러다임 전환: 2030년까지 인간 존엄을 이루기 위한 길

지금까지 개발과 관련하여 이처럼 다양한 의견을 수렴하면서 폭넓고 포괄적이며 세계적인 협의를 이룬 적은 없었다. 2013년 9월에 열린 총회에서는 당시 진행되는 협상의 방향을 제시하기 위해 반 총장에게 포스트 2015 개발의제와 관련된 의견들을 종합해 달라는 요청이 나왔다. 이에 따라 2014년 12월에 나온 종합보고서는 정부 간 협상에 도움이 되도록 하나의 문서에 포스트 2015 개발의제와 관련된 모든 노력과 증거를 담아냈다. 〈2030년까지 인간 존엄을 이루기 위한 길: 빈곤을 종식시키고, 모든 삶을 변혁시키며, 지구를 보호하다 The road to dignity by 2030: ending poverty, transforming all lives and protecting the planet〉라는 제목의 이 보고서는 지속가능개발을 위해 인권과 사람을 지지하고 지구를 중심에 둔 보편적이고 통일적이며 변혁적인 의제를 제안했다. 또한 향후 진행될 논의를 이끌고 개념적 지침을 제공하기 위해 다음과 같은 6가지 핵심 요소를 제시했다.

• 존엄: 빈곤을 종식시키고 불평등과 싸운다
• 사람: 건강한 삶과 지식, 여성 및 아동의 포용을 보장한다
• 번영: 튼튼하고 포괄적이며 변혁적인 경제를 만든다
• 지구: 모든 사회와 우리의 아이들을 위해 생태계를 보호한다
• 정의: 안전하고 평화로운 사회와 강력한 제도를 촉진한다
• 파트너십: 지속가능개발을 위해 세계적인 단결을 촉진한다

반 총장은 총회에서 보고서를 발표하면서 "2012년에 리우+20 정상회의 결과에 따라 절차가 시작된 뒤로 포스트 2015 개발의제를 수

립하기 위해 먼 길을 왔다"고 말했다. 또한 해당 보고서가 새천년개발목표를 위한 세계적인 노력에서 얻은 교훈들을 참고하는 동시에 새로운 시대, 모두를 위한 지속가능개발의 시대를 내다보았다고 밝혔다. 이 새로운 시대는 국제사회로 하여금 보편적인 접근법에 헌신하고, 모든 활동에서 지속가능성을 통합하고, 인권을 존중하고 향상시키며, 기후변화의 동인에 대응하고, 신뢰할 수 있는 데이터와 증거를 기반으로 분석하고, 최대 효과를 위해 세계적인 파트너십을 확대하며, 각국의 역량을 모으는 국제적 단결에 헌신하는 새로운 협약을 맺도록 했다.

통합적인 지속가능개발의제는 "재원 조달과 기술, 지속가능개발 역량에 대한 투자를 비롯하여 이행에 필요한 수단이 상승효과를 낼 수 있는 토대"를 요구했다. 해당 보고서는 점검과 검토, 이행을 위한 토대, 새로운 의제에 따른 과제를 맡을 수 있는 유엔 체제를 제안했다.

이행과 재원 조달 메커니즘

유엔 사무국은 2015년 7월에 에티오피아 아디스아바바에서 열린 제3차 개발재원총회에서 문서 및 보고서를 발표하고 다양한 수단을 통해 확고한 권고안을 제시했다. 반 총장은 보고서 준비 과정에서 지속가능개발 재원 조달을 위한 정부 간 전문가위원회를 지원하는 등 보완적인 활동을 펼쳤다. 아디스아바바 회의를 앞두고 2013년부터 2015년 초 사이에 발표된 문서와 보고서는 지속가능개발을 위한 재원 조달의 필요성이 매우 크지만 기존 자금으로도 충분할 것이라고 밝혔다. 다만 지속가능개발목표에 맞도록 투자가 이뤄지려면 규제와 정책 측면에서 상당한 변화가 필요했다. 관련 보고서들은 공적개발원조가 특히 어려운 국가들에 대단히 중요하며, 국내외 및 공공분야 및 민간분야를 포함하는 모든 유형의 재원 조달이 필요하다고 강조했다. 또한 각 재원이 다른 목표와 임무를 추구하며, 그에 따라 다른 목적을 지향한다는 점도 지적했다.

반 총장은 이런 평가를 토대로 개발 재원 조달의 여러 측면들을 부각시켰으며, 지속가능개발을 위한 새로운 재원 조달 체제가 대응해야 하는 새로운 측면들도 분석했다. 또한 보고서는 각국의 공공 자원을 동원하는 데 가장 큰 걸림돌로 부상한 불법자금과 탈세를 억제하기 위해 세금 문제와 관련된 국제 공조를 개선하는 일이 중요하다고 밝혔다. 이 보고서들은 민관 협력, 혼합금융을 분석했다. 동시에 특정한 주요 부문에 투자하기 위해 추가로 재원을 조달할 수 있는 잠재력과 함께 그 복잡성과 위험성, 한계를 부각시켰다. 또한 기관 투자자들의 역할을 조명하는 한편, 현재 많은 투자가 단기로 이뤄지고 있다고 지적하면서 정책 수립자들이 지속가능개발에 대한 장기투자를 촉진하는 일이 중요하다고 강조했다. 그리고 공적개발원조가 갈수록 기후변화에 대응하는 현실, 특히 피해 완화의 필요성을 포함해 기후변화가 재원 조달에 미치는 영향도 분석했다.

개발재원총회의 결과물인 아디스아바바 행동의제(이하 '아디스아바바 의제')는 반 총장이 제시한 개념적 사고와 확고한 정책 권고를 많이 반영한다. 또한 이 의제는 개발 재원을 조달하고, 세계 경제를 변혁하며, 지속가능개발목표를 달성하기 위한 수백 가지 확고한 약속 및 행동, 그리고 지속가능개발을 위한 포괄적 재원 조달 토대를 제공한다. 2015년 9월에 총회가 채택한 2030 개발의제에서 강조한 대로 아디스아바바 의제를 온전히 이행하는 일은 지속가능개발목표를 실현하는 데 필수적이다.

아디스아바바 의제는 포괄적인 접근법을 통해 공적 재원을 동원하고, 적절한 공공정책과 규제 기준을 수립하고, 시민과 민간분야의 혁신적 잠재력을 활용하며, 지속가능개발을 뒷받침하는 소비와 생산, 투자 패턴의 변화를 촉진한다. 또한 모든 자금 흐름과 정책을 경제적·사회적·환경적 우선사항 및 수단에 맞춰서 안정적이고 지속가능한 재원 조달을 보장한다. 그리고 2002년 제1차 개발재원총회(몬테레이 컨센서스)의 유산을 토대로 하여 재원 조달이 자금 흐름만이 아니라 국가적·국제적 차원에서 힘을 북돋는 환경을 강화하는 공공정책에 의존한다는 사실도 지적한다. 아디스아바바 의제는 제1차 개발재원총회와 2008년에 도하에서 열린 제2차 개발재원총회를 참고하여, 개도국들이 자국의 경제적·사회적 개발에 주된 책임을 진다고 밝힌다. 그에 따라 국가적 지속가능개발 전략이 아디스아바바 의제의 핵심 요소가 된다. 동시에 국내 정책도 국제 환경으로 뒷받침되어야 한다는 점이 제시된다.

아디스아바바 의제는 몬테레이 회의를 뛰어넘어 지속가능개발을 실현하기 위한 규제 및 다른 정책 요건들에 초점을 맞추면서 지속가능개발의 3가지 측면을 모두 통합한다. 2002년 몬테레이 컨센서스에 뒤이어 2008년 도하에서 발표된 개발재원선언2008 Doha Declaration on Financing for Development(이하 '도하선언')에서는 과학, 기술, 혁신, 역량 구축 문제를 다뤘지만 자세한 조치를 이끌어내지는 않았다. 반면 아디스아바바 의제는 포괄적 틀 안에서 지속가능개발을 이행하기 위해 비금융적 수단들을 명시적으로 통합해 제시한다. 또한 더 크고 다양한 금융 관련 필요에 대응하기 위해 여러 유형의 재원이 가진 혜택과 위험을 세밀하게 설명한다. 그리고 부문과 프로젝트에 따라 다양한 재원 조달 방식을 조합하는 게 적절하다는 사실을 강조한다. 가령 기본적인 사회적 필요를 충족하기 위한 투자를 비롯해 일부 투자는 대다수 국가에서 공공분야의 비중이 압도적으로 클 것이다. 반면 다른 투자는 공공분야와 민간분야 양쪽에서 재원을 조달할 필요가 있으며, 중소 규모 사업을 위한 또 다른 투자는 공공정책의 지원을 받더라도 민간분야의 비중이 압도적으로 클 것이다. 이런 맥락에서 아디스아바바 의제는 민간분야에 대한 유인책에 초점을 맞추며, 구체적인 공공정책 및 규제의 틀을 제시한다.

지속가능한 소비와 생산의 패턴도 세계적으로 중요하게 인식되었다. 기후변화 대응 재원 조달, 해양과 삼림 보호, 기타 환경 문제 같은 사안들이 토론에서 중요하게 다뤄졌으며, 교역 및 국제 금융 안정성 같은 사안들과 함께 세계적인 공통 의제에 포함되었다. 아디스아바바 의제의 포괄적인 틀과 완전한 약속 및 실천은 지속가능개발목표를 이행하고 지속가능개발을 뒷받침하는 세계적인 파트너십을 지원하기 위한 강력한 토대를 제공한다.

지속가능개발을 위한 유엔 정상회의

유엔 회원국들은 앞서 언급한 대로 2015년 9월에 새로운 지속가능개발의제를 채택했다. '우리의 세상을 변혁하다: 2030 지속가능개발의제Transforming our world: the 2030 Agenda for Sustainable Development'(이하 '2030 개발의제')[59]는 3년에 걸친 유례없는 협의 절차를 거쳐 "사람과 지구 그리고 번영을 위한 실천계획"을 제시하며, "더 큰 자유 안에서" 보편적인 평화를 모색한다. 이 의제는 선언과 17개의 지속가능개발목표 및 169개의 하부목표, 이행 수단 및 새로운 세계적 파트너십, 검토 및 후속 조치를 위한 틀로 구성되며, 인권과 평등, 차별 철폐를 보편적으로 존중하는 세계를 그린다. 새로운 의제의 핵심 메시지는 "누구도 소외시키지 않는다"이다. 지속가능개발목표는 통합적이고 불가분의 관계에 있는 경제, 사회, 환경이라는 세 측면의 균형을 맞춘다. 새 의제는 여러 국가의 현실과 역량 그리고 개발 수준을 감안하고 국가적 정책 및 우선순위를 존중하여 보편적으로 적용할 수 있다.

2030 개발의제와 유엔 활동의 통합

회원국들은 결과보고서에서 2030 개발의제를 이행하기 위해 다양한 유엔 개발 체제에 일관되고 통합적인 지원을 요청했다. 유엔 개발 그룹은 효과적이고 일관된 지원을 위해 맵스MAPS(주류화Mainstreaming, 촉진Acceleration, 정책 지원Policy Support)라는 줄임말을 공통 접근법으로 채택했다.[60] 맵스는 정책 일관성과 복수 이해관계자의 참여에 초점을 맞춰서 파트너십과 데이터, 책임성을 결합한 요소에 관심을 기울인다.

• 주류화는 2030 개발의제를 국가적·지역적 차원에서 안착시키고, 개발을 위한 국가적·지역적 계획에 필요한 예산을 할당하는 것을 뜻한다.

• 촉진은 주류화 과정에서 파악된 우선 분야에 국가적(그리고 유엔의) 자원을 투입하고, (의제의 통합적 속성에 따라) 여러 부문의 상승효과와 상쇄효과, 병목, 재원 조달 및 파트너십, 측정에 특별한 관심을 기

울이는 것을 뜻한다.

- 정책 지원은 유엔 개발 체제가 보유한 기술과 전문성을 시기적절하게 최소한의 비용으로 제공하는 것을 뜻한다.

2016년 1월에 반 총장은 2030년까지 목표를 달성하기 위해 동력과 약속을 얻어내려는 일을 지원하도록 지속가능개발목표 자문단을 만들었다.[61] 저명인사들로 구성된 이 모임은 시민사회, 학계, 의회, 민간분야의 협력기관과 힘을 모아서 지속가능개발목표를 촉진하기 위한 새롭고 획기적인 아이디어와 방법들을 개발할 것이다.[62] 2015년 10월에 반 총장은 2030 개발의제를 지원하기 위해 유엔 밀레니엄캠페인의 활동 기간을 연장시켰다. 후속 활동인 유엔 지속가능개발목표 실천캠페인UN SDG Action Campaign [63]은 반 총장의 기관 간 사업으로서 시민들이 새로운 목표의 채택과 이행, 점검에 참여할 수 있도록 사람 중심 토대를 마련하는 역할을 계속한다. 이 캠페인의 통합적인 3가지 사명은 다음과 같다.

- 지속가능개발목표의 이행 과정에서 누구도 소외되지 않도록 시민들의 직접 참여를 촉진하여 책임성 및 세계 시민의 실천을 강화한다.

- 유엔 국가팀에 지속가능개발목표의 정책 지원, 홍보용 이야기, 혁신 지원을 제공한다.

- 시민의 반응을 수집하고, 데이터 간극을 메우고, 저개발 국가와 낙

후된 공동체에 초점을 맞춰서 지속가능개발목표의 영향에 대한 사람 중심 데이터와 증거, 정서를 취합한다.

마이월드 2030[64]의 시민 설문, 월드 위 원트 2030World We Want 2030[65]의 다자간 협의, 유엔 버추얼리얼리티시리즈UN Virtual Reality Series[66], 우리 인류의 인터랙티브 전시회 같은 사업들은 새천년개발목표 시대와 2030 개발의제 도입기에 활용한 탁월한 마케팅 및 양방향 참여 기법을 통해 사람들의 관심과 다양한 협력기관 그리고 실제 행동을 불러일으키는 촉매로 활용될 것이다. 또한 이런 활동들은 사람들이 지속가능개발목표 부문에 갖는 기본 인식과 만족도를 평가하며, 가장 뒤처진 사람들의 목소리를 듣고 대응하는 일에 나설 것이다.

새로운 목표를 달성하려면 세계적인 차원의 후속 조치와 점검이 필요하다. 2030 개발의제의 제90항에서 요구한 대로 반 총장은 회원국들과 협의하여 제70차 총회에서 검토할 보고서를 준비했다. 이 보고서는 2030 개발의제의 후속 조치와 점검을 위한 핵심 토대인 '지속가능개발을 위한 고위급정치포럼High-level Political Forum on Sustainable Development'[67]의 2016년 회의를 대비한 것이기도 했다. 이 보고서는 2030 개발의제에 제시된 후속 조치와 점검을 위해 유엔 기구가 할 수 있는 역할에 대해 권고하고 있다. 따라서 회원국들이 다양한 부문의 역할과 고위급정치포럼의 운영방식을 협의하기 위한 토대가 될 것이다. 반 총장이 지원한 이런 활동들은 전환기에 이뤄지지만, 회원국들로 하여금 고위급정치포럼의 지속적인 작업을 돕는 경험을 쌓도록 해준다. 2013년 9월에 열린 고위급정치포럼 창립회의에는 수많은 국가 및 정부수반이 모였다. 2016년 고위급정치포럼에서는 22개국이 지속가능개발목표의 진전을 점검하겠다고 자발적으로 나섰다.

2015년 말에 반 총장은 아디스아바바 의제에 발맞춰서 개발 재원 조달을 위한 기관 간 태스크포스를 소집했다.[68] 이 태스크포스의 임무는 재원 조달 회의의 결과가 얼마나 이행되었는지, 지속가능개발목표를 이행하는 수단은 무엇인지에 대해 해마다 보고서를 내는 것이다. 동시에 국가적·지역적 측면을 고려하여 진척과 이행 간극 그리고 조정 권고안에 따른 정부 간 후속 절차를 자문해주는 것이다. 구성원은 50개의 유엔 기관과 사업단, 사무소, 지역경제위원회 그리고 경제협력개발기구와 금융안정위원회Financial Stability Board 같은 유관 국제기관들이다. 또한 유엔 경제사회국이 대표를 맡는 가운데 세계은행그룹, 국제통화기금, 세계무역기구, 유엔 무역개발회의UN Conference on Trade and Development, 유엔 개발계획 같은 개발 재원 조달기관의 주요 이해관계자들도 핵심 역할을 맡는다. 이 태스크포스의 연례보고서는, 회원국들이 개발재원총회의 결과 이행과 그 결과를 고위급정치포럼에 반영시킬 개발 재원 조달 관련 유엔 경제사회이사회 연례포럼의 후속 조치에서 2030 개발의제를 이행하는 수단을 검토하는 데 참고가 될 것이다.

이 태스크포스는 2016년 초에 진전 상황을 완전히 검토하는 일이 이르다는 판단 아래, 2016년 1월에 열린 첫 회의에서 ① 지속가능개발목표 이행 수단과 관련성을 포함하여 아디스아바바 의제에 담긴 약속과 실천사항을 정리하고 ② 연례 진척 상황을 평가하기 위한 점검 틀과 데이터 출처를 제시한다는 2가지 목표에 따라 첫 보고서를 만들기로 결정했다. 이 보고서는 아디스아바바 의제의 약속과 실천사항들을 100여 개의 범주로 분류했으며, 최선의 점검용 데이터 출처와 데이터의 질에 대한 논의, 정량적·맥락적 분석 같은 방법들, 그리고 각 사례의 연구를 제시했다. 이 태스크포스는 점검 틀의 일환으로 향후에 만들 보고서를 세 방향에서 접근할 것을 제안했다. 거기에는 아디스아바바 의제의 이행과 관련된 세계적 맥락과 그 의미에 대한 논의, 정부 간 지침에 기초한 구체적인 주제별 사안에 대한 논의, 온라인 부속 회의에서 다룬 약속들 등 아디스아바바 의제의 각 실천 영역에서 이뤄진 진전에 대한 개요가 포함되었다. 회원국들은 개발재원총회 후속 2016년 경제사회이사회포럼에서 합의한 결과와 권고안에서 이러한 접근법을 환영했으며, 태스크포스의 향후 활동에 대한 추가 지침도 제시했다. 한편 개발재원총회의 결과 이행과 지속가능개발목표의 이행 상황을 보고하기 위한 토대로서, 간결하고 분석적인 2017년 보고서에 증거 기반을 제공할 포괄적인 태스크포스 인터넷 포털을 만드는 작업도 시작되었다.

반 총장은 총회가 '정보사회 세계정상회의World Summit of the Information Society, WSIS'에서 합의한 목표들의 진행 상황을 검토하는 작업을 도왔다. 검토 결과 지속가능개발목표를 달성하기 위해 정보기술과 통신기술이 중요하다는 사실이 드러났다. 반 총장은 유엔 체제를 동원하여 정보사회 세계정상회의에서 이뤄진 약속과 그 검토 결과가 완수되도록 지원했다. 또한 여러 이해관계자들이 인터넷 관리와 관련된 사안들을 논의하는 토대를 제공하는 회의인 '인터넷 거버넌스 포럼Internet Governance Forum'도 뒷받침했다.

기타 지원 사업

반 총장이 추진한 여러 사업들은 2030 개발의제를 채택하는 과정에서 다양한 정보와 도움을 제공했다. 이 사업들의 목적은 전문가들의 시각과 유엔 회원국들의 경험을 통합하는 것이었다.

한 가지 예를 들자면 국제적·국가적·지역적·부문별 차원에서 이행할 수 있는 지속가능한 운송 정책에 대한 권고안을 제공하고, 기후 대응 활동을 비롯한 개발 전략과 정책에 지속가능한 운송을 반영하도록 촉구하기 위해 3년 기한으로 '지속가능한 운송을 위한 고위급자문단High-level Advisory Group on Sustainable Transport'이 만들어졌다. 세계에 걸쳐 특히 도시 지역에서 정체와 오염 문제를 개선하고, 기후변화와 싸우며, 지속가능개발을 돕는 지속가능한 운송 체계를 보장하는 일은 반 총장에게 기후 위기에 대한 해법의 일환이자 최우선사항이다.

앞서 언급한 대로 아디스아바바 의제를 이행하는 일은 지속가능개발목표를 달성하는 데 필수적이다. 앞으로 15년 동안 경제사회이사회와 산하 기관들뿐 아니라 총회와 그 위원회, 특별회의, 고위급회의 그리고 기타 절차들은 두 의제에 최대한 기여하는 방식으로 유엔 체제를 계속 이끌 것이다. 여러 위원회와 기구의 활동 계획도 꾸준히 진화할 것이다. 세계적인 차원에서 이뤄지는 일관되고 효율적이며 포괄적인 후속 조치 및 점검에서 총회가 진행하는 절차들은 분명 유엔 활동에 영향을 미칠 것이다. 또한 유엔 체제는 과학과 정책 사이의 상호작용을 강화하고 빈곤 퇴치 및 지속가능개발을 뒷받침하는 탄탄한 증거 기반 수단을 제공할 고위급정치포럼과 글로벌지속가능개발보고서Global Sustainable Development Report의 정부 간 결론 내용을 따를 것이다. 다양한 유엔 조직의 개별 운영기구는 활동을 유도 및 점검하고, 필요에 따라 의제와 관련한 새로운 임무를 부여할 것이다. 유엔 지역위원회들도 결의와 결정을 통해 구체적인 지침을 제공할 것이다.

회원국들은 경제사회이사회의 논의 테두리 안에서 유엔 개발 체제와 개발 활동을 4년 주기로 검토하는 업무를 더 장기화하는 방안을 고려하고 있다. 이런 측면에서 유엔이 지역적·국가적 차원에서 펼치는 활동들은 회원국들이 세계적 차원에서 표방한 야심을 현실화해야 한다. 새로운 의제들은 유엔의 회원국 지원 방식을 시험할 것이다. 새로운 과제에 적절하게 대응하려면 기존 체계를 효과적으로 활용하고, 필요할 경우 새로운 체계로 보완하는 치열한 노력이 필요하다.

세계적 대화에서 세계적 행동으로

반 총장은 이처럼 야심 찬 사업을 추진하기 위해 사무국의 여러 부서와 사무소 그리고 기타 조직 단위에 임무를 수행하기 위한 정책 방향뿐 아니라 유엔 체제에 대한 지침과 조율 지원을 계속 제공했다. 또한 사무차장은 사무총장을 도와서 여러 활동과 사업의 부문 간·기관 간 일관성을 보장하고, 개발 정책과 개발 지원의 선도적인 중심이라는 유엔의 입지를 강화하는 등 경제적·사회적 측면에서 유엔의 위상을 높이기 위해 노력했다.

사무총장은 상승효과와 효율성을 극대화하고, 파편화와 중복을 줄이기 위해 2가지 의제를 이행하는 회원국들을 돕는 사무국 활동들을 조율한다. 그에 따라 사무국 전반에 걸쳐 전략적 방향, 우선순위, 자원 재할당, 결과 점검을 보장하는 절차들이 마련되고 있다. 이런 노력들은 추가적인 우선순위를 설정하고, 정부 간 절차에서 나오는 추가 임무를 반영하는 토대를 강화한다. 이런 절차를 많이 활용하면 인권, 평화와 안보, 개발이라는 세 틀에 접근하는 방식과 관련하여 문화적 변화를 촉진하는 데 도움이 된다. 사무총장은 또한 기존 체계를 활용하여 정부 간 임무에 대응하는 행동들을 조율한다. 고위급조정이사회와 산하기구인 고위급사업조정위원회High-level Committee on Programmes, 고위급관리위원회High-level Committee on Management, 유엔 개발그룹은 이런 노력의 중심을 이룬다.

반 총장은 2가지 의제가 채택된 후인 2015년에 유엔 산하조직들에 회원국들의 야심 찬 목표에 적극 호응하도록 촉구했다. 이에 따라 유엔 조직들은 초점을 맞추고, 투명성을 개선하고, 효율성을 높이며, 책임성을 강화하고 있다. 또한 유엔이 가치를 더할 수 있는 영역에서 갈수록 통합된 방식으로 서비스를 제공하고 있다. 또한 전략과 의제를 정렬하고, 의사소통의 질과 정기성을 개선하고 있다. 그리고 기획, 예상 결과 설정, 세계적·지역적·국가적 차원의 보고를 위해 일관된 틀을 활용하고 있다.

유엔 국가팀이 각 회원국에 제공하는 지원은 해당 국가의 필요와 역량에 좌우된다. 유엔 개발그룹이 발표한 바에 따르면 95개국 정부가 2030 개발의제 이행과 관련하여 지원을 요청했다. 유엔 개발그룹은 이를 위해 앞서 설명한 주류화·촉진·정책 지원, 즉 맵스를 포함하는 접근법을 공통으로 취했다. 이미 2030 개발의제의 주류화를 위한 포괄적 참고 지침이 각 국가팀에 제공되었으며, (새천년개발목표의 이행 과정에서 얻은 교훈을 반영한) 촉진 도구들을 진전시키는 작업이 진행되고 있다.

고위급 정책에 대한 지원이 늘어나고, 사업 기반에서 더 실용적 방식으로 변하는 상황에서 많은 국가들은 효과적이고 체계적인 방식으로 유엔 전문 기관과 비상주 조직의 전문성을 활용할 방법을 찾는다. 힘을 부여받은 인도적 현지 단체와 국가팀은 각국 관계당국과 협력단체들이 2030 개발의제를 이행하는 데 필수적이다. 유엔 체제로 하여금 2030 개발의제에 일관적으로 대응할 수 있게 해주는 현지 진행 체계를 지원하기 위해, 유엔 개발그룹은 2014년부터 사무국을 비롯한 세계의 모든 구성 조직이 기여하는 바를 공유하고 있다.

이제는 시민들도 지속가능개발목표의 채택과 이행, 점검에 직접 참여할 수 있게 되었다. 그에 따라 유엔 헌장 첫머리에 나오는 "우리 인류"라는 표현이 더욱 큰 의미를 얻었다. 유엔 개발그룹이 진행하는 지속가능개발목표 실천캠페인은 시민들의 의견을 수집하고, 데이터 간극을 메우며, 책임성 및 세계 시민의 행동을 고취하고, 정책을 후원하고, 경험을 나누며, 유엔 국가팀을 지원할 기관 간 토대를 제공한다. 또한 실천 중심의 참여 활동, 언론 중개, 주요 집단 교육을 통해 모든 국가에서 시민들에게 힘을 부여하며, 마이월드 같은 사업을 토대로 협력기관들과 세계적인 홍보 활동을 펼칠 것이다.

03

NO PLANET B:
TEN YEARS OF
CLIMATE
LEADERSHIP

이 장은 유엔 기후변화협약사무국UN Climate Change Secretariat과 유엔 환경계획의 주도로 작성되었다.

앞 장 사진: 기후변화의 영향을 직접 확인하기 위해 그린란드를 찾은 반기문 사무총장. 유네스코 세계문화유산인 일룰리사트 얼음 피오르Illulissat Icefjord도 방문지 중 하나였다.

03 10년간 기후 리더십을 발휘하다

크리스티아나 피게레스 Christiana Figueres
전 유엔 기후변화협약 사무총장

파트리시아 에스피노사 칸테야노 Patricia Espinosa Cantellano
유엔 기후변화협약 사무총장

아킴 슈타이너 Achim Steiner
전 유엔 환경계획 사무총장

에릭 솔하임 Erik Solheim
유엔 환경계획 사무총장

반 총장은 첫 임기를 준비할 때, 세계적인 성격을 지니고 시급한 대응이 필요하며 사무총장의 리더십으로 도움을 줄 수 있는 주요 현안들을 보고해 달라고 인수팀에 요청했다. 그 목록 최상단에 기후변화가 있었다. 반 신임 총장은 기후변화가 임기 동안 대응해야 할 근본 문제라는 사실을 즉시 파악했다. 전 세계는 인간 활동이 주로 초래한 기후변화로 인류의 존재가 위협받고 있는 현실을 인식하고 행동에 나서야 했다. 반 총장은 긴밀하게 협력하는 사람들과 함께 기후변화를 정상 차원의 사안으로 격상하고, 전면적인 대응에 나서도록 세상을 이끌며, 그 과정에서 세계적인 기후변화 합의가 이루어지도록 하겠다고 결심했다.

지구환경정상회의와 초기 노력들

생물다양성협약Convention on Biological Diversity, 유엔 사막화방지협약UN Convention to Combat Desertification, 유엔 기후변화협약은 1992년에 리우에서 열린 지구환경정상회의의 주요 성과(리우 3대 협약)였다. 178개 참가국은 환경 보호와 경제 성장 그리고 모두를 위한 더 나은 삶의 질을 동시에 뒷받침하는 개발 청사진을 제공하는 의제 21도 자발적으로 채택했다.

유엔 기후변화협약의 주 목적은 "기후 체계에 위험을 끼치는 인위적(인간이 초래한) 간섭을 방지하는 수준으로"[69] 온실가스 배출량을 줄이는 것이었다. 유엔 기후변화협약 실천을 이끄는 중심 원칙 중 하나는 모두에게 공통의 그러나 차별화된 책임(3.1조)이었다. 이 원칙은 사회 개발 및 경제 개발의 수준이 크게 다르기 때문에 역사적 책임을 고려할 때 선진국들이 주도적인 역할을 해야 한다는 인식에 따라 기후변화에 대한 모든 당사국들의 책임에 균형을 맞췄다. 이 원칙을 적용하는 일은 협약이 지속되는 동안 당사국들 사이에서 가장 이견이 심한 정치적 사안이었다.

당사국들은 더 강력한 행동이 필요하다는 인식에 따라 1997년 12월에 교토의정서Kyoto Protocol를 신속하게 채택했다. 유엔 기후변화협약과 달리 교토의정서는 부속서 1에 선진국들에 부여하는 배출량 감축 목표를 담고 있었다.[70] 이는 곧 공통의 그러나 차별화된 책임 원칙을 적용하는 것을 의미했다. 교토의정서는 2005년 2월 16일에 마침내 발효되었다. 그러나 많은 주요 온실가스 배출국들이 중국이나 인도처럼 부속서 1에 포함된 국가가 아니거나 미국처럼 협약에 서명할 의지가 없었기 때문에 의무적인 배출량 감축 체제에서 벗어나 있었다.

이처럼 배출량을 줄일 의무가 없거나 협약에 서명조차 하지 않은 나라들이 많기 때문에 교토의정서는 첫 의무이행기간에 세계 온실가스 배출량의 약 3분의 1 이상을 담보한 적이 없었다.

교토의정서의 채택과 발효는 중요한 성과이기는 했지만, 아난 총장의 임기가 끝나갈 무렵이 되자 기후변화에 대응하기 위해 진정한 세계적 합의가 필요하다는 사실이 분명해졌다. 아난 총장은 2기 말에 역대 사무총장 중 처음으로 기후변화 문제에 본격적으로 관여하면서 이 사실을 인정했다. 그는 2006년 케냐 나이로비에서 열린 제12차 유엔 기후변화협약 당사국총회/제2차 교토의정서 당사국회의에서 "교토의정서는 중요한 진전이지만 여전히 너무 작은 진전이다. 더 멀리 나아가는 방법을 고민하는 지금, 우려스러울 만큼 리더십이 부족하다"[71]라고 강조했다.

모두에게 적용할 수 있는 세계적인 합의로 나아가려면 선진국과 개도국 사이의 부족한 신뢰를 메우고, 창의성보다는 기성 입지에 더 좌우되는 기술적인 협약 수준의 협상을 뒤흔들 만한 상당한 리더십이 필요했다. 유엔 사무총장은 이런 리더십을 제공할 좋은 입지를 지녔지만 유엔 기후변화협약 사무총장을 임명하는 일 외에는 기후변화에 대응할 구체적인 임무가 없었다. 그래서 2006년까지 어떤 사무총장도 이 문제에 적극적으로 관여하지 않았다.

기후변화를 실천의제로 격상시키다

이 시점에서 반기문은 신임 사무총장으로서 인수팀에, 국제적인 차원에서 교착 상태에 있으며 사무총장의 리더십을 활용하면 더 나은 성과를 올릴 수 있는 사안들을 파악해 달라고 요청했다. 더 폭넓은 참여를 이끌어낼 가능성이 낮으며 따라서 목표를 달성할 효과적인 수단이 되기 어려운 교토의정서를 뛰어넘어, 추가적인 진전을 이룰 방법에 대한 합의가 부족하다는 점에서 기후변화가 그 대상으로 지적되었다. 인수팀은 처음에 유엔 기후변화협약의 협상에 같은 참가자들이 별다른 진전 없이 거듭 모이기만 했으며, 따라서 국가수반 수준으로 참가자를 확대해야 한다는 두 요소를 전제로 전략을 수립했다.[72] 기후변화와 관련된 반 총장의 활동은 전쟁과 평화를 둘러싼 전통적인 고위급 외교에서 새로운 다자주의 패러다임으로 향하는 변화에 맞도록 유엔의 방향을 재설정한다는 목표에 따라 이뤄졌다. 기후변화는 이 패러다임에 잘 맞았다. 동시에 기후변화에 맞서고 복원력을 갖춘 사회를 구축하기 위한 야심 찬 행동 없이는 세계 보건, 빈곤 퇴치, 인도적 위기 완화와 같은 세계적 공공선이 실현될 수 없다는 점 때문에 기후변화가 핵심 우선사항으로 부상했다.

2007년에 취임한 반 총장은 기후변화협약이 세계적 측면으로 전환하는 중요한 길목에서 기후변화 문제에 관여하기 시작했다. 교토의정서의 첫 의무이행기간은 2008년부터 2012년까지였다. 두 번째 의무이행기간을 정하기 위해 교토의정서 부속서 1에 따라 당사국 추가 의무에 관한 특별작업반을 만들고 회의를 열었다. 하지만 '2012년 이후에 세계적인 차원에서 어떻게 기후변화에 대응할 것인가'라는 폭넓은 의문은 그대로 남아 있었다. 2012년 이후 기후변화 대응 체제로 향하는 작업은 2007년 12월에 인도네시아 발리에서 열린 제13차 유엔 기후변화협약 당사국총회/제3차 교토의정서 당사국 회의에서 시작되었다. 당사국들은 2009년까지 합의에 도달해야 했다. 새로운 협약을 2012년 이전에 발효하려면 합의 기한을 설정할 필요가 있었다.

기후변화를 우선사항으로 삼기로 결정한 반 총장과 그의 팀은 발리에서 열린 유엔 기후변화협약 당사국총회를 중요한 전환점으로 파악했다. 2007년 유엔 활동보고서에서 그는 해당 총회와 관련하여 "합의를 도출하여 2012년 이후에도 글로벌 차원에서 기후변화에 더욱 포괄적으로 대응하기 위한 절차를 시작하려면 돌파구가 필요하다"고 강조했다. 그는 전략의 일환으로 신속하게 기후변화를 세계 정상과의 정기회동에서 다룰 의제로 삼았다. 특히 취임한 지 2주밖에 지나지 않은 2007년 1월 16일에 조지 W. 부시 당시 미국 대통령과 첫 회동을 가졌다. 회동의 목표는 다푸르 위기와 북한의 핵무기 개발계획 같은 주요 지정학적 사안들을 논의하는 것이었다.[73] 반 총장은 이 기회를 활용하여 기후변화 문제를 거론했다. 부시 대통령은 반 총장이 제기하는 문제에 귀 기울였다.[74] 반 총장은 2007년 7월에도 다시 기후변화 문제를 거론했고, 9월 24일에 열릴 예정인, 기후변화에 대응하기 위한 유엔 고위급토론에 부시 대통령을 초청했다. 또한 그가 하일리겐담Heiligendamm G8 정상회담에서 기후 고립주의에 반대하는 입장을 취한 것을 칭송했다.

2007년에 열린 고위급행사를 마무리하는 비공식 만찬 회동에 부시 대통령을 초청한 일은 정상 차원에서 기후변화의 역학을 바꾸겠다는 반 총장의 의지를 보여주었다. 이 행사에는 80명의 세계 정상들이 모여서 적응과 완화, 기술 및 재원을 논의했다. 그 결과 세계 정상들은 유엔이 교토의정서 이후의 협상을 진행하기에 가장 적절한 자리라는 데 합의했다.

반 총장은 발리총회를 앞두고 기후변화에 대한 문제의식을 제고하고 외부 관계자들을 참여시키기 위한 노력의 일환으로 2007년 11월에 기후변화의 영향을 확인하기 위한 첫 시찰에 나섰다. 방문지는 칠레 파타고니아와 남극 대륙이었다. 그는 이 자리에서 빠르게 녹아내리는 얼음 앞에 서서 "지금 당장 힘을 모아 행동에 나서지 않으면 멀지 않은 미래에 이 모든 것들이 사라질 수 있다"[75]고 역설했다. 또한 남극 대륙에서는 유엔 글로벌콤팩트, 유엔 기후변화협약사무국, 유엔 환경계획의 주도로 기업계 경영자들에게 해결책을 마련하도록 촉구하기 위한 '기후에 대한 배려Caring for Climate' 사업을 출범시켰다.

반 총장은 임기 초에 기후변화 문제에서 정상 차원의 정치적 참여를 이끌어내려면 더 직접적인 지원이 필요하다는 사실을 깨달았다. 그래서 2008년에 사무총장실 내에 소규모로 기후변화 문제 지원팀을 꾸려서 정치적·분석적·전략적 소통과 대외 활동을 지원하도록 만들었다. 이 사무총장 직속팀은 2008년부터 국가수반 및 정부수반, 기업계와 금융계, 투자계, 종교계, 과학계, 시민사회 지도자들과 교류하는 데 필요한 중립적이고도 편견 없는 조언을 제공했다. 또한 2회에 걸쳐 세계적인 기후변화 정상회의(2009년과 2014년)를 기획하고 이행했다. 두 정상회의는 100명이 넘는 각국 정부수반들을 모았으며, 기후변화를 세계적 의제의 상단으로 끌어올렸다.

이런 정상 차원의 참여, 그리고 반 총장과 그의 팀이 첫 9개월 동안 구축한 토대가 지니는 가치는 발리총회에서 빛을 발했다. 발리로 날아간 반 총장은 고위급 참가자들을 대상으로 한 연설에서 이렇게 촉구했다. "세상이 이번 총회에서, 여러분 모두에게서 기대하는 바는 포괄적인 기후변화협약을 향한 협상을 시작하자는 합의입니다. 여러분은 의제를, 2009년까지는 합의를 이끌어내는 긴밀한 일정과 더

불어, 더 안전한 미래를 보장하는 이정표를 마련해야 합니다." 뒤이어 그는 협상 관계자들이 실질적인 결실을 맺기를 바라며 동티모르로 떠났다.

그러나 총회가 끝날 것으로 예상된 시점이 훌쩍 지난 금요일 오후까지 협상은 결렬 위기에 처해 있었다. 문제는 계속 변하는 세상에서 공통의 그러나 차별화된 책임의 원칙을 적용하는 방법이었다. 급히 발리로 돌아온 반 총장은 수실로 밤방 유도요노Susilo Bambang Yudhoyono 인도네시아 대통령과 함께 교착 상태를 풀기 위해 총회장으로 들어갔다. 연단에 선 반 총장은 진전이 이뤄지지 않은 점을 아쉬워하면서 서둘러 합의를 하라고 촉구했다. 그의 호소 후에 인도가 완화 측면에서 개도국들이 적절하게 기여할 수 있는 포괄적인 방안을 제시했고, 미국을 제외한 유럽연합과 다른 모든 당사국들이 합의를 했다.[76]

이 시점에서 유엔 파견단 대표는 부시 대통령에게 전화를 걸어 향후 행보를 논의했다. 부시 대통령은 "사무총장이 원하는 대로 하라"고 말했다.[77] 부시의 승인에 따라 미국도 합의안과 '발리행동계획Bali Action Plan'에 동의했다.

협상 과정에서 미국의 입장이 바뀐 것은 반 총장이 부시 대통령과 개인적인 관계를 맺었을 뿐만 아니라 기후변화 문제와 관련하여 세계 정상들과 꾸준하고도 일관되게 소통한 덕분이었다. 정상들과의 직접 교류는 반 총장이 기후변화에 접근하는 대표적 방법이었다.

이후에도 발리행동계획에 따라 일련의 협상이 시작되었으나 당사국들은 2009년에 나올 최종 결과물에 합의하지 못했다. 그에 따라 관련 협상을 위해 당사국총회의 부속기구인 '장기 협력 행동을 위한 특별작업반Ad Hoc Working Group on Long-term Cooperative Action, AWG-LCA'이 만들어졌다.

코펜하겐총회로 가는 과정

발리에서 정상들과의 꾸준한 교류가 지니는 가치를 입증한 반 총장은 국가수반뿐 아니라 기업계와 시민사회 등 다양한 분야의 지도자들과 정기적으로 만나서 2009년 12월 덴마크 코펜하겐에서 열릴 제15차 유엔 기후변화협약 당사국총회에서 세계적 합의를 이루기 위한 동력을 쌓았다. 또한 제3차 기후 위험 관련 투자자 정상회의Third Investor Summit on Climate Risk를 주최하여 각국 재무부, 기관 투자자, 금융서비스 기업들로부터 100억 달러를 모아 청정 기술에 투자하겠다는 약속을 받아냈다.

반 총장은 공공분야와 시민사회, 각국 재무부를 혁신적인 방식으로 참여시키려는 노력을 꾸준히 펼치는 한편, "기후 문제를 논의할 다른 포럼들이 있지만 거의 보편적인 참여 원칙을 토대로 세계적인 정당성을 누리는 것은 유엔 기후변화협약뿐"임을 거듭 강조했다. 유엔 기후변화협약에 대한 그의 헌신은 결코 흔들리지 않았으며, 코펜하겐총회에서 협상 절차가 삐걱대는 와중에도 유엔 기후변화협약의 틀 안에서 세계적인 행동에 나서야 한다는 주장을 굽히지 않았다.

반 총장과 그의 팀은 기후변화가 더 폭넓고 새로운 다자주의 패러다임을 중심으로 유엔을 재구성하고 회원국들이 나아갈 방향을 재설정하는 데 필요한 핵심 기둥임을 알았다. 반 총장은 임기 2년 차인 2009년에 발표한 유엔 활동보고서에서, 발리행동계획을 위한 협상에 다시 활기를 불어넣고 코펜하겐에서 "합의를 마무리하기" 위해 진전하는 것이 전통적인 고위급 외교에서 중요한 세계적 공공선을 실현시키는 데 필요한 핵심 요소라고 강조했다.[78]

또한 코펜하겐총회를 위한 동력을 쌓는 가운데, 반 총장은 2009년

9월 1일에 기후변화가 미치는 영향에 대한 관심을 끌기 위해 노르웨이에 있는 북극 빙하 지역을 방문했다. 그 직후인 9월 22일에는 코펜하겐총회에서 세계적인 합의를 촉구하기 위한 마지막 노력으로 기후변화정상회의를 주최했다. 라르스 뢰케 라스무센Lars Løkke Rasmussen 덴마크 총리가 주재한 이 정상회의에서는 가장 많은 국가수반 및 정부수반들이 한자리에 모여서 기후변화 문제를 집중적으로 논의했다. 반 총장은 폐막 담화에서 "가장 취약하고 빈곤한 사람들이 기후변화의 영향에 적응하도록 돕는 진전된 실천, 산업국들에 부과하는 야심 찬 배출 감소 목표, 필요한 지원책을 제공하는 개도국들에 대한 적절한 감축 계획, 충분히 규모를 키운 재정 및 기술 자원, 평등한 운영 구조"[79]를 코펜하겐총회에서 이끌어내야 한다고 강조했다.

유엔 사무총장이 정상들과 부지런히 교류하는 가운데, 교토의정서에 따른 2차례 의무이행기간과 2012년 이후의 세계적인 기후변화 대응체제에 합의하기 위해 2009년 가을 내내 협상이 집중적으로 진행되었다. 이 협상은 교토의정서와 장기 협력 행동을 위한 특별작업반의 틀 안에서 이루어졌다. 이때는 비록 별다른 진전은 없었다. 하지만 세계 지도자들, 민간분야, 시민사회의 유례없는 참여와 과학적 사실이 증명하는 분명한 시급성, 버락 오바마의 미국 대통령 당선으로 많은 사람들은 제15차 총회에서 야심 찬 결과가 나올 것이라고 믿었다.

코펜하겐총회

그러나 코펜하겐총회는 정상들의 참여가 필요하기는 하지만 합의를 이루기에는 부족하다는 사실을 증명했다. 당시 유엔 전략기획 사무총장보는 정상과 협상 관계자 사이에 결정적인 단절이 발생하고,

정상들은 자국이 무엇을 이룰 수 있는지 제대로 몰랐기에 실제로 어떤 약속을 해야 할지 확신하지 못하는 경우가 많았다고 지적했다. 이어서 코펜하겐총회가 "바닥 상태low-water mark"였다고 인정했다.[80] 기후변화 문제에 정상들을 끌어들이는 것은 점진적인 절차의 하나이며, 아직 그 가능성을 이루지는 못했다.

반 총장이 임기 초에 외교적 노력을 시작했을 때 세계 정상들은 기후변화와 관련된, 과학적으로 복잡한 사안에 참여해 달라는 요청을 계속 받은 적이 없었다. 그래서 변화가 시작되었어도 기후변화를 완화하는 데 자국이 어떤 방법으로 혹은 어떻게 기여를 할 수 있을지 여전히 자신하지 못했다.[81] 또한 선진국과 개도국 사이의 불신도 깊었다. 주요 배출국들이 배출량을 줄이도록 만드는 일이 중요하기는 했지만, 선진국들이 앞장설지의 여부 혹은 유엔 기후변화협약 부속서 1에 포함된 국가와 포함되지 않은 국가들 사이의 확고한 장벽도 까다로운 문제였다.

가능한 일이 무엇인지에 대한 전반적인 불확실성과 신뢰 부족 문제는 불투명한 협상 절차 때문에 더욱 악화되었다. 2009년 12월 18일 금요일 저녁, 심한 논쟁이 오간 협상의 말미에 코펜하겐합의의 내용이 배포되었다. 이 내용은 소수의 세계 정상들이 막후에서 협상한 것으로 교토의정서나 장기 협력 행동을 위한 특별작업반이 진행한 당사국 협상 내용은 간접적으로만 참고한 상태였다. 그에 따라 협상이 불공정하고 불투명하다는 인식이 형성되었으며, 절차가 무너질 위기를 맞은 것처럼 보였다. 합의 채택 여부를 놓고 13시간 동안 진행된 비공개 회의는 악다구니와 씁쓸한 내분으로 얼룩졌다.[82]

반 총장은 삐걱대는 협상 과정에서 합의를 얻어내기 위해 열정적으로 뛰어다녔다. 그는 밤새 비공식 논의를 통해 합의 내용에 불만을 가진 사람들을 달랬다. 결국 합의를 인정한다는 동의에는 이르렀지만 공식적인 위상은 부여하지 못했다. 그에 따라 코펜하겐합의는 당사국총회의 결정문에 귀속되었으며, 당사국들이 협약과 연계하여 배출량 감축 목표를 제시하는 절차가 수립되었다.[83]

코펜하겐합의는 기후변화에 대응하기 위한 세계적인 절차에서 실패 사례로 간주되었으며, 많은 측면에서 실제로 그랬다. 각국 정상들은 분명 2012년 이후의 야심 차고 보편적인 기후변화 대응체제에 합의하지 못했다. 일각에서는 이를 세계적인 환경 다자주의의 종말로 평가하기도 했다. 최소한의 절차에 대한 높은 기대와 비교적 부실한 성과는 불투명한 협상 절차에 따른 상당한 불신과 결합하여, 한동안 유엔 기후변화협약 진행 과정을 불신하도록 만들었다.

코펜하겐합의를 넘어서

진행 절차를 신속하게 안정시켜야 한다는 필요성을 깨달은 반 총장과 기후변화 문제 지원팀은 2010년 초에 집중적으로 개인적 외교 활동에 나서서 각국 정부들로 하여금 코펜하겐합의를 따르도록 촉구했다. 그 결과 몇 달 만에 유엔 기후변화협약의 194개 당사국 중 150개국이 코펜하겐합의에 서명했다.[84] 2010년 12월에 칸쿤에서 열릴 차기 유엔 기후변화협약 총회로 관심이 쏠리자 반 총장은 당사국회의 주최국인 멕시코와 긴밀하게 협력하면서 해당 단계에서 신뢰를 구축하고 절차의 투명성을 강화하는 일이 대단히 중요하다는 사실을 강조했다.[85]

반 총장은 코펜하겐합의 이후 임무 범위 안에서 그리고 회원국들의 요구에 따라 유엔 체제를 이끌면서 현장에서 기후변화 대응 활동에 대한 지원을 늘렸다. 그에 따라 체제 전반에 걸친 활동은 기후변화와 지속가능개발, 재난 위기 감소와 인도적 노력뿐 아니라 기후변화에 대응하는 각국 활동을 지원하는 다자간 체제의 타당성과 준비성이 서로 연결되어 있음을 드러내주었다.

반 총장은 취약한 국가들을 돕는 유능한 지원자로 나서서 선진국들에 2010년부터 2012년까지 개도국들을 위한 '단기 재원fast start finance'으로 300억 달러를 제공한다는 약속을 지키라고 촉구했다. 또한 개도국들이 적응과 감축 활동에 쓸 수 있는 자금을 2020년까지 1,000억 달러로 늘린다는 약속에 기초해서, '기후변화 재원 조성 고위급자문단High-level Advisory Group on Climate Change Finance'[86]을 출범시켰다. 그리고 리우지구환경정상회의 20주년인 2012년에 중요한 사안이 될 기후변화와 지속가능개발 사이의 연관성을 토대로 '세계의 지속가능성을 위한 고위급패널'도 출범시켰다.

칸쿤총회는 신뢰를 회복하고 코펜하겐총회의 상처를 치유하는 일에 상당한 성과를 이뤘다. 다만 단기간에 세계적인 합의에 이르기보다 기존 체제의 핵심 요소들을 강화하고 개선한다는 목표로 점점 나아가는 방향에 치중했다. 그에 따라 칸쿤총회에서 적응위원회, 기술메커니즘, 녹색기후기금이 설립되었다. 또한 모든 당사국의 약속 이행 현황을 더 자주, 자세히, 엄격하게 점검하기 위해 점검·보고·검증 체제를 갖춰서 투명성도 강화했다.

2011년 12월에 남아프리카공화국 더반에서 열린 제17차 유엔 기후변화협약 당사국총회/제7차 교토의정서 당사국회의에서 새로운 협상 절차인 '행동 강화를 위한 더반플랫폼에 관한 특별작업반Ad Hoc

Working Group on the Durban Platform for Enhanced Action, ADP'설립 계획이 확정되었다. 이 절차는 2015년에 모든 당사국에 적용할 수 있는 '2020년 이후 기후변화 대응체제'를 확립하기 위해 포괄적이고 보편적이며 법적인 합의를 도출하기 위한 것이었다.

2011년부터 2013년 말까지 기후변화 문제에 대응하려는 고위급 외교 활동의 속도가 느려지기는 했지만, 반 총장은 해당 사안을 두고 세계 정상들과 적극적으로 교류를 이어나갔다. 2011년 9월에는 2030년까지 현대적인 에너지 서비스에 대한 보편적인 접근권을 제공하고, 에너지 효율 부문에서 개선 속도를 2배로 높이며, 세계적인 에너지 분야에서 재생가능한 에너지의 비율을 2배로 늘린다는 목표 아래 '모두를 위한 지속가능한 에너지Sustainable Energy for All, SE4All' 사업을 출범시켰다.

현재 85개 개도국과 협력하는 이 사업은 반 총장과 그의 팀이 2번의 임기 내내 취한 3가지 핵심 접근법을 활용했다.[87] 첫째, 선진국과 개도국, 다자간 기구와 민간분야 사이의 파트너십을 성공적으로 촉발시켰다. 둘째, 기후 해법이 경제적 혜택을 창출하고 지속가능개발을 강화할 수 있음을 증명했다. 셋째, 21세기의 복잡한 과제를 해결하기 위해 회원국에 한정하지 않고 모든 사회 분야를 끌어들이는 일의 중요성을 강조했다.

모두를 위한 지속가능한 에너지 사업을 출범시킨 이후에는 기후변화 대응 재원 조달과 관련한 사무총장 고위급자문단이 2011년에 보고서를 발표했다. 이 보고서는 개도국에서 기후변화 대응자금으로 2020년까지 해마다 1,000억 달러를 조성한다는 코펜하겐합의의 약속을 지키는 일이 어렵기는 해도 공공분야와 민간분야의 재원을 활용하면 가능하다고 밝혔다.[88] 2012년에 카타르 도하에서 열린 제18차 유엔 기후변화협약 당사국총회/제8차 교토의정서 당사국회의에서는 교토의정서의 2차 의무이행기간을 포함하여 도하 개정안이 채택되었다.

2011년과 2012년에는 지속가능한 에너지를 포함해 지속가능개발과 관련된 더 폭넓은 사안으로 공적 논의가 확대되었다. 이 두 사안은 기후변화에 맞서는 활동에 긴밀하게 연계되어 있었다. 반 총장은 기후변화를 완화하기 위해 진취적이고 다급하게 움직이지 않으면 리우+20 정상회의의 결과를 달성하는 일은 불가능하다고 줄곧 주장했다.

반 총장과 그의 팀은 두 번째 임기가 시작되는 2012년에 기후변화 대응을 핵심 목표 중 하나로 삼는 5개년 실천의제를 수립했다. 이 실천의제는 현장에서 적응과 완화 활동을 펼치고, 유엔 기후변화협약에 따라 법적 구속력을 지닌 채 모든 당사국에 적용할 수 있는 포괄적인 기후변화 합의를 확보하며, 기후 과학을 보강하고 방어하고 활용하여 증거 기반 정책을 수립하고 홍보하는 것을 목표로 삼았다.[89] 이 3가지 목표는 파리협약이 채택될 때까지 반 총장의 기후변화 활동을 이끄는 지침이 되었다.

합의 기한인 2015년이 다가오면서 반 총장은 고위급과 개인적인 교류를 계속하는 한편, 합의를 향한 동력을 쌓기 위해 공적 활동도 강화했다. 그 일환으로 2014년 3월에 기후변화의 영향을 직접 확인하기 위해 그린란드를 방문하여 이렇게 천명했다. "우리는 자연과 협상할 수 없습니다. (중략) 지금 당장 행동에 나서야 합니다. 때는 지금이며, 저는 세계 정상들과 협력할 굳은 의지를 갖고 있습니다."[90] 문제는 2015년에 성공적인 결과를 얻어내는 데 필요한 임계량을 확보하기 위해 시민사회 및 기업계 경영자들과 파트너십을 구축하면서, 정상들을 끌어들이는 방법이었다.

반 총장은 이미 2007년과 2009년, 2번에 걸쳐 고위급 기후정상회의를 열었다. 그리고 2014년 9월에 다시 정상회의를 갖기로 결정했다. 다만 이번에는 다양한 이해관계자들을 끌어들이는 접근법이 중요하다는 판단에 따라, 기업계와 시민사회에도 자리를 내줄 생각이었다. 그 결과 2014년 9월에 열린 기후정상회의에는 100여 명의 국가수반 및 정부수반뿐 아니라 800여 명의 기업계 및 시민사회 지도자들도 참석했다. 시민사회와 기업부문이 유례없는 규모로 참석한 이 회의는 2015년 말까지 공공분야와 민간분야에서 2,000억 달러를 저탄소 재원으로 조달한다는 공개적 약속까지 이끌어냈다. 또한 반 총장이 참가한 시민기후행진People's Climate March을 통해 국가적 행동을 촉발하는 시민사회와 기업계의 힘을 증명했다. 그리고 2015년에 보편적인 합의가 이뤄질 수도 있으며, 정상들과 시민사회와 기업계가 활기를 불어넣을 것이라는 새로운 희망을 가지게 했다.

2014년에 '기후변화에 대응하기 위한 정부 간 패널Intergovernmental Panel on Climate Change, IPCC'은 제5차 평가보고서를 발간했다. 이 보고서에서 내린 결론에 따르면 인류가 기후 체계에 영향을 미친다는 사실은 분명했다. 이 보고서는 인류의 온실가스 배출량이 사상 최고치에 이르렀으며, 근래의 기후변화가 인간과 자연계에 폭넓은 영향을 미친다고 밝혔다.[91] 또한 기후변화에 따른 위험이 이미 취약하고 소외된 공동체에 더 심각한 악영향을 미칠 것이라고 강조했다.[92] 한편 지구 온난화를 2도로 제한하려면 "향후 수십 년 동안 배출량을 대폭 줄이고,

세기말까지 이산화탄소와 기타 온실가스를 거의 0으로 만들어야 했다."[93] 또한 이 보고서는 기후변화를 효과적으로 완화하려면 국제적인 협력이 필요하다고 지적했다. 기후변화에 대응하기 위한 정부 간 패널이 확인한 사실들은 2015년 내내 반 총장이 발휘한 기후 리더십에 과학적 근거가 되었으며, 파리협약의 협상에 시급성을 더했다.

2013년 11월에 폴란드 바르샤바에서 열린 제19차 유엔기후변화협약 당사국총회/제9차 교토의정서 당사국회의는 폐막을 앞두고 자발적 감축 목표라는 혁신적인 타협안을 만들었다. 자발적 감축목표는 여러 측면에서 코펜하겐합의에서 수립한 약속 및 점검 체계의 연장선이었지만, 동시에 국가별 약속을 주체적으로 제시하는 일을 강조하여 기후변화 대응체제에 각국의 참여를 넓히는 수단으로 평가받기도 했다. 제19차와 제20차 유엔 기후변화협약 당사국총회에서 정한 대로 자발적 감축 목표는 명확성과 투명성과 이해를 촉진하기 위해 당사국들이 계획하는 행동들을 반영했다. 이 목표는 제21차 유엔 기후변화협약 당사국총회가 열리기 훨씬 전에, 가능하다면 2015년 1분기에 제출될 예정이었다. 2015년 초에 반 총장은 정상들에게 자발적 감축 목표를 조기에 제출하라고 촉구하는 일을 우선사항으로 삼았다. 덕분에 제21차 총회가 열리기 전에 188개국이 모두 제출했다.

이처럼 자발적 감축 목표를 조기에 제출하면서 파리협약에 임하는 모든 국가는 다른 국가들이 취하고자 하는 행동이 무엇인지, 서로 어떻게 비교되는지, 약속한 행동과 지구 온난화를 2도로 제한하기 위해 과학적으로 요구되는 수준 사이의 간극은 어느 정도인지 잘 이해하게 되었다. 또한 코펜하겐총회 때와 달리 정상들은 목표 수립 과정을 통해 자국이 이룰 수 있는 성과와 약속을 훨씬 잘 이해한 상태로 협상에 임하게 되었다.

기후변화 대응 재원은 파리협약을 앞두고 여전히 중대한 사안이었으며, 개도국들이 보기에는 선진국을 신뢰해도 되는지 실험할 수 있는 리트머스 시험지였다. 반 총장은 다시 선진국들을 상대로 녹색기후기금의 초기 자금을 포함해 재원을 조달하겠다는 약속을 지키라고 촉구했다. 그는 녹색기후기금의 초기 자금을 연간 100억 달러 목표로 설정했으며, 기후정상회의와 브리스번 G20 정상회의에서 주요 정상들에게 기금을 출연하도록 개인적으로 호소했다. 반 총장의 이런 리더십과 지원 덕분에 목표가 달성되었을 뿐 아니라 2014년 말에 페루 리마에서 제20차 유엔 기후변화협약 당사국총회가 열릴 때는 초과되기도 했다.

2014년의 기후정상회의와 시민기후행진, 기후변화에 대응하기 위한 정부 간 패널의 제5차 평가보고서, 녹색기후기금의 초기 재원 조달, 12월에 페루 리마에서 열린 당사국총회 특별작업반의 협상 진전에 이어 2015년에도 정치적 동력이 계속 쌓여갔다. 무엇보다 중요한 사실은 리마 총회에서 주최국인 페루와 프랑스(제21차 유엔 기후변화협약 당사국총회/제11차 교토의정서 당사국회의는 2015년 12월에 프랑스 파리에서 열릴 예정이었다), 유엔 사무총장실, 유엔 기후변화협약사무국의 공동사업으로 '리마–파리 행동의제Lima-Paris Action Agenda'가 채택되었다는 것이었다.

리마–파리 행동의제는 다양한 이해관계자가 참여할 수 있는 틀을 제공했으며, 국가뿐만 아니라 지자체, 국제기관, 시민사회, 원주민, 여성, 청년, 학계, 민간분야를 비롯한 폭넓은 관계자들을 공식 기후변화 대응 절차에 직접 참여시켰다.

2015년은 반 총장이 프랑수아 올랑드François Hollande 당시 프랑스(제21차 총회 주최국) 대통령, 오얀타 우말라Ollanta Humala 당시 페루(제20차 총회 주최국) 대통령, 앙겔라 메르켈Angela Merkel 독일(G7 회장국) 총리와 협력하여 세계 정상들을 참여시키기 위해 집중적으로 노력한 시기이기도 했다. 그들은 다른 정상들을 제21차 총회에 참여시키기 위한 전략을 세웠다. 그 핵심은 9월 27일에 반 총장과 올랑드 대통령, 우말라 대통령의 공동 주최로 작지만 대표성을 띤, 세계 정상들이 모여서 가진 실무 오찬 회동이었다. 이 회동의 목표는 차별화, 야심 찬 감축 목표, 법적 형식, 재원 조달을 비롯한 여러 핵심 사안에 대해 각국 수반들이 정치적 이해를 공유하는 것이었다. 이는 파리에서 합의에 이르는 데 중요한 역할을 했다.[94]

그 결과물인 의장 요약문Chairs' Summary은 외교 활동을 통해 기울인 노력으로 이루어졌다. 각 정상의 팀에서 파견한 '셰르파들Sherpas'은 지침에 따라 요약문의 요소들을 열심히 만들었다. 또한 각 정상이 논의 사안들에 대응할 수 있도록 상당한 시간을 들여서 다른 팀들과 막후에서 외교 활동을 벌였다. 그 결과 참석자들은 오찬 회동이 성공적이었다고 평가했다.

이후 반 총장은 해결되지 않은 여러 정치적 사안에 대해 잠재적으로 어떤 결론에 이를 수 있으며 또 어떤 합의를 만들 수 있는지를 점차 공개했다. 그는 오랜 시간에 걸쳐 모든 국가와 신뢰를 쌓았기 때문에 협상에 간섭한다는 비판을 받을 정치적 위험을 감당할 수 있었다.

반 총장은 11월 4일에 유엔 본부 연설에서 회원국들에게 파리총회까지 앞으로 4주 동안 국가수반 및 정부수반들과 적극적으로 교류하여 중요한 정치적 사안들을 풀도록 돕겠다고 밝혔다. 또한 제21차 총회의 성공을 가리키는 지표들을 다음과 같이 제시했다. "성공하려면 4가지 주요 측면에서 성과를 내야 합니다. 우선 협약이 내구성과 유연성을 지녀야 합니다. 또한 단결을 토대로 삼아야 합니다. 그리고 기후변화의 시급성에 따라 재정적 수단 및 기타 수단의 제공을 포함해 신뢰할 만한 방식으로 대응해야 합니다." 그는 미해결 사안과 관련하여 선진국의 지도자 역할과, 역량 및 개별 개발 수준에 맞춰 행동해야 하는 개도국의 늘어나는 책임 사이에 균형을 맞춰 달라고 주문했다. 이는 집단적 노력의 통일성을 해치지 않되 협약의 여러 부문에서 차별화를 하여 까다로운 문제를 나라마다 다르게 적용해야 한다는 것을 뜻했다. 또한 반 총장은 빠르게 악화되는 기후변화의 영향에 신뢰할 수 있는 방식으로 대응해야 한다고 주장하면서, 각국 정부가 과학적 진전에 발맞춰서 국가별 약속을 잘 지키고 있는지 5년 주기로 점검하고 평가하자고 요청했다.

반 총장은 2015년 내내 기후변화와 관련해 개인적 외교 활동을 펼치는 동시에 다른 정상들과의 협력을 통해 효과를 극대화했다. 올랑드 대통령, 우말라 대통령, 메르켈 총리와 협력하는 한편, 남아프리카공화국(G77 및 중국협상그룹의 회장국)의 제이컵 주마Jacob Zuma 대통령, 터키의 레제프 타이이프 에르도안Recep Tayyip Erdoğan 대통령, 중국의 시진핑 주석, 볼리비아의 에보 모랄레스Evo Morales 대통령을 비롯한 다른 주요 정상들과 꾸준히 교류했다.

파리총회의 결실

파리총회는 불과 2주 전에 테러가 발생한 암울한 분위기 속에서 2015년 11월 30일에 개막되었다. 제21차 총회의 첫날은 코펜하겐총회와 달리 고위급들이 참여하는 행사를 뒤로 미루지 않았고, 150명의 국가수반 및 정부수반을 한데 모으는 정상 모임에 할애되었다. 이 방식은 2015년 초 코펜하겐총회의 논쟁적이고 혼란스러운 결론을 반복하지 않고 고위급 사이에서 정치적 동력을 만들어내기 위해 회장단이 제안하고 반 총장이 지지한 것이었다. 다시 말해서 협상 책임자들이 합의에 이르도록 강제할 임무를 최고위 인사들에게서 끌어내는 것이 목적이었다.

반 총장은 합의의 중요성을 인식하고 기대를 충족하지 못한 코펜하겐에서의 실패를 감안하여 총회 내내 개인적인 활동에 나섰다. 가령 각국이 중시하는 사안들이 해결되도록 중요한 파견단, 예를 들어 중국 파견단과의 지속적인 교류와 회동을 통해 미리 문제를 푸는 등의 개인적인 외교 활동을 날마다 펼쳤다.[95] 또한 아침마다 프랑스 외교 장관이자 제21차 총회 회장인 로랑 파비우스Laurent Fabius 및 그의 팀과 만나서 진전 상황을 평가하고 잠재적 문제와 해법을 파악했다. 덕분에 반 총장은 특정 정상에게 전화를 걸어서 까다로운 사안에 합의할 수 있도록 협상 책임자를 이끌어 달라고 요청할 수 있었다.[96]

또한 반 총장은 제21차 총회 내내 지우마 호세프Dilma Rousseff 브라질 대통령과 정기적인 교류를 나누며 맺은 파트너십에 의존할 수 있었다. 브라질이 다자간 절차에서 합의를 이끌어내는 데 중요한 역할을 한다는 사실을 파악한 반 총장은 터키 안탈리아에서 G20 정상회의가 열리기 2주 전에 호세프 대통령과 접촉하여 브라질이 파리에서

'다리를 놓는' 역할을 해 달라고 요청했다. 이에 브라질은 협상에서 자국 입장을 대변할 팀뿐 아니라 다른 파견단과 교류하여 합의를 이끌어낼 팀도 함께 꾸렸다. 반 총장은 총회 내내 브라질 파견단과 만나서 합의를 도출하기 위한 노력을 조율했다.[97]

파리총회의 폐막이 가까워짐에 따라 반 총장은 2번의 임기 내내 그랬던 것처럼 폭넓은 개인적 외교 활동과, 기후변화와 관련하여 정상들과 쌓은 강력한 신뢰 관계를 활용했다. 파리협약을 성공적으로 채택하는 데는 다른 요소들도 중요했지만, 기후변화를 정상급 사안으로 격상시키고, 민간분야와 금융계, 시민사회를 끌어들여서 참여의 폭을 넓히며, 기후변화 문제에 대한 사회적 인식을 높이는 반 총장의 장기 전략이 없었다면 합의를 이루지 못했을 것이다.

파리협약이 채택되었다고 해서 기후변화에 대한 반 총장의 노력이 끝난 것은 아니었다. 반 총장과 그의 팀은 제21차 총회가 열리기 오래전부터 그 유산을 확고히 다질 준비를 하고 있었다. 그들은 축하가 끝나갈 무렵부터 반 총장이 세계 정상들과 맺은 개인적 관계를 활용하여 협약을 조기에 발효하는 동력을 쌓아갔다. 이를 위해 반 총장은 2016년 4월 22일 뉴욕에서 열린 서명식에서 175개국이 파리협약에 서명하도록 만드는 일을 도왔다. 이는 사안을 막론하고 하루 만에 다자간 합의에 서명한 역대 최대 수치였다.

얼마 후 워싱턴 D. C.에서 기후행동Climate Action 행사가 열렸다. 이 행사는 2014년 기후정상회의에서 사회의 모든 부문이 행동에 나서는 동력을 강화하기 위해 반 총장이 활용한 복수 이해관계자 모델을 따랐다. 반 총장과 학계, 다자간 금융기구 및 기업 경영자들이 공동으로 주최한 이 행사는 각국이 자발적 감축 목표에서 내건 약속과, 과학적 근거를 통한 요구 사이의 간극을 메우기 위해 빠른 행동을 촉구했다.

10년 기후 리더십이 남긴 유산

반 총장이 재임하는 동안 이뤄진 변혁이 현실에 미친 효과는 앞으로도 계속 이어질 것이다. 투자 패턴의 변화는 속도를 높일 것이고, 각국 정부는 파리협약의 목표를 달성하기 위해 국가별 계획을 이행할 것이며, 비정부 관계자들도 사회의 모든 부문에 걸쳐 가시적인 변화를 이끌 것이다. 파리협약은 성 특정적gender-specific 기준을 포함한 최초의 기후 협약이기도 했다.

향후 5년은 걷잡을 수 없는 기후변화의 위험을 최소화하기 위해 우리가 기울이는 노력의 속도와 규모를 늘리는 것이 대단히 중요하다. 파리협약에서 정한 대로 지구 온난화를 2도 아래로 제한하려면 세계적인 배출량은 최대한 빨리 정점을 찍어야 하며 뒤이어 빠르게 감소해야 한다. 기후변화와 그 악영향이 오랫동안, 특히 이산화탄소의 경우 수세기 동안 대기에 축적된 온실가스에 따른 것이라는 사실을 감안할 때 10년 안에 배출량이 정점을 찍어야 한다고 많은 과학자들은 말한다.

최고위층에서 효과적인 리더십을 발휘하지 않으면 우리의 화석연료 기반 경제를 획기적으로 바꿀 수 없다. 현재 당면 과제는 포부를 키워서 낮은 배출량과 기후변화에 대한 복원력을 통해 모든 인류와 지구의 건강 및 복지를 뒷받침하는 지속가능개발로 빠르게 나아가는 것이다. 반 총장이 종종 말한 대로 기후변화의 위험을 낮추지 않고는 2030 개발의제와 지속가능개발목표를 달성할 수 없다. 또한 빈곤을 퇴치하고, 기아를 감소시키며, 다른 모든 지속가능개발목표를 달성하는 일에서 계속 전진하려면 경제 활동과 관련된 탄소 배출량을 크게 줄여서 우리 생존에 필수인 지구의 기후와 생태계를 보호해야 한다.

파리협약은 산업화 이전 시대를 기준으로 세계 기온이 2도 이상 높아지지 않도록 억제하고 1.5도 수준이 되도록 노력하자는 것이다. 이 협약은 최대의 국가적 포부와 관련자들의 많은 참여, 전 세계에 걸친 경제 체제 및 교역 체제와 기후 과학이 제시하는 의무들을 요구할 강력한 토대를 반 총장에게 제공했다.

파리협약에 포함된 세계적인 현황 점검 절차는 반 총장에게 5년마다 공공분야와 민간분야의 지도자들을 대상으로 세계 경제의 탈탄소화에 개인적, 집단적으로 얼마나 기여했는지 확인시키는 기회를 제공할 것이다. 또한 기후변화를 계속 공론화하고, 지역부터 세계까지 모든 차원에서 시급한 조치가 필요하다고 강조할 기회도 제공할 것이다. 유엔 기후변화협약사무국은 이행 과정을 직접 지원하고, 장기적으로 목적에 맞도록 변신하는 작업에 나섰다. 전체 유엔 체제는 2030 개발의제의 맥락에서 파리협약의 잠재력을 실현하는 일을 일부 맡는다. 완전히 통합된 전략적 접근법을 통해야만 반 총장이 남긴 유산의 가치를 온전히 실현할 수 있을 것이다.

반 총장의 임기가 끝날 무렵에 기후변화의 위험을 줄이려는 세계적 노력들이 반 총장의 정치적 리더십에서 많은 도움을 받았다는 사실이 분명해졌다. "우리 시대의 결정적인 과제"로 칭한 기후변화에 대응하려는 반 총장의 노력은 다자주의의 대표적 성과 중 하나인 파리협약을 이끌어내는 데 도움을 주었고, 평시에 보기 드문 방식으로 전체 사회를 동원했다. 그에 따라 이 결정적인 과제에 대응하는 일은 반 총장이 유엔을 이끈 10년의 유산이 되었다. 앞으로 길고 힘든 길이 남았지만 세계는 이 여정에 함께 나서기로 합의했다. 진정으로 단결된 유엔에 이보다 적합한 역할은 없다.

더 안전하고
평화로운
세상을 위하여

04

CONFLICT
PREVENTION,
MEDIATION
AND PEACEBUILDING

이 장은 정무국Department of Political Affairs과 평화구축지원실Peacebuilding Support Office의 주도로, 평화유지활동국DPKO, 인도지원조정실OCHA, 유엔 개발계획, 유엔 군축사무실UN ODA, 유엔 여성기구, 인권최고대표사무소, 유엔 환경계획UNEP, 집단학살 예방을 위한 특별보좌관Special Adviser on the Prevention of Genocide, SAPG, 아동과 무력충돌에 대응하기 위한 특별대표General Special Representative for Children and Armed Conflict, SRCAAC의 도움을 받아 작성되었다.

앞 장 사진: 동티모르 에르메라 주의 집으로 돌아가는 난민 가족을 도와주는 평화유지군.
UN Photo | Martine Perret

04 분쟁을 예방, 중재하고 평화를 구축하다

제프리 펠트먼 Jeffrey Feltman
정무국 사무차장

오스카 페르난데스타란코 Oscar Fernández-Taranco
평화구축지원실 사무차장보

반 총장은 유엔이 평화 및 안보 문제에 개입하는 횟수와 다양성이 급격하게 늘어나는 시기에 유엔의 수장이 되었다. 당시 평화 유지 활동에 따른 부담이 커지고 있었으며, 전 세계에서 벌어지는 무력 분쟁과 폭력의 비용에 따른 국제적 피로도 쌓여가고 있었다. 이란과 북한에서 증가하는 핵 위협, 중동에서 심화되는 폭력, 잦아지는 국제 테러 활동, 이라크에서 악화되는 위기는 신임 사무총장을 기다리는 심각한 과제의 일부에 불과했다. 전 세계 언론의 1면에서 다뤄지는 가장 시급한 문제는 다푸르 사태였다. 반 총장은 이 사태에 "무고한 생명뿐 아니라 안전보장이사회의 권위, 아랍 세계에서 유엔이 갖는 이미지, 유엔의 신뢰도 걸려 있다"고 말했다.[98]

평화 및 안보 분야에서 반 총장의 초기 목표는 유엔의 조직 문화에 다시 활기를 불어넣고 위기에 맞서는 데 다자주의와 외교의 힘을 활용하겠다는 국제적 의지를 되살리는 것이었다. 그는 2006년 12월

14일에 사무총장으로 선임된 뒤 한 유엔 총회 연설에서 "충심, 분별, 양심은 헌장과 더불어 사무총장의 의무를 수행하기 위한 좌우명이 될 것"이라고 밝혔다. 처음부터 그는 '조용한 외교'를 강조했다. 특유의 이러한 접근법은 때로 의문시되기도 했지만[99] 계속 이어졌다. 이를 기조로 반 총장은 임기 초에 위기와 심화되는 무력 분쟁에 대응하는 효율적인 대안으로 유엔의 예방 외교와 중재 수단뿐 아니라 개발 및 인권 역량의 표적화된 활용도 강조했다. 그는 분쟁을 방지하기 위한 국가적·지역적 사업에 대한 시기적절한 지원을 비롯하여, 요청이 있을 때 더욱 빠르고 효과적으로 대응하는 평화 유지 활동과 예방 외교, 중재 역량을 강화하고 전문화하여 "더 나은 세계를 위해 더 강력한 유엔"을 만들고자 했다. 이 목적을 위해 유엔의 전문성과 기구 파트너십을 개선하는 일을 우선사항으로 발표했다. 이 모든 활동의 운영 토대를 개선할 요량이었다. 또한 그는 2007년 중순에 "유엔을 더욱 효율적이고 효과적이며 21세기에 걸맞게 정비하는 일을 비롯해 개혁 과제들을 최우선사항으로 삼는다"고 밝혔다.[100]

분쟁 예방과 중재 그리고 평화 구축 부문에서 유엔의 역할을 개선하겠다는 반 총장의 의지는 전임 총장들의 이상과 업적을 유기적으로 계승한 것이었다. 다그 함마슐트Dag Hammarskjöld와 그의 전임자들은 유엔 헌장 제99조에 따른 권한을 창의적으로 활용하여 전 세계에서 벌어지는 분쟁을 해소해야 하는 과제에 대응하는 '중재Good Offices' 역할을 개발하고 확장했다. 부트로스 부트로스갈리Boutros Boutros-Ghali는 〈평화를 위한 의제An Agenda for Peace〉(1992년)에서 유엔의 핵심 역할로서 '예방 외교'와 '평화 구축'이라는 쌍둥이 개념을 제시하고 발전시켰다. 아난의 총장 재임 기간에는 정치 관련 특별 임무가 증가하고, 첫 지역 정치 사무소의 출범을 통해 예방 및 중재 역량이 본격적으로 발휘되기 시작했다.

뒤이은 10년의 반 총장 임기에는 규범적 변화를 통해 국제적·지역적 차원에서 예방, 중재, 평화 구축을 촉진하는 활동의 기준이 높아졌다. 그 척도 중 하나가 유엔 총회와 안전보장이사회에서 해당 기간에 채택한 결의안의 수였다. 그에 따라 이런 도구들에 대한 규범적 기틀이 확대되었으며, 그 유효성에 대한 인식도 제고되었다.

2005년 세계정상회의에서 '보호책임Responsibility to Protect' 원칙을 합의로 채택한 것은 반 총장의 임기 활동을 말해주는 중요한 전조였다. 이것은 잔혹 범죄(학살, 전쟁 범죄, 인종 청소, 반인륜적 범죄)의 재발을 막겠다는 국제사회의 의지를 실현하는 일이 규범적으로 상당히 진전했음을 보여주었다. 각국 정부는 해당 원칙을 채택하면서 책임의 3대 요소, 즉 보호에 대한 국가의 책임, 각국이 이 책임을 다하도록 촉구할 국제적 의무, 적절한 외교적 수단 및 인도적 수단과 기타 수단들을 활용하여 심각한 범죄로부터 사람들을 보호해야 할 국제사회의 책임이 중요하다는 데 모두 동의했다. 예방은 이 모든 요소에 걸쳐 핵심적인 우선사항으로 제시되었다. 뒤이은 10년 동안 이 원칙들을 실천하기 위한 유엔의 노력이 심화되었다. 채택 10주년인 2015년에 반 총장은 보호책임이 "무관심과 운명론에 대한 대안을 제공"했으며, "생명의 위험에 처한 사람들을 바라보는 국제사회의 우려를 의미 있는 대응으로 바꾸는 이정표"였다고 평가했다.

2005년 세계정상회의는 분쟁 중재를 비롯한 활동에서 사무총장의 '중재' 역할의 중요성을 인정했으며, 해당 부문에서 역량을 강화하려는 노력을 시시했다.[101] 또한 "분쟁 이후 회복과 재통합 그리고 재건설로 나아가는 국가들의 특별한 필요에 대응하고, 지속가능개발의 토대를 놓는 일을 돕기 위해"[102] 특별기구가 필요하다는 인식에 이르렀다. 그에 따라 반 총장은 유엔의 문화를 대응 중심에서 예방 중심으로 꾸준하게 바꿔나가려고 노력했다. 예방, 중재, 평화 구축 측면에서 조기 대응과 이행, 성과를 만들려는 그의 이상에는 지역 정치 사무소, 정무국의 강화를 통한 강력한 본부 기구, 평화구축지원실Peacebuilding Support Office, 평화구축위원회Peacebuilding Commission, 평화구축기금Peacebuilding Fund의 설립, 그리고 더 폭넓은 유엔 체제 및 지역기관과의 필수적인 협력이 포함되어 있었다. 반 총장의 중재 활동을 위한 기구인 정무국은 이런 전반적 이상에 발맞춰 크게 진화했다. 2006년에는 유엔 내외에서 중재 활동을 지원하기 위해 정무국 안에 중재지원부Mediation Support Unit와 중재 전문가들로 구성된 '대기팀Standby Team'이 신설되었다. 또한 독자적인 중재 역량을 강화하려는 지역기관들도 늘어났다. 2008년에는 회원국들의 지원을 받아 현장 중심, 조기 대응 중심, 서비스 중심으로 정무국 활동이 강화되었다.

반 총장은 임기 초에 "모든 사람을 위한 평화와 안보의 기본 구성 요소는 지속가능개발에 토대를 둔 경제적·사회적 안정"이라고 밝혔다.[103] 그에 따라 유엔은 폭력의 발생 및 지속가능성을 차단하고 감소시키는 다층적이고 포용적이며 예측 가능한 장치를 마련하는 데 초점을 둔 '구조적 조기 예방'을 내세우고, 이를 통해 국가 및 지역의 관계기관들에 힘을 부여할 방법을 찾게 되었다. 이런 활동은 사법 및 안보 부문뿐 아니라 다른 핵심 정부 기능도 지원하여 민주적 통치와 법치를 촉진하는 폭넓은 지원 수단을 개발하는 일, 특히 분쟁에 시달리거나 접근하기 어려운 공동체에 기본 서비스를 제공하고 대응력을 갖춘 지역 통치 체제를 확립하는 일을 포함했다.

주된 초점은 유엔이 평화 구축 임무나 특별 정치 임무를 수행하지 않는 지역에서 현지의 유엔 상주조정관UN Resident Coordinator 및 유엔 국가팀과 협력하여 개발 지원의 맥락에서 상황을 분석하고, 이행 및 소집 역할의 역량을 강화하는 것이었다. 유엔 개발계획과 정무국은 개발을 효과적으로 지원하고 국가 및 지역의 역량을 동원하여 현지 유엔 기구(국가팀)를 분쟁 예방으로 이끄는 노력을 체계적으로 펼치기 위해 힘을 합쳤다. 이 역량은 반 총장의 임기 중에 수차례에 걸쳐 성공적으로 발휘되어 나이지리아 중부에서 주기적으로 발생한 지역 간 폭력 사태를 해결했다. 또한 2008년과 2012년에는 가나에서, 2013년에는 케냐에서, 2015년에는 가이아나에서 자유롭고 공정하며 평화로운 선거를 보장했고, 아랍의 봄 민중 봉기 이후의 튀니지에서는 성공적인 정치적 전환을 중재했다. 또한 2008년과 2010년 사이에 동티모르에서는 토지 분쟁을 해결하여 약 1만 2,000명에 달하는 난민들이 평화롭게 귀향할 수 있도록 도왔다.

현장에서 사무총장의 주선과 예방 외교, 중재 활동을 진행하여 지역별 분쟁을 예방하고 평화를 구축할 지원실을 설립하고 통합하는 작업도 빨라졌다. 덕분에 유엔은 분쟁의 원천과 잠재적 해법에 더 가까이 다가갈 수 있었다. 또한 예방 및 중재 활동을 합동으로 진행할 지역기관과 효과적인 파트너십도 구축할 수 있었다.

안전보장이사회가 2000년에 여성, 평화, 안보를 위한 결의 제1325호를 채택하면서 추가적이고 중요한 규범적 토대가 마련되었다. 임기 초부터 여성에 대한 권한 부여와 포용에 헌신하겠다고 피력한 반 총장은 탄자니아 외무부 장관인 아샤로즈 미기로Asha-Rose Migiro를 사무부총장으로 낙점했다. 이후에는 복합적인 요인 때문에 같은 기조를 계속 유지하거나 심화하기가 어려워졌지만, 취임 1년 차에 이미 그 어느 때보다 많은 여성들이 유엔 고위직에 올랐다. 2010년에 유엔 여성기구를 설립하고(다른 장에서 집중적으로 다뤘다) 평화 구축 활동에 여성을 참여시키기 위한 7대 실천계획을 채택한 것은 예방과 평화 구축을 위한 유엔 활동에 여성과 평화 그리고 안보의 관점을 통합시키려는 노력이 거둔 중요하고 긍정적인 결실이었다. 또한 해당 의제를 이행하는 데 필요한 지침으로 확고한 약속과 목표도 처음 제시되었다.

2005년 세계정상회의에서는 신임 사무총장의 임기 시작과 이행 시기가 겹치는 다른 주요 개혁 조치들도 승인되었다. 평화 구축 활동 기구인 평화구축위원회, 평화구축기금, 평화구축지원실을 설립한 일은 전임 사무총장인 아난이 전쟁의 상처를 입은 지역에 평화를 정착시키는 유엔의 능력을 저해한다고 지적한 "큰 간극"을 메우는 첫 걸음이었다.[104] 평화구축위원회는 분쟁을 딛고 일어서는 국가들에 대한 국제사회의 관심을 지속시키고, 지속가능한 평화를 추구하는 국가들에 자문과 지원을 제공하며, 자원을 동원하고 이해관계자들을 조율하기 위한 목적으로 설립되었다. 이에 발맞춰서 반 총장이 초기에 제시한 이상은 단기적 대책을 장기적 대책과 연계하고, 분쟁을 겪은 국가들에 지속적인 관심을 기울여 제도적 간극뿐 아니라 자금의 간극도 피해야 한다는 점을 강조했다. 정책위원회와 운영위원회의 합동 회의에서 승인된 반 총장의 '2008년과 그 이후를 위한 이상'은 평화 구축 기구의 통합을 우선사항으로 삼았다. 또한 국가적 역량을 강화하고 주체성을 보장하는 것이 효과적인 평화 구축의 핵심 요소임을 표방했다.

그러나 이런 제도적이고 규범적인 진전에도 불구하고 반 총장의 임기 초기에는 안타깝게도 뉴욕, 발리, 나이로비, 리야드, 뭄바이, 카사블랑카, 이스탄불, 다르에스살람, 런던, 마드리드를 비롯한 여러 곳에서 민간인 및 유엔 직원을 향한 폭력이 발생했다. 그에 따라 위협에 대응하기 위한 회원국들의 노력도 고조되었으며, 테러와 맞서는 일은 평화 및 안보 의제에서 반 총장의 핵심 사안이 되었다. 정무국 소속 대테러이행단Counter-Terrorism Implementation Task Force, CTITF은 2005년에 아난 총장이 설립했으며, 2006년에 채택된 유엔 세계대테러전략UN Global Counter-Terrorism Strategy, GCTS을 통해 총회에서 승인되었다. 테러에 맞서는 반 총장의 의지는 취임 2개월째인 2007년 2월 16일의 총회 연설에서 테러가 "유엔이 대표하는 모든 가치를 공격한다"고 강조할 때부터 선명하게 드러났다. 그는 유엔 체제가 힘을 모아 이 엄중한 난관에 대응해야 한다고 역설했다. 가장 중요한 것은 회원국들이 국가적·지역적·세계적 차원에서 대테러 전략과 그 이행에 주인의식을 가져야 한다는 전제였다.

여러 난관과 차질

전 세계적으로 예방과 중재, 평화 구축을 위한 포괄적인 이상을 추구하는 과정에서 불가피하게 난관과 차질이 숱하게 나올 수밖에 없었다. 실제로 뒤이은 10년 동안 유엔은 근본적으로 달라진 환경 속에서 새로운 난관과 현실을 맞아 적응하고 혁신해야 했다. 2007년에 4건이던 전 세계 내전의 수가 2014년에는 거의 3배로 늘었다.[105] 또한 시민을 향한 정부와 무장단체의 공격도 10년 만에 처음으로 늘어나서 1990년대 초 수준으로 돌아갔다.[106] 게다가 시리아와 콩고의 경우처럼 내전이 국제화되고 국내 분쟁에 외부 요인이 군사적으로 개입하는 사례가 늘면서 정치적으로 해결하기가 더욱 어려워졌다.[107] 또한 테러단체와 폭력적 극단주의자들의 활동이 늘어나는 추세도 국제 평화와 안보에 큰 위협을 가했다. 폭력적 극단주의는 국제적으로 합의된 정의가 없는 다양한 현상이다. 근래에 이라크 레반트 이슬람 국가Islamic State of Iraq and the Levant(이하 'IS'), 알 카에다, 보코하람 같은 테러단체들은 테러와 폭력적 극단주의에 대한 이미지와 그 대처법에 대한 논쟁을 일으켰다. 이들은 국경을 넘어 활동하기 때문에 저지와 대응, 퇴치에 국제적 공조의 필요성이 더욱 커졌다.

지난 10년 동안 일어난 국제적 테러 사건은 2007년 1월에 3,241건에서 2014년 12월에 1만 6,818건으로 크게 늘었다.[108] 2010년 이후 외국인테러전투원FTF과 그 공격의 수는 2배로 늘었으며, 테러조직의 수는 60퍼센트나 늘었다.[109] 여성과 소녀를 포함한 민간인들을 향한 충격적이고도 무차별적인 폭력과, 왜곡되었으나 강력한 종교적 상징을 악용하는 세태는 평화와 안정에 명백하고도 엄중한 위협을 가했다. 또한 여러 내전에서 영향력을 확대하는 바람에 참여 세력이 급증했으며(시리아에서만 80여 개), 인권과 민주적 통치원칙에 따른 정치적 해법으로 풀기 힘든 과격한 요구를 내세운다는 점 때문에 사태는 지속가능한 방식으로 해결하기가 더 어려워졌다.[110] 이들은 또한 극단적인 초국가적 의제를 관철시키기 위해 지역적인 불만을 자극했으며, 여러 국가에 걸쳐 정보와 자금, 전투원, 무기를 분쟁 지역으로 투입하기 위해 세계를 상호 연결하는 기술을 활용했다.[111]

지난 10년 동안 유엔 활동 지역에서 테러단체와 폭력적 극단주의자들이 늘어난 현실은 전 세계에 걸친 평화 확보 노력을 대단히 어렵게 만들었다. 알 카에다와 연계된 단체 같은 폭력적 극단주의 단체들은 유엔을 주적 중 하나로 설정하고, 시설과 직원들을 거듭 겨냥하면서 오랫동안 극단적인 공격성을 드러냈다. 그에 따라 유엔은 평화 유지 활동을 갈수록 "조심스럽고 신중하게 bunker up and hunker down" 하는 방향으로 조정할 수밖에 없었다. 이런 변화는 유엔 소속 군인 및 일반 직원들이 지역민들과 교류하여, 정서적·이성적 지지를 얻고 지역적 분쟁을 중재하며 평화 합의를 이행하는 능력을 제한했다. 심지어 비교적 위협이 덜한 국가에서 활동할 때도 접근하기 어렵다는 대외적 이미지를 감수하고 안전 조치를 취해야만 했다.[112]

평화 구축과 유지 부문에서 유엔이 맡은 역할은 분쟁과 소요가 일직선적으로 진행되는 경우가 드물다는 사실 때문에 더욱 복잡해졌다. 많은 분쟁은 핵심 당사자들 사이의 적대관계뿐 아니라 지역 내외에 걸쳐 땅과 천연자원, 정체성을 둘러싼 긴장관계 때문에 더욱 악화되었다. 평화협정에 따른 후속 조치가 취해지기 전에 새로운 폭력사태가 발발하기 일쑤였다. 결국 국가 내외에서 계속되는 폭력 때문에 많은 지역이 불안정해졌다. 이런 과정에 참여하는 잠재적 당사자와 이해관계자의 수도 크게 늘어나서(예멘 범국민대화회의 National Dialogue에는 100명이 넘는 사람이 참여했다) 전통 외교의 한계를 시험했다. 그 결과 일시적이고 한시적인 개입이 아니라 다양한 층위에 걸쳐서 대화와 갈등 해결에 나서는 긴밀한 체제가 더욱 요긴해졌다.

정치적 환경에 일어난 또 다른 주요 변화는 마약의 불법 재배와 제조 및 밀매를 포함한 초국가적 조직범죄가 분쟁과 정부의 정당성에 미치는 영향이 커졌다는 것이다. 냉전이 끝난 후 무장단체들이 범죄 활동에 뛰어드는 사례가 크게 늘었다. 사람과 물건, 자금을 다른 나라로 옮기는 일이 쉬워지면서 그들은 초국가적 암시장의 규모가 커진 혜택을 누렸다. 무장단체와 다른 비국가 조직들이 국제적 암시장을 활용하고 범죄 활동에 깊이 관여하는 추세는 폭력적 분쟁의 정치적·경제적 구조를 크게 변화시켰으며, 많은 상황에서 분쟁의 역학에 영향을 미쳤다.[113] 불법거래를 자행하는 초국가적 조직범죄단체는 국경을 무시했으며, 갈수록 교묘한 방식으로 자금과 불법물품을 옮겼다. 그들의 활동 영역은 마약을 넘어서 종종 인신매매와 불법이민뿐 아니라 무기와 불법으로 채취한 천연자원의 밀수까지 확대되었다. 해당 국가에서 이런 범죄 활동으로 얻은 수익은 종종 정부 관료들을 매수하는 데 동원되었다. 이런 부패는 민주주의를 저해하고, 법치를 약화시켰으며, 또 다른 범죄 활동을 위한 토대를 마련해서 범죄를 저질러도 처벌받지 않는 악순환을 초래했다. 그에 따라 정부 기관이 약화되었고, 지속가능한 경제 개발과 정부의 정당성이 저해되었다.[114]

테러와 초국가적 범죄가 결합하면서 분쟁을 해소하는 일이 엄청나게 어려워졌다. 국경을 넘나드는 불법적 시장에 접근할 수 있는 테러단체와 다른 무장단체들 입장에서는 분쟁을 끝내고 정치적으로 해결하는 데 따른 이득이 별로 없었다.[115] 또한 국경을 넘나드는 범죄는 군사조직의 기강을 와해시켜서 파편화시켰으며, 이는 협상을 통한 해결을 더욱 어렵게 만들었다. 명령 계통을 따르지 않고 독자적으로 천연자원을 채취할 수 있다는 사실은 기강을 해이하게 하고 수뇌부가 추종자들에게 합의안을 강제할 수 없게 만들어서 분쟁을 장기화시켰다(중앙아프리카공화국과 콩고에서 특히 심각한 이 문제는 다른 지역에서도 같은 패턴으로 진행되고 있다).[116]

초국가적 조직범죄는 분쟁이 이웃 국가로 번질 위험 또한 높였다. 가령 말리에서 발생한 분쟁이 부분적으로는 리비아 내전에 따른 무기 밀수의 결과라는 증거가 있다. 국경을 넘나드는 범죄 활동이 테러단체를 떠받치는 지역에서는 가깝거나 멀리 있는 나라들이 군사 대응에 나서면서 내전에 휩쓸릴 위험도 높다. 근래에 발생한 여러 분쟁에서 이런 패턴이 꾸준하게 드러나고 있다. 소말리아와 접한 케냐는 국경을 넘나드는 범죄로 유지되는 알 샤바브에게 약탈당한 후로 분쟁에 휩쓸렸다. 말리와 접한 모리타니도 사헬의 다른 지역에서 국경을 넘나드는 납치 활동으로 유지 비용을 충당하는 알 카에다에게 공격당했다. 시리아의 경우 석유 밀수와 납치 활동으로 유지 비용을 충당하는 테러단체들에 맞서기 위해 여러 나라가 내전에 개입했다. 알 카에다 및 탈레반과 싸우는 아프가니스탄에서도 같은 패턴이 드러났다.[117]

이와 관련하여 2007년부터 2016년 사이에 벌어진 무장분쟁의 와중에 민간인, 특히 여성과 소녀들을 학대하고 무차별적으로 죽이는 추세가 꾸준하게 이어졌다. 분쟁 관련 성폭력은 새로운 안보 위협의 맥락에서 사회 기반을 파괴하려는 공포 전술의 일환으로 활용되었다. 폭력적 극단주의의 부상은 여성과 소녀를 노리는 것이 우연이 아니라 사전에 기획된 사상적·체계적·전략적 행동임을 보여주었다. 나이지리아 치복Chibok에서 발생한 것과 같은 대량 납치도 전술의 일환으로 부상하여 세상의 이목을 끌었다. 성인뿐 아니라 청소년들도 분쟁에 휘말려 죽거나 손발을 잃었고, 성폭력에 시달렸으며, 개종을 강요당했고, 전투에 동원되었다. 이처럼 민간 무장단체들이 갈수록 민간인을 상대로 대규모 폭력사태를 일으키는 추세가 계속 이어졌다.

한편 아랍의 봄 사태 때는 여러 정부가 시민을 상대로 개탄스러운 폭력을 숱하게 저질렀다.

2009년에 스리랑카에서 진행된 분쟁의 마지막 단계에서는 인도주의 및 인권 규범을 시험한 비극적 결과로 약 4만 명의 민간인이 희생당했다. 그럼에도 유엔은 강력하고 꾸준한 목소리를 내지 못했다. 사태에 대처하거나 타밀엘람해방호랑이와 싸우는 과정에서 인권 원칙을 지키도록 스리랑카 정부를 압박하는 문제에 대해 안전보장이사회에서는 이견을 보였다. 이는 여러 요인들 때문이었다. 나중에 스리랑카에서 이뤄진 유엔 활동에 관한 내부 조사 패널의 보고서에서 드러난 대로, 안전보장이사회는 상임이사국과 비상임이사국의 반대로 사태에 대처하기 위한 공식 회동조차 갖지 못했다. 스리랑카 사태를 의제로 삼는 데 합의하지 못한 안전보장이사회는 회의록이나 공식 결과를 남기지 않고 대신 수차례에 걸쳐 "비공식 상호 대화"만 나눴다. 또한 보고서에 자세히 기록된 대로 유엔 체제는 안전보장이사회의 부적절한 대처에 더하여 본부와 현지에서 일련의 심각한 실패를 겪었다. 그에 따라 유엔 내부에서 깊은 성찰과 반성이 이뤄지고, 외부로부터 강력한 비판이 제기되면서 반 총장의 인권최우선운동Human Rights Up Front, HRuF이 시행되었다. 2009년 5월에 콜롬보를 방문한 반 총장은 "적어도 30만 명에 이르는 난민들의 안전과 복지가 심히 우려됩니다. 오늘 제 방문으로 모든 스리랑카 국민을 위한 국가적 회복과 재생 그리고 화해의 절차가 시작되기를 바랍니다"라고 밝혔다.[118] 반 총장의 끈질긴 노력 덕분에 방문 말미에 발표된 공동합의문에는 책임 소재와 관련된 내용이 담겼는데, 이것은 큰 성과였다.

마찬가지로 연이은 비극을 맞아 안전보장이사회가 택한 보호책임

원칙은 기껏해야 선택적으로 적용되었다. 다음 장에서 다루겠지만 이 원칙은 뒤이은 기간에 이뤄진 주요 평화 유지 활동에서 민간인 보호 의무의 토대를 제공했다. 가령 2013년에 남수단 사태가 발생했을 때 유엔은 위험에 처한 수만 명의 시민들에게 피난처를 제공하여 많은 생명을 살렸다.[119] 그러나 새 규범에 대한 최대 시험은 리비아에서 2011년에 진행된 나토의 활동에서 제기되었다. 안전보장이사회는 2011년 3월에 카다피 정권이 시민들에게 가하는 위협에 맞서는 개입을 승인하면서, 처음으로 시민을 보호하기 위해 법률에 따른 주권 국가에 무력을 행사할 것을 명령했다. 민간인 보호에 대한 시각이 폭넓게 변하면서 개입이 이뤄지기는 했지만 안전보장이사회의 결정과 뒤이은 나토의 임무 수행 활동은 커다란 논쟁을 불렀다. 리비아 사태를 둘러싼 논쟁 때문에 시리아 사태 때 잔혹 범죄가 자행되는데도 안전보장이사회가 교착상태에 빠졌다는 주장이 폭넓게 제기되었다.

폭넓은 분쟁 예방과 관련하여 국제적 노력을 동원하는 데 방해가 되는 높은 난관들이 오랫동안 존재했다. 지구 남반구에 속한 많은 국가들은 전통적으로 분쟁 예방 활동의 이면에 있는 의도를 의심했으며, 내정에 간섭하기 위한 빌미일 뿐이라고 보았다. 안전보장이사회의 행적도 상반된 면이 있었다. 2007년부터 2016년까지 그리고 특히 리비아 사태와 관련한 논쟁이 있은 후부터 안전보장이사회는 국제 평화 및 안보 문제에서 훨씬 덜 전향적인 자세를 취했다. 특히 상임 이사국들이 보인 주권 침해에 대한 오랜 우려와 분쟁, 또 소요에 직면한 국가들은 '분쟁 취약' 국가로 낙인찍히거나 강압적 조치를 당할지 모른다는 우려 때문에 안전보장이사회 의제에 오르기를 거부했다. 이런 경향은 안선보장이사회가 대응에서 소기 행동으로 나아갈

것이라는 냉전 후의 예상을 충족하지 못하게 막았다.[120]

그 부분적인 이유는 안전보장이사회가 검토 대상이 된 10년 동안 위기 관리와 관련하여 갈수록 격렬하고 어려운 일들을 맡았기 때문일 수도 있다. 2014년(263회)과 2015년(245회)에는 역사상 다른 어떤 해보다 많은 회의가 열렸다. 안전보장이사회는 인도적 위기가 폭넓게 퍼지는 상황에서 헌장에 따라 민간인을 보호하는 과제를 수행하기 위해 특히 아프리카와 중동에서 일련의 국제 안보 문제에 계속 대응했다. 이 기간에 안전보장이사회가 내린 결정들은 국제 테러와 외국인테러전투원 및 폭력적 극단주의가 제기하는 위협, 핵무기 확산 방지, 콩고와 말리, 남수단과 수단처럼 까다로운 환경에서 이뤄지는 복잡한 평화 유지 활동, 리비아와 시에라리온처럼 분쟁을 끝낸 나라에서 이뤄지는 평화 구축 활동, 서아프리카에서 발생한 심각한 에볼라 바이러스 같은 새로운 위협 등 매우 폭넓은 사안들에 걸쳐 있었다.

안전보장이사회는 같은 기간에 아동과 무장분쟁 그리고 무장분쟁에서 발생한 성폭력처럼 교차하는 사안들을 더욱 자주 다뤘으며, 여성과 평화 및 안보와 관련된 결정들을 집행하는 과정이 얼마나 진전되었는지 점검하기 위한 지표들을 추가로 개정했다. 또한 지난 10년 동안 해마다 열린 아프리카연합 평화안보이사회Peace and Security Council와의 공동 협의를 비롯하여 헌장 제9장에 제시된 대로 국제 평화 및 안보 유지를 위해 지역기관과의 협력을 크게 강화했다.

안전보장이사회의 유효성은 회원국들의 단결을 이끌어낸 정도에 따라 좌우되는 경우가 많다. 많은 결정들은 여전히 무기명으로 채택된다. 2007년부터 채택된 550건의 결의안 중에서 기명으로 채택된 결의안은 43건뿐이다. 안전보장이사회는 시급한 안보 위기에 확고하게 대응할 만큼 단결하지 못할 때 비판의 대상이 된다. 안타깝게도 위기 예방 내지 평화 구축과 관련된 상황에서 그런 경우가 종종 발생한다. 이제 6년 차로 접어든 시리아 사태는 2011년부터 2014년 사이에 4건의 결의안 초안이 거부권 발동으로 채택되지 않으면서, 안전보장이사회의 분열을 말해주는 대표적 사례가 되었다. 시리아 사태에 포괄적인 해결책을 제시하지 못한 것과 관련하여 안전보장이사회 내부를 비롯한 사방에서 좌절과 실망의 목소리들이 터져 나왔다. 다만 일부 회원국들은 화학무기와 인도적 측면에서 여러 결의안들을 무기명으로 채택하여 행동했다는 사실을 지적한다. 한편 팔레스타인 문제를 비롯하여 중동 상황과 관련한 2건의 결의안 초안은 거부권 행사로 인해 의결 정족수가 9표만큼 부족해 채택되지 못했다. 이는 65년 넘게 의제로 다룬 사안에서도 때로는 단결하기 어렵다는 사실을 보여주었다.

무장분쟁을 예방하는 일이 유엔 헌장과 유엔 전체를 포괄하는 주된 목적이라고 주장할 수도 있다.[121] 많은 성공 사례와 건설적인 새 접근법에도 불구하고 2007년에서 2016년 사이의 시간이 "분쟁 예방의 10년Decade of Prevention"이 되리라는 희망은 앞서 제시한 일부 이유들 때문에 온전히 실현되지 못했다. 실제로 이 기간에 '유엔 평화 활동을 위한 사무총장 고위급패널High-level Independent Panel on Peace Operations, 히포HIPPO'(2015년)의 검토 등 다양한 검토 과정에서 예방과 평화 구축 활동이 우선순위에서 밀려났고 충분한 자원을 할당받지 못했다는 사실이 지적되었다. 가령 유엔 조정관들이 국제적·정치적 지원을 충분히, 단결된 상태로 받지 못하는 바람에 평화 구축 활동에 방해를 받았다.

유엔 체제는 활동을 통합시키는 정책 차원에서 상당한 혁신을 이뤘지만, 분쟁의 발생 내지 재발을 막기 위해 최선의 성과를 내는 잠재력을 온전히 발휘하지는 못했다.[122]

최근에 평화 및 안보 분야에서 새로운 예방 및 중재 단체들이 생겨나고 그 영향력이 커진 것은 분명 경쟁 효과를 가져왔다. 그러나 동시에 일관성과 조율 문제를 초래하여 활동이 중복되거나, 교전 집단들이 '중재 쇼핑'을 하거나, 때로는 서로의 노력을 저해할 수도 있는 위험이 생겨났다. 특히 아프리카 위기와 관련하여 지역 조직들의 참여가 늘어나는 것은 전반적으로 환영할 일이지만, 다른 한편으로 분쟁 예방과 중재 분야에서 유엔이 이전에 맡은 주도적 역할을 다소 쇠퇴시켰으며, 때로는 파편화되고 탈중심화된 활동으로 이어졌다. 일부 지역 기구는 도움이 되기도 하고 해가 되기도 하는 주도권을 쥔 국가들의 이해관계에 심하게 휘둘리기도 했다. 이와 더불어 더 거대한 지정학적 갈등과 경쟁관계의 대리전 성격으로 벌어지는 분규와 무장 분쟁이 늘어나면서 예방과 중재 해결을 어렵게 만들었다. 조지아, 코소보, 시리아, 우크라이나, 예멘에서 발생한 사태가 그런 경우였다.

국제사회가 평화 구축을 우선시하고 자원을 투입하지 못하는 문제는 2007년에서 2016년 사이에도 상당히 문제시되었다. 평화구축위원회가 내건 약속은 회원국들의 정치에 영향을 받을 뿐 아니라 안전보장이사회와 기능적 관계 및 분업을 이루지 못해서 제대로 지켜지지 않았다. 반면 평화구축기금은 "가장 먼저 나서는 투자자"로서 중요한 틈새를 서서히 확보하며, 다른 기관들이 하지 않는 국가적 평화구축 활동을 지원하는 혁신적이고도 위험한 투자 활동을 펼쳤다. 이 기간에 시에라리온과 동티모르를 시작으로 하여 분쟁 이후 평화를 구축한 소수의 성공 사례가 등장한 한편, 중앙아프리카공화국 및 남수단을 비롯하여 인도적 측면에서 비극적인 대가를 치른 숱한 실패 사례들이 나왔다. 이 문제는 평화 유지 활동을 다루는 다음 장에서 자세히 살필 것이다.

그러나 이런 실패 사례를 단순하게 평화 활동 전반의 실패로 간주해서는 안 된다. 그보다 국제사회가 필요한 투자를 하지 못한 폭넓은 맥락을 감안해야 한다. 중앙아프리카공화국과 관련한 단적이고 대단히 시사적인 통계를 보면, 평화 유지 활동이 이어진 12년의 결정적인 '평화 구축 기간'에(정치, 안보, 사법 제도에서 취약국을 지원하기 위해 뉴딜이 파악한) 3가지 '평화 구축 및 국가 구축 목표'를 위해 처음 투입된 총 지원금이 1억 8,000만 달러(약 2,000억 원) 혹은 연간 1인당 3달러(약 3,500원)에 불과했다. 게다가 평화구축지원실에 주어진 연간 예산은 200만 달러(약 24억 원)밖에 되지 않았다. 결국 2013년에 중앙아프리카공화국은 다시 전면적인 분쟁에 휩싸이고 말았다. 한편 지속적인 평화를 구축하는 데 실패한 이후 2013년에 전개된 평화 유지 활동에는 거의 10억 달러(약 1조 2,000억 원)에 달하는 예산이 들었다. 이런 이유로 2015년 유엔 평화구축체제 UN Peacebuilding Architecture 검토보고서는 중앙아프리카공화국을 "평화 구축의 실패를 말해주는 극적이고 유용한 사례"로 칭했다.[123]

평화 구축 활동에 대한 또 다른 심각한 위험은 2014년과 2015년에 기니, 라이베리아, 시에라리온에서 발생한 에볼라 전염 사태였다. 평화구축위원회는 초점을 옮겨 해당 국가와 유엔, 국제사회, 다른 관련 기관들의 대응 활동 그리고 평화구축기금의 관심이 이어지는 복구 및 평화 구축 노력에 지원을 했다. 또한 정치적 지원 활동을 통해 에볼라가 사회 화합과 정치, 통치, 안보 제도에 미치는 영향을 아프리카개발은행, 유럽연합, 유엔, 세계은행이 내는 평가보고서에 포함시켰다(현지에서 이뤄진 중요한 활동 내역은 다음 장에서 다룰 것이다).

난관에 적응하고 혁신하고 대응하다

2007년을 시작으로 무장 분쟁이 재부상한 기간은 유엔 체제 내부에서 예방 외교[124]와 중재 역량을 더욱 안정되고 기민하며 대응력 있는 기반 위에 올려놓기 위해 진행했던 절차를 가속화시켰다. 반 총장은 세계적인 차원에서 유엔의 예방 외교에 다시 활기를 불어넣었으며, 이를 위해 유엔 조직을 개선하고 파트너십을 강화하는 일을 우선사항으로 삼았다.[125] 실제로 반 총장은 2012년을 "예방의 해"로 불렀다.

여러 주요 혁신들이 이 변혁을 이루는 데 도움을 주었다. 그중에서도 주요 지역에 유엔 지역사무소를 추가한 것이 특히 중요했다. 정무국이 이끄는 이 사무소들은 무엇보다 예방 외교를 위한 전방의 토대 역할을 했다. 그래서 서아프리카, 중앙아시아, 중앙아프리카에 걸쳐서 분석과 조기 경보 그리고 주선 활동을 통해 폭넓은 논쟁적 사안에 대응하기 위해 해당 지역의 관련 단체들과 지속적이고 혁신적인 실무 관계를 맺었다. 그들은 임무와 소집력을 감안할 때 회원국들이 초국가적 조직범죄나 해적 행위 혹은 에너지 및 물 공유처럼 국경을 넘나드는 문제에 대응하는 일을 도와줄 수 있는 좋은 입지에 있었다. 유엔 서아프리카사무소UN Office for West Africa, 유엔 중앙아프리카지역사무소UN Regional Office for Central Africa, 유엔 중앙아시아예방외교지역센터UN Regional Centre for Preventive Diplomacy in Central Asia는 해당 지역의 외교 활동을 통해 국가별 평화 활동도 지원했다.

또 다른 주요 진전은 유엔의 중재 역량을 강화할 목적으로 회원국들이 2005년에 내린 결정을 진행하기 위해 정무국 안에 설립한 중재지원부Mediation Support Unit를 보강한 것이었다. 다른 부서와 대표단, 특사, 상주조정관들에게 중재와 관련된 전문적·정치적·기술적 지원을 제공하기 위해 설립된 이 부서는 곧 정기 예산만으로 감당할 수 없는 상황에 직면했으며, 안타깝게도 이런 상황은 지금까지 이어지고 있다. 한편 2008년에 노르웨이가 자발적으로 자금을 지원한 덕분에 반 총장은 중재 전문가 대기팀을 만들었다. 중재지원부에 속한 정무국의 서비스로서 사무총장의 주선 활동을 보완하는 이 대기팀은 특히 헌법 제정, 권력 공유, 천연자원 및 소득 분배, 성, 안보 협의, 중재 절차의 기획 분야에서 쉽게 얻을 수 없는 전문성을 제공했다. 또한 72시간 안에 중재 전문가를 파견할 수 있는 태세를 갖추고, 2008년 이후 거의 모든 주요 평화 절차를 지원했다. 예방 활동을 위한 파견은 2009년의 46회에서 2015년의 112회로 늘었으며, 대개 수요가 공급을 초과하는 가운데 30여 회원국에서 활동했다. 이 부서는 오랫동안 중재와 관련된 지식의 저장소가 되었으며, 기존의 유엔 정책과 지침 그리고 표준을 토대로 일련의 활동지침서를 만들었다. 두드러지게 기여한 사례로는 중재 관계자들의 필독서가 된《효과적 중재를 위한 유엔 지침서UN Guidance on Effective Mediation》(2012년)가 있다.

정치적 임무도 크게 늘었다. 2010년에 유엔, 유럽연합, 유럽안보협력기구Organization for Security and Co-operation in Europe, 미주기구는 예방 외교와 주선 임무를 주로 지닌 50여 개의 대표단을 현지에 파견했다. 한 예를 들자면 유럽안보협력기구의 '소수민족을 위한 최고대표High

Commissioner on National Minorities'는 조용한 외교를 통해 많은 나라에서 소수 민족 문제를 둘러싼 긴장을 완화하는 데 도움을 주었다.

평화 유지 활동은 예방 측면에서도 중요한 역할을 계속했다. 종종 수년, 심지어 수십 년에 걸쳐 파견되는 평화유지군은 폭력적 분쟁이 재발하지 않도록 예방하는 일상적 역할뿐 아니라 분쟁의 근본 원인과 역사적 적개심을 해소하는 정치적 역할도 수행했다. 평화유지군이 제공하는 안보우산Umbrella That Peacekeeping은 정치적 대화의 장을 열고, 당사자들 사이에 신뢰를 구축하며, 훼방꾼들이 무기를 들지 못하도록 도왔다. 최근에 세계은행이 발표한 내용에서 드러나듯이 지난 10년 동안 발생한 내전의 90퍼센트는 지난 30년 동안 이미 내전을 경험한 나라에서 생겼다. 이런 점을 감안할 때 여러 국경에 걸친 유엔 평화 활동은 첫 번째로 위기에 대응하는 중요한 역할을 했으며, 분쟁 범위 전반에 걸쳐 예방 외교를 위한 자산이 되어주었다. 다면적 평화 유지 활동은 오랫동안 이 역할을 수행했으며, 필요에 따라 특사의 도움을 통해 강화되었다.

지난 10년 동안 국제사회 전반에 걸쳐, 국제기관 및 지역기관 그리고 여러 회원국에서 새로운 예방 역량이 창출되었다. 거기에는 조기 경보 체제 및 빠른 대응을 위한 표적형 자금 지원 체제의 개발, 예방 전문 기구의 설립, 특사의 지속적 활용이 포함되었다. 2010년에 G7+ 취약국 그룹이 창설되었으며, 지금은 20개의 회원국이 있다. 2011년 11월에는 부산에서 열린 제4차 세계개발원조총회High Level Forum on Aid Effectiveness에서는 40개 정부, 후원단체, 국제기관이 취약국 지원을 위한 뉴딜에 합의했다. 이 프로그램은 평화 구축 및 국가 건설을 위한 핵심 목표를 제시했으며, 역량 개발을 지원하고, 원조 투명성을 강화하며, 위험을 공동으로 관리하고, 원조 관리에 국가 체제를 적극 활용하기로 약속했다. 유엔 개발계획은 2014년 초에 뉴딜 이행 지원부서를 설립했으며, 2016년 4월에 스톡홀름에서 열린 제5차 평화 구축 및 국가 건설 관련 국제 대화를 위한 세계장관회의Global Ministerial Meeting of the International Dialogue on Peacebuilding and Statebuilding는 뉴딜의 기한을 5년 더 연장하면서 "뉴딜의 원칙에 발맞춰서 2030 개발의제를 운영하고 이행하기 위해" 함께 노력하겠다고 밝혔다.

지난 10년 동안 유엔이 강화시킨 지역적 접근법을 뒷받침하는 주요 사례들이 나왔다. 가령 유엔 서아프리카지역사무소는 서아프리카국가경제공동체Economic Community of West African States, 아프리카연합, 국제연락그룹International Contact Group 및 기타 단체와 협력하고 2009년과 2010년에 평화구축기금의 지원을 받은 안보 부문 개혁을 바탕으로 하여, 기니가 군사 통치에서 헌법적 통치로 전환하는 과정을 도왔다. 특히 이웃국가인 코트디부아르, 기니비사우, 라이베리아, 시에라리온의 안정을 위협할 수 있기 때문에 기니의 정치적 긴장이 전면적인 분쟁으로 악화되지 않도록 예방하는 것이 우선사항이었다. 유엔은 정치적 절차와 서아프리카국가경제공동체가 주도하는 중재를 꾸준히 지원하면서 2010년에 알파 콩데Alpha Condé가 민주적 다당제 선거를 통해 최초의 대통령으로 취임할 때까지 취약한 이행 과정을 도왔다.

유엔 중앙아시아예방외교지역센터는 키르기스스탄에서 2010년 4월에 전임 대통령이 축출되고 6월에 인종 간 폭력사태가 발생했을 때 위기 대응을 위한 즉각적인 주선과 지원을 제공했다. 또한 국내 관계 단체, 유엔 국가팀, 유럽안보협력기구, 유럽연합, 집단안보협약기구Collective Security Treaty Organization, 독립국가연합Commonwealth of Independent

States, 상하이협력기구Shanghai Cooperation Organization와 긴밀하게 협력하여 재건·회복·선거를 돕는 한편, 정치 지도자들과 시민사회 대표들 사이의 대화를 촉구하여 화해의 기반을 놓았다.[126] 이런 집단적 참여는 5년에 걸친 평화구축기금의 과감한 투자(1,600만 달러, 한화로 약 192억 원)를 통해 부분적으로 강화되었다. 이 투자는 현지에서 협력 단체들과 효과적으로 협력하고 내적 일관성을 강화하는 데도 도움을 주었다. 중앙아프리카공화국에서는 2015년에 유엔 중앙아프리카지역사무소 대표가 현지 평화유지군 책임자, 중앙아프리카국가경제공동체가 임명한 국제 조정관과 협력했다.[127] 부르키나파소에서는 예정된 선거를 한 달도 남겨두지 않은 2015년 9월 16일에 전 대통령 경호대가 와가두구Ouagadougou에서 과도 정부에 맞서 쿠데타를 일으켰다. 반 총장이 파견한 특별대표와, 사태가 발생했을 때 이미 와가두구에 있던 유엔 서아프리카지역사무소 대표는 서아프리카국가경제공동체의 중재 및 다른 외교적 활동에 발맞춰서 인질로 잡힌 대통령 및 장관들의 석방과 과도 정부의 복원 그리고 쿠데타 지도자들의 항복을 이끌어내기 위해 노력했다. 유엔 서아프리카지역사무소 대표는 유력 지역 지도자들과 협력하고 쿠데타 지도자들을 직접 설득한 끝에 9월 29일에 항복을 받아냈다.

이 10년 동안 예방 외교가 더 적극적인 방향으로 나아갔다. 아프리카에서 과거의 비간섭 원칙은, 비헌법적 정부 교체를 비롯하여 평화, 안보, 국민의 즉각적인 위협에 대해 아프리카연합이 취하는 '무관심에서의 탈피' 원칙으로 점차 대체되었다. 많은 지역 단체들은 새로운 입장을 예측하거나 따랐다. 서아프리카와 남아프리카에서 국가 인프라를 개발하기 위해 지역경제위원회, 정부, 시민사회와 협력하는 일은 특기할 만한 진전으로서, 지속적인 개발 활동을 통해 정치적인 차원에서 유엔의 지원과 참여를 이끄는 규범적 기틀을 제공했다. 미주에서는 미주기구가 위기로 이어질 수 있는 차이를 해소하는 일을 새로운 우선사항으로 삼았다. 또한 남미국가연합Union of South American Nations 같은 새로운 기구가 예방 외교를 비롯한 적극적인 활동에 나섰다.

복잡한 정치적 상황에서 활동하는 유엔 상주조정관의 예방 및 평화 구축 지원 역량을 키우는 일도 이 시기에 주된 관심 사항이었다. 조정관은 해당 국가의 최고위 유엔 관료로서 정부, 야당, 시민사회를 비롯한 협력기관을 소집하는 한편, 유엔 기관, 기금, 사업의 경쟁 우위를 활용할 수 있기 때문에 분쟁의 발생, 악화, 지속, 재발을 예방할 뿐 아니라, 근본 원인에 대응하는 국가 역량을 강화하기 위해 일선에서 유엔의 대응을 이끌기도 한다. 이를 위해 유엔 개발계획과 정무국은 반 총장의 지원을 받아 2009년부터 '몽트뢰Montreux 워크숍'을 시작했다. 이 워크숍에서는 상주조정관들이 고위 본부 및 현장 직원들과 함께 모여서 경험을 공유하고, 정치적 혼란과 취약성이 심화되는 상황에서 행동과 정책 사이의 간극을 파악했다. 또한 국가적 분쟁 예방 역량을 구축하기 위한 유엔 개발계획과 정무국 합동사업의 지원 아래 2009년에 만들어진 비헌법적 정부 교체의 대응 정책을 비롯하여, 본부가 상주조정관들을 지원할 수 있는 내부 정책 기준도 개발했다. 이 워크숍은 유엔 개발계획과 정무국의 합동사업을 통한 지원을 비롯하여 상주조정관 및 국가팀에 대한 지원을 강화하는 데도 핵심 역할을 했다. 2004년에 처음 시작되어 12년 동안 거의 50회에 걸쳐 예방 활동을 펼친 이 합동사업은 현지 관계기관늘이 선거 및 국민

투표를 둘러싼 긴장을 완화시키고, 분쟁 해소 및 합의를 위한 국가적 대화를 유지하며, 복잡한 정치적 이행을 관리하고, 콜롬비아와 피지, 조지아, 가나, 기니, 가이아나, 레소토, 케냐, 키르기스스탄, 말라위, 필리핀, 동티모르, 토고 등 다양한 국가에서 국가가 주도한 평화협정을 통해 평화를 유지하는 데 도움을 주었다.

'평화 및 개발자문관Peace and Development Advisors'을 파견한 일은 합동사업이 이룬 가장 가시적인 혁신이었다. 2015년 11월 기준으로 전 세계에 걸쳐 39명의 평화 및 개발자문관이 파견되었으며, 파트너십을 통해 도움을 받는 국가의 수는 거의 50개국에 이르렀다. 또한 평화구축지원실은 유엔 개발계획 및 정무국과 공식 파트너십을 맺고 평화구축기금을 통해 정무국의 파견 활동 자금을 지원하겠다고 약속했다. 평화 및 개발자문관은 상주조정관 사무실에 소속되며, 현지 이해관계자들과 협력하여 분쟁 예방을 위한 국가적 역량을 개발 및 강화하고, 해당 부문에서 이뤄지는 유엔의 지원이 현지의 노력을 활용하도록 만드는 일을 한다. 그 일환으로 많은 평화 및 개발자문관들은 유엔 국가팀과 주요 현지 이해관계자들이 분쟁에 대응하는 개발 역량을 구축하고, 개발 위험을 관리하도록 돕는다. 2015년 5월에 가이아나에서 '평화를 위한 가이아나인Guyanese for Peace'이라는 고위급 중재기구가 유엔의 지원을 받아서 간발의 투표 결과가 폭력으로 이어지지 않도록 만드는 데 중요한 역할을 한 것이 그 예다. 아슬아슬하게 진 현직 대통령은 여당이 선거 결과를 공식적으로 인정하지 않았는데도 자리에서 물러났다. 평화 및 개발자문관은 파나마에 있는 유엔 개발계획 지역센터와 뉴욕 본부 그리고 정무국의 수석자문들과 협력하여 가이아나인이 평화를 위한 역할을 할 수 있도록 만들었다. 이 활동은 선거를 치르기 불과 열흘 전에 이뤄졌다.

인권과 분쟁 예방의 교차점에서 추가 혁신이 일어났다. 반 총장은 앞서 언급했듯이 스리랑카에서 이뤄진 유엔 활동에 관한 내부 조사 패널이 "체제적 실패"로 평가한 문제에 대응하기 위해 2013년에 인권최우선운동을 출범시켰다. 자세한 내용은 인권과 정의에 관련된 제8장에서 다룰 것이다. 이 운동의 목적은 전체 유엔 체제가 대규모 인권 침해 사태를 예방하거나 대처하기 위해 조기에 효과적인 행동에 나서도록 만드는 것이었다. 그에 따라 인권이 약화되는 상황을 분쟁의 위험을 알려주는 조기 지표로 삼고, 평화·안보, 개발, 인권이라는 3가지 핵심 원칙에 따라 활동하며, 민간인을 보호할 수 있도록 체제 전반에 걸쳐서 대응했다. 궁극적으로 인권최우선운동은 유엔이 분쟁 예방 활동을 벌이는 방식을 변화시키고, 회원국과 유엔 체제가 향후 비슷한 비극적 사태를 예방할 수 있도록 돕는 역량을 개선하겠다는 약속을 담았다.

유엔의 선거 지원도 진전을 이룬 중요한 분야였다. 갈수록 많은 국가들이 선거 결과 수용을 촉구하고 선거 관련 폭력을 예방함으로써 선거를 둘러싼 승자 독식 및 도박적 정치를 완화하기 위해 유엔의 도움을 구했다. 방글라데시에서는 2007년 1월에 의회 선거를 앞두고 유권자 등록 방식 때문에 폭력 시위와 제1야당의 선거거부운동이 발생했다. 그 뒤 유엔의 도움을 받아 2009년 1월에 열린 선거를 앞두고 마련된 새로운 유권자 등록 방식은 대단히 정확하고 수용할 만하다는 평가를 받았으며, 선거가 평화롭게 진행되는 데 크게 기여했다. 유엔은 2014년과 2015년만 해도 요청에 따라 혹은 안전보장이사회나 총회의 결의를 토대로 65개 회원국의 선거를 지원했다. 반면

1992년부터 2007년까지 15년 동안에는 그 대상이 43개국에 불과했다. 유엔의 선거 지원은 회원국의 요청에 맞춰서 진화했다. 가령 선거 감시 활동은 2001년에 피지에서 이뤄진 후 2015년에 부룬디에서 다시 이뤄질 만큼 지난 20년 동안 갈수록 드물어졌다. 반면 선거 지원 활동은 체제 전반에 걸쳐 이뤄졌다. 수많은 유엔 기관들은 선거와 관련된 임무를 지니거나 선거 지원 활동에 참여한다. 정무국, 평화유지활동국, 유엔 개발계획, 유엔 여성기구, 인권최고대표사무소, 유네스코, 유엔 프로젝트서비스사무소Office for UN Project Services, 유엔 자원봉사단UN Volunteers, 유엔 평화구축지원실 등이 거기에 포함된다. 지난 20년 동안 이 분야에서 유엔 활동을 조율하기 위한 제도적 정비가 크게 확장되었다. 정무국 사무차장은 1992년부터 선거지원단의 도움을 받아 선거 지원과 관련된 체제 전반의 구심점 역할을 했다. 구체적으로 유엔의 선거 지원과 관련된 모든 문제에서 지도자로서 조직적 통일성과 정치적·기술적 일관성을 보장하고, 유엔의 선거 정책을 수립하는 책임을 맡았으며, 선거 제도와 관련된 기록과 선거 전문가 명단도 관리했다.

선거를 국민의 뜻을 파악하는 평화로운 수단으로 삼는 회원국의 수가 늘어나고, 신뢰할 수 있는 선거를 치르는 새로운 민주주의 국가들의 역량이 커지면서 선거 당국 사이의 남남 협력처럼 긍정적인 추세가 생겨나고 있다. 하지만 동시에 선거는 인종적·정치적·경제적 적대감을 촉발하거나 악화시키기도 했다. 일부 경우이지만 잘못된 절차가 폭력을 촉발하면서 수많은 생명을 앗아가는 일도 있었다. 또한 선거가 사기와 불법으로 얼룩지고, 후보들이 정당하다고 평가받는 결과를 거부하는 문제들도 발생했다. 그에 따라 유엔은 선거 관련 폭력을 근본적인 형태의 정치적 폭력으로, 선거를 해당 환경과 연계된 근본적인 정치적 행사로 간주하는 폭넓은 접근법을 취했다. 진정한 선거를 치르려면 절차적 측면을 강화하거나, 기술적 문제를 개선하거나, 국제적 요건과 비교하는 일 이상의 것이 필요하다. 가령 승자 독식 및 도박적 정치를 완화하도록 돕는 일이 중요한 경우도 많다.

한편 반 총장이 가진 포용에 대한 이상에 발맞춰서 여성의 지위를 향상시키는 일은 평화 구축 활동의 핵심 측면으로 부상했다. 유엔은 반 총장의 임기에 성 전문성을 크게 향상시켰다. 특히 2010년에 유엔 여성기구를 설립하고(양성평등과 여성 권익 신장을 위한 유엔 기구는 제9장에서 자세히 다룰 것이다), 수석중재관들을 대상으로 성 및 포용적 중재 절차를 교육시키며, 지역 및 국가 차원에서 평화 구축 절차에 여성을 실제로 참여시킨 일이 대표 사례였다. 반 총장은 모든 분쟁 해소 및 예방, 선거 및 특별 정치 활동에서 여성을 실질적으로 포용하고 의미 있는 방식으로 참여시키는 것을 우선사항으로 삼았다. 분쟁이 여성과 소녀에게 영향을 미치고, 그들이 평화와 안보에 기여하는 부분에 대한 사안은 2000년 안전보장이사회 결의 제1325호를 통해 처음으로 전면에 부각되었다. 뒤이어 여성과 평화, 안보와 관련된 7건의 안전보장이사회 결의는 모두 반 총장의 임기 동안 채택되었다. 반 총장은 2007년에 분쟁 상황에 처한 여성 및 소녀뿐 아니라 남성 및 소년과 관련된 다른 사안을 제기하면서 다음과 같이 말했다. "해마다 분쟁 상황에서 발생하는 성폭력으로 수많은 여성과 소녀뿐 아니라 남성과 소년의 삶까지 파괴됩니다. 이런 일은 민간인을 효과적으로 보호하지 못한 문제를 그 이떤 것보다 더 극명하게 드러냅니다." 이에 안전보장이사회는 분쟁에서 전술의 일환으로 사용되는 성폭력을 국제 평화 및 안보의 문제로 간주하는 결의 제1820호(2008년)를 채택했다. 또한 결의 제1888호(2009년)는 분쟁에서 발생하는 성폭력과 관련해 사무총장 특별대표단에게 일관되고 전략적인 리더십 임무를, 현재 30명에 이르는 여성 보호 자문관들에게 정책 및 대응에 참고할 증거의 질과 양을 개선하는 임무를 부여했다. 이처럼 다양한 결의와 반 총장 및 유엔 체제의 노력에 따라 현재 중재지원부에서 여성들이 활약하고 있다. 또한 평화회담에 파견되는 여성의 수와 평화합의에서 성 관련 조항이 포함되는 경우가 꾸준히 늘어났다. 반 총장은 대호수 지역과 사헬 지역에 파견할 특사를 여성으로 임명하기도 했다.

지난 10년 동안 반 총장은 국제적 협력을 강화하여 테러의 영향을 완화하려고 노력했다. 테러 및 폭력적 극단주의 문제와 직접 관련된 유엔 기관들은 합심하여 전략을 개발했으며, 간접적으로 관련된 기관들도 폭력적 극단주의를 예방하고 테러에 맞서는 방향으로 활동했다. 대테러이행단에 속한 약 40개의 국제 단체들은 더 강력한 협력을 통해 정보와 자원, 전문성의 흐름을 개선하여 효율성과 책임성, 활동의 효과를 강화했다. 이때 국가적 주인의식이 중요한 의미를 지니며, 유엔의 노력이 해당 국가 및 국민의 노력과 항상 일치하도록 요구했다. 반 총장의 범유엔 차원의 접근법All-of-UN approach이 지닌 중요성은 안전보장이사회가 제안한 대로 외국인테러전투원들의 흐름을 차단하기 위한 주요 역량 구축 프로젝트의 이행 계획을 조율할 때 드러났다.[128] 외국인테러전투원과 관련해 특별 대테러이행단 기관 간 실무 그룹은 첫 단계로서 대테러사무국Counter-Terrorism Executive Directorate, CTED의 평가에 따라 결정된 핵심 분야에서 12개 유엔 기관들이 이행할 37가지 역량 강화 프로젝트를 정했다. 이 프로젝트들은 극단화, 훈련, 분쟁 지역으로의 여행, 자금 조달, 전투, 잠재적 귀국 및 재활동, 재통합 및 재활을 비롯하여 외국인테러전투원의 전체 '수명 주기'에 맞춰져 있다.

범유엔 차원의 접근법이 적용된 또 다른 사례는 여러 유엔 기관들을 한데 모아서 도움을 요청하는 회원국에 조화롭고 일관된 역량 구축 지원 활동을 제공하는 대테러통합지원Integrated Assistance for Countering Terrorism, I-ACT 사업이었다. 도움이 필요한 국가에 있는 모든 유엔 기관들, 즉 상주조정관, 특별대표, 유엔 국가팀은 프로젝트가 이행되는 전체 기간 내내 협력했다. 범유엔 차원의 접근법은 유엔 체제 전체에 걸쳐 대테러 활동을 우선사항으로 삼고 폭넓은 예방의제에 맞춰서 각 기관을 조율하는 유엔의 잠재력을 이미 증명했다. 2011년에 유엔 총회는 사우디아라비아의 관대한 지원을 받아 유엔 대테러센터UN Counter-Terrorism Centre, UNCCT를 설립했다. 덕분에 유엔은 세계대테러전략 전체에 걸쳐 역량 구축 지원 활동에 나설 추가 수단을 갖게 되었다. 유엔 대테러센터의 노력은 회원국들의 전략 이행 역량을 구축하는 일에서 총회와 안전보장이사회 그리고 개별 회원국들로부터 인정받았다.

반 총장의 재임 기간에 변혁이 이뤄진 또 다른 분야는 법치였다. 시민 역량과 관련한 수석자문단Senior Advisory Group on Civilian Capacities은 분쟁 이후 역량 구축을 도와 달라는 회원국들의 늘어나는 요구에 따라 2011년에 법치를 비롯한 많은 분야에서 유엔 활동에 대한 일련의 개혁을 제안했다. 반 총장은 이 제안들을 이행하여 유엔의 역량을 모아 회원국들을 지원할 수 있도록 경찰, 사법, 교정과 관련해 세계적 구심점Global Focal Point 체계를 만들고, 헌법 절차를 지원하는 역량을 강화하도록 지시했다. 세계적 구심점 체계는 파견단과 유엔 국가팀을 통합하는 유용한 도구임을 증명했으며, 법치 지원 활동을 더욱 효과적으로 만들었다. 2012년에 총회는 법치에 대한 역사적인 선언을 채택하여 이것이 평화 및 안보와 개발의 중심임을 확인했다.

반 총장은 또한 정의 구현이 지속적 평화를 떠받치는 확고한 토대를 제공한다는 전제 아래, 국제형사재판소, 인권이사회의 국제조사위원회, 국제 임시재판소와 혼합재판소를 비롯한 폭넓은 기구를 통해 국제적 전쟁범죄에 대한 책임을 묻고 과도적 사법 절차를 수립하는 일에 매진했다. 이 시기에 전前 유고슬라비아 및 르완다 사태와 관련하여 열린 국제재판소는 재판을 계속 진행했고, 크메르 루즈 특별재판소Extraordinary Chambers in the Courts of Cambodia, 시에라리온특별재판소Special Court for Sierra Leone, 레바논특별재판소Special Tribunal for Lebanon는 국제법을 진전시켰다. 유엔과 국제형사재판소의 협력도 꾸준히 강화되었다. 반 총장은 2010년에 과도기 사법에 대한 접근법을 통일하기 위해 체제 전반의 지침을 발표했다. 특히 법치는 2030 개발의제에 명시된 지속가능개발의 동력원일 뿐 아니라 근본 목표로 간주되었다.

앞서 언급한 대로 2005년 세계정상회의에서 합의로 보호책임원칙을 채택한 일은 잔혹 범죄의 재발을 막겠다는 국제사회의 의지를 실현하기 위한 중요한 진전이었다. 반 총장은 채택 10주년인 2015년에 보호책임이 "무관심과 운명론의 대안으로", "치명적 위험에 처한 사람들에 대한 국제적 우려를 의미 있는 대응으로 바꾸는 이정표"라고 밝혔다. 뒤이어 그는 향후 10년 동안 보호책임 원칙을 이행하는 데 있어서 다음 6가지 핵심 우선사항을 제시했다.

- 국가적·지역적·세계적 차원에서 잔혹 범죄로부터 사람들을 보호한다는 정치적 의지를 피력한다
- 예방을 보호책임의 핵심적 측면으로 격상시킨다
- 시기적절하고 결단력 있는 대응을 위한 대안을 파악하고 확대시킨다
- 재발 위험에 대응한다
- 잔혹 범죄에 대한 지역적 예방 및 대응을 강화한다
- 학살 예방 및 보호책임과 관련한 국제적 네트워크를 강화한다

안전보장이사회 이사국들은 10년 동안 정부 간 활동을 대폭 늘린 가운데, 사무총장과의 연례 회동과 지난 13년 동안 핀란드가 주최한 히팅 더 그라운드 러닝Hitting the Ground Running 워크숍에서 활동을 정기적으로 점검할 기회를 가졌다. 안전보장이사회의 공식문서로 발표되는 워크숍 보고서는 이사국들이 임무를 버거워하고 있지만, 성과를 솔직히 따져서 개선할 의지를 갖고 있음을 보여주었다. 사무국도 안전보장이사회와 함께 조기 경보 및 예방 활동을 개선하려는 시도에 나섰다. 2010년 12월에 잠시 중단된 때를 제외하고 2010년 11월부터 2012년 3월까지 정무국은 정기적으로 '이슈 탐색horizon-scanning' 브리핑을 통해 공식의제에 오르지 않은 새로운 문제들을 안전보장이사회에 알렸다. 비공개로 진행되는 이 브리핑은 이사국들이 어떤 사안을 의제로 다룰지 미리 알고 싶다고(실은 협상하고 싶다고) 고집하는 바람에 처음부터 어려움을 겪었다. 해당 국가들은 대개 이사회의 논의 대상에 올랐다는 사실을 알자마자 사무국을 상대로 집중적인 로비를 폈다. 최종적인 이슈 탐색 브리핑은 2013년 12월에 진행되었다. 이후 사무국은 시급한 문제를 보고할 경우 가능한 한 안전보장이사회

의 '기타 사안' 협의 시간을 활용했다.

앞서 언급한 대로 2005년에 창설된 3개의 평화 구축 기구인 평화
구축위원회, 평화구축기금, 평화구축지원실은 우선순위에서 뒤로
밀렸으며, 첫 10년 동안 우여곡절을 겪었다. 그러나 각 기구는 주요
사례와 시기에 상당한 영향력을 발휘했다고 평가할 수 있다. 가령 평
화구축위원회의 국가별 모임은 의제에 오른 주요 국가들과 지속적
으로 교류하고 협력하는 데 필요한 토론의 장을 제공했다. 또한 평화
구축위원회는 전문가자문단 보고서에 제시된 내용에 따라 더욱 유
연한 활동 방식을 최근에 성공시켜서 다양한 국가와 상황에 대응하
고 있다. 한편 평화구축기금은 40여 개국에서 평화 구축을 위한 중요
한 상황을 맞아 신속하고 유연하며 위험을 감수하는 지원기관이 되
었다. 지난 10년 동안 포용하는 사회를 건설하는 일에서 중요한 성과
들이 나오기는 했지만, 어떤 기관도 21세기의 문제들을 혼자 해결할
수 없다는 사실이 분명해졌다. 그에 따라 파트너십이 필수 조건이 되
었다. 그중 하나가 해당 지역에서 발생한 위기 상황에 고유한 영향력
을 행사하고 접근할 수 있는 지역기관들과 맺은 파트너십이었다. 유
엔 헌장의 기틀을 만든 사람들은 지역적 해결에서 탄탄한 역할을 맡
는 세계적인 집단안보 체제가 필요할 것이라고 예상했다. 최근에 유
엔은 아프리카연합, 서아프리카국가경제공동체, 남아프리카개발공
동체Southern Africa Development Community, 정부 간 개발협력기구Intergovernmental
Authority on Development뿐 아니라 유럽연합, 유럽안보협력기구, 동남아시
아국가연합, 미주기구, 이슬람회의기구Organization for the Islamic Conference,
OIC와 분쟁 예방 및 중재를 위해 기존 파트너십을 심화하고 새로운
파트너십을 맺었다. 아동 보호, 인권, 효과적 법치에 대한 확고한 의

지를 주류로 만드는 일은 유엔의 예방 활동을 대폭 확대시킨다. 많은 유엔 기관들은 점차 이 분야 활동을 늘리고 있다.

　유엔은 부분적으로 예산 밖 자원을 활용하여 지역적 역량을 구축하고 지역적 경험에서 교훈을 얻기 위한 사업을 추진했다. 지금은 폭넓은 평화 및 안보 사안과 관련된 합동 훈련 프로그램도 실시하고 있다. 또한 최근에 군사 쿠데타와 반란이 발생한 기니, 마다가스카르, 모리타니, 니제르에 고위급 사절을 파견하여 지역기관과 함께 위기를 해소했다. 이런 파트너십이 안고 있는 주요 과제는 지역 관계기관과 임기응변으로 협력하는 방식에서 탈피하는 것이었다. 사람, 군대, 경찰, 장비, 역량, 지원 협력은 여전히 각 기관을 통해 새롭게 확보되거나 협의되었다. 주어진 상황에서 누가 무엇을 해야 하는지 실시간으로 결정하는 공통 장치나 절차가 없었다. 유엔과 지역기관이 같은 중재 절차에 참여할 때 서로 협력하고, 순차적이거나 병렬적으로 활동할 때 유연하게 적용할 수 있는 지속적 합의와 절차를 구축하려면 지금까지 쌓은 경험을 토대로 더 많은 노력을 기울여야 한다.

　예방 및 평화 구축 분야에서 세계은행과 또 다른 중요한 파트너십이 형성되었다. 세계은행과 유엔의 긴밀한 파트너십은 오래되었지만 반 총장의 임기 동안 더욱 체계적이고도 활기차게 진행되었다. 2008년에 반 총장과 김용 세계은행그룹 총재는 정치와 안보, 개발을 연계하는 통합적 접근법을 강조하면서 위기 및 위기 이후를 위한 유엔–세계은행 협력기틀UN-WB Partnership Framework for Crisis and Post-Crisis에 서명했다. 뒤이어 2010년에는 스위스와 노르웨이의 지원과 유엔–세계은행 합동운영위원회의 감독을 받아 협력기틀을 이행하기 위한 유엔–세계은행 협력신탁기금UN-WB Partnership Trust Fund을 설립했다. 이런 협약들은 평화 및 취약성 부문에서 유엔과 세계은행의 협력을 확대하고, 기후변화와 지속가능개발, 세계적 공공 보건 부문에서 이뤄지는 협력에 발맞추기 위한 토대를 놓았다. 2012년에 세계은행과 유엔 개발계획은 필리핀 정부와 모로이슬람해방전선이 맺은 평화협정인 방사모로포괄협정Comprehensive Agreement on the Bangsamoro의 협상과 이행을 기술적으로 지원하기 위해 '과도기 역량을 위한 자문지원기구Facility for Advisory Support to Transition Capacities'(이하 '패스트랙FASTRAC')를 만들었다. 평화 구축 절차를 지원하기 위해 처음 시작된 사업인 패스트랙은 2016년 4월에 단독 평가를 받았다. 그 결과 관계기관들에 역량과 대안, 전략을 제공하는 데 중대한 역할을 했으며, 계속 활동해야 한다는 평가를 받았다. 2013년 5월에 반 총장과 김용 총재는 아프리카 대호수 지역을 방문하여 세계적 분쟁과 빈곤을 함께 해결하겠다는 강력한 의지를 드러냈다. 성공적인 이 방문 이후에 중요한 분쟁 지역인 사헬, 아프리카의 뿔, 중동 지역에 대한 공동 방문도 이뤄졌다.

한편 국경을 초월하는 일련의 새로운 과제들이 등장했다. 이 세계적 과제들은 분쟁에 대처하는 새롭고 조화로운 접근법을 요구했다. 가령 환경이 분쟁에 영향을 미친다는 증거들이 쌓여갔다. 물, 에너지 접근권, 토지 활용은 남수단과 수단 사이에 벌어진 분쟁의 핵심 요인이었으며, 아프리카와 중동 전체에 걸쳐 불안을 야기했다. 소말리아의 식량 부족부터 태국의 파괴적 홍수까지 회원국들은 갈수록 기후변화가 안보에 미치는 영향을 인식하고 있다. 2011년에는 사무총장의 보고서에 기후변화가 평화 및 안보에 미치는 영향에 대한 맥락적 정보를 담아 달라는 안전보장이사회 의장 성명의 요구가 있었다. 이에 따라 정무국, 유엔 환경계획, 평화유지활동국을 비롯한 여러 유엔 기관들은 평화 유지 활동과 관련하여 안전보장이사회에 보고하는 정보를 개선하려고 노력했다. 그 결과 2015년에 정무국은 유엔 개발 계획과 협력하여 천연자원과 관련된 분쟁, 평화 절차에서 성문화된 모범 관행과 전략을 제공하는 최초의 분석적 기틀로 '천연자원 및 분쟁 중재에 관한 포괄적 지침Guide on Natural Resources and Conflict Mediation'을 발표했다.

반 총장이 재임한 10년 동안 유엔은 "전쟁의 재앙으로부터 미래 세대를 구하는" 힘들고도 필수적인 과제와 씨름하는 방식에서 상당한 혁신을 이루었다. 다음 장은 이 부문에서 유엔의 또 다른 주요 도구인 평화 유지 활동의 성장과 진전을 검토하고, 향후 변화에 대한 논의로 마무리할 것이다.

05

PEACE
OPERATIONS
AND THEIR
PRIORITIES

이 장은 유엔 평화유지활동국과 현장지원국의 주도로 작성되었다.

앞 장 사진: 2명의 소말리아 소녀가 모가디슈Mogadshu 인근에 있는 텐트 병실 밖에서 쌍둥이 동생을 안고 있다.
UN Photo | Stuart Price

05 평화를 유지하다

에르베 라드수스 Hervé Ladsous
평화유지활동국 사무차장

아툴 카레 Atul Khare
현장지원국 사무차장

반 총장이 취임한 해에 군경을 포함하여 약 10만 명으로 구성된 20개의 평화유지임무단이 4개 대륙에 파견되었다. 또한 특사부터 지역 정치 사무소, 국가별 정치 임무단, 제재 감시단까지 2,000명이 넘는 인원으로 구성된 27개의 특별정치임무단이 전 세계에 파견되었다. 이 47개의 평화 유지 활동 조직은 미얀마 주선특사 good office 와 시리아 특사처럼 총회에서 승인된 것도 있고, 지역사무소를 비롯하여 반 총장의 직권으로 설립된 것도 있다. 하지만 대부분 안전보장이사회의 지시에 따른 것이었다.

평화 유지 활동은 반 총장이 임명되기 전부터 수시로 변화하는 분쟁 상황과 대단히 변덕스런 안보 환경에서 활동해야 하는 과제에 맞춰 야심과 복잡성을 키웠다. 이런 추세는 반 총장이 연임하는 동안에도 지속되었다. 그에 따라 새로운 체계가 구상되었으며, 새로운 임무가 여러 평화 유지 기능에 추가되면서 중요한 국제적 수단의 역학과 적응성이 드러났다. 특히 아프리카에서 국제 평화 및 안보와 관련된 주요 협력자로서 지역 및 소지역 단체들이 부상한 것은 개별 역할과 전략의 재정의를 요구하는 구조적 변화였다. 반 총장의 임기 후반에 커진 초국가적 테러와 조직범죄의 위협은 대단히 복잡한 안보 지형에 유례없는 난관을 불러왔다. 이전에는 유엔 직원을 의도적으로 노리는 일이 드물었지만 이제는 많은 분쟁 환경에서 흔한 일이 되었다. 사무국은 평화 유지 활동 전반에 걸쳐 새로운 세대의 지하드 무장단체를 다루는 접근법을 조정해야 했다.

유엔은 또한 축소 및 철수 시기, 분쟁 관리 및 평화 구축 활동에 참여하는 다른 기관과의 협력 방식, 환경 문제나 성적 일탈 같은 평화 유지 활동의 의도치 않은 부정적 영향을 완화하는 방법 등 평화 유지 활동을 관리하는 일과 관련된 근본 과제들과 씨름했다. 이 장에서는 평화 유지 활동이 이런 과제들에 대응하여 어떻게 진화했는지 살펴본다.

새로운 평화 유지 활동

반 총장의 취임 첫해에 5개의 새로운 평화유지임무단이 창설되었다. 그중 2개는 각각 2007년 7월과 9월에 다푸르와 차드에서 안전보장이사회의 승인에 따라 만들어졌다. 그 임무단들은 정치적, 운영적 제약을 받아 특수한 성격을 지니게 되었다. 유엔과 아프리카연합이 공동으로 관리하는 다푸르의 혼성 부대인 유엔–아프리카연합임무단UN-AU Mission in Darfur, UNAMID은 유엔과 수단 정부가 진행한 길고도 복잡한 협상의 결실이었다. 공동으로 지휘와 통제를 하는 체제는 불완전했지만 다푸르로 파견하기 위해서는 필요한 타협이었다. 차드

에 있는 유엔 차드중앙아프리카공화국임무단UN Mission in the Central African
Republic and Chad, MINURCAT의 핵심 임무는 정치적 기틀을 마련하는 과정
을 지원하기 위해 파견되었던 기존과 달리, 민간인을 보호하는 것이
었다. 2007년에는 3개의 새로운 특별정치임무단도 창설되었다. 유
엔 네팔임무단은 2006년에 맺어진 포괄적 평화협약의 이행을 지원
하기 위해 만들어졌다. 이 임무단의 구성은 상당히 혁신적이었다. 가
령 주요 관계자들의 요청에 따라 평복 차림의 비무장 군인들이 양측
의 무기 및 무장병력을 감시하는 정치적 장치의 일환으로 파견되었
다. 2월에는 레바논 특별조정관이 사무총장 특별대표에 이어 2006년
내전의 전후 처리를 맡게 되었다. 이 새로운 자리는 폭넓은 유엔 체제
의 더 일관된 지원과 안전보장이사회 결의 제1701호(2006년)를 이행
하기 위한 더 효과적인 토대를 제공했다. 5월에는 유엔의 2번째 지역
사무소인 유엔 중앙아시아예방외교지역센터UN Regional Centre for Preventive
Diplomacy in Central Asia가 대화와 협력을 강화하는 장치로 설립되었다. 이
조직의 지역적 접근법은 회원국들이 폭력적 극단주의와 급진화 같
은 잠재적 위협에 대응하고, 천연자원 공동 관리처럼 지역적 협력이
필요한 부문을 파악하는 데 도움을 주었다. 첫해 이후로도 6개의 평화
유지임무단과 다수의 특별정치임무단이 창설되었다.

평화를 위해 노력하는 여러 국가들이 대규모로 진행되는 다면적
평화 유지 활동의 도움을 받았다. 가령 콩고에서는 1999년에 평화
협약의 이행을 돕기 위해 특별정치임무단이 창설되었고, 이 단체
는 2010년에 안정화 기능에 초점을 맞춰 유엔 콩고안정화임무단UN
Organization Stabilization Mission in the Democratic Republic of the Congo, MONUSCO으로 이
름을 바꿨다. 남수단에서는 새로 생긴 국민국가를 지원하기 위해 파

견된 유엔 남수단임무단UN Mission in South Sudan, UNMISS이 내전 이후에는 국가 건설에서 민간인 보호로 초점을 옮겼다. 2013년에는 유엔 말리 다면적통합안정화임무단UN Multidimensional Integrated Stabilization Mission in Mali, MINUSMA이 정치적 협상을 지원하고 북부 시민들을 보호하기 위해 파견되었다. 또한 2013년과 2014년에 중앙아프리카공화국에서 폭력 사태가 발생한 이후 안정을 되찾는 과정에서 과도기 정부 및 선출 정부를 지원하기 위해 유엔 중앙아프리카공화국 다면적통합안정화임무단UN Multidimensional Integrated Stabilization Mission in the Central African Republic, MINUSCA이 파견되었다. 또한 아난 전 총장 시절에는 수단과 남수단 사이에 있는 아비에이 지역에서 국경을 감시하고 인도적 지원을 제공하거나, 시리아에서 무장폭력을 중단시키고, 유엔 아랍연맹 공동특사의 6개 항 제안을 이행하는 과정을 돕는 등 임무 범위가 더 좁은 소규모 평화유지임무단도 파견되었다.

특별정치임무단도 부룬디와 기니비사우 같은 지역에서 임무 조정 및 상황 변화에 따라 창설되었다. 2013년에는 유엔 소말리아특별정치임무단UN Assistance Mission in Somalia, UNSOM이 창설되어 30년 만에 유엔의 귀환을 알렸다. 유엔 리비아임무단UN Support Mission in Libya, UNSMIL, 유엔 아랍연맹과의 공동 특별대표를 비롯한 시리아 특사, 예멘 특사 등 다른 임무단도 아랍의 봄과 관련된 주요 변화에 대응하기 위해 창설되었다. 중앙아프리카와 대호수 지역에서는 지역적 임무를 띤 임무단이 창설되었다. 또한 시리아 화학무기 제거를 위한 화학무기금지기구Organization for the Prohibition of Chemical Weapons, OPCW 및 유엔 합동임무단(2013년)과 유엔 콜롬비아임무단UN Mission in Colobia(2016년)처럼 특별한 상황을 위해 파견되는 임무단도 있었다.

현장 지원의 필요성

반 총장이 취임할 무렵 유엔의 평화 유지 활동에 대한 수요와 그에 따른 압력은 견줄 수 없는 수준으로 높아져 있었다. 2006년만 해도 전체 임무단은 80만 명이 넘는 사람과 16만 톤의 화물을 항공으로 운송했고, 현지에서 200여 개의 병원을 운영했다. 다른 어떤 다국적 기관도 유엔처럼 많은 군대 및 민간 인력을 파견하지 않았다. 이처럼 수요가 급증하면서 지원 체제는 심각할 정도로 과부하에 시달렸다.

이런 맥락에서 반 총장은 제4장에서 설명한 대로 정무국을 강화하는 동시에 평화유지활동국을 재구성하고, 제10장에서 자세히 설명할 현장지원국을 설립하자고 제안했다. 그는 평화 유지 활동을 관리하고 유지하기 위한 역량 강화 문제에 대해 발표한 포괄적 보고서에서 일련의 권고안을 제시했다. 그 결과 2007년에 현장지원국이 총회의 승인을 얻어 평화 유지 활동을 위한 전략적 이행 기구로 출범했다.

개혁 사업의 주 목적은 인력, 재정, 조달, 물류, 통신, 정보기술, 기타 행정 및 관리 사안에 중점을 둬 신속하고 효과적이며 효율적이고 책임감 있는 현장 지원을 제공하는 것이었다. 지역적 물류 토대를 갖춘 현장지원국은 처음에 평화 유지 활동을 뒷받침하는 데 역량을 집중했다. 그러나 나중에 안전보장이사회는 평화유지임무단이나 특별정치임무단이 관리하는 영역을 넘어선 위기에 대응하기 위한 주요 기구로 부상했다. 가령 서아프리카에서 발생한 에볼라 위기에 대응하기 위한 유엔 에볼라긴급대응임무단UNMEER의 파견과 시리아에 존재하는 화학무기의 확인 및 파괴(화학무기금지기구–유엔 합동임무단)를 도왔으며, 중앙아프리카공화국과 말리, 소말리아에서 활동하는 아프리카연합임무단의 물류를 지원했다.

민간인 보호 임무가 중요해지다

민간인 보호를 평화유지임무단의 의무 활동으로 삼는 것은 반 총장이 일찍이 추진한 과제였으며, 그의 임기 동안 민간인 보호는 평화유지임무단이 언제든 수행해야 할 임무로 진화했다. 그리고 지금은 여러 평화유지임무단의 실적을 측정하는 기준이 되었다. 이 임무의 시작은 약한 정치적 의지와 지역적 역학에 대한 이해 부족 그리고 부실한 장비 같은 요인들이 결합되어, 평화유지임무단이 르완다와 전 유고슬라비아에서 악명 높은 실패를 겪은 1990년대 중반이었다. 이후 분쟁을 해결하기 위한 유엔의 접근법은 정치적 해결을 지원하는 기본 역할과 더불어, 사람들이 겪는 고통을 줄이는 데 점차 초점을 맞췄다. "물리적 폭력의 임박한 위협으로부터 민간인을 보호"하는 첫 임무는 1999년에 시에라리온에서 처음 부여되었다. 또한 2008년 이후 새로운 평화유지임무단은 대부분 비슷한 임무를 부여받았으며, 현재 평화유지임무단의 90퍼센트 이상이 민간인 보호 임무를 띠고 파견된다.

해당 국가의 정부가 민간인을 보호할 의지와 능력이 없는 상황에서 민간인 보호 임무를 이행하기 위한 노력은 줄곧 어려움에 부딪쳤다. 그 과정에서 평화유지임무단은 자원과 현지 군경의 정치적 의지 부족이라는 힘든 조건에서도 민간인을 체계적으로 보호해야 한다는 벅차고 때로는 비현실적인 기대를 충족하려 애썼다. 지난 10년 동안 유엔에 주어진 과제는 이런 난관을 극복하고 민간인 보호 임무를 효과적으로 수행하는 것이었다.

지역적 임무를 띤 임무단

반 총장은 평화 및 안보 문제가 국경을 넘는 지역적 성격을 지닌다는 사실을 감안하여 지역적 임무를 띤 여러 특별정치임무단의 출범을 제안했다. 중앙아시아와 중앙아프리카에서는 지역사무소가 설립되었으며, 대호수 지역과 사헬에서는 지역적 임무를 수행할 특사단이 만들어졌다. 총회는 2016년에 반 총장의 제안에 따라 다면적이고 통합적인 전략을 지원하도록 서아프리카와 사헬을 위한 유엔 지역사무소를 유엔 서아프리카사헬사무소UN Office for West Africa and the Sahel, UNOWAS로 통합하는 문제를 승인했다.

이처럼 지역적 임무를 띤 임무단은 테러와 폭력적 극단주의, 마약 밀수와 초국가적 조직범죄, 무기 및 천연자원의 불법 거래, 해적 행위와 같은 위협에 대응할 수 있는 토대를 제공했다. 또한 해당 지역의 관련 기관과 계속 교류하면서 분쟁 예방과 해결을 위해 협력했다. 제4장에서 2015년 보고서와 관련하여 언급된 유엔 평화 활동을 위한 사무총장 고위급패널은 도움을 줄 수 있는 지역에 추가 정치사무소를 설립할 것을 권고했으며, 반 총장은 이 권고를 강력하게 지지했다.

임무단을 위험 지역으로 파견하다

냉전이 끝난 후 평화유지임무단은 포괄적인 평화협약과 휴전을 지원하거나 과도기 행정을 담당하기 위해 파견되었다. 그러나 지난 10년 동안에는 평화협약이 맺어지지 않았거나 평화 절차가 대단히 불안정한 분쟁 상황에서 임무를 수행하는 경우가 많았다. 지금도 많은 평화유지임무단이 아프가니스탄, 중앙아프리카공화국, 다푸르, 콩고 동부, 리비아, 남수단, 시리아처럼 폭력 사태가 상당히 진행된 지역에서 활동하고 있다.

실질적인 정치적 절차 없이 평화유지임무단을 파견하는 일은 특히 무력을 사용하여 민간인을 보호하거나, 훼방꾼들과 맞서거나, 유엔 인력을 경호하는 경우에 일련의 과제를 안긴다. 민간인 보호 의무는 "유지할 평화가 없는" 지역으로 들어갈 강력한 동기를 부여하지만, 대개 분쟁 당사자들과 복잡한 관계를 맺게 되는 경우가 많다. 이는 불안정한 합의와 불편부당함에 대한 오해, 중재나 예방 혹은 공동체 지원에 나설 정치적 여지에 대한 부정적 영향으로 이어질 수 있다. 행동을 이끌 정치적 기틀의 부재는 분쟁을 해결하기 위해 안보 전략에 의존하고, 출구 전략을 수립하기 어려워지는 이중 과제로 이어진다. 또한 지금은 평화유지임무단이 다국적군이든 예멘, 소말리아, 말리의 경우처럼 지역 기구 소속이든 다른 병력과 함께 파견되는 경우도 점차 흔해지고 있다. 일부 사례에서는 국제적으로 정치 전략과 안보 전략을 정렬하는 일도 쉽지 않았다.

평화유지임무단을 분쟁 지역으로 파견하는 일은 무장단체들이 이해관계에 맞선다는 이유로 평화유지임무단을 직접 공격하는 사례로 이어졌다. 그 결과 지난 10년 동안 발생한 사망자 수가 1948년 첫 파견 이후 기록된 총 사망자 수의 3분의 1 이상을 차지하게 되었다. 또한 말리와 중동에서는 낯설고 대단히 위험한 환경이 일으키는 난관에 부딪쳤다. 중동의 경우 2013년과 2014년에 유엔 분리감시군UN Disengagement Observer Force 소속 병력이 골란 고원에서 활동하는 시리아 무장단체에게 납치당하는 사건이 발생했다. 또한 급조폭발물을 비롯한 새로운 세대의 비대칭적 공격에 최초로 노출되었던 다면적 임무단인 유엔 말리임무단은 기록적인 사상자를 내면서 임무를 수행하는 데 애를 먹었다. 그럼에도 2013년에 대선을 치르는 데 기여했고, 정부와 북부 무장단체가 평화협약을 협상하고 이행하는 데 도움을 주었다. 한편 특별정치임무단은 해로운 보안 환경에도 노출되었다. 2016년 기준으로 90퍼센트의 현장 인력들이 아프가니스탄, 이라크, 리비아, 소말리아, 예멘 같은 위험 지역에서 일하고 있다. 게다가 인력과 자산을 보호할 파견대도 거느리고 있지 않다. 그래서 유엔 시설을 보호할 무장 경호대를 비롯해 강력한 보안 조치를 취할 수밖에 없다.

이런 조치들은 평화 유지 역량의 현대화 및 적응과 더불어, 평화유지임무단이 대단히 위험하고 궁핍한 환경에서도 활동할 수 있도록 만들었다. 그러나 그에 따른 문제도 생겨났다. 가령 인력들은 점차 장벽 뒤에 숨게 되었고, 보안 지역에 갇혔으며, 이동성은 제한되었다. 이런 현실은 평화유지임무단이 분열된 공동체에서 신뢰를 쌓고, 협상을 통한 해결에 도움을 줄 정보를 수집하고, 인권 침해 사례를 조사하는 능력에 악영향을 끼쳤다. 그에 따라 새로운 분쟁 환경에서 제기된 핵심 과제는 평화적인 정치적 해결을 중재하고 지원하는 핵심 목표를 충실하게 따르는 동시에, 전쟁을 겪은 공동체 및 분쟁 당사자들과 대화할 수 있는 여지를 확보하는 것이었다.

주어진 임무에 미치지 못한 역량

분쟁 상황에서 평화유지임무단이 파견되고 그에 따른 기대가 높아짐에 따라, 주어진 임무와 그 임무를 효과적으로 이행하는 데 필요한 역량 사이에 깊고도 고질적인 간극이 생겨났다. 심화되는 위기에 대응하여 폭넓은 영역에 걸쳐서 신속하게 움직이지 못하는 문제는 예방 및 보호 임무를 수행하는 역량을 제한했다. 또한 폭력이 분출하고 위기가 전개되는 상황에 처한 평화유지임무단의 대응 능력은 여러 현실적 제약 때문에 저해되었다. 적절한 장비의 부족, 불충분한 훈련, 언어 및 다른 사유로 현지 주민, 때로는 내부와 효과적으로 소통할 수 있는 능력의 부재 등이 그 원인이었다.

또 다른 고질적 과제는 평화유지임무단 내에서 지휘 및 통제 체계를 확립하는 것이었다. 파견부대가 현지 지휘관이나 경찰 책임자가 아니라 파견부대 자국 정부의 지시를 따르는 바람에 지휘 계통을 어지럽히는 경우가 너무 많았다. 이처럼 지휘를 따르지 않는 행태는 여러 번에 걸쳐 평화유지임무단의 안전과 보안을 저해했으며, 그에 따라 사기를 저하시키고 임무 수행에 차질을 초래했다. 최근에 말리와 중앙아프리카공화국으로 파견된 평화유지임무단은 아프리카연합 소속 병력을 유엔 소속으로 받아들였다. 이 조치로 복잡성이 심화되면서 사무국은 장비와 훈련의 일관성을 유지하고 신규 병력을 유엔 기준에 맞추는 데 애를 먹었다.

평화 유지 임무가 갈수록 복잡해지는 바람에 민간인과 평화 유지 인력을 적극적으로 보호해야 할 필요가 생겼으며, 또한 원정단으로 갖춰야 할 역량도 개발해야 했다. 비무장 군사 감시단과 보호를 위한 보병 주둔 부대를 파견하는 일로는 충분하지 않았다. 현장에서 일어나는 빠른 변화에 대응하려면 신속한 이동을 보장하는 항공 및 기타 운송 자산이 필요했다. 또한 민간인을 보호하려면 외진 지역으로 가서 자립 기반을 갖추고 주민들과 교류해야 했다. 무력을 사용해야 할지도 모르는 상황은 위험과 함께 사망자 발생 가능성을 증가시켰다.

그에 따라 비상 대피 및 정신적 외상 치료를 통합하는 철저한 의료 체계도 필요해졌다.

반 총장의 임기 동안 수요 증가에 발맞춰서 파견되는 평화유지임무단이 점차 늘어났다. 반 총장은 합당한 운영 역량을 갖춘 군경 파견대를 만들려고 노력했다. 기본적인 접근법은 필요에 따라 임시로 회원국들의 기여를 요청하는 형식이 될 수밖에 없었다. 안전보장이사회가 위기에 대응하기 위한 파견을 명령할 때마다 사무국은 상황이 악화되기 전에 민간인을 보호하고 국가를 안정시키기 위해 촌각을 다퉈야 했다. 일반적인 기한대로 6개월 동안 구성과 파견을 마무리하는 방식은 전 세계에서 발생하는 위기에 효과적으로 대응하기에는 부족한 것으로 드러났다. 그에 따라 소요 기간을 대폭 단축하는 새로운 체계와 방식이 필요해졌다.

지난 10년 동안 평화유지임무단 소속 군경의 성과와 기준을 개선하는 일이 필수적인 우선사항이라는 사실이 분명해졌다. 특히 엔지니어링, 항공 운송, 의학 지원 같은 요긴한 역량뿐 아니라 캠프를 세우고 전국에 병력을 파견하는 더 나은 방식을 비롯하여, 초기 단계에 필수적인 전문 역량을 확보하고 파견하는 일이 중요했다.

평화유지임무단의 역할에 대한 정치적 합의

안전보장이사회는 평화유지임무단을 계속 활용하여 분쟁을 관리하고 평화 유지 절차를 지원했다. 그러나 더 어려운 과제와 더 높은 수준의 위험 그리고 더 커진 책임성 때문에 성공을 뒷받침하는 국제적 합의가 더욱 어려워졌다. 2007년 이전부터 우려되었던 점은 대다수 병력을 제공한 지구 남반구에 속한 회원국들과 대다수 재원을 제공한 지구 북반구에 속한 회원국들 사이에 이뤄진 사실상의 분업이었다. 그래서 어떤 나라는 피로 지불하고 다른 나라는 돈으로 지불한다는 인식이 생겨났다. 병력을 대는 지구 남반구는 유엔 콩고안정화임무단 산하의 무력개입여단Force Intervention Brigade, FIB의 경우처럼, 안전보장이사회가 대단히 어려운 임무를 부여함으로써 근본 원칙을 과도하게 확대하여 평화 구축과 평화 강제 사이의 구분을 흐릿하게 만들었다고 주장했다. 또한 그 결과로 평화유지임무단의 안전과 보안이 위험해지고 유엔이 기여하는 가치가 가려질 수 있다고 주장했다.

평화유지임무단은 부분의 합을 뛰어넘는 효과를 창출하기 위해 국제사회의 집단적 의지를 활용하는 고유한 기구다. 유엔이 변화하는 평화 및 안보 요구에 따라 혁신하고 적응하는 과정에서 노력을 모으고 현장 유효성을 획득하는 일에는 평화유지임무단을 뒷받침하는 협력기관 사이의 공통된 이해가 필요하다. 또한 안전보장이사회와 사무국 그리고 군·경 병력공여국 사이에 지속적으로 이뤄지는 삼각대화는 주어진 과제와, 효과적이고 의미 있는 대응 조치를 함께 이해하는 데 반드시 필요하다. 이런 공통의 이해는 민간인 보호와 관련하여 가장 큰 의미를 지닌다. 현재 많은 사람들은 평화유지임무단이 필요한 경우 무력을 동원해서라도 모든 역량을 발휘하여 민간인을 보호해야 한다고 생각한다. 그러나 평화유지임무단이 지금까지 민간인 보호 임무를 수행한 실적은 상반되며, 실패 사례는 유엔의 신뢰도 그리고 현지 주민들 사이에 존재했던 유엔의 위상까지 크게 저해했다. 콩고안정화임무단이 2012년에 반군의 고마 시 약탈을 막지 못한 것이 아마도 지난 10년 동안 있었던 일 중 가장 명백한 사례일 것이다. 반면 평화유지임무단이 종종 개인적 위험을 무릅쓰고 과감하게 행동하여 폭력에 위협받는 민간인들을 보호한 성공 사례들도 있었다. 가령 중앙아프리카공화국에서는 평화유지임무단이 제공한 피신처에서 인종 간 폭력의 위험에 처한 소수민족들이 보호받았다. 또한 2011년에는 유엔 코트디부아르임무단이 선거 후 발생한 폭력사태에서 민간인들을 겨냥한 정부 소유의 중화기를 파괴했다. 이 밖에도 평화유지임무단이 캠프 안 혹은 근처에서 수천 명의 민간인들을 보호한 사례들이 많았다. 2013년에 남수단임무단이 수만 명의 피난민들에게 기지를 열어준 것이 가장 대표적인 사례였다.

유엔은 이런 사례들을 통해 평화 유지 활동에 대한 공통의 이상에 의해 성패가 좌우된다는 사실을 알았다. 이는 안전보장이사회의 정치적 지원부터 사무국의 기획 및 관리 그리고 군·경 병력공여국의 의지까지 목적의식이 일치해야 함을 뜻했다. 지난 10년 동안 있었던 결정적인 시기에 군·경 병력공여국들은 임무 부여 절차, 특히 이행을 둘러싼 기대와 성과 문제를 솔직하게 다루는 대화를 더 자주 갖자고 요청했다. 한편 유엔 본부 및 임무단 지도부를 비롯하여 전체 체제의 책임성도 강화해야 했다.

소재국의 방해

2007년 초부터 소재국이 정치적, 운영적, 행정적 수단을 함께 동원하여 평화유지임무단의 활동을 적극적으로 제한하고 저해하는 바람에 어려움을 겪는 일들이 많았다. 남수단에서는 무장 분쟁이 재개되고 평화유지임무단이 민간인 보호로 초점을 옮기면서 분쟁 당사자인 정부와 마찰을 빚었다. 콩고에서는 제도 및 역량 구축 활동과 인권 보호 및 정치적 역할 사이에서 균형을 맞춰야 하는 필요성 때문에 정부와 관계를 유지하고 공정한 입장을 취하는 데 어려움이 생겼다.

효과적으로 분쟁을 예방하는 일에서는 합의가 결정적인 요소였다. 가령 부룬디 정부는 안전보장이사회에 2015년 총선을 앞두고 발생한 복잡한 정치적 문제 때문에 유엔 사무소의 임무를 폐기해 달라고 요구했다. 안전보장이사회가 이것을 수용하면서, 2014년 12월 20여년 만에 유엔의 정치적 역할이 종결되는 일이 벌어졌다. 이로써 국제사회는 사무국의 분명한 경고에도 불구하고 부룬디에서 폭력적 분쟁을 예방해야 할 책임을 다하지 못했다. 그 결과 정치적 소요와 표적 살인 그리고 정치적 동기를 지닌 인권 침해가 전국을 휩쓸었고, 수십만 명의 민간인들이 국경을 넘어 피난길에 올랐다. 결국 오랜 세월에 걸쳐 평화를 구축하려던 힘든 노력은 사실상 물거품이 되었다.

소재국의 동의가 약화되는 일을 평화유지임무단이 대신 집행하는 안전보장이사회의 권위를 저해한다. 반 총장의 임기 동안 사무국은 주제별 토론과 주둔 합의 위반에 대한 임무단별 보고를 통해 이 문제를 꾸준히 안전보장이사회에 제기했다.

사무국이 2015년에 추구하기 시작한 접근법은 유엔과 소재 당국 사이에 기대와 책임을 명시하여 주요 안보 및 평화 구축 과제에 대한 서로의 책임을 정하는 '협약'을 맺는 것이었다. 동의를 다시 굳건히 하려면 안전보장이사회 이사국들 그리고 소재국 정부와 안전보장이사회 사이에서 평화유지임무단의 역할에 대한 의지를 진정으로 공유해야 했다. 안전보장이사회가 분열된 나머지, 통일되고 시기적절하며 단호한 대응에 나서지 못할 때 평화 유지 활동에 대한 반발이 거세졌다. 또한 양자적 이해와 관계가 이사국들의 다자적 목적을 이기고 안전보장이사회의 임무 수행 과정에 간섭하면, 해당 기구의 권위가 떨어졌으며 평화 유지 임무는 달성되지 않았다. 여기에는 소재국 정부가 사실상 여러 회원국의 '보호'를 받아서 종종 과감하게 임무단에 압박을 가하고 안전보장이사회의 촉구에 맞서는 경우도 포함되었다.

특별정치임무단의 재원 조달

특별정치임무단이 직면한 주요 난관은 유례없는 확장 과정에서 더욱 악화된 문제로 재원 조달 방식 및 본부의 지원과 관계가 있었다. 특별정치임무단은 제도와 예산 측면에서 지원 체계보다 빨리 진화하고 확대되었다. 특별정치임무단에 배정되는 예산은 격년 단위로 책정되어 현장의 필요가 빠르게 변하는 변덕스러운 환경에서 이뤄지는 대단히 역동적인 활동 분야에는 맞지 않았다. 특별정치임무단을 실질적·행정적으로 지원하는 부서들은 새로운 임무단이 출범했을 때 인적 역량과 전문성을 늘릴 수 없었다. 그 결과 자금 문제로 임무단의 창설과 확대가 지장을 받는 경우가 많았다. 2011년에 반 총장은 이 문제를 해결할 대안을 제공하기 위해 총회에 특별정치임무단의 재원 조달 및 지원 체제를 검토한 보고서를 제출했다(A/66/340). 이 보고서는 기존 체제가 가진 여러 문제점을 파악했으며, 진전을 이룰 수 있는 대안을 제시했다. 재원 문제는 운영상의 상당한 난관을 초래할 뿐 아니라 정치적 측면도 지니고 있었다. 지난 10년 동안 수와 규모가 빠르게 늘어난 특별정치임무단은 정규 예산의 상당한 비율(2014년~2015년에 22퍼센트)을 차지하게 되었다. 많은 회원국들은 이 점이 개발 활동을 비롯한 다른 부문에 과도한 부담을 준다고 생각했다. 그래서 안전보장이사회가 대다수 임무를 부여하므로 평화유지임무단과 비슷한 분담률로 특별정치임무단의 예산을 책정해야 한다고 주장했다. 그러나 회원국들은 이 문제에 합의하지 못했으며, 여전히 총회 의제로 남겨두고 있다.

평화유지임무단과 공공 보건

아이티에서 2010년 1월 12일에 파괴적인 지진이 일어나 최대 20만 명이 사망하고, 10월에는 콜레라까지 창궐했다. 이 사태로 2016년 3월까지 9,000여 명이 사망했으며, 약 80만 명이 병에 걸렸다. 2011년에 외부 전문가 패널은 평화유지임무단 캠프의 부적절한 폐기물 관리를 비롯해 "복합적 여건의 결합"이 원인이라고 지적했다. 유엔은 그 대응으로 유엔 아이티안정화임무단UN Stabilization Mission in Haiti, MINUSTAH을 위한 오수 처리 계획을 세웠고, 병력들에 대한 의무 예방 조치를 취했으며, 지역사회 홍보 활동, 적절한 보건, 물 및 위생 인프라를 위한 기금 모금에 나섰다. 그러나 이 사태의 여파는 지금도 이어지고 있다. 가령 장단기적으로 전염병에 대응하는 데 필요한 인프라를 구축할 자금이 부족한 것을 비롯해 여러 문제들이 남아 있는 것이다. 대규모 전염의 위험은 특히 우기에 심각하게 두드러지지만 인도적 대응을 위한 자금은 고질적으로 부족했다. 그나마 지난 10년 동안 잘못된 환경 관리의 위험에 대한 이해와 인식은 개선되었다. 부적절한 관리 혹은 인식은 임무단의 명성을 해칠 뿐 아니라 임무 수행 능력을 크게 저해할 수 있다.

적응과 혁신 그리고 대응

평화유지임무단의 영향력이 활동 이후에도 남을지 여부는 대개 권한 부여와 파견부터 축소와 철수까지 전 과정에 걸친 기획과 관리에 좌우된다. 평화유지임무단의 임무는 휴전, 정치적 이행 지원에서 무장 해제, 동원 해제, 재통합을 거쳐 정부 당국의 영향력 확대와 평화를 구축하기 위한 초기 노력 지원으로 나아가면서 바뀌는 경우가 많다. 이런 변화는 전쟁에서 평화로 순탄하게 이어지는 경우가 드물다. 따라서 활동을 축소할 시기를 정하는 일이 대단히 중요하다. 반 총장이 취임하기 전에 2006년 동티모르와 2004년 아이티에서 겪은 경험은 평화유지임무단을 급하게 철수하거나 잘못 관리하면 분쟁과 불안정이 재발할 가능성이 높다는 사실을 말해준다. 이런 과오는 인간적, 금전적으로 큰 대가를 초래한다. 반 총장은 이 점을 염두에 두고 전쟁을 겪은 국가에서는 평화 유지 활동을 다른 지원 형태로 전환하는 과정의 기획·관리를 우선사항으로 삼았다.

이행 과정에 들어가는 비용은 크지만 성공적으로 기획하고 관리했을 때 얻는 혜택도 크다. 2012년 12월에 유엔 동티모르통합임무단UN Integrated Mission in Timor-Leste, UNMIT은 1999년에 동티모르가 독립을 위한 역사적 국민투표를 치른 후 안전보장이사회가 명령한 참여 활동을 사실상 끝냈다.

마찬가지로 2013년에는 유엔 시에라리온평화구축통합임무단UN Integrated Peacebuilding Mission in Sierra Leone, UNIPSIL을 해체하면서 감시 임무와 평화 구축 임무, 그리고 2번의 특별 정치 임무를 포함하는 활동을 거쳐 유엔 지원을 마무리했다. 이 모든 이행 절차는 유엔의 여러 기관과 기금, 사업, 부서를 통합하는 방식으로 계획하고 관리했다는 점에서 두드러진다. 그 결과 점진적이면서 책임성 있는 마무리를 이룬 한편, 평화를 계속 구축할 수 있도록 국가팀의 역량을 강화할 수 있었다. 반면 부룬디와 중앙아프리카공화국에서 진행된 이행은 성공적이지 못했다. 부룬디의 경우 소재국의 동의가 사라지면서 특별정치임무단에서 국가팀으로 이행하는 시기가 빨라졌으며, 궁극적으로는 난국이 다가오는 2014년 12월에 성급하게 임무단이 철수하는 결과로 이어졌다. 또한 중앙아프리카공화국의 경우 2015년에 전문가 자문단이 발표한 보고서대로 평화 구축 활동에 대한 투자가 부족했던 점이 2013년에 위기와 분쟁을 재발시키는 중요한 요인으로 작용했다.

이런 이행 과정에 대한 경험들을 성찰한 결과, 임무단을 축소 내지 철수하는 상황에 적용할 조직 전반의 정책이 수립되었고, 2013년 2월에 반 총장의 승인을 받았다. 이 정책은 이행 과정을 더욱 적극적이고 통합적으로 관리하려는 방식으로 나아갔다. 그에 따라 현재 이행 과정은 평화유지임무단 및 정치임무단의 해체에 초점을 맞추기보다 잔존 필요성을 감안하여 유엔 전체 활동을 재구성하는 데 집중하고 있다. 이 접근법은 평화유지임무단이 떠난 후에도 유엔을 기댈 수 있는 존재로 만들어준다.

평화유지활동국, 현장지원국, 정무국, 유엔 개발계획은 이처럼 전향적인 접근법에 따라 현장과 본부에서 이뤄지는 이행 절차를 더욱 효과적이고 효율적이며 지속가능한 양상으로 바꾸기 위한 합동 장기 프로젝트에 착수했다. 통합적이고 포괄적인 이 접근법은 긍정적인 결과를 얻기 시작했다. 가령 2013년 이후 통합 작업이 계획된 아이티에서는 임무단이 점차 활동 범위를 줄여가면서 국가팀과 협력하여 아직 지원이 필요한 분야를 파악하는 데 집중했다. 라이베리아에서도 평화유지임무단이 활동 범위를 축소한 뒤로 2016년 6월에 안보 책임을 정부에 성공적으로 이양했다. 또한 코트디부아르에서는 안전보장이사회가 진전된 상황을 보고 2017년 6월까지 평화유지임무단을 철수시키기로 결정했으며, 남은 인력들이 계속 평화 구축 활동을 지원할 수 있도록 했다.

이런 성과들이 있었지만 분쟁을 겪은 국가들에 대한 국제사회의 투자가 오랫동안 긍정적인 영향을 미치도록 만들려면 앞으로도 이행 절차를 계속 지원해야 한다. 또한 평화 유지 활동 기간 전체에 걸친 폭넓은 전략적 기획의 맥락 안에서 이런 노력들을 살펴야 한다. 그리고 평화를 구축하기 위한 활동에 나설 때 관계기관과 조율하고 협력하는 방식도 깊이 고민해야 한다.

접근법의 혁신

사무국은 반 총장의 지휘 아래 평화 유지 활동의 문제들에 대응하여 여러 혁신적인 접근법을 개발했다. 가령 2009년에 안전보장이사회는 소말리아로 평화유지임무단을 파견할 여건이 마련되지 않았다는 사무국의 판단에 따라 우선 아프리카연합임무단에 물류를 지원하기로 결정했다. 그 목표는 평화유지임무단을 파견할 여건이 마련될 때까지 아프리카연합임무단에 예측 가능하고 지속가능한 지원을 보장하는 것이었다. 콩고에서는 2012년 11월에 M23 무장단체가 고마를 점령하는 과정에서 임무단이 아무런 조치도 취하지 못하는 바람에 신뢰도와 입지가 크게 약화되었다. 그래서 지역기관들이 만든 계획을 토대로 사무국의 제안과 안전보장이사회의 승인을 거쳐 동부에서 활동하는 무장단체를 제압하기 위해 "독자적으로 혹은 콩고

군과 협력하여 공격 작전"을 펼칠 무력개입여단이 창설되었다. 당시 논쟁이 벌어졌지만 이 새로운 임무는 사실 여러 해에 걸쳐 적극적으로 무장단체와 싸운 임무단의 과거 활동에서 크게 벗어난 것이 아니었다. 그럼에도 임무에 명시된 내용이 행동이 아니라 대상을 겨냥하도록 승인했다는 점에서 새로운 영역을 열었다. 무력개입여단은 콩고 동부에서 발생한 안보 문제에 대응하기 위한 과감한 혁신으로서, 정치적 의지와 리더십 그리고 유연한 운영을 올바로 결합하면 전략적 목표를 위해 무력을 효과적으로 활용할 수 있음을 보여주었다. 그러나 M23을 물리친 후 무력개입여단의 실적은 상반된 측면이 있었으며, 지침이 될 정치적 전략과 단결된 목표가 없으면 강력한 말을 효과적인 행동으로 실현할 수 없다는 사실이 드러났다.

2012년에 유엔 시리아감시임무단UN Supervision Mission in Syria은 4개월밖에 활동하지 않았지만 소요를 안정시키는 데 성공했다. 그들에게 주어진 임무는 무장폭력을 감시하고 유엔 아랍연맹 공동특사였던 코피 아난이 수립한 6개 항 계획을 이행하는 과정을 지원하는 것이었다. 사실 적대 행위를 중단한다는 합의는 바로 결렬되었기 때문에 감시할 필요가 없어졌다. 그래서 임무단은 예방 활동을 통해 적대 행위를 감소시키는 데 주력했다. 해당 집단들의 정치적 의지가 없고 적대 행위가 악화되는 상황에서 임무를 수행하기는 어려웠지만, 그럼에도 임무단은 시민들을 돕는 군 감시팀과 민간관료들을 통합한 것을 비롯하여 운영과 관련된 여러 혁신을 일으켰다. 또한 역량과 장비를 신속하게 제공한 회원국들의 강력한 협력 덕분에 파견 소요 기간에서도 기록을 세웠다.

한편 반 총장이 재임한 10년 동안 이뤄진 중요한 진전 중에는 특별

정치임무단을 파견하는 혁신적인 방식을 개발했다는 점이 있다. 네팔과 콜롬비아로 파견된 대단히 전문화된 '맞춤형boutique' 임무단이 그런 예다. 또한 특별정치임무단의 영역도 확대되어 대호수 지역 특사 사무소 같은 소규모 중재 사무소, 기니비사우 같은 곳에서 평화 구축 활동을 하기 위해 파견된 중소 규모 임무단, 이라크와 아프가니스탄 같은 곳에 파견된 대규모 국가별 위기관리임무단, 서아프리카 및 사헬, 중앙아프리카, 중앙아시아에 파견된 지역 정치 사무소를 포함하게 되었다.

민간인 보호 활동을 강화하다

지난 10년 동안 민간인 보호 규범을 확고하게 제도화하고 이를 뒷받침하는 임무단 활동을 전문화하기 위한 공동 노력들이 있었다. 또한 이 분야에서 지침과 지시, 훈련을 제공하는 기구들이 많이 생겨나면서 활동을 위한 강력한 토대가 구축되었다. 많은 임무단에 수석 민간인 보호 자문을 파견한 일은 군경과 민간 전문가의 역량을 조화롭고 전반적으로 결합하는 접근법을 가능하게 만들었다. 2005년부터 지금까지 평화유지임무단은 안전보장이사회가 설치하고 아동 보호 및 무장 분쟁에 대응하기 위한 사무총장 특별대표가 감독하는 감시 및 보고 기구를 통해 분쟁 당사자들의 위반 행위를 체계적으로 보고함으로써 아동 보호 부문에서 강력한 역할을 했다. 이런 활동은 군대와 무장단체에 속한 수천 명의 아동들을 구해내고, 가장 취약한 집단인 아동들에 대한 심각한 위반 행위들을 줄이는 데 도움을 주었다.

사무국은 2009년에 민간인 보호 임무의 개념화 및 운영화에 지속적으로 집중했다. 덕분에 임무단이 더욱 계획적이고 체계적인 접근법을 취하는 쪽으로 발전했다. 위험한 환경에서 민간인 보호 임무를 수행하는 임무단은 아동 보호 및 분쟁 관련 성폭력에 대한 구체적인 전략을 비롯해 전반적인 전략을 수립했다. 이처럼 긍정적인 진전에도 불구하고 임무의 제도화와 이행에는 여전히 상당한 간극이 존재했다. 지금도 해당 규범을 뒷받침하는 합의는 이뤄졌지만 꾸준한 활동이 요구되며, 특히 폭력에 위협받는 민간인들을 보호하라는 명령을 수행하기 위해 무력 사용까지 불사한다는 의지를 포함하여 향후 활동을 더욱 강화할 필요가 있다.

평화유지임무단을 현대화하다

지난 10년 동안 평화유지임무단을 진화시키고 현대화하며 역량 강화를 통해 성과를 높여야 한다는 폭넓은 합의가 이뤄졌다. 그 필요성은 2009년에 평화 유지 활동에 대한 역량 중심 접근법을 제시한 '새로운 지평New Horizon' 개혁의제에서 제시되었다. 이후 사무국과 회원국들은 평화유지임무단에 더 강화된 역량을 부여하는 데 성공했다. 이런 노력 중 일부는 병력을 제공하는 회원국 수를 늘려서 구성을 다양화하고 국제적인 성격을 강화하는 데 초점을 맞췄다. 또한 평화유지임무단을 효과적으로 파견할 뿐 아니라, 성과를 유도하기 위해 마련된 비용 상환 방식을 개혁하는 등 현장에서 역량을 충실히 발휘하는 데 지장을 주는 전략·조직·물류 부문의 장벽들을 극복하는 데도 주력했다. 2013년에 사무국은 기존 과제와 새 과제 모두에 향후 필수 요건이 될 8가지 주요 부문에서 평화유지임무단의 역량을 개선하는 절차를 담은 '병력역량개발의제Uniformed Capabilities Development Agenda'를 만들었다. 이 의제는 현지 병력의 이동성을 개선하고, 민간인과 병력에게 더 나은 의료 지원을 제공하며, 급조폭발물 같은 새로운 안보 위협을 극복하는 등의 주요 사업들에서 사무국과 협력기관의 활동을 조율하는 기준이 되었다. 이런 전략적 노력들은 2015년 9월 28일에 유엔 총회 일반토의에서 다양한 지역의 세계 정상들 53명이 모여서 평화 유지 활동에 대한 국제사회의 지지를 재확인하고 병력을 보태겠다고 약속하면서 절정에 이르렀다. 또한 반 총장과 오바마 당시 미국 대통령이 소집한 평화유지정상회의에서는 훈련과 역량 구축을 돕기 위한 10여 건의 제안과 함께 100여 개의 새롭고 다양한 부대를 창설하여 총 4만 명 이상의 군경 인력을 추가하겠다는 약속이 이뤄졌다. 이 정상회의에서는 평화유지임무단이 수많은 국가의 외교 및 국방 정책에서 갈수록 중요한 역할을 맡고 있다는 사실을 확인했다. 또한 사무국은 회원국들과의 전략적인 교류를 강화하여 평화 유지 활동 참여를 촉진하기 위해 노력했으며, 앞으로도 성과와 행동의 기준을 높이기 위한 노력을 계속할 계획이다.

역량과 마찬가지로 평화 유지 활동에 동원되는 기술은 최근까지 10년 전과 크게 다르지 않은 상태로 정체되어 있었다. 그래서 2014년 중반에 유엔 평화유지임무단을 위한 기술 및 혁신 관련 전문가패널은 현대적 기술을 활용하여 운영 측면의 유효성을 강화하고 새로운 난관을 극복하는 방법들을 검토했다. 그들은 기술을 더욱 폭넓게 활용할 것을 주장하면서 "혁신을 받아들이고 기술을 책임 있게 활용하여 쉽고 적절하게 활용할 수 있는 것과 실제로 현장에서 활용하는 것 사이의 큰 간극을 메우도록" 권고했다. 이후 사무국은 새로운 현장 중심 도구와 실무적 수단 그리고 운영 접근법을 도입하기 위해 기술 및 혁신과 관련된 전략을 이행했다. 이 전략의 목표는 기술과 혁신을 수용하는 쪽으로 문화를 바꾸고, 회원국·연구소·학계와 맺은 파트너십을 확대하여 기술 관련 협력을 개선하며, 통신을 발전시키고, 여러 국가 소속 부대를 더 잘 운영하며, 정보를 현대화해 관리하는 등 평화 유지 활동의 기술적 근간을 강화하는 것이었다. 또한 제10장에서 자세히 소개하는 바대로 지원 체계도 현대화했다.

성착취, 성폭행과의 전쟁

성착취 및 학대는 언제나 존재하는 위험이며, 유엔과 유엔 인력들은 당연히 최고의 행동 규범을 따라야 한다. 유엔은 책임 있는 방식으로 이 문제를 해결할 수 있는 조치를 취하기 위해 꾸준하고도 체계적으로 노력했다. 그러나 이는 까다로운 사안으로서 특히 평화유지임무단이 파견된 긴박하고 위험한 환경에는 상황을 악화시키는 여러 요소들이 존재한다는 점을 감안하면 효과적인 해법이 항상 분명하지는 않다. 평화유지임무단이 성착취와 성폭행을 저지른 사례는 1990년대 말에 처음으로 기록되었다. 성착취와 성폭행 문제에 대응하기 위해 일련의 개혁 조치를 제안한 자이드 라드 알후세인Zeid Ra'ad Al-Hussein 왕자의 획기적인 보고서가 나온 2005년 이후에 반 총장의 임기가 시작되었다. 개혁 조치의 일환으로 모든 평화유지임무단에 품행군기팀Conduct and Discipline Team이 만들어졌다. 2년 후에는 본부에 행동규율부Conduct and Discipline Unit가 설립되어 세계적으로 감독 활동을 하고, 더욱 효과적인 대응을 위한 체제와 제도적 장치를 마련했다.

지난 10년 동안 특히 예방과 강제, 교정 부문에서 반 총장의 불관용 전략을 이행하기 위해 엄청난 활동이 이뤄졌다. 그러나 신고 건수가 전반적으로 줄어들고 반 총장이 이 문제와 싸운다는 의지를 확고히 함에도 불구하고 완전한 종식은 대단히 어려운 일로 드러났다. 2015년 4월에 발표된 유엔 내부보고서에 따르면 과거 중앙아프리카공화국에서 미성년자들이 유엔 소속이 아닌 군인들에게 성폭행을 당했으며, 현지 유엔 인력들은 해당 사실을 인지하고도 피해자를 보호하고 재발을 막기 위한 신속하고 즉각적인 조치를 취하지 않았다. 2015년과 2016년에도 유엔 소속 군인 및 비소속 군인들에게 성폭행을 당했다는 신고가 추가로 들어왔다. 반 총장은 2015년에 방지 활동을 강화했으며, 이듬해에도 추가 조치를 취했다. 또한 과거의 신고와 관련하여 외부 패널에 중앙아프리카공화국에서 임무단이 적절하게 대응했는지 살펴 달라고 요청하는 한편, 유례없는 조치로서 임무단장의 사직을 명령했다. 외부 패널은 2015년 12월에 구체적인 권고안을 담은 보고서를 발표했다. 그 직후에 명성을 좀먹는 범죄 행위에 대한 책임을 맡은 모든 부서 수장들로 구성된 고위급운영단이 해당 권고안을 검토하고 이행에 나섰다. 반 총장은 2016년 2월에 추가 조치로 성착취와 성폭행에 대한 전반적인 대응을 강화하기 위해 특별조정관을 임명했다.

반 총장이 제안한 새로운 사업은 희생자를 돕고, 무조건적인 처벌을 요구하며, 회원국을 비롯하여 모두가 책임을 져야 한다는 사실을 강조하는 데 초점을 맞췄다. 안전보장이사회는 2016년 3월 11일에 사무총장에게 지휘 통제 체제를 감시 및 보장하고, 성착취와 성폭행에 대한 금지 조항을 폭넓게 혹은 전반적으로 위반했다는 증거들이 있을 경우 행동을 취할 것을 요구하는 권고 제2272호를 채택했다. 방지활동 계획을 이행한 일, 그리고 체제 전반의 노력을 조율하고 대응 방식을 개선할 고위 관료를 임명한 일은 올바른 방향이었다. 10년

넘게 이 문제와 씨름한 후 모든 관련자들이 한데 모여서 체제 전반에 걸친 해법을 찾고, 회원국 특히 군·경 병력공여국들과 폭넓게 협의한 결과를 수렴했다. 그에 따라 행동을 위한 파트너십이 구축되었고, 모든 관련자가 특정한 책임 부문에서 주인의식을 갖게 되었다. 그러나 향후 주된 난관 중 하나는 확고한 의지와 지속적인 참여가 없으면 어떤 체제나 조치도 효과가 없음을 모든 차원에 속한 협력자들이 인지하는 일일 것이다. 앞으로 직면해야 할 법적·재정적·정치적 난관들이 많지만 유엔의 대응을 피해자 중심 접근법으로 바꾼다는 진정한 의지가 있다면 유엔 사무국, 인도주의 활동기관, 회원국, 소재국, 군·경 병력공여국들은 역사의 올바른 편에 서게 될 것이다. 그리고 유엔은 성착취 및 성폭력과 싸우는 세계적 기수가 될 것이다.

지역기관과의 협력

반 총장의 임기 초부터 지역기관, 특히 아프리카연합과 유럽연합이 국제적 평화와 안보에 점점 더 많이, 또 중요하게 기여하고 있다는 사실이 분명해졌다. 현재 유엔과 지역기관의 파트너십이 상당한 수준으로 성숙해지고 복잡해졌다는 점에는 의문의 여지가 없다. 특히 유엔 평화유지임무단과 더불어 아프리카연합과 여타 기구들, 그리고 유럽연합이 모든 국면에 걸쳐 관여하는 아프리카에서 이 사실은 더욱 극명하게 드러난다. 현재 아프리카 대륙에는 9개의 평화유지임무단과 17개의 특별정치임무단, 그리고 아프리카연합과 지역 경제공동체 기구가 이끄는 6개의 평화지원단, 1개의 유엔 아프리카연합혼합임무단, 수많은 유럽 민간 및 군부 활동 단체들이 있다. 이런 다자적 참여 모델은 각각의 구체적인 위기 상황에 맞춰 수립되었다.

시간이 지나면서 이 모델을 통해 각 기관의 경쟁 우위 및 바람직한 분업에 대한 공통 이해가 형성되었다. 최근에 말리와 중앙아프리카공화국에서는 지역기관이 시작한 활동을 아프리카연합이 이어받았고, 나중에는 그 소속이 유엔 임무단으로 바뀌었다. 두 경우에 유엔과 유럽연합은 아프리카연합이 이끄는 임무단의 파견을 지원했다. 말리에서는 아프리카 국가들이 주도한 국제적 지원 임무단에서 유엔 임무단으로 권위가 이양된 후에도, 아프리카연합은 아프리카연합 말리 및 사헬임무단African Union Mission for Mali and the Sahel, MISAHEL을 창설하여 정치적 역할을 유지했다. 중앙아프리카공화국에서도 같은 이양 절차가 진행된 후 아프리카연합이 해당 임무단과 중앙아프리카 국가경제공동체를 통해 이양과 안정화 절차에서 계속 중요한 역할을 수행했다. 또한 유럽연합은 훈련 내지 자문 임무, 혹은 임무단 사이의 간극을 메우는 구체적인 임무를 지니고 안보 및 국방 정책을 추진하는 소규모 합동 조직을 파견했다.

아프리카의 분쟁을 예방하고 관리하며 해결하는 일에서 유엔과 아프리카연합이 진행한 협력은 더 강하고 체계적인 제도적 관계를 수립하기 위한 노력으로 이어졌다. 2016년에 반 총장과 아프리카연합위원회 의장이 평화 및 안보 분야에서 파트너십을 개선하기 위한 유엔과 아프리카의 합동지침서에 서명하면서, 양자 관계는 2006년에 10개년 역량구축계획에 구체화된 "지원 및 역량 구축" 모델에서 벗어나 공통의 목표 및 노력에 토대를 둔 파트너십으로 나아갔다. 아프리카의 통합과 개발의제를 위해 10개년 계획을 승계한 유엔–아프리카연합의 파트너십은 2017년부터 2027년에 걸친 기간을 대상으로 수립되었다.

2010년에 유엔 아프리카연합사무소가 반 총장의 제안과 총회의 승인으로 설립되었다. 이 사무소의 임무는 평화 및 안보 부문에서 두 기관의 전략적·운영적 파트너십을 강화하는 것이었다. 아프리카연합위원회의 평가에 따르면 이 사무소는 아프리카연합의 평화 지원 활동을 기획하고 관리하며, 해당 분야에서 크게 강화된 아프리카연합의 역량을 지원하기 위해 아프리카연합 평화안보국과 귀중한 파트너십을 유지했다. 이 부문에서 가장 활발한 협력이 이뤄졌으며, 특히 평화 지원 활동에 아프리카연합이 참여하는 범위가 커지면서 유엔 아프리카연합사무소에 무거운 책임을 안겼다.

아프리카연합이 평화 지원 활동을 효과적으로 벌이지 못하도록 막고, 아프리카 기관들에 커다란 좌절을 안긴 난관은 자발적 기금에 의존해야 한다는 점이었다. 2008년에 사무총장이 설립하고 전 이탈리아 총리인 로마노 프로디Romano Prodi가 의장을 맡은 아프리카연합 유엔 패널은 아프리카연합의 평화 지원 활동을 뒷받침할 예측 가능하고 지속가능하며 유연한 재원 조달을 보장하기 위해 2가지 새로운 장치를 제안했다. 그러나 유엔 입법기구는 이 보고서를 검토하지 않았다. 여러 수단을 개별적으로 혹은 개별 조직의 필요를 통해 살피는 대신에 더 나은 대응을 위해 한데 모으는 일이 더 중요했다. 반 총장이 2014년에 유엔 평화 유지 활동과 새로운 필요 현황을 포괄적으로 점검하기 위해 만든 유엔 평화 활동을 위한 사무총장 고위급패널 보고서는 아프리카연합의 평화 지원 활동에 자금을 제공하라고 권고했다. 그에 따라 반 총장은 안전보장이사회가 승인한 아프리카연합의 평화 지원 활동에 자금을 제공하기 위해 활용할 수 있는 다양한 방식을 공동으로 검토하고 평가하겠다고 발표했다.

반 총장은 2003년에 이뤄진 유럽연합-유엔 공동위기관리협력선언을 토대로 유럽연합과의 파트너십에 다시 활기를 불어넣었으며, 2007년 6월에는 위기관리 협력을 위한 공동선언문에 서명했다. 두 기관은 협력 체계가 마련된 현재까지 아프가니스탄, 중앙아프리카공화국, 콩고를 비롯한 여러 곳에서 함께 일했다. 2011년에는 브뤼셀에 유엔 평화안보연락사무소도 개설했다. 유엔 입장에서는 유럽연합이 제공하는 전문성과 역량, 재정적 지원, 정치적 토대가 평화 유지 임무를 수행하는 데 보탬이 되었다. 2011년에 유엔과 유럽연합 사이에 강화되는 파트너십의 징표로서 유엔 평화유지임무단과 공동안보방위정책Common Security and Defence Policy, CSDP에 대한 유럽연합의 지원을 강화하는 실천계획이 수립되었으며 유럽연합 정치안보위원회의 승인을 받았다. 이 실천계획을 토대로 평화 유지 활동에서 유엔과 유럽연합의 확고한 성과들이 도출되었다. 반 총장은 2014년 7월 28일에 안전보장이사회 연설에서 이렇게 밝혔다. "2003년에 콩고 동부에서 이행된 아르테미스 작전부터 올해 중앙아프리카공화국에 유럽연합군이 파견된 일까지 유엔과 유럽연합은 전략적 파트너십을 강화했습니다. 우리는 기획 단계부터 교류함으로써 대표적으로 치안 및 안보 부문을 개혁하는 일에서 효과적인 분업을 이뤘습니다." 2015년에 유엔과 유럽연합은 실천계획을 토대로 평화 유지 활동 및 위기 관리 분야에서 3년에 걸쳐 추구한 전향적인 우선사항들을 마무리하고 승인했다. 또한 2015년 9월에 반 총장과 오바마 대통령이 소집한 지도자 정상회의에서 유럽연합은 최근에 나온 긍정적인 결과를 토대로 유엔의 평화 유지 활동에 유럽연합 회원국들의 참여를 추가로 지원하고, 신속 대응 면에서 유엔을 돕겠다고 약속했다.

반 총장은 취임 이후로 2008년 9월 23일에 유엔/나토 사무국 협력 공동선언Joint Declaration on UN/NATO Secretariat Cooperation에 서명한 것을 시작으로 나토NATO(북대서양조약기구)와의 파트너십을 구축하는 일을 선도했다. 이는 유엔과 나토 사이의 연례 직원 대담과 연락 협의로 이어졌다. 유엔은 아프가니스탄과 코소보처럼 두 기관이 모두 활동하는 지역에서 지리와 관련된 협력을 하는 데 더하여, 비대칭적 위협 및 급조폭발물 대응, 기획 및 훈련에 걸친 기술적 부문에서 나토의 전문성 및 방법론으로부터 도움을 받았다. 반 총장은 2014년에 탄탄한 파트너십의 징표로 나토 웨일스정상회의에도 참석했다.

법치를 강화하다

안전보장이사회는 1999년부터 법치와 관련된 임무를 이행하기 위해 다면적인 평화유지임무단을 만들었다. 2000년대 초에 아이티, 라이베리아, 동티모르 같은 지역에서 창설된 평화유지임무단은 치안·사법·교정 제도와 함께 해당 기관에 책임을 부여하는 제도를 강화하기 위해 전문가들을 포함시키기 시작했다. 2000년에 발표된 〈브라히미보고서Brahimi Report〉는 법치에 대해 통합적이고 총체적인 접근법을 취할 것을 권고했다. 그에 따라 2007년에 평화유지활동국 안에 법치안보제도실Office of Rule of Law and Security Institutions, OROLSI이 설립되었다. 이 사무소는 현재 치안과 사법과 교정, 지뢰와 무기 그리고 탄약 관리, 안보 부문 개혁, 무장 해제와 동원 해제 및 재통합이라는 5가지 분야를 포괄한다. 2006년에는 신속한 파견을 위해 초기 임무단에게 비상인력과 지원을 제공하는 상설치안지원대Standing Police Capacity가 설립되었다. 또한 2010년에는 소규모 사법교정상설지원대Justice and Corrections

Standing Capacity가 설립되었다. 이탈리아 브린디시에 있는 두 지원대는 평화유지임무단과 특별정치임무단을 파견하며, 임무와 관련 없는 상황에서도 시급한 필요가 생겼을 때 며칠 안에 인력을 파견한다.

2012년 9월에 반 총장은 앞 장에서 언급한 대로 평화유지활동국과 유엔 개발계획에 치안·사법·교정을 위한 세계적 구심점 체계를 구축하도록 요청했다. 이 체계는 유엔이 자원을 활용하고, 재원 조달을 위한 경쟁을 완화하며, 규모의 경제를 활용하고, 더욱 폭넓게는 법치 분야에서 "하나 된 활동"을 할 수 있도록 만들었다. 현재 평화유지임무단에 파견된 약 1만 5,000명의 국제 인력들이 법치 및 안보 제도 영역에서 활동하고 있다. 거기에는 1만 3,000여 명의 경찰, 650명의 사법 및 교정 관료, 100명의 지뢰 및 무기 관리 전문가, 300명의 무장 해제·동원 해제·재통합 전문가, 90명의 안보 부문 개혁 관료들이 포함된다. 소말리아와 남수단에서는 유엔 경찰이 새로운 치안 체계와 부서를 구축하기 위해 일하고 있다. 말리에서는 유엔 지뢰행동조직UN Mine Action Service, UNMAS이 치명적인 급조폭발물에 따른 위협을 완화하고 있다. 중앙아프리카공화국에서는 사법 및 교정 전문가들이 형무소와 법원을 강화하고 사법 체계에 대한 신뢰를 재건하는 일을 돕고 있다. 코트디부아르에서는 무장 해제, 동원 해제, 재통합 인력들이 7만 명에 달하는 전투원 출신들을 관리하는 사업을 진행하고 있다. 라이베리아에서는 안보 부문 개혁 전문가들이 평화유지임무단에서 정부로 안보 책임을 넘기는 일을 기획 및 지원하고 있다. 그러나 앞으로 평화유지임무단의 법치안보제도실 부서는 평화를 오래 유지할 수 있도록 새롭게 적응해야 한다. 또한 취약한 소재국을 안정시키려면 초국가적 조직범죄와 폭력적 극단주의 그리고 부패 위협이 이미 까다롭고 오랜 분쟁을 계속 악화시키는 상황에서 새로운 사안들을 둘러싼 해법을 지속적으로 개발해야 한다.

통합적 평가 및 기획 정책

유엔 평화유지임무단은 경쟁 우위로부터 혜택을 얻고 정치·안보·개발 사이의 중요한 연결고리를 활용하기 위해 개발 및 인도주의 관계기관들과 맺은 파트너십에 갈수록 더 의존하고 있다. 지속가능한 평화로 가는 사회들을 돕는 일에서 체제 전반에 걸친 접근법의 중요성은 유엔 평화 활동을 위한 사무총장 고위급패널 보고서와 2015년 평가 구축 체계를 재검토하기 위한 사무총장 전문가자문단 보고서에서 거듭 강조되었다.

2008년에 사무총장 정책위원회는 통합을 분쟁 이후 활동을 이끄는 원칙으로 삼았다. 반 총장은 2013년에 다면적 평화유지임무단 또는 국가별 현장 중심의 특별정치임무단이 파견되거나 유엔 국가팀과 공동 파견이 고려되는 모든 상황에 적용할 최소 요건을 제시했다. 그 결과로 통합에 대한 더욱 간결하고 유연한 접근법을 제공하는 '통합적 평가 및 기획 정책Policy on Integrated Assessment and Planning, IAP'을 승인했다. 최소 요건은 전략적 평가의 공동 이행, 공통의 이상과 우선사항, 개별 책임 명시, 현장 및 본부에서 합동 분석과 기획·조율·점검, 의사결정을 위한 통합기구, 이행에 대한 통합 점검 및 보고다.

여러 재정 협력기관의 기부금을 받아 집행기관에 배정하는 공동기금과 평화구축기금의 재원은 유엔의 통합 활동을 지원한다. 더 나아가 임무단의 초기 및 축소 단계에서 통합 활동의 전반적인 유효성을 높이는 데 중요한 역할을 할 수 있다. 유엔 평화 활동을 위한 사무총장 고위급패널의 권고안에 따른 후속 조치로 2015년 말부터 사무총장실 내부에 분석 및 기획을 담당하는 소규모 부서를 설치해서 체제 전반을 분석하고 기획 절차를 개선하는 일을 도왔다. 이 새 부서는 유엔 체제를 한데 모으는 통합 대책위원회와 긴밀하게 협력하여 현장에서 이뤄지는 분석·기획·점검·의사결정을 조율했다. 덕분에 여러 분야에서 통합이 상당히 진전되었다.

인권은 유엔 평화 유지 활동의 핵심 요소로서 2011년에 마련된 유엔 평화유지임무단과 정치임무단의 인권 정책에 자세히 나온 대로 기획·운영·보고·지원 활동에 통합되었다. 선거 부문에서는 정무국 사무차장이 체제 전반의 조율과 통일성, 일관성을 보장하는 선거 지원 활동의 구심점으로 지정되었다. 또한 2010년에 사무총장 정책위원회에서는 임무 환경에서 이뤄지는 모든 선거 지원 활동은 임무단이 구조적으로 통합되었든 아니든 처음부터 완전히 통합된 방식으로 이뤄져야 한다고 밝혔다.

유엔의 정치적 역할을 강화하다

평화 유지 활동은 갈수록 복잡해졌지만, 분쟁의 정치적 해법을 완결하고 이행하며 지속가능한 평화로 가는 과정을 지원한다는 핵심 목표는 그대로 유지되었다. 그러나 지난 10년 동안 평화 유지 활동과 관련하여 일어난 많은 변화 때문에 이 역할을 수행하기가 더욱 어려워졌다. 가령 분쟁 초기에 파견되는 경우 정치적 해법을 찾겠다는 의지가 없는 상황에 처하는 일이 많다. 또한 이행 경로를 파악한 후에도 국가 권위의 회복 및 확장, 안보 부문 개혁, 법치 제도의 확립을 돕는 일 등 다양한 초기 평화 구축 과제는 모든 관계 집단으로부터 공정하다는 신뢰를 얻기 어렵다.

유엔 평화 활동을 위한 사무총장 고위급패널은 평화유지임무단이 핵심적인 정치적 역할에 다시 초점을 맞추도록 주문했다. 또한 지속적인 평화는 군사적, 기술적 활동이 아니라 포괄적인 정치적 해법을 통해 달성하고 유지할 수 있다고 지적했다. 마찬가지로 평화유지임무단의 역량으로는 분쟁에 휘말린 시민들에게 가해지는 모든 폭력의 위협에 결코 대응할 수 없었다. 오직 지속가능한 평화와 효과적이고 적법한 국가기관만이 필요한 수준의 보호를 제공할 수 있었다. 그에 따라 유엔 평화 활동을 위한 사무총장 고위급패널은 "정치의 우위"를 분쟁 해결, 중재, 휴전 감시, 평화협정 이행 지원, 폭력적 분쟁 관리, 평화 유지를 위한 장기적 노력에 접근하는 기조로 삼아야 한다고 주장했다. 또한 유엔이 정부 및 비정부 관계집단을 비롯하여 모든 당사자들과 개방적이고 불편한 대화를 해야 하며, 무장 분쟁 상황에서는 모든 가능성을 탐색하여 폭력의 대안을 찾고, 시민의 고통을 최소화하며, 모든 관계집단이 정치나 인종·종교·군사적 소속과 관계없이 주민과 전투원들의 인권을 존중하도록 촉구해야 한다고 주장했다.

많은 임무에서 정치적 전략을 수립하는 데 어려움을 주는 난관들에도 불구하고 평화유지임무단의 정치적 역할을 명확히 밝힌 것은 발전적인 결과를 낳았다. 중앙아프리카공화국에서는 안정되고 효과적이며 포용적인 통치로 나아갔다. 말리에서는 임무단과 협력기관들이 숱한 좌절과 난관을 무릅쓰고 정치적 절차를 가속화하는 데 성공했다. 리비아에서는 1년에 걸쳐 유엔이 주도한 대화 덕분에 2015년 12월에 리비아정치합의Libyan Political Agreement가 체결되었다. 합의의 목적은 따로 존재하는 입법 및 행정 기관들을 정리하고 남은 이행 기간을 관리하기 위한 이정표를 제공하는 것이었다. 그러나 안타깝게도 체결 5개월 후 정치적 위기가 발생하고 심화된 이견으로 정국이 마비되면서 즉각적인 해결의 기미가 보이지 않게 되었다.

한편 정치 부문에서 이뤄진 진전은 안보 상황의 개선으로 바로 이어지지 않았다. 최근에는 무장단체와 민병대의 움직임이 합의를 완전히 무산시킬 전면적인 군사 분쟁을 예측하게 했다. 남수단에서는 지역적 중재 노력에 지속적 지원을 하여 2015년 8월에 평화 합의가 체결되었지만 2013년 12월에 발발한 내전이 아직 종식되지 않았다. 예멘에서는 적대 행위를 종식시키고 정치적 이행 절차를 재개할 경로를 구축한다는 목표 아래 유엔의 주재와 쿠웨이트의 주최로 2016년 4월부터 새로운 대화가 진행되고 있다. 이 대화는 예멘에서 발생한 정치적 교착 상태를 풀고, 2015년 3월에 예멘 대통령의 요청에 따라 사우디아라비아가 주도하는 연합군이 개입하면서 절정에 이른 군사적 충돌을 중단시키기 위한 최후 시도였다.

시리아 분쟁이 해당 사회뿐 아니라 안전보장이사회도 분열시켰다는 것은 잘 알려진 사실이다. 그럼에도 분쟁의 규모와 그에 따라 지역 및 국제 안보에 가하는 위협이 너무나 큰 나머지, 제네바성명서 Geneva Communique에 반영되었고 국제시리아지원단International Syria Support Group 의 성명과 안전보장이사회 결의 제2254호(2015년)와 제2268호(2016년)에 명시된 대로 안전보장이사회는 정치적 해결을 이끌 일련의 원칙 아래서 단결하지 않을 수 없었다. 사무총장 특사는 국제시리아지원단 및 공동 회장국과 긴밀하게 협력하면서 정치적 이행을 합의할 길을 열고, 인도적 활동을 위한 접근 환경을 개선하며, 적대 행위 중지에서 전국적인 휴전으로 나아가려는 노력을 지원하는, 대단히 민감한 절차를 관리하고 있다.

미래를 위한 이정표

지난 10년 동안 이뤄진 개혁은 유엔이 새로운 세기에 들어와서 국제적 평화 및 안보 과제에 대응하는 데 중대한 차이를 만들었다. 유엔은 분쟁 예방, 관리, 해결 부문에서 더욱 집중적이고 기민하고 적극적으로 활동하고 있다. 그러나 거대한 난관들은 그대로 남아 있다. 분쟁의 속성과 복잡성이 변함에 따라 유엔도 변해야 한다. 지난 2년 동안 실시한 정책 점검 작업은 향후 지속적인 개혁을 위한 강력하고 포괄적인 토대를 제공한다. 또한 미래를 위한 폭넓은 행동 중심 이정표를 제시한다. 유엔 평화 활동을 위한 사무총장 고위급패널의 권고안에 따른 사무총장의 후속 조치에 제시된 실천사항은 이미 90퍼센트 이행되었으며, 대다수 권고안에 따른 활동 역시 이미 진행되고 있다. 그러나 전면적인 이행에 들어가려면 앞으로도 유엔 체제와 회원국들이 계속 참여해야 한다.

지난 2년 동안 정책 점검을 비롯하여 진행된 다수의 주요 절차들은 차기 사무총장의 임기에도 계속될 것이다. 기관·기금·사업단의 역량 점검Review of Capacities of Agencies, Funds and Programmes은 분쟁을 예방하고 평화를 유지하는 활동이 진정으로 일관되고 체제 전반에 걸친 접근법에 의해 시작되고 이행되게끔 하는 중요한 단계다. 유엔 평화 유지 활동에 대한 분석 및 기획 분야에서 전체 체제의 협력을 강화하기 위한 노력도 계속 이뤄져야 한다. 또한 유엔의 현장 지원 체계를 더욱 효율적이고 현장 중심으로 만들기 위해 시작된 열정적인 작업들도, 서비스 제공 속도를 높이도록 간결화하는 여러 행정 절차의 검토 작업과 함께 계속되어야 한다. 이런 작업들은 기민한 현장 지원 활동을 방해하는 행정 절차를 검토하고, 급변 및 위기 상황에 적용할 수 있는 특별 조치들을 파악하는 과정에서 본격적으로 시작되었다. 이 작업은 앞으로도 핵심 부문으로 남을 것이다. 평화유지활동국과 현장지원국은 지난 몇 년 동안 기준 설정 및 성과 관리, 인력 파견의 토대 확장, 기술 수준 격상을 비롯하여 평화유지임무단의 역량을 개선하기 위해 상당한 노력을 기울였다. 2015년 9월에 열린 지도자 정상회의는 평화 유지 활동에 대한 국제사회의 새로운 의지를 보여준 중요한 이정표였다. 이런 노력들은 평화 유지 활동이 변화하는 분쟁 지형에서도 효력을 유지하도록 만드는 데 필수적이다. 국제사회의 약속을 현장에서 가시적 성과로 바꾸려면 평화유지임무단을 더욱 전문화하고 기준을 강화하며 역량을 확대하려는 지속적인 내부 노력과 함께, 영향력을 전략적으로 창출하는 작업이 필요하다.

이런 중요한 노력들이 계속되는 과정에도 중요한 조직 개혁 문제가 여전히 남아서 회원국들에게 어려운 합의를 이끌어내야 할 과제를 안길 것이다. 가령 특별정치임무단을 위한 재원과 지원 체제라는 과제의 미해결은 임무단의 유효성을 저해할 뿐 아니라 필요한 지원을 제공하는 본부의 능력도 저해한다. 특별정치임무단에 가장 적절한 재원 조달 체제가 무엇인지 합의하지 못하는 회원국들에게 이 문제는 결정적인 사안이다. 이처럼 문제를 해결하지 못하는 현실은 평화 및 안보와 관련하여 유엔이 활용할 수 있는 중요한 수단을 정치적으로 지원하지 못하게 한다.

변환 작업의 중요성

평화유지임무단을 비롯한 유엔은 또한 최근에 내부에서 이뤄진 변환 작업에도 적응해야 한다. 청소년, 평화, 안보에 관한 안전보장이사회 결의 제2250호(2015년)는 회원국과 유엔이 모든 수준에서 이뤄지는 의사결정에 청소년의 참여를 보장하도록 패러다임 전환을 요청한다. 마찬가지로 2030 개발의제는 분쟁 요인들에 총체적이고 상호 연계된 방식으로 대응하기 위한 예방적 접근법에 따라 평화 및 안보, 인권, 개발 사이의 연관성을 명시한다. 그러나 이 의제를 일상적으로 이행하려면 유엔과 회원국이 해당 사안들에 접근하는 방식을 획기적으로 바꿔야 한다. 평화 유지 활동을 지원하는 일에서 유엔과 지역기관의 협력은 상당히 강화되었다. 그러나 유엔과 아프리카연합의 긍정적인 의향서는 아직 확고한 체제로 이어지지 않았을 뿐 아니라 총회나 안전보장이사회는 〈프로디보고서Prodi report〉의 권고안을 제대로 이행하지 않았다. 마찬가지로 2011년에 아프리카연합 의장이 만들고 올루세군 오바산조Olusegun Obasanjo 전 나이지리아 대통령이 대표를 맡은 고위급패널이 아프리카연합을 위한 대안적 재원에 대해 제시한 권고안도 이행되지 않았다. 그 결과 아프리카연합 소말리아평화유지군의 경우, 병력을 파견하는 일부 국가의 경비를 대기 위해 유럽연합이 관리하는 신탁기금을 만들기는 했지만, 아프리카연합의 평화 유지 활동은 여전히 임시방편으로 지원과 자금을 얻어내고 있다.

재원 조달의 예측 가능성과 지속가능성 그리고 유연성을 확보해야 할 필요성은 여러 차례에 걸쳐 제기되었다. 반 총장이 말리와 중앙아프리카공화국의 이행 과정에서 배운 교훈을 제기하면서 안전보장이

사회에 보낸 서신, 반 총장이 파트너십을 통한 평화 유지 활동에 대해 다룬 다양한 보고서, 유엔 평화 유지 활동의 미래를 다룬 유엔 평화 활동을 위한 사무총장 고위급패널 및 반 총장의 2015년 보고서 등이 그 예다. 재원 조달 수단을 확보하지 못한 문제는 말리와 중앙아프리카공화국에서 성공적인 평화 유지 활동 여건이 조성되기 전에 성급하게 아프리카연합 평화유지군을 유엔 평화유지군으로 전환하게 만들었다. 아프리카연합의 평화 지원 활동을 위해 예측 가능하고 지속가능하며 유연한 재원을 조달하는 일은 평화 및 안보 문제에 대한 국제적 대응의 유효성을 전반적으로 높일 것이다. 2015년에 아프리카연합이 평화 및 안보 활동 비용의 25퍼센트를 대겠다고 약속한 것은 반가운 일이다. 다만 군·경 병력공여국과 그 인력이 저지르는 성착취 및 성폭행에 대한 감시와 불관용을 비롯하여 책임성과 인권을 보장하는 장치를 마련하는 능력이 병행되어야 한다.

끝으로 평화유지임무단은 제3장에서 언급한 대로 어디에 파견되든 지역 자원 및 글로벌 생태계에 가하는 환경적 부담을 크게 줄여야 한다. 지난 몇 년 동안 일부 임무단은 유해물질을 통제하고, 천연자원을 보존하며, 미래 세대를 위해 거주지를 보호하는 일에 공동 책임을 지는 방향으로 신속하게 나아갔다. 또한 에너지 효율과 하수 및 폐기물 관리를 개선하는 데 따른 재생에너지 역량과 식목 사업에서도 큰 진전을 이뤘다. 그러나 임무단은 유엔 체제에서 가장 많은 오염을 초래하는 조직으로서 환경에 미치는 영향을 줄이고 현장에서 환경 보호를 선도하기 위해 훨씬 많은 노력을 기울여야 한다.

어려운 규범적 문제에 대응하다

최근 안전보장이사회는 평화유지임무단을 파견할 때 현지 사정에 따라 다양한 임무를 부여했다. 이 임무들 중 하나는 평화유지임무단과 특별정치임무단이 타당한 정치적 절차를 아직 마련하지 못한 상황에서 해당 절차를 촉진하기 위해 대단히 변덕스런 환경으로 파견되어 '분쟁을 관리해야 한다'는 것이다. 이 접근법은 평화 및 분쟁 분야에서 현재 문제가 되는 현실을 반영한다. 평화 유지 활동의 원칙들을 적용하는 일은 활동 지역 및 방법, 평화라는 이름으로 무력을 동원하는 시기에 어려운 선택을 해야 하는 것이기 때문에 회원국들 사이에서 지속적인 논의 대상이 된다. 그러나 향후 활동을 전개할 때 유엔 평화유지임무단이 해줄 것으로 기대할 수 있는 역할의 한계와, 변덕스런 상황으로 파견될 경우에 필요한 성공 요소들을 분명하게 알아야 한다.

앞서 언급했듯이 성공을 좌우하는 핵심 요소 중 하나는 소재국의 동의다. 지난 10년 동안 소재국이 활동을 적극적으로 제한하고 저해하려는 조치들로 평화유지임무단, 넓게는 안전보장이사회에 직접 도전하는 경우가 늘었다. 앞으로도 그냥 방치하면 이런 도전이 계속될 가능성이 아주 높다. 따라서 안전보장이사회가 시급히 대응에 나서서 이사국들 사이에서 그리고 소재국과 안전보장이사회 사이에서 평화유지임무단의 역할에 대해 진실한 공통의 의지를 촉진할 필요가 있다. 국제 환경의 변화에 비춰볼 때 평화유지임무단은 테러 활동에 따른 일상적 위협에 계속 부딪칠 것이다. 2016년에 반 총장이 수립한 폭력적 극단주의에 대응하는 실천계획은 급진적인 성향을 심고 폭력적 극단주의 단체에 가담하게 만드는 여건들에 대처하는 체계적인 예방 조치들을 포함한다. 그래서 평화유지임무단이 현장에서 해당 의제의 수행 방법을 고려하는 중요한 출발점이 되어준다. 이일은 비록 어렵지만 유엔이 세계적 위협에 맞서는 데 진정으로 기여하려면 대단히 중요하다. 또한 유엔은 지역 및 소지역기관과 갈수록 긴밀한 파트너십을 맺음으로써 반군 및 테러 대응, 인권 원칙 및 '상당한 주의due diligence(국가가 타국 법익의 침해를 방지하거나 규제하는 데 요구되는 주의*)', 혹은 국제형사재판 같은 분야에서 차이를 보이는 규범적 기준을 조율하는 방법을 고민해야 한다. 유엔은 의무를 즉시 수행하는 일과 보편적인 원칙을 준수하는 일 사이에 올바른 균형을 잡는 데 애를 먹었다. 인권최우선 의제는 그 균형을 분명하게 밝혔다. 유엔은 원칙과 일관성, 투명성을 갖추고 준수 의무가 있는 규범들을 지켜야 한다. 그래서 협력기관들과 개방적이고도 적극적으로 교류하는 한편, 보편적 규범과 원칙들을 존중하고 수호하는 일을 핵심 요소로 삼아야 한다.

유엔은 관계합의서Relationship Agreement를 통해 국제형사재판소를 지원하며, 잔혹 범죄를 저지른 사람들이 처벌을 피하지 못하도록 노력한다. 가령 두 기관은 관계합의서에 따라 중앙아프리카공화국과 코트디부아르, 콩고, 리비아, 말리에서 협력을 위한 양해각서와 협약에 서명했다. 또한 회원국들은 위기가 악화되지 않도록 막고 사람들을 구하기 위해 조기에 효과적으로 행동할 수 있는, 진정한 예방 능력을 갖춘 유엔을 원하는지 결정해야 한다. 분쟁 예방의제는 30년 동안 집단적 행동을 저해했다. 〈브라히미보고서〉가 명확하게 드러낸 말과 행동 사이의 간극은 끈질기게 유지되었을 뿐 아니라 더 넓어졌다. 분쟁이 재발하고 유례없는 인도적 필요가 발생한 상황에서 예방의제는 회원국들이 다룰 우선사항이 되어야 한다.

  유엔이 창설된 지 70여 년이 된 지금, 평화 유지 활동은 국제사회가 집단적 의지와 협력 정신을 현장에서 진정한 변화로 바꾸기 위해 이룬 가장 중요한 혁신이다. 그래서 지난 10년 동안 위기에 처한 국가들이 평화에 이르는 길을 따르고 복잡한 정치적 이행 과정을 관리하도록 도왔다. 또한 비무장 휴전 감시 및 선거 감독부터 다면적 대규모 활동 및 조용한 중재까지 다양하고도 유연한 접근법을 추구했다. 분쟁과 세계적 과제가 변화하는 중에도 안전보장이사회가 평화 활동을 계속 이어가는 것은 이 기관의 핵심 역할이 세계 평화와 안보를 지키는 데 있음을 알려준다.

06

PROGRESS
ON THE
DISARMAMENT
AGENDA

이 장은 군축사무실의 주도로 작성되었다.

앞 장 사진: 남수단 룸벡 근처의 임시수용소에서 동원 해제식을 하는 장면. 청소년들이 소년병이던 시절에 들고 다녔던 무기를 버리고 앞으로 나아가고 있다.

06 군축을 계획하고 실천하다

김원수 Kim Won-soo
군축사무실 고위대표

　반기문 사무총장은 국제 안보에 대한 위협과 도전의 성격이 급변하고 있을 뿐 아니라 군축의 주요 문제에 대한 대립이 심화되고 있는 시점인 2007년에 취임했다. 비국가 행위자들이 무장폭력 활동을 펴고 이를 지속시키는 능력을 확대하는 가운데, 세계 질서는 더욱 복잡해지면서 다극화되고 있었다. 냉전 직후에는 핵무기 의존도를 낮추는 데 성과가 있었으나 2007년부터 강대국들이 다자주의를 점차 외면하면서 그 추세가 흔들리기 시작했다. 무력분쟁이 국가 간에서 국내 분쟁으로 이행되면서, 소형무기와 경화기輕火器가 주된 살상무기로 등장했다. 재래식 무기의 불법거래가 세계 연간 군비 지출의 끊임없는 증가와 맞물려 무장폭력을 부추기며 유엔이 평화·안보·개발 분야에서 추진하고 있는 목표 달성을 위태롭게 하고 있다. 2008년 제네바 군축회의의 첫 번째 연설에서 반 총장은 벌써 10년째 마비 상태인 다자 군축 체제의 성과들이 "오래된 기억"이 되었다고 표현했다.

군축의 재활성화

반 총장은 군축 의제의 재활성화를 첫 임기 초반의 우선 과제로 삼았다. 그가 처음으로 개혁의 칼을 댄 것은 제도 부분이었다. 그는 군축사무실Office for Disarmament Affairs, ODA의 권한을 강화했다. 군축사무실의 분석 기능을 확대시키고 교육 지원 활동을 통해 군비 축소를 촉진하는 역할을 증강한 것이다. 그는 군축사무실 책임자의 지위를 고위대표로 격상시키고, 군축사무실 고위대표에게 유엔 사무국 내에서 모든 무기의 통제, 군비 축소, 확산 방지, 이와 관련된 안보 문제를 주무하고 대변하는 책임을 맡겼다.

첫 임기 초기에 반 총장은 군축을 위한 자신의 계획도 마련했다. 사무총장 직위를 활용해 핵군축의 촉진과 다자간 군축 체계의 재활성화가 필요하다는 점을 부각시키기로 한 것이다. 2008년 초에 그는 4번의 제네바 군축회의 참석 연설 중에 첫 일정을 가졌다. 군축회의는 국제사회가 가진 유일한 다자 군축협상의 포럼이었다. 그해 10월 유엔의 날에는 핵군축을 위한 5개 항의 행동계획을 발표했다. 회원국과 시민사회의 새로운 관심과 참여를 촉발시키기 위한 것이었다. 2010년 4월, 그는 오랫동안 이어왔던 핵실험 금지를 위한 노력의 일환으로 과거의 핵실험장이었던 카자흐스탄 세미팔라틴스크Semipalatinsk를 방문했다. 2010년 8월 6일, 핵무기 첫 사용 65주년에 즈음해서 반 총장은 히로시마를 방문했다. 이로써 재임 중에 히로시마 평화기념행사Peace Memorial Ceremony에 참석한 첫 유엔 사무총장이 되었다. 그해 말, 그는 총회 본회의 고위급회기 중에 제네바 군축회의의 활동을 다시 활성화시키고 다자간 군축협상을 진전시키는 문제를 다루기 위한 고위급회담을 열었다.

또한 반 총장은 핵무기 폐지를 위한 캠페인Campaign to Abolish Nuclear Weapons, 글로벌제로Global Zero 캠페인, 전 미국 상원의원 샘 넌Sam Nunn, 전 미국 국방부 장관 윌리엄 페리William Perry, 2007년《월스트리트저널Wall Street Journal》에 헨리 A. 키신저Henry A. Kissinger와 함께 핵무기 없는 세상에 대한 기명 논평을 게재한 바 있는 전 미국 국무부 장관 조지 슐츠George Shultz 등 주요 시민사회 활동가 및 단체들과 연계하여 사무총장으로서의 공개적 대변자 역할을 격상시켰다. 사무총장은 군축에 관한 자신의 5개 항 행동계획을 지지한 세계의원연맹Inter-Parliamentary Union과 관계를 맺는 등 의회 지도자들에 대한 전례 없는 연계 활동을 펼치기도 했다. 그는 또한 2010년 2월 모든 의회의 수장들에게 핵군축과 비확산 노력이 성공하기 위해서는 그들이 어떤 주도적 역할을 해야 하는지를 설명하는 서한을 보냈다.

반 총장은 임기 초반부터 재래식 무기 분야에서 나온 적극적 제안들을 지원했다. 이는 무장폭력을 감소시키기 위한 중요한 조치들과 지속가능개발목표 간의 관련성을 이해하는 데 뒷받침되었다. 2008년에 그는 이러한 관련성이 새천년개발목표의 후속 조치에 반영되어야 한다는 점을 강조했다. 또한 그해에 그는 주요 무기 수출국과 수입국이 여전히 회의적인 입장을 취하고 있는 무기 거래를 규제하는 국제조약인 무기거래조약Arms Trade Treaty, ATT 협상을 공개적으로 지지했다. 이와 아울러 군축사무실은 소형무기와 경화기, 저장 탄약의 규제를 유도하는 프로그램을 개발하고 이행했다.

이러한 노력은 결실의 돌파구를 맞았다. 2009년 4월, 오바마 신임 미국 대통령이 프라하에서 획기적인 연설을 한 것이다. 이 연설에서 오바마 대통령은 미국이 핵무기 없는 세상의 평화와 안전을 추구할 것이라고 다시 약속했다. 그해 9월, 유엔 안전보장이사회는 역사상 최초로 핵군축비확산 정상회의(이것은 반 총장의 5가지 행동계획 중 하나였다)를 개최하고 결의 제1887호(2009년)를 채택했다.

또한 핵보유국과 그 동맹국들은 핵무기의 수와 역할을 감소시키는 단독적·쌍무적·다국 간 조치에 착수했다. 2010년 3월, 러시아연방과 미국은 '전략공격무기 추가 감축과 제한을 위한 조약Treaty on Measures for the Further Reduction and Limitation of Strategic Offensive Arms, new START(이하 '신전략무기감축조약')'을 체결했다. 2010년 영국, 미국, 나토의 군사 교리 검토는 각국의 안보 정책에서 핵무기의 역할을 감소시켰고, 이는 핵비보유국의 안전 보장을 강화한다는 발표로 이어졌다. 또 영국은 실전 배치 혹은 비배치 상태인 핵무기 비축량의 감소를 선언했다. 프랑스는 핵실험을 하거나 핵분열물질을 생산하는 시설의 폐쇄와 해체를 발표했으며, 중국은 핵무기 선제 불사용에 기반을 둔 선언적 정책을 성실히 이행하겠다고 재차 확인했다.

핵물질에 접근하려는 테러리스트들의 노력으로 위험이 커지는 상황에서 그에 대한 대응으로, 미국은 오바마 대통령의 2010년 계획에 따른 4번의 핵안보정상회의Nuclear Security Summit 중 첫 번째 회의를 소집했다. 목표는 모든 핵물질에 대한 보호 조치를 4년 내에 완료하고 여기에 여러 국가와 국제기구의 정상들이 참여하도록 고무하는 것이었다. 이 4번의 정상회의에 모두 참석한 반 총장은 2010년의 첫 회의에서 핵물질을 안전하게 관리하고 밀수를 막기 위해 세계적 조치가 시급한 분야들을 제시했다. 그는 또한 주요 세계 지도자들과 함께, 핵무기를 만들기 위한 핵분열물질 생산금지조약의 협상 개시를 지원하고 포괄적핵실험금지조약Comprehensive Nuclear-Test-Ban Treaty의 발효 필요성을 강조했다.

2010년에 열린 핵비확산조약Treaty on the Non-Proliferation of Nuclear Weapons, NPT 당사국 평가회의는 1995년 중동 비핵지대 관련 결의 이행은 물론 핵 군축, 비확산, 원자력의 평화적 이용에 관한 후속 조치를 위한 64개 항의 행동계획을 마련했다. 반 총장은 평가회의의 마지막 단계에서 결과문서의 합의를 도출하기 위해 주요 참가국들과 개인적으로 접촉 하는 등 중요한 역할을 했다. 이 평가회의의 성과로 핵보유국들은 핵 군축 공약 이행에서 상호교류를 확대, 심화하게 되었다. 평가회의는 핵무기 사용이 인도주의적 관점에서 초래하는 파괴적인 결과에도 새 로운 관심을 불러일으켰다. 이러한 시민사회와 정부의 새로운 움직 임은 2013년과 2014년에 노르웨이·멕시코·오스트리아에서 열린 국 제회의를 통해, 시급한 조치가 필요하다는 요구로 이어졌다.

반 총장이 개최한 2010년의 고위급회담의 성과와 그의 5개 항 제 안을 기반으로 2011년부터 회원국들은 제네바 군축회의의 교착상태 를 극복하기 위해, 핵군축 협상을 진전시킬 새로운 계획을 총회에 회 부했다. 2012년 총회는 정부 전문가그룹을 소집해, 핵무기 또는 여타 핵폭발 장치의 생산을 위한 핵분열물질 생산금지조약에 기여할 수 있는 방안을 담은 권고안을 만들게 하기로 결정했다. 2013년 총회는 핵군축에 관한 첫 고위급회의를 열고 9월 26일을 '세계 핵무기 철폐 의 날International Day for the Total Elimination of Nuclear Weapons'로 지정했다. 2013년 과 2016년에 총회에서는 다자 군축협상의 진전을 위한 실무 협의체 를 구성했다. 이러한 다양한 계획들은 각기 핵군축을 진전시키기 위 한 새로운 추진력을 제공하는 한편, 진전 과정에서 꾸준히 걸림돌이 되고 있는 국제사회 내의 반목이 무엇인지 적시하는 효과도 냈다.

핵군축을 둘러싼 입장 차이

불행히도 2013년부터 부정적인 추세가 나타나기 시작했다. 대서양 양안兩岸의 긴장 확대, 우크라이나의 분쟁, 세계의 전략적 안정과 안보에 관해 양립할 수 없는 비전들 사이에서 핵군축을 기대하기 어려운 상황이 닥친 것이다. 사이버 보안과 우주 공간을 통제하는 체제들 사이의 규범적 입장 차이도 전략 관계를 복잡하게 만들고 있다.

러시아연방과 미국은 신전략무기감축조약을 꾸준히 이행하고는 있지만, 미사일 방어나 우주 공간의 무기 배치 금지와 같은 전략적 안보 문제에 관해서는 계속 합의를 하지 못해 추가적인 감축 협상을 시작하지 못하고 있다. 더구나 1987년 중거리핵전력조약Treaty on Intermediate Nuclear Forces을 준수하고 1994년 부다페스트양해각서Budapest Memorandum를 존중하는 데에서 발생한 각종 문제 등 기존의 무기 제한 합의에 대해서도 입장 차이가 계속 존재해왔다. 이러한 문제들로 인해 핵비확산조약과 그것의 무기한 연장에 관해서는 안전보장이사회 상임이사국들이, 그리고 다양한 비핵지대 조약에 관해서는 핵보유국들이 보장하는 안전이 과연 믿을 만한지 의심을 품게 된다. 전반적인 군비 통제 상황도 악화 징후를 보이고 있었다. 핵보유국들은 모두 핵무기 감축 요구를 무시한 채 핵무기를 발전시키고 현대화하는 작업을 멈추지 않았다. 최소한 3개국 이상에서 핵전력의 양적 증대가 이루어졌다. 한편에서는 훨씬 더 정밀해진 탄도미사일과 이동성 재진입체의 개발과 배치, 지하 관통 능력을 가진 자유낙하 핵폭탄은 물론이고 새로운 전략폭격기, 순항미사일, 잠수함 재정비 등의 추세가 나타나고 있다.

유엔 군축 체제의 마비 상태와 핵군축의 느린 속도로 인해 오래된 접근 방식은 신뢰를 잃었다. 이러한 답보상태 때문에 계속 핵무기에 의존한 안보 정책을 취해온 국가들과, 핵무기 사용이 초래하는 비인도적 결과 때문에 핵무기 금지와 제거 조치가 시급하다고 믿는 국가들 사이의 균열이 근래에 들어 더 커졌다. 몇몇 국가들은 국제 안보 환경이 허락될 때에만 핵군축의 상당한 진전이 있을 것이며, 진전이 있기 위해서는 핵군축 최종 단계들을 고려하기에 앞서 전형적인 단계적 접근, 즉 포괄적핵실험금지조약, 핵분열물질 생산금지조약 협상과 핵무기 감축이 필요하다고 생각하고 있다. 다른 많은 국가들은 핵무기의 완전한 철폐를 최종 목표로 하면서, 동시에 경과 조치로서 법적 구속력이 있는 새로운 핵무기 금지 조약의 협상을 더욱 강하게 요구하고 있다.

새로운 기술을 활용하는 비국가 행위자들

무기를 통제하기 위한 국제적 노력이 새로운 기술과 역량의 등장 속도를 따라잡기가 점점 힘들어지고 있다. 따라서 신생 기술과 이것들을 규제하는 체제 사이의 격차가 벌어졌고, 악의적인 비국가 행위자들은 이러한 격차를 악용하고 있다. 무기의 획득 가능성이 점차 커지고 있을 뿐 아니라 사제 폭파 장치, 중화기, 드론까지 다양한 기술이 늘어나면서 비국가 행위자들의 활동을 부추기고 있다. 이러한 다양한 별개의 위협들이 역학 관계를 형성하며 위험을 배가시키고 있다. 무기거래조약과 같은 새로운 규제 수단들은 도움이 되겠지만 보편적인 방편과는 거리가 멀다. 수출 통제 방식에는 적법성의 문제가 존재하며 보편적인 지지를 받지 못하는 실정이다. 이러한 새로운 위협과 도전은 공격에 대응하는 국가기구와 국제조직의 운영 역량이 가진 한계를 노출시키고 있다.

국제사회의 방지 노력에도 불구하고, 비국가 행위자들이 화학, 생물, 방사능 또는 핵물질을 입수할 수 있게 되면서 위험은 점점 커지고 있다. 테러조직과 비국가 무장단체들은 핵무기나 관련 물질의 획득에 관심이 있다는 것을 공공연히 드러내왔다. 테러조직들이 민간 핵시설을 탐지하고, 핵무기들을 관리하는 시설의 공격을 계획하고 있다는 걱정스러운 보도가 계속돼왔다. 최근의 사건들은 핵시설이 사이버 공격에 취약하다는 것을 보여주었다. 4차례의 핵안보정상회의는 이 문제에 대한 정치 지도자들의 관심을 촉발시켰고, 그 결과 여러 국가에서 민간 시설에 있는 무기급 핵분열물질의 취급 강화를 비롯해 구체적인 조치들을 내놓았다. 하지만 2016년 핵안보정상회의에서 반 총장이 언급했듯이 핵 테러와 사이버 안보의 연계에 대해 구체적 권고안을 개발하는 등 고위급에서 더 관심을 기울여야 하는 분야가 많이 있다.

화학무기의 재등장

반 총장의 두 번째 임기 중에 화학무기가 전쟁이나 테러의 도구로 다시 등장하면서 국제사회는 큰 충격을 받았으며, 생물무기의 사용 가능성에 대한 공포에도 새롭게 직면하게 되었다. 2013년부터 시리아아랍공화국의 분쟁 중에 화학무기 사용 금기를 어기는 사건이 계속 발생했다. 회원국들의 혐의 보고에 따라 반 총장은 유엔 시리아화학무기사용조사단UN Mission to Investigate Allegations of the Use of Chemical Weapons in the Syrian Arab Republic을 꾸렸다. 이로써 1992년 이래 사무총장메커니즘Secretary-General's Mechanism, SGM이 처음으로 활성화되었다.

유엔이 지휘하고 화학무기금지기구Organisation for the Prohibition of Chemical Weapons, OPCW와 세계보건기구World Health Organization, WHO가 지원한 2013년의 조사는 우선 2013년 8월 21일 다마스쿠스 외곽 구타Ghouta 지역에서 비교적 대규모로 화학무기가 사용되었으며, 이로 인해 특히 어린이를 비롯한 수많은 민간인 사상자가 발생했다는 것을 확인했다. 이후 조사단은 2013년 3월에서 8월 사이에 소규모로 최소한 4차례 더 화학무기가 사용되었음을 밝혔다. 화학무기금지기구의 독립사실조사단은 그 뒤 2014년 4월에서 2015년 8월 사이에 독성 화학물질이 무기로 사용된 사건이 23번 더 있었다는 결론을 내렸다.

2013년 조사를 통해 유엔이 화학과 생물무기 사용에 대응하고, 관련자들에게 책임을 묻는 일이 시급하다는 점이 드러났다. 특히 사무총장 메커니즘의 기존 권한과 절차로는 조사관들이 가해자를 특정하는 데 필요한 정보를 밝히는 데 접근하기 어렵다. 더욱이 반 총장이 2016년 핵안보정상회의에서 지적한 바와 같이, 화학·생물·방사능이나 핵물질 공격에 대응하는 유엔의 조직적 역량은 주로 방지와 정보 공유에 초점을 맞추고 있다. 생물무기의 경우, 화학무기금지기구와 같이 유엔 체제와 관련 국제조직의 활동을 조율할 수 있는 독립기구가 없기 때문에 공백은 더 큰 실정이다.

미해결 지역적 위기와 핵확산 방지의 문제

미해결 지역적 위기가 핵확산 방지와 핵군축을 위한 국제적 노력을 저해하고 있다. 북한의 핵과 탄도미사일 관련 활동은 국제사회의 집단 의지를 무시하고, 해당 지역은 물론 그 너머의 평화와 안보를 위태롭게 해왔다. 2006년 첫 핵실험 이후로 지난 10년 동안 북한은 3번의 추가 핵실험을 진행했다. 북한은 탄도미사일 기술을 이용한 4번의 위성 발사를 시도했고, 중·단거리 탄도미사일도 여러 차례 도발적으로 발사했으며, 잠수함 발사 탄도미사일과 중거리 탄도미사일의 개발과 실험을 적극적으로 추진했다. 유엔 안전보장이사회는 북한이 그러한 모든 활동을 반드시 중단하고 국제 의무를 따라야 한다는 데 의견을 같이하고 있다. 하지만 북한은 여러 번의 제재에도 불구하고 진정한 안보를 달성하고 국민의 안녕을 보장하는 쪽으로 진로를 바꾸려는 의지를 보이지 않고 있다. 반 총장은 언제든 북한을 포함한 모든 관련국들과 접촉하여 평화적인 해법을 모색하며, 긴장을 줄이고 한반도의 비핵화를 달성할 길을 찾도록 돕겠다는 의지를 피력해왔다.

한편 중동 지역에서 핵무기와 기타 대량살상무기를 없애는 노력은 근본적으로 흔들리고 있다. 2010년 핵비확산조약 평가회의에서 합의된 중동에 대한 결의 이행 행동계획에 따라 반 총장과 1995년 중동 관련 결의 공동제안국(러시아연방, 영국, 미국)은 자코 라자바Jaakko Laajava 핀란드 대사를 촉진자Facilitator로 임명했다. 그리고 그에게 중동의 모든 국가가 참석하는 2012년 회의의 개최 준비를 맡겼다. 촉진자와 공동의장국들은 우선 해당 지역 국가들과의 양자 접촉이나 아랍연맹을 통한 대화의 자리를 가졌다. 이러한 노력에도 불구하고 2012년 말까지 회의를 소집할 수 없었다. 촉진자와 의장국들은 이후 스위스에서 5번에 걸친 비공식 다자회담을 통해 회의 방식, 어젠다, 절차/규칙을 완성하는 것을 목표로 하는 지역국 간 직접 접촉을 계속 진행했다. 하지만 2014년 중동 지역의 긴장과 충돌 확대가 가져온 부정적인 영향으로 인해 이러한 노력은 결국 결실을 맺지 못했다.

이 회의 소집의 실패는 핵비확산조약 회원국들이 2015년 평가회의에서 실질적 결과에 대한 합의에 이르지 못한 주요 원인이 되었다. 평가회의 이후 반 총장은 목표 달성에 필요한 포괄적인 지역 대화를 재개시키고 유지시킬 방안을 찾는 데 힘을 쏟았다.

국방 예산의 증가

유엔은 소형무기의 불법거래나 모든 재래식 무기의 무책임한 거래를 막기 위해 노력하고 있지만, 전반적으로 군비는 계속 높은 수준을 유지하고 있다. 이러한 상황으로 인해 반 총장은 2012년에 "세계에 무기는 지나치게 많고, 평화에 대한 투자는 부족한 상태다"라고 말했다. 21세기에 들어 시작된 세계 군비 지출의 지속적인 증가는 2008년 이후에 억제되었으나, 이는 군축 분야의 새로운 노력 때문이 아니라 일부 지역에서의 금융 위기의 영향 때문이었다. 군비 지출은 냉전시대보다 높은 수준을 유지하고 있다. 세계적으로 이전된 무기의 가치 역시 그 어느 때보다 높은 수준에 이르러 떨어지지 않고 있다.

이러한 추세는 투명하게 드러나지 않고 있다. 2007년 이래, 유엔 재래식무기등록제도UN Register of Conventional Arms에 따른 '회원국 무기거래 상황보고'는 거의 매년 줄어들고 있다. 유엔 군비지출보고제도UN Report on Military Expenditures에 따라 보고의무를 이행하는 나라는 전체 회원국의 약 3분의 1로 꾸준히 유지되고 있지만, 실질적인 보고의 숫자는 이번 세기 처음 7년 동안의 최고치에 못 미치고 있다. 소형무기와 경화기에 대한 우려가 여전한 가운데, 최근에 들어서는 인구 밀집 지역에서 폭발무기를 광범위하게 사용하는 문제에 대한 우려가 급증하고 있다.

적응, 혁신, 대응

군축 분야의 여러 난제들에도 불구하고 유엔은 진전이 가능한 분야에서 계속 노력하고 있다. 이러한 노력은 반 총장이 설정한 우선순위에 따라 지난 10년 동안 책임성, 새로운 규범의 구축, 법의 지배와 인도적 원칙의 옹호, 역량 구축과 조율, 준비 강화 등의 주요 주제에 초점을 맞추었다.

핵무기 없는 세상을 위한 노력

반 총장은 책임성과 투명성의 원칙을 군축 과정에서 없어서는 안 되는 요소이자 필수적인 전제 조건이라고 강조했다. 핵군축에 대한 5가지 제안에서 그가 핵보유국에 핵무기, 핵분열물질의 보유, 군축 성과에 대한 공적 정보의 보관소로 유엔을 사용하라고 촉구한 이유도 여기에 있다. 2010년 핵비확산조약 평가회의는 반 총장의 이러한 제안에 주목하고 그 제안을 받아들였다. 핵보유국들은 이후 공통 보고 체제에 합의했고 2014년과 2015년에 국별 보고서를 제출했다.

반 총장은 임기 내내 핵실험의 영구 중단을 우선 과제로 삼았다. 그는 2년마다 포괄적핵실험금지조약의 발효를 가능하게 하기 위한 회의를 개최했다. 또한 조약의 발효를 확보하고 보편성을 강조할 목적으로 포괄적핵실험금지조약기구Comprehensive Nuclear-Test-Ban Treaty Organization, CTBTO 준비위원회Preparatory Commission의 사무총장과 함께 공동 지원 활동에 참여했다. 반 총장은 포괄적핵실험금지조약 비준이 시작된 지 20주년이 되었다는 사실을, 남아 있는 제2부속서 국가들에게 다른 국가들을 기다리지 말고 먼저 움직일 것을 촉구하는 기회로 삼았다.

반 총장은 또한 핵무기에 사용되는 핵분열물질의 생산을 금지하는 조약을 위한 협상을 즉시 개시하라는 입장을 강조했다. 이러한 맥락에서 그는 제네바 군축회의에 참여함으로써 회원국들을 대상으로 입장 차이를 줄이라는 공개적인 압박에 나섰다. 그는 주요 관련국의 고위급 대표들과도 접촉을 강화했다.

핵 비확산 문제에 대한 대응

반 총장은 E3(영국, 프랑스, 독일)/EU+3(미국, 러시아, 중국)과 이란 사이의 포괄적공동행동계획Joint Comprehensive Plan of Action 합의를 역사적인 업적이자 핵 비확산과 국제 안보에 관련된 문제를 해결하는 데 대화가 얼마나 중요한지 보여주는 증거라고 평가했다. 이 합의는 수년에 걸친 집중적인 대화로 완결되었으며 국제사회가 이란 핵 프로그램의 평화적인 성격에 대한 신뢰를 회복하는 길을 열었다. 반 총장은 이 합의를 외교로 무기 확산 문제를 해결할 수 있음을 보여준 중요한 성과로 여기고, 그에 대한 지지를 얻기 위해 미국 의회 의원들이나 주요 회원국 지도자들과 적극적으로 접촉했다. 반 총장은 또한 안전보장이사회와 이란의 관계가 근본적으로 변화했음을 알리고, 이란의 핵 문제를 의제에서 제거할 시한을 정한 안전보장이사회의 결의 제2231호(2015년) 채택을 환영했다. 국제적 평화와 안보를 위한 협력을 격려함으로써 모두에게 유익한 이 결의를 통해, 유엔은 합의 이행을 촉진하는 중심 역할을 맡게 되었다.

화학무기 사용의 책임성

유엔은 생물무기와 화학무기 사용에 대응하는 역할을 더욱 확고히 했다. 2006년부터 군축사무실은 사무총장 메커니즘을 활성화시켜 화학, 생물, 독성무기의 사용 혐의를 조사하는 한편, 운영지침을 검토하고, 조사관 명부를 업데이트하며, 관련 국제조직과 실무 협조 절차를 마무리했다. 이로써 2013년 유엔의 시리아 화학무기 조사가 빠르게 이루어질 수 있었다. 2013년 조사에 이어, 반 총장은 역할 강화의 여지가 아직 더 있다는 평가와 그동안 얻은 경험을 바탕으로 강화 작업을 시작했다. 그 결과 사무총장메커니즘을 활성화시키고 짧은 기간에 숙련된 조사단을 현장에 파견할 수 있는 조직의 역량을 증대시킬 수 있었다. 하지만 아직은 이러한 능력들 대부분이 서류상으로 존재하고 있으며, 유엔의 역할은 방지에 초점을 맞추고 있다. 유엔 체제는 공격이 발생할 경우, 특히 생물무기를 사용한 공격이 발생할 경우 그에 대응할 준비가 완전하지 못하다.

시리아의 화학무기 사용이 처음으로 확인되자 반 총장은 "국제사회는 관련자들에게 책임을 묻고 화학무기가 다시는 전쟁 도구로 등장할 수 없게 할 도의적 책무를 가지고 있다"고 확인했다. 이 발언은 유례가 없는 조치를 촉발시켰다. 시리아가 신속히 화학무기금지조약Chemical Weapons Convention에 가입하게 된 것이다. 러시아와 미국은 시리아 화학무기 프로그램의 제거를 위한 체제에 합의했다. 여기에는 화학무기금지기구 및 유엔 합동사찰단의 성공적 감독과 다국적 해상작전이 도움을 주었다. 12개월에 걸쳐 합동사찰단이 시리아의 화학무기 프로그램 전체를 성공적으로 제거했다.

그렇지만 불행히도 그 이후 염소chlorine와 같은 유해 화학물질을 무기로 사용하고 있다는 보고가 나오기 시작했다. 유해물질을 지속적이고 조직적으로 무기로 사용하고 있는 데 대한 대응으로, 안전보장이사회의 결의 제2235호(2015년)는 반 총장에게 화학무기금지기구 사무총장과 합동으로 공동조사메커니즘Joint Investigative Mechanism, JIM 을 설립해 화학무기 사용 관련자들을 가려낼 것을 요청했다. 공동조사메커니즘은 화학무기금지기구 사실조사단이 확인한 9개 사례를 조사 대상으로 선정했고 2016년 9월까지 활동을 마무리 짓는 임무를 맡았다.

인도적 기준의 강화와 불법무기 거래를 막기 위한 노력

무기거래조약의 채택은 획기적인 성과였다. 재래식 무기(소형무기에서 전투용 전차, 전투기, 군함에 이르는 무기)의 국제 거래를 규제하는 이 획기적인 조약은 국제인도법과 인권의 심각한 위반, 테러, 조직범죄, 성적 차별에 의한 폭력으로 이어질 수 있는 무기의 이전을 막기 위해 법적 구속력을 가지는 공통 기준을 마련했다. 모든 당사국들은 보고 의무를 통해 최소한의 투명성 기준을 지킴으로써 규범을 따르며 조약의 이행을 지지한다는 것을 보여주어야 한다. 이 조약은 인도주의 원칙과 인권의 옹호자들이 민간인들을 무력충돌로부터 보호하는 데 사용할 구체적이고 실제적인 도구를 제공하는 효과적인 체제를 포함하고 있다. 유엔은 주로 유엔 무기규제지원협력체제UN Trust Facility Supporting Cooperation on Arms Regulation를 통해 무기거래조약의 이행을 지원한다. 이 체제는 자원을 제공해 국가들의 비준과 이행을 지원하고, 원조를 조직화하는 역할을 한다.

재래식 무기와 대량살상무기 분야에서 임무를 주도하고 실천하는 일은 점차 지역적 수준으로 확대되고 있다. 반 총장은 회원국의 지원을 받아 3개의 유엔 평화군축지역센터UN Regional Centres for Peace and Disarmament의 기술적 지원, 역량 구축, 신뢰 구축, 지원 활동을 위한 프로그램 이행 역량을 강화했다. 이들 프로그램은 국가 법 체계 검토, 국가별 사업계획의 초안 마련, 관련 다자간 기구의 보편화와 효과적인 시행을 촉진하는 데 중점을 둔다. 여러 평화군축지역센터들은 2007년 이후 인상적인 성과를 내고 있다. 800개 이상의 활동을 수행해 7,000명이 넘는 안보 분야 인력에게 소형무기 통제기준을 교육시키고, 10만 9,000개 이상의 불법적인 소형무기와 경화기를 파기했다. 아프리카 지역의 평화군축지역센터는 중앙아프리카경제공동체 Economic Community of Central African States가 이 지역 내에서 소형무기와 경화기를 통제하려는 킨샤사협약Kinshasa Convention의 초안을 작성하는 것을 돕는 선구적인 업적을 이루었다.

무차별적 무기 사용의 종결과 인도주의 원칙의 옹호

반 총장은 군축 조치를 통해 근본적인 인도주의 원칙과 법의 지배를 옹호해왔다. 유엔은 민간인들을 무력충돌로부터 보호하고 인권을 옹호하며 지속적인 개발을 보장하기 위해 효과적인 새 방편을 찾는 주요한 토론의 장이 됨과 동시에, 옹호자의 역할을 해왔다. 국제사회는 무기 사용의 종결과 인도주의 옹호라는 두 목표를 연결하는 데 중요한 이정표들을 달성했다. 2008년 5월 30일 확산탄금지협약 Convention on Cluster Munitions을 맺었다. 이 협약은 이 범주의 모든 무기를 금하고 이러한 무기로부터의 피해자의 권리와 요구를 향상시키는 데 목적이 있다. 2009년 이래 반 총장은 인구가 많은 지역에서 폭발무기를 사용함으로써 발생하는 파괴적 결과에 대한 인식을 확산시켜왔다. 각국 정부와 시민사회는 그의 요구에 부응하여 국가의 구체적 공약을 지지하는 체계(2016년 세계인도지원정상회의의 목표)를 구축했다.

우주 공간과 사이버 공간의 안보

유엔은 새로운 규범을 구축하고 기존 규범을 강화함으로써 사이버 보안과 우주 공간의 통제 체계에 존재하는 큰 규범적 공백을 채우기 위한 회원국들의 노력을 지원해왔다. 여기에는 군축위원회Disarmament Commission와 같은 보편적 기구의 논의를 촉진하고, 우주 공간에서 책임 있는 행동의 원칙을 개발하는 데 도움을 주며, 군축사무실과 외기권사무소Office for Outer Space Affairs 사이의 협력이나 총회 제1위원회와 제4위원회 사이의 협력을 강화하는 등 우주 공간의 활동에서 투명성과 신뢰 구축 방안을 실천하는 노력까지 포함된다. 또한 유엔 군축기구들은 사이버 공간에서 벌어지는 악의적인 행동에 국제법을 어떻게 적용할 것인가의 문제를 공동으로 해결하려는 정부 사이버 안보 전문가그룹의 지속적인 노력을 지원한다.

테러리스트들의 대량살상무기 획득을 막다

무력충돌과 폭력성을 더해가는 비국가 행위자 등 새롭게 혹은 재등장하는 문제들 때문에 유엔은 역량 강화, 협력과 대응에 대한 비중을 높이고 있다. 지난 10년 동안 유엔은, 비국가 행위자에 의한 대량살상무기 확산을 금지하는 유엔 안전보장이사회 결의 제1540호(2004년)의 이행을 강력히 지원해왔다. 이 사업의 초점은 국가적 차원의 이행을 촉진하고, 국제적 협력을 도모하며, 시민사회·산업계·학계와 공조를 유도하는 방향으로 진행되었다. 지난 10년 동안 유엔이 이러한 과정을 돕기 위해 매년 단독 혹은 공동으로 조직하는 행사가 10배 증가했으며 제1540호 결의 전문가패널에 대한 작업은 3배가 늘어났다. 이러한 지원 덕분에 회원국 10분의 9 이상이 보고의무를 이행하게 되었다.

　반 총장은 테러에 맞서서 화학, 생물, 방사능, 핵물질의 안전과 안보를 강화하기 위한 국제적 노력을 개인적으로 이끌고 지원해왔다. 2011년 후쿠시마 다이치 원전사고에 대한 대응으로 반 총장은 연구를 의뢰하고 고위급회담을 주선해 원자력 안전과 핵안보 사이의 연계에 관심을 집중시켰다. 그는 또한 4번의 핵안보정상회의에 참여해 이 회의가 2016년 유엔의 향후 역할을 비롯해 여러 행동계획을 마련하는 데 큰 역할을 하도록 만들었다. 2016년 핵안보정상회의에 참여한 반 총장은 테러리스트의 모든 화생방과 핵물질의 사용이나 위협에 대응하는 데 유엔이 중요한 역할을 맡고 있다고 강조했다. 유엔의 이러한 역할에는 테러리스트와 외국인테러전투원에 대한 정보 공유의 강화, 국경 통제와 국가 역량/전략의 향상 등이 포함된다. 유엔은 화생방과 핵물질의 사용이 국가나 국제적 역량을 넘어서는 복합적 비상사태로 이어질 경우에 인도적 재난 또는 다른 분야에서의 대응을 조정하고 회원국들을 지원할 준비를 갖추고 있다.

신생 무기 기술의 통제

　유엔은 새로운 파괴적 기술이 야기하는 도전에 맞서는 데 한 발 앞서기 위해 꾸준히 노력해왔다. 2013년과 2014년 사무총장의 군축자문위원회Advisory Board on Disarmament Matters는 신생 기술이 군축과 안보에 미치는 영향에 대해 고찰했다. 이 위원회는 특히 자율살상무기를 개발, 확산, 이용하는 데 따른 법적·윤리적 측면들과 한계에 초점을 맞추었다. 위원회는 사무총장에게 특정재래식무기금지협약Convention on Certain Conventional Weapons, CCW 등 기존 포럼에서 통합된 노력을 촉진하고, 문제에 대한 한층 깊이 있는 연구를 지원해야 한다고 권고했다. 특정재래식무기금지협약 체결국들은 이후 2014년에서 2016년 사이에 자율살상무기 시스템 전문가들의 비공식회담을 3차례 열었다. 2016년의 비공식회담은 제5차 평가회의에서 정부 전문가그룹을 조직한 후에 자율살상무기 시스템 영역의 신생 기술과 관련해 협약 목표와 목적 측면에서 가능한 옵션들을 찾아내고, 그에 대한 합의를 도출해야 한다는 권고안을 내놓았다.

군축자문위원회는 또한 신생 기술을 상세히 검토한 뒤, 반 총장에게 무인비행체Unmanned Aerial Vehicles, UAVs의 사용과 관련해 투명성과 책임성을 강화하는 문제에 대한 연구 의뢰가 필요하다고 권고했다. 군축사무실은 2015년 유엔 군축연구소UN Institute for Disarmament Research, UNIDIR와 컬럼비아법학대학원의 인권연구소Human Rights Institute의 연구와 분석을 거친 결과를 내놓았다. 군축사무실은 무인비행체가 독특한 특성을 가지고 있어 다른 기술에 비해 악용될 가능성이 크다는 결론을 내렸다. 비용이 낮아 급속한 확산이 가능하고, 크기가 작으며 정밀해서 비밀 무장세력과 비국가 행위자들이 비밀리에 혹은 적절한 투명성·감독·책임성을 피해 이용할 수 있으며, 조작자의 위험이 최소화되기 때문에 무력행사의 정치적 한계를 낮추는 특성을 갖는다는 것이다. 이 연구는 무장 무인비행체의 개발·입수·비축·이전의 투명성을 증진할 여러 구체적 방안을 조사했으며, 지역 대표 전문가그룹의 도움을 받아 유엔 군축연구소의 지원 아래 후속 연구가 이루어져야 한다고 권고하고 있다.

미결 사항:
핵 없는 세상을 위하여

핵무기 사용이 낳는 비인도주의적인 결과에 대한 인식이 커지면서 논의 내용도 근본적으로 변화했다. 대다수 국가들은 핵무기가 어떤 상황에서도 다시 사용되어서는 안 된다고 믿고 있다. 하지만 일부 국가들은 국제 안보 상황이 궁극적으로 허용될 때에만 핵무기 제거 조치가 가능하다는 입장을 고수하고 있다. 핵 없는 세상을 향한 움직임이 이렇게 교착상태에 있다 보니, 많은 국가들이 포괄적핵실험금지조약이나 핵분열물질 생산금지조약과 같은 법적 수단을 조금씩 채택하는 단계적 접근법에 신뢰를 보이지 못했다. 이러한 단계적 접근은 20년 동안 돌파구를 전혀 마련하지 못했다. 어떤 접근법을 택해야 하는지는 회원국들의 결정에 달려 있지만 이전과 같은 태도를 유지할 수 없다는 점만은 자명하다. 이렇게 분열이 심화될 경우, 핵 비확산 체제의 핵심에 있는 그랜드 바겐grand bargain을 저해하고, 더 많은 국가들이 자국 안보를 위해 핵무기가 필요하다는 결정을 내리는 위험한 결과를 초래할 수도 있다.

차기 사무총장은 핵무기 불가를 강조하는 강력한 도덕적 리더십을 유지해야 할 것이다. 그래야만 핵무기의 완전하고 검증 가능한 철폐 조치를 촉진할 수 있다. 하루빨리 여러 가지 조치들이 시행되어야 한다. 여기에는 중동 지역이 핵무기를 비롯한 다른 모든 대량살상무기를 없애는 과정에 착수해 2017년에 시작될 핵비확산조약 평가 주기가 불협화음에 휩쓸리지 않게 하는 일이 포함된다. 국제사회는 더 이상의 실패를 감당할 수 없다. 반 총장은 2008년 이후의 경험과 그동안의 발전을 토대로 2016년 말 이전까지 핵군축의 5가지 행동계획을 갱신하기로 했다. 갱신된 계획은 핵무기 없는 세상을 달성하기 위한 모든 국가의 참여, 핵보유국의 리더십, 책임성과 투명성의 강화, 새로운 위협과 신생 기술의 부정적 영향 완화, 포괄적인 무기 규제의 재개 등 여러 분야에 초점을 맞출 것이다.

핵 비확산 의무의 고수

한반도 비핵화는 핵 비확산 의제에서 가장 중요하고 시급한 과제로 남아 있다. 안전보장이사회가 2006년부터 점진적으로 유례없는 제재 조치를 취해왔는데도 북한의 핵과 탄도미사일 활동을 저지시키려는 국제적 노력은 아직 성과를 내지 못하고 있다. 상황을 진전시키기 위해서는 대화를 통해 계속적인 도발을 끝낼 방법을 반드시 찾아내야 한다. 안전보장이사회는 이 지역에서 긴장을 단계적으로 축소시키고 평화와 안정을 지키는 데 중심 역할을 계속할 것이다. 북한이 전략적으로 평화와 안정, 국민의 번영에 이르는 길을 선택하도록 해야 한다. 차기 사무총장은 그러한 결과를 도출하기 위해 모든 외교적 수단을 동원해야 한다.

이란은 10년 이상 포괄적공동행동계획을 준수하게 될 것이다. 결의 제2231호(2015년)에 의해 안전보장이사회 제재 조치는 최대 10년까지 유지된다. 차기 사무총장은 이 결의에 따른 보고의무 등을 통해 조치의 이행을 감독하고 포괄적공동행동계획이 지속되도록 하는 중요한 역할을 하게 될 것이다. 1년이 지난 후 포괄적공동행동계획은 흔들림 없이 유지되고 있지만 복잡한 합의 조항들은 분명히 예상치 못한 문제들을 만나게 될 것이다. 따라서 차기 사무총장은 모든 참여자들이 변함없이 의무를 다하도록 지속적으로 격려해야 하며,

협력과 타협, 선의, 호혜의 정신으로 어려움을 헤쳐나가도록 촉구해야 한다.

화학무기와 생물무기 사용에 대한 단호한 대응

화학무기의 사용에 대해 90년간 이어오던 금기가 최근 들어 계속 깨지면서 민간인들이 엄청난 피해를 입고 있다. 생물무기의 사용이 불러오는 영향은 훨씬 더 심각할 수 있다. 규범이 약화되고 있는 현재, 문제를 해결하기 위해서는 총회와 안전보장이사회의 지원을 받아 책임자들이 법의 심판을 받게 하는 메커니즘을 강화시켜야 한다. 책임성 확보는 화학·생물무기 사용에 대한 가장 강력한 억제 수단이 될 것이다. 유엔은 회원국 보고를 근거로 화학·생물무기 사용 혐의에 대해 조사할 수 있도록 사무총장의 역량을 강화시켰다. 그러나 제도적 지원은 아직 임시적이며 회원국의 자발적인 기여에 전적으로 의존하고 있다. 더구나 복합적 비상사태로 이어지는 대규모 화학·생물무기 사용에 대응할 국제적인 수준의 협력 체제가 존재하지 않는다.

유엔은 회원국들이 단호한 국가적 대응 능력을 구축하도록 돕고, 화학·생물무기의 위협이 늘어나는 데 비례한 국제 대응 체제를 마련하며, 화학·생물무기 사용에 책임 있는 자들을 확인하는 조사에 착수할 수 있도록 제도화하는 데 더 많은 노력을 기울여야 한다. 여기에는 사무총장메커니즘에 소속된 전문가들에게 훈련을 제공하는 일뿐 아니라 세계보건기구와 국제형사경찰기구International Criminal Police Organization, ICPO와 같은 국제조직과 적극 협력하는 등의 조치를 통해 유엔 체제가 화학·생물무기 사용 혐의를 효율적으로 조사할 수 있도록 하는 일도 포함되어야 한다. 또한 차기 사무총장은 2013년 시리아 조사와 화학무기금지기구 및 유엔의 합동사찰단과 합동 조사 과정에서 배운 교훈을 토대로 삼아 회원국이 이 메커니즘을 강력하게 지원하도록 하는 한편, 제도화하는 방안을 찾아야 한다. 또한 유엔은 화학·생물무기 사용을 막는 데 실패했을 때 만약의 경우에 대비해 즉각적인 정보 공유, 대중 건강의 감시와 위험 분석, 전문가·장비·자료와 같은 국가 지원 역량의 준비 등 사건에 대응하는 국제 조정 시스템의 역량을 발전시켜야 한다.

인도주의, 인권 원칙, 개발 커뮤니티와의 제휴

무기 통제의 노력이 지속가능개발, 인도주의 원칙, 인권, 평화와 안보 영역의 우선순위를 달성하는 문제와 연결되어 있다는 인식이 높아지고 있다. 인도적인 관점에서 촉발된 이 관련성은 고인구밀도 지역에서 지뢰·확산탄·폭발무기가 사용되는 최근의 상황에서 분명하게 드러나고 있다. 인권이사회Human Rights Council를 시작으로 자율살상무기, 무장 원격조종비행체와 같은 다른 주제들도 논의되고 있다. 무력충돌의 환경적 영향을 다루는 문제에 관심이 커지고 있지만 무기 그 자체에 대한 토의에는 아직도 저항이 존재하고 있다.

사무총장은 인도주의, 인권, 개발 관련 커뮤니티와의 제휴를 구축하고 이들이 유엔 체제 안에서 한목소리를 내게 하며, 군축을 더 큰 목표를 달성하는 수단으로 활용하게 하는 데 핵심 역할을 담당한다. 그 우선순위에는 국가들이 2030 개발의제에 따라 불법적인 무기 거래를 몰아내는 것을 돕고, 민간인에 대한 직접적·파생적 피해에 대한 자료 조사나 민간인과 민간 재산을 보호할 방안의 개발을 지원함으로써 인구가 많은 지역에서 폭발무기를 사용했을 때의 결과에 대한 인식을 높이는 일이 포함된다. 또한 무장 원격조종비행체의 사용·입수·거래의 투명성과 책임성을 높이고 대량살상무기를 운반하는 데 사용될 수 있는 원격조종비행체의 통제를 위해 국제 대화를 촉진하는 일까지 포함되어야 한다.

이중 용도 기술과 와해성 기술로 인한 새 위협

새로운 위협과 기술의 결합이 그에 맞서는 국제적 역량을 넘어서지 않도록 더 많은 노력을 기울여야 한다. 사이버 보안, 우주 공간에서 책임 있는 행동의 촉진, 무기로 사용할 수 있는 핵물질의 제거 등 주요 행위자들이 의견 합치를 보는 영역에서는 규범의 공백을 메우고 기존 국제법을 적용하는 문제의 공동 이해가 높아질 수 있다. 하지만 그 외 영역에서는 주요 행위자들이 입장 차이를 극복하는 데 어려움을 겪을 것이다. 여기에는 점점 심각해지는 미사일 방어, 비전략 핵무기, 순항핵미사일의 문제가 포함된다. 이 문제들에 대한 해법은 핵무기 감축과 군축 협상을 개재하게 하는 데 도움을 줄 수 있다.

사무총장은 사이버 안보나 우주 공간과 같은 문제에서 유엔이 주된 토론의 장 역할을 하면서 토의가 진전되도록 돕고, 군축 의제의 다른 여러 사안들에 대한 회원국들의 계획을 지지함으로써 촉매 역할을 할 수 있다. 우주 공간의 무기 경쟁을 막는다는 목표에서 우선 과제는 우주 공간 활동에서 회원국의 투명성과 신뢰 구축 방안을 이행하도록 촉진하는 일, 우주 공간의 책임 있는 행동원칙에 대해 공개되고 투명하며 보편적이고 포괄적인 협상을 지원하는 일, 군축사무실과 외기권사무소 사이의 긴밀한 협력을 유지하는 일 등이 포함된다. 사이버 공간 문제와 관련해서는, 유엔 체제 내의 국제적 대화를 통해 사이버 공간에서 벌어지는 악의적인 행동에 국제법을 적용하는 데 대한 공동의 이해를 확보하고, 책임 있는 국가 행동에 대한 규범·규칙·원칙을 더욱 정교하게 다듬어야 한다. 또한 국가 영토 내에서 발생하는 악의적인 행동을 경감시키는 데 협력하기 위해 신뢰를 구축하고 위협 정보를 교환할 방안을 개발하고 이행해야 한다.

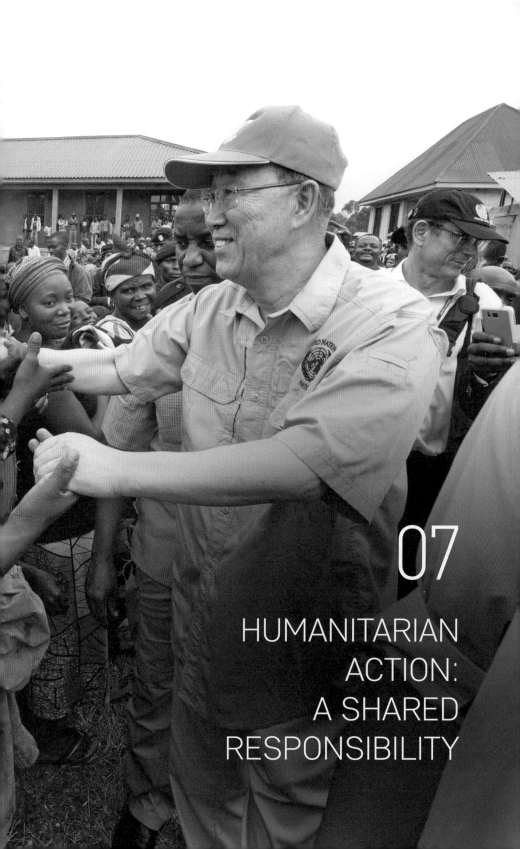

07

HUMANITARIAN
ACTION:
A SHARED
RESPONSIBILITY

이 장은 인도지원조정실의 주도로 하여, 유엔 개발계획, 유엔 난민최고대표사무소, 세계식량계획, 유니세프, 세계보건기구, 유엔 인구기금, 유엔 재해경감국제전략사무국의 도움을 받아 작성되었다.

앞 장 사진: 반기문 사무총장이 콩고민주공화국 키부 북쪽 키찬가Kitchanga에 있는 뭉고테Mungote 난민캠프를 돌아보고 있다.

UN Photo | Eskinder Debebe

07 인도적 활동의 책임을 공유하다

스티븐 오브라이언 Stephen O'Brien
인도지원조정실 사무차장

반 총장은 2006년 제8대 유엔 사무총장 수락 연설에서 국가 간 체제, 통치 구조, 인권, 인도주의 원칙을 강화하여 인간 존엄성의 회복에 전념할 것을 약속했다. 빠르게 변화하는 인도주의 분야를 바탕에 둔 이 연설은 강력한 유엔 체제, 즉 "유엔의 세 핵심 원칙이 균형 있게 발전해나가는" 체제에 대한 요구였다.

이러한 임무에 대해 취한 조치들이 첫 번째 임기의 본질을 알려준다. 반 총장은 임기 시작부터 "가장 취약한 이들을 보호"하기 위해서는 유엔 체제와 회원국의 "책임 공유"가 필요하다고 강조했다. 두 번에 걸친 그의 임기 동안 지속가능한 발전의 측면에서 특히 많은 진전이 있었지만, "책임 공유"의 면에서는 그렇지 못했다. 반 총장이 재임하는 동안 국가 간 혹은 국내 분쟁으로 난민이 증가하면서 비인도적인 결과가 많이 빚어졌다. 난민들이 그 상태를 수십 년간 지속한다는 사실은 인도주의적 지원의 필요를 뒷받침하는 가장 큰 동인이 되었다. 더구나 인도주의의 위기가 특히 여성 등 취약 계층에 계속해서 큰 영향을 미치고 있다.

반 총장 재임의 첫해에 유엔은 갑작스럽게 발생한 재난으로 인해 15차례나 긴급구호지원금을 요청했다. 2006년보다 5번이나 더 많은, 유례가 없는 기록이었다. 이러한 지원 중 14번은 극단적인 기후 현상의 강도가 세지고 영향 범위가 넓어진 데에서 기인한 것이었다. 사실 발생하는 재해 10건 중 9건은 기후와 연관되어 있었다. 방글라데시, 모잠비크, 파키스탄, 북한의 홍수 등 자연재해로 인한 재난은 사람들의 생명과 생계에 막대한 피해를 입혔다.

2007년부터, 콩고민주공화국, 네팔, 북부 우간다 등지에서 오랫동안 이어진 비상상황 몇 가지는 긍정적인 진전을 보였다. 그럼에도 불구하고 다푸르, 소말리아, 스리랑카, 중동에서 장기간 계속되고 있는 충돌로 수백만 사람들이 고통, 폭력, 인권 침해, 난민화 문제에 시달리고 있다. 다푸르의 경우 민간인에 대한 강간, 기타 성폭력을 비롯한 폭력 행사와 생활 기반 파괴로 인해 2006년 6월부터 2007년 중반까지 거의 52만 명의 민간인이 난민으로 전락했다. 그해 말까지 국내 피난민Internally Displaced Persons, IDPs의 총 수는 220만 명에 이르렀다. 또 다른 23만 명은 다푸르에 이웃한 차드공화국으로 피난했다. 소말리아의 경우 부족 민병대와 에티오피아 군이 지원하는 정부군 사이의 다툼이 심화되면서 40만 명 이상의 주민이 모가디슈를 떠날 수밖에 없었다. 동시에 약 7만 1,000명의 소말리아인들은 주변 국가로 피난했다. 스리랑카는 같은 기간, 분쟁 재개로 18만 4,000명의 난민이 발생해 이 나라 총 난민의 숫자는 43만 7,000명이 되었다. 중동에서는 폭력 충돌이 계속되어 막대한 인명 피해를 냈으며 평범한 사람들의 일상에 큰 지장을 초래했다. 유엔 체제는 2006년 여름 레바논에서 100만 명, 이스라엘에서 30만 명 이상의 난민을 발생시킨 군사적 충돌의 비인도적 결과에 대응하는 작업을 계속하고 있다. 220만 명 이상의 국내 피난민과 주로 요르단과 시리아로 피난한 200만 명 이상의 난민 등 약 800만 명의 이라크 민간인이 인도적 지원을 절실히 필요로 하고 있다.

유엔 난민기구UN High Commissioner for Refugees, UNHCR는 2007년 말에 1,140만 명의 국제 난민이 있으며, 폭력과 박해로 인한 국내 피난민이 약 2,600만 명, 자연재해로 인한 국내 피난민이 2,600만 명이라고 보고했다. 2006년 중반에서 2007년 말까지 406건의 자연재해가 2억 2,700만 명의 사람들에게 피해를 입혔고, 그 결과 406억 달러(약 48조 7,000억 원)의 경제적 손실을 냈다. 기후 관련 재난은 보고된 모든 재난의 85퍼센트를 차지했으며, 아프리카와 아시아의 넓은 지역에 걸쳐 18,411명의 사망자를 내고 294억 달러(약 35조 2,000억 원) 이상의 경제적 손실을 입히면서 수백만 명의 사람들에게 영향을 주었다. 2007년, 이러한 상황에 대응하기 위한 인도적 지원 요청액은 당초 45억 달러(약 5조 4,000억 원)였으나 그해 말에는 액수가 51억 달러(약 6조 1,000억 원)로 증가했다. 반 총장의 첫 임기 말에는 인도적 지원 요청이 89억 달러(약 10조 6,000억 원)에 이르렀고 재임 마지막 해 초에는 180억 달러(약 21조 6,000억 원)에 달했다.

이렇게 오래 계속된 혹은 새롭게 등장한 인도주의의 위기들로 인해 더 효과적이고 예측가능한 국제적 대응이 절실한 실정이다. 유엔 체제는 2005년 인도주의 개혁을 기반 삼아 전향적이고 포괄적인 방식으로 이러한 문제들을 해결하기 위해 노력하고 있다. 사무총장이 특별히 관심을 두는 2가지 사안이 있다. 기후변화로 인해 자연재해가 잦아지고 그 영향이 커져서 심각해진 상황에서 ① 민간인 보호와 인도주의적 접근권 보호의 강화, ② 재해위험의 감소와 대응 준비에 대한 세계적 투자의 증가다.

반 총장은 인도주의 활동가들의 안전하고 제약 없는 접근권이 인도주의 활동에 필수적이라는 것을 확실히 했다. 그의 임기 첫해 동안, 공동체들이 유엔과 그 협력단체의 인도주의적 원조에 의지하는 심각한 상황으로 인해 인도주의 접근권과 안전이 이전 해에 비해 눈에 띄게 약화되었다. 스리랑카에서는 14개월이라는 짧은 기간에 24명의 국제 구호원들이 목숨을 잃었다. 다푸르에서는 17명이 사망했고 115대 이상의 인도주의 활동 차량이 납치되었다. 폭행, 강도 등 구호원들을 표적으로 삼는 일상적인 공격 때문에 인도주의 접근권은 한층 더 제한되었다. 2007년 다푸르에서는 거의 100만 명의 사람들에 대한 원조가 일시적으로 중단되었다. 이라크 대부분 지역과 아프가니스탄 주요 지역, 팔레스타인 점령 지역, 소말리아에서도 인도주의 접근권이 심각한 제한을 받고 있다.

반 총장은 이러한 상황을 고려해 첫 임기 초반부터 3가지 면(인도주의 자금 조달, 인도주의 리더십, 파트너십)에 걸쳐 유엔 인도주의 체제의 강화에 나섰다. 적극적인 후원을 받아 2006년 3월 출범시킨 중앙긴급대응기금Central Emergency Response Fund, CERF은 급격하게 시작된 위기나 방치된 위기에 대응하는 자금 조성의 속도와 예측 가능성을 향상시키는 데 크게 기여했다. 인도지원조정실Office for the Coordination of Humanitarian Affairs, OCHA 산하의 중앙긴급대응기금은 자연재해나 무력충돌로 피해를 입은 사람들에게 신속한 인도적 대응을 지원하는 가장 빠르고 가장 효과적인 길이다. 중앙긴급대응기금은 조직의 인도주의적 대응사업이 성공하는 데 스스로의 역할이 필수적이라는 것을 입증했다. 활동을 시작하고 처음 10년 동안 중앙긴급대응기금은 125개 유엔 회원국과 비회원 옵서버 국가, 지역 정부, 기업, 개인들로부터 42억 달러(약 5조 원) 이상의 기부를 받았다. 2006년 이래 연간 기부액이 거의 2배 증가했다. 이는 기부자들의 너그러운 마음을 보여줄 뿐 아니라 이들이 이 펀드를 신뢰한다는 것을 드러내는 결과다. 반 총장의 첫 임기 말까지 중앙긴급대응기금은 85개국 2,672건의 급박한 구명求命 프로젝트에 23억 달러(약 2조 7,000억 원)를 지출했다. 반 총장은 임기 마지막 해에 중앙긴급대응기금의 설립 이후 인도주의적 요구가 커지고 있는 상황에서 인도주의적 활동 자금의 공백이 커지는 것을 막기 위해, 인류애를 위한 의제Agenda for Humanity에 따른 중앙긴급대응기금의 연간 자금 조성 목표를 당시의 4억 5,000만 달러(약 5,400억 원)에서 2018년까지 10억 달러(약 1조 2,000억 원)로 높이겠다고 발표했다.

반 총장은 전임자의 2005년 인도주의 개혁을 기반으로 국내 피난민 발생 상황에서 산업별 리더십과 역량을 개선시키기 위한 클러스터 접근법Cluster Approach의 개발을 주창했다. 2007년 10여 개의 인도주의 비상사태에서 클러스터 접근법이 실천에 옮겨졌고, 한편으로는 인도주의 조정 시스템을 강화하기 위한 교육 등의 활동이 시작되었다. 2009년 말 클러스터 접근법은 국내 피난민 발생 상황에서 새로운 인도주의 조정 모델로 확실하게 자리를 잡았다. 유엔 기관, 비정부단체Non-governmental Organizations, NGOs, 기타 국제조직과 민간분야 사이에 파트너십을 구축하기 위한 노력도 계속 이어졌다. 이러한 개혁 계획들이 꾸준한 진전을 보이고는 있지만, 인도주의 활동에 대한 유엔 체제의 접근법을 근본적으로 변화시킨 계획들을 촉발시킨 것은 2010년 아이티와 파키스탄의 대규모 자연재해에서 나타난 유엔 체제의 대응이었다.

2010년 1월 12일 아이티의 엄청난 지진은 반 총장의 인도주의 변혁 의제를 가속시킨 첫 번째 촉매였다. 이 지진으로 약 22만 명의 아이티 사람들이 목숨을 잃었다. 지진이 발생하고 12시간이 되기 전에 반 총장은 구조 활동의 규모를 확대하기 위한 중앙긴급대응기금 할당을 발표했다. 36시간 내에 유엔은 유엔 대표부의 지도력이 상실되고 102명의 유엔 직원을 잃은 비상상황에서 대응 활동을 조정할 직원을 배치했다. 지진은 200만 명이 넘는 난민을 만들며 정치적으로나 경제적으로 어려움을 겪고 있는 작은 나라에 전례 없는 인도주의의 위기를 던졌다. 안타깝게도 지진이 일어난 같은 해에 콜레라가 발생해 2015년 말까지 약 9,000명의 목숨을 빼앗았다. 위생 상태가 좋지 못하고 깨끗한 물과 하수 처리 시스템이 부족하기 때문에 질병은 계속될 가능성이 높다. 더구나 의료 인력과 치료 시설이 부족하기 때문에 상황은 더욱 악화되고 있다. 질병을 막고 치료하기 위한 수많은 투자가 이루어졌다. 2013년 유엔은 아이티 정부가 2013년에 세운 10개년 콜레라 퇴치를 위한 국가계획National Plan for the Elimination of Cholera에 지원하기로 약속했다. 22억 달러(약 2조 5,680억 원)가 투자되는 이 사업에는 18만 5,000명을 치료할 것으로 예상되는 미르발레Mirebalais 의과대학 부속병원 설립이 포함된다. 또한 2014년에 유엔은 아이티 정부와 공동으로 총괄 공중보건 캠페인Total Sanitation Campaign(깨끗한 식수를 공급하고 콜레라를 막기 위한 물과 위생 관리 계획)을 시작했다.

변혁의 두 번째 촉매는 2010년의 파키스탄 홍수였다. 이 홍수는 파키스탄 국내는 물론 국제적인 대응 시스템까지 압도했다. 파키스탄 홍수로 1,800만 명의 사람들이 피해를 입었고, 600만 명이 피난민이 되었으며, 최소 1,980명의 사망자와 2,869명의 부상자가 나왔다. 단일 자연재해로 인한 피난민 발생으로는 최대 규모였다. 160만 채의 가옥과 43만 개의 의료 시설, 약 1만 개의 학교가 손상되거나 파괴되었다. 파키스탄 국토의 5분의 1이 홍수의 영향을 받을 정도의 재해 규모였다. 이에 유엔은 2010년 8월 파키스탄 홍수비상대응계획 Pakistan Initial Floods Emergency Response Plan을 마련했다. 반 총장은 파키스탄의 피해 지역을 방문하고 이 계획을 통해 약 4억 6,000만 달러(약 5,000억 원)를 조성해 피해를 입은 사람들에 대한 구호 활동을 폈다. 이 계획은 자금이 전달되어야 하는 구체적인 인도주의 지역을 확인하고 각 표적 지역에 필요한 활동을 설계한다. 수백만 명의 사람들이 안전하지 못한 물을 마셔야 했을 뿐 아니라 손상되고 파괴된 인프라와 유실된 작물로 인해 파키스탄이 입은 경제적 피해의 총액이 430억 달러(약 51조 6,000억 원)에 달하는 것으로 추산되었다. 2005년의 아시아 남부 지진과 2010년의 지진 이후로 파키스탄은 피해자들에 대한 현금 지원, 조기 경보 체제의 개선, 자연재해에 대한 준비 강화 등 자연재해에 대한 대응 역량을 크게 향상시켰다. 2015년 유엔은 파키스탄 정부와 협력해 국내 피난민 120만 명의 가장 시급한 필요를 해결하자는 목표를 세웠으나 목표를 크게 초과해 350만 명에 이르는 피난민을 지원하는 결과를 냈다.

아이티와 파키스탄에서 얻은 인도주의의 경험은 그 이후에 전 세계에 반향을 일으켰다. 2번의 비상사태는 인도주의 지도부에 충분한 권한이 주어져야 하며 클러스터 접근법이 반드시 조정되어야 한다는 점을 보여주었다. 이 두 사건은 비상사태 대응과 재해위험 경감을 위해서는 국내 역량의 구축을 지원하는 일뿐 아니라 인도주의와 개발 관계자들을 한데 모으는 일이 중요하다는 것을 일깨워주었다. 2004년 인도양 지진과 쓰나미 등 이전의 비상사태들에서 쌓인 교훈이 있었으나 유엔 체제와 그 협력단체들은 그것을 적용할 능력이 없었으며, 적용하지 못한 데 대한 책임도 지지 않았다. 수백만 명의 사람들에 대한 원조와 보호가 이루어지긴 했지만, 아이티와 파키스탄의 위기에 대한 대응을 통해 인도주의 시스템이 계속 진화해야 한다는 점이 분명해졌다. (조정을 능률적으로 처리하고 책임을 강화하기 위한 2005년 인도주의 개혁Humanitarian Reform의 일환으로 시작된) 클러스터 접근법은 지원을 가능하게 하기보다는 약화시킬 가능성이 높은 처리 중심형 접근방식이 되었다. 대규모 위기가 발생했을 때 초기 단계부터 경험 있는 인도주의 지도자들을 빠르게 배치해서 대응사업을 지휘하게 할 필요가 있으며, 인도주의 조정관에게 대응 우선순위나 자원 할당과 관련한 중요한 결정을 내릴 수 있는 전반적인 지휘권을 주어야 한다는 인식이 높아지고 있다. 또한 인도주의 위기로 피해를 본 사람들에 대한 책임성을 강화하는 일이 특히 중요하다는 데에도 전반적인 합의가 이루어져 있다. 인도주의 활동과 관련해 협력자들의 범위가 점점 넓어지고 있는 상황에서는 전략적인 방향과 기반을 제시하는 기본체제의 기획을 보강해서 이들이 힘을 모을 수 있도록 해야만 한다. 그래야 책임성의 강화라는 목표를 달성할 수 있을 것이다.

2011년 말 기후변화의 영향이 커지고 리비아와 시리아를 중심으로 무력충돌이 발생하면서 인도적 지원 비용이 증가함에 따라 인도주의 활동은 부정적인 영향을 직접 받게 되었다. 2007년에도 이미 상당한 수준이었던 인도적 지원에 대한 세계적 수요가 이후 기하급수적으로 증가했다. 자금을 두고 수요와 이용 가능성의 격차가 벌어지면서, 반 총장의 두 번째 임기 초반에는 지원의 유효성이 세계 관심사가 되었다. 2011년 말 인도적 지원 요청이 89억 달러(약 10조 7,000억 원)로 늘어났다. 반 총장은 유엔 인도주의 활동 시스템을 목적에 적합하게 만드는 절차에 착수하기로 했다.

첫 임기 말에 있었던 두 가지 계획은 반 총장의 변혁의제를 보여주는 것들이었다. 2011년 11월 한국 부산에서 열린 제4차 세계개발원조총회에서 반 총장은 아프리카, 카리브 해, 태평양 연안에 있는 취약국들의 대처 능력 향상을 강조하면서 자신의 첫 임기에 진전이 있기는 했지만 여전히 더 많은 역량 강화가 필요하다고 지적했다. 지속적인 경제 위기, 식량 위기, 기후 위기로 인해 개발 원조와 인도적 원조에서 패러다임 전환이 필요했다. 반 총장은 유엔 체제와 원조 주체들에게 책무성, 유연성, 주인의식의 3가지 주요 사안을 해결해 달라고 요구했다. 첫째로 그는 유엔 체제가 새천년개발목표를 투명한 방식으로 감시하는 데 도움을 줄 것을 촉구했다. 둘째, 그는 유엔 체제가 더 유연하게 원조를 전달할 것을 원했다. 셋째, 그는 피해를 본 사람들과 그들의 정부에서 원조가 어디로 전달되고 사용되었는지를 직접 밝히기를 바랐다. 한 달 후인 2011년 12월 인도적기구간위원회 Inter-Agency Standing Committee, IASC는 변혁의제에 착수했다. 변혁의제의 목표는 절차와 메커니즘을 간소화하고, 협력을 증진하며, 시스템 전체에 대한 신뢰를 구축하면서 피해 본 사람들에 대한 책무성을 강화시키려는 것이었다. 초기에는 대규모 비상사태에 집중했고, 규모가 크고 자원이 부족한 비상상황에 적용하는 인도주의 시스템 전체에 걸쳐 긴급구호를 활성화하는 메커니즘의 수립도 포함하고 있었다. 이러한 활성화는 인도주의 지도부의 권한을 강화하고, 기구 간 급속한 대응 메커니즘을 통해 직원의 빠른 배치를 가능케 하고, 중앙긴급대응기금의 즉각적인 자금 할당을 촉진했으며, 일련의 분석과 계획 수립으로 이어졌다. 다른 변혁의제 규약들은 모든 비상사태에 적용되었으며, 새로운 인도주의 프로그램 주기의 요소들을 규정하고, 조정을 간소화하고, 피해를 받은 사람들에 대한 책임성을 강화했다.

세계공공정책연구소Global Public Policy Institute는 2016년 1월 변혁의제를 검토하면서 "인도주의 시스템의 역량이 크게 확장되는 시기에 맞춰서 중요한 부분에 긍정적인 영향을 주었다"고 밝혔다. 이러한 긍정적인 영향에는 인도주의 조정관들이 국가적 차원에서 가지는 리더십, 세계적 조정, 공식적인 책임성과 같은 부분이 포함되었다. 그렇지만 이 검토 결과는 "변혁의제는 국가별 인도주의 팀의 협력적 리더십, 피해민들에 대한 책임성, 안전 및 보호와 같은 면에서는 거의 혹은 전혀 변화를 이끌지 못했다. 분권화나 다른 조정 포럼과의 효과적인 연계 역시 제한적이었다"고 평가했다.

재해위험 경감을 통한 인도주의 활동의 변혁

첫 번째 임기 말에 반 총장과 유엔 체제 전체는 여러 가지 극적인 변화를 일으켰다. 반 총장은 언제나 재해위험 경감에 큰 관심을 가지고 있었고, 회원국들이 2005년부터 2015년 사이에 일어난 재난에 대해 국가와 공동체의 복원력을 구축하기 위한 효고행동계획Hyogo Framework for Action, HFA을 강력히 지지하는 데서 깊은 인상을 받았다. 재난손실을 감소시키기 위한 이 최초의 포괄적 청사진은 인도양에서 쓰나미가 발생하고 불과 몇 주 되지 않은 극적인 상황에서 이전의 다른 재앙과 비교할 수 없는 이 재난에 관심이 집중된 가운데 채택되었다.

효고행동계획의 종합 목표는 2015년까지 재해손실(인명의 손실, 국가와 공동체의 사회적·경제적·환경적 자산의 손실)을 상당히 감소시키는 것이었다. 140개국 이상의 정부가 효고행동계획의 우선사항에서 진전이 있다고 보고했고, 90개국은 국가 재난손실 데이터베이스를 만들어 복원력 있는 인프라 쪽으로 투자를 유도했다. 효고행동계획에 대한 검토 결과 재난 관리, 기관의 권한 조정과 법적 처리, 그것을 뒷받침하는 메커니즘이 크게 강화되었고, 그로 인해 많은 사람이 목숨을 구하고 재난 후 인도적 지원의 필요가 감소했다는 것이 드러났다. 효고행동계획을 이행한 추진력은 지역별 전략과 프로그램의 개발에서 비롯되었다. 조기 경보 시스템의 강화·준비·대응에 대한 투자가 성과를 내면서, 기후로 인한 심각한 사태는 늘어나는 반면에 많은 국가에서 기후 관련 재해의 사망률은 감소하고 있다. 인도, 멕시코, 필리핀을 위협했던 5급 폭풍들에도 인명손실은 최소화되어 사이클론 나르기스와 태풍 하이엔Haiyan과 같은 대규모 재난에서 얻은 경험이 적용되고 있음을 보여주었다.

재해위험 경감과 인도주의 활동의 관련성을 인식한 반 총장은 2009년 유엔 최초로 유엔 재해경감국제전략사무국UN Office for Disaster Risk Reduction, UNISDR이 정리한 〈재해경감에 관한 국제평가보고서Global Assessment Report on Disaster Risk Reduction〉를 발표했다. 이후 2011년, 2013년, 2015년 계속해서 후속 보고서를 냈다. 이 보고서들은 빈곤, 위험 노출, 되풀이되는 재난이 가난한 공동체, 특히 취약한 환경에 있는 공동체에서 생기는 사상자와 어떤 관계가 있는지 보여주었다. 보고서는 더 나아가 취약 공동체 내에서도 재난이 모두에게 똑같이 영향을 주지 않는다는 것을 드러냈다. 여성, 남성, 소녀, 소년들이 받는 피해가 모두 다르다는 것이다. 또한 피해자들의 요구를, 그들의 권리를 보장하고 그들의 역량을 활용하는 방식으로 다루어야 한다는 인식이 커지고 있다는 것도 이 보고서를 통해 밝혀졌다. 국가들은 자신들의 재해위험을 포괄적으로 분석하고 위험 분석 정보를 국가 계획과 투자, 개발 결정에 포함시키기가 어렵다는 점을 발견했다. 2013년 개발된 '유엔의 복원력 강화를 위한 재해위험 경감 행동계획UN Plan of Action on DRR for Resilience'은 재해위험 경감을 유엔 국가별 사업에 통합시키는 전략을 내놓고 있다.

반 총장은 재난 상황에서 조기 회복을 우선시하는 것이 중요하다는 인식을 바탕으로, 2008년 위기 후 '평가와 회복 계획을 위한 3자 간 성명Tripartite Statement on Post-crisis Assessment and Recovery Planning'에 서명했다. 세계은행과 유엔 개발그룹, 유럽연합이 함께 서명한 이 성명은 2가지 평가 방법론(분쟁 후 필요 평가와 재해 후 필요 평가)의 개발에 기여했다. 이러한 도구와 방법론들은 복구지역 정부와 개발 협력단체들 사이의 조정과 협력을 한층 더 강화할 수 있는 토대를 제공했다.

성性과 인도주의 활동

반 총장이 주창하는 변혁의제의 일환으로, 2010년 총회를 통해 유엔 여성기구가 설립되었다. 제9장에서 더 자세히 다룰 예정인 유엔 여성기구의 권한에는 양성평등과 관련해 유엔 체제를 조정할 책임이 포함된다. 여성 인도주의 전략의 전반적 목표는 인도주의 활동의 규범·정책·절차를 개발하고 이행하는 것에 양성평등과 여성 권한 강화의 문제를 통합시키는 것이다.

여성은 인도주의의 위기에서 피해를 입을 위험이 훨씬 크다. 여성은 생계 수단을 잃을 가능성이 더 크고, 성폭력에 노출될 위험이 높으며, 재난의 여파로 그들만이 가지고 있는 인도주의적 필요가 적절히 확인되거나 해결되지 않는 경우가 많다. 여성들은 재난의 영향을 받기가 더 쉬울 뿐 아니라 위기에 대한 복원력을 결정짓게 될 대응 전략을 만드는 의사결정 과정에서도 배제될 때가 많다. 인도주의 활동은 여성이 무력한 피해자나 지원의 수동적인 수혜자가 아니라 남성과 마찬가지로 대응과 해법의 적극적 기여자라는 점을 인식해야 한다.

지난 10년에 걸쳐 인도주의적 대응에 성별 문제를 통합시키는 일이 중요하다는 인식은 커져왔지만, 양성평등 정책을 행동으로 옮기는 일의 책임성을 강화하기 위해서는 가야 할 길이 멀다. 양성평등과 여성권 강화에 대한 제도적 조정과 지도력이 없다면, 인도주의 활동은 계속해서 여성에게 도움을 주지 못할 것이고 자연히 전체적인 효과도 떨어지게 될 것이다. 성별과 연령을 별개로 한 자료와 성인지(性認知) 평가가 부족할 뿐 아니라 성 표시에 반대하는 보고도 소수나마 있기 때문에, 인도적 지원이 남성에 비해 여성들의 필요에 얼마나 부합하는지, 양성평등에 얼마나 이바지하는지는 정확히 평가하기 어렵다. 하지만 여러 자료가 계속해서 양성평등에 대한 투자가 부족하다는 것을 보여주고 있다. 2015년 세계인도지원 보고서 Global Humanitarian Assistance Report에 따르면, 인도주의 프로젝트가 양성평등에 "상당한" 혹은 "주요한" 기여를 한 비율은 2012년 24퍼센트에서

2014년에는 20퍼센트 이하로 떨어졌다. 2012년에는 인도주의 기금 84억 달러(약 10조 1,000억 원)에서 양성평등 관련 프로그램에 할당된 자금은 단 3퍼센트(2억 5,700만 달러, 약 3,000억 원)뿐이었다. 인도주의가 유효성을 확보하려면 인도주의 기획·체계·프로그램이 성 포괄적이고 성 인지적이어야 하며, 양성평등적 프로그램에 적절한 자금을 할당해야만 한다.

후쿠시마 다이치 재난의 결과

후쿠시마 다이치 원전사고의 결과를 연구한 유엔의 자료는 장래에 일어날 수 있는 원전사고에 대한 대비책을 마련하는 데 큰 영향을 주었다. 2011년 3월 일본을 덮친 3중 재해(지진, 쓰나미, 원전사고)는 전 세계를 충격에 빠뜨렸다. 재해 발생 2개월 후 반 총장은 후쿠시마 다이치 원전사고 결과에 대해 유엔 전체 차원의 연구를 지시했다. 그는 이 사고가 세계적으로 핵 안전과 보안의 문제를 넘어서는 파장을 일으킬 것이라고 생각했다. 그래서 세계적인 재고를 촉구했고 경험을 기반으로 한 예방·준비·대응 권고안을 요청했다. 여러 권고안을 통해 기술적 안전과 안보, 환경적 비상사태, 인도주의 문제의 연계에 큰 관심과 지지가 필요하다는 것이 드러났다. 이후 여러 인도주의 기관들이 국제원자력기구International Atomic Energy Agency, IAEA가 관리하는 기존의 조정 플랫폼에 합류하면서 유엔 인도주의 조직들과 유엔 핵 대응 시스템 사이의 연계를 강화할 수 있었다.

후쿠시마 다이치 원전사고는 자연재해가 핵에너지 시설에 영향을 미치면서 재난을 유발한 경우였다. 이 사고는 이런 식의 사고 발생 시나리오에 초점을 맞춰서 위험 평가를 강화해야 한다는 점을 깊이 인식시킨 계기가 되었다. 더불어 원전의 부지 선정·준비·대응 계획을 마련할 때는 해수면의 상승과 극단적인 기후 조건 등 기후변화로 인한 영향을 반드시 고려해야 한다. 반 총장은 이러한 사안들에 대한 세계적인 재고를 요구했다. 오랫동안 재해위험 경감 문제는 거의 전적으로 자연재해에 집중되었으나 이제는 인재人災까지 고려하는 재난에 대한 다중적 접근이 세계적 정책 의제에서 큰 비중을 갖게 되었다. 2015년, 이러한 요청에 대한 응답으로 2015~2030년 재해위험 경감을 위한 센다이 프레임워크Sendai Framework for Disaster Risk Reduction에 인재가 포함되었다.

제3장에서 다룬 제21차 유엔 기후변화협약 당사국총회 동안 반 총장은 취약국의 기후 복원력을 증가시키기 위한 새 계획을 시작하면서 재해위험에서 복원력으로 방향 전환을 촉구했다. 민간분야 조직, 정부, 유엔 기관, 연구기관, 기타 이해 당사자들이 힘을 합해 위험을 예측하고, 충격을 흡수하고, 기후 위험을 경감시키는 방향으로 개발의 새 국면을 개척한다면 국가 역량이 강화될 수 있을 것이다.

민간인 보호와 국제인도법

2007년 반 총장은 분쟁의 피해를 입은 여러 국가를 방문한 후 "무력충돌을 피할 수 없는 곳에서는 민간인 보호가 절대적인 우선사항이고 그 원칙이 반드시 지켜져야 합니다. 민간인을 보호하는 주된 책임은 사무총장인 나와 유엔, 안전보장이사회 그리고 무엇보다 회원국들에게 있습니다"라고 말했다. 불행히도 그 후에도 무력충돌로부터의 민간인 보호Protection of Civilians, PoC 문제에서는 낙관의 여지가 거의 없었다.

2013년 12월 인도적기구간위원회는 '인도주의 활동에서 보호의 중요성Centrality of Protection in Humanitarian Action'이라는 성명을 냈다. 이 성명은 "분쟁 국가나 비국가 단체와의 접촉을 비롯한 인도주의 의사 결정과 대응에서는 피해를 입었거나 위험에 처한 모든 사람들에 대한 보호를 우선시해야 한다"고 강조했다. 거의 2년이 흐른 2015년 10월 반 총장은 국제적십자위원회International Committee of the Red Cross 회장과 함께 공동성명을 발표했다. 전례가 없는 이 공동성명은 "세계는 노골적인 비인도적 행위에 충격적인 무기력을 나타내고 있다"고 강력한 어조로 비판하면서 국제인도법을 옹호하고 인류의 고통과 불안을 해결하기 위해 시급한 행동을 촉구했다.

인도주의 공동체는 2015년 세계인도지원정상회의의 서곡으로 민간인의 보호를 인도주의 활동의 중심에 위치시키는 큰 발전을 이루었다. 그중에서 가장 눈에 띄는 것이 '인도주의 활동에서 보호 시스템 전체의 독립적 검토Independent Whole of System Review of Protection in the Context of Humanitarian Action'다. 인도적기구간위원회가 위탁한 이 검토는 인도주의 시스템이 보호의 위협·취약성·침해에 더 효과적으로 대응하고, 피해 당사자들이 취하는 보호 조치를 지원할 수 있어야 한다는 권고안을 제시했다. 그 외에 이라크, 남수단, 시리아의 국가별 인도주의 팀들은 모든 인도주의 활동가들(특정한 보호 권한이 없는 사람들을 포함해)을 아우르는 보호전략을 개발했다. 같은 해 반 총장은 모든 평화 유지나 특별한 정치적 임무를 띤 파견단에게 처분 권한이 있는 모든 이용 가능한 자산과 자원을 활용해서 민간인을 더 효과적으로 보호할 수 있는 방법을 찾으라고 지시했다.

의료 인력에 대한 공격과 국제인도법 준수의 필요성

분쟁 중에 의료 지원을 통해 인명을 구하는 것은 위험한 일이다. 분쟁이 격화되고 인도적 지원의 필요성이 커지면서 의료 인력들은 점점 더 심각한 위험에 처하고 있다. 2015년 아프가니스탄에서는 의료 인력과 시설에 대한 공격이 50퍼센트 증가했고, 공격이 매우 자주 발생하는 시리아는 의료 인력에게 가장 위험한 장소가 되었다. 그러한 공격은 직접적인 폭력이나 국가와 비국가 행위자에 의해서만 자행되는 것이 아니다. 의료 인력과 환자, 의료 시설에 대한 위협에는 포위된 사람들에게 약품과 치료를 제공하지 않거나 물과 전원 공급을 고의로 방해해서 의료 시설의 기능을 약화시키는 일도 포함된다. 물론 의료진과 의료 시설을 공격하면 안 된다는 명확한 법과 관습이 있지만 이 금기는 지켜지지 않고 있다. 이러한 공격을 중단하라는 유엔과 국제적십자위원회의 반복적인 요청에도 불구하고 여전히 계속되는 공격은 사람들로부터 기본적인 건강권마저 빼앗고 인도주의 활동을 심각하게 방해하며 의료 체계와 장기적인 의료 발전 목표를 저해하고 있다.

표적 공격에 의한 것이든 대규모 폭력 사태의 결과이든 그 영향은 의료 인력의 목숨이 위험에 처하는 데에서 그치지 않고 피해자의 가족과 그로 인해 의료 혜택을 보지 못하는 수백만 명의 사람들에게까지 미친다. 매년 수천 명의 사람들이 직접적인 폭력이 아니라 의료 서비스를 전달하기에 너무나 위험한 환경 때문에 죽어간다. 그렇지 않아도 어려운 여건에서 제한적인 자원을 가지고 일하고 있는 인력들이 지속적인 공격의 두려움 속에서 살아서는 안 된다. 아무리 적은 양이더라도 사람들이 확보하고 있는 의료 서비스를 빼앗기는 일이 있어서는 안 된다. 심각한 불안을 경험하고 있는 취약한 국가에서 의료 인력과 의료 서비스를 필요로 하는 사람들을 잇는 실이 끊어지게 둘 수는 없다. 안전보장이사회는 2016년 5월 3일 무력충돌 중의 의료에 대한 결의안을 만장일치로 통과시켰다. 이 역사적인 결의는 이 문제의 긴급성을 강조하는 중요한 조치다. 채택 직후 반 총장은 회원국에 "그러한 공격을 규탄하는 데 그쳐서는 안 된다. 분쟁 당사자들이 자신의 임무를 존중하도록 압력을 넣는 데 회원국들이 가진 모든 영향력을 행사해야 한다"고 요구했다.

국제사회가 계속해서 의료 인력 보호를 옹호하는 것과 마찬가지로, 각국 정부 역시 모두에게 의료 서비스에 대한 안전하고 확실한 접근권을 보장하고 공격에 대한 책임성을 강화하는 중요한 역할을 맡고 있다. 세계보건기구는 협력단체들과 함께 의료 인력, 의료 시설, 수송에 대한 공격과 복합적인 비상상황에 처한 환자에 대한 자료를 수집하는 시스템을 마련하고 있다. 이 정보는 패턴을 확인하고, 공격을 피하고, 의료 서비스 전달이 중단되는 것을 최소화시키는 구체적인 방법을 찾는 데 사용될 것이다. 시민사회, 대중매체, 국제기구들 역시 침해 행위가 반드시 드러나게 하는 데 주요 역할을 한다. 모두가 의료 인력과 의료 시설을 보호하기 위한 조치를 취하지 않는다면, 이러한 공격이 계속되면서 그것이 규범으로 일반화되고 수백만 명 사람들의 운명을 결정지을 것이다.

고위험 환경에서의 활동

유엔과 협력단체가 도움을 필요로 하는 사람들에게 접근할 수 있는 역량을 가지는 것은 국내·외 인도주의 기구들이 보호책을 제공하고 지원을 하는 데 꼭 필요하다. 사실 국제인도법은 모든 분쟁 당사국들에 도움이 필요한 사람들의 접근을 허용하고 용이하게 만들라고 요구한다. 그렇지만 2007년 이래 이러한 요구는 계속 도전을 받아왔다. 위험 관리와 유엔 안보 분야에서 약간의 진전이 있기는 했지만, 원조 조직·인력·장비·설비·차량에 대한 위협 수준과 고의적인 공격의 수는 눈에 띄게 증가했다. 정치적·군사적 의제를 통한 제휴라는 인식 때문에 인도주의 행위자들이 공정하고 중립적이라 받아들여지지 못하고 있으며 유엔과 인도주의 조직의 깃발에서 방어적 속성을 떠올리지 못하게 되었다.

2007년 1월부터 2016년 5월 사이에 유엔 활동에 대한 방해는 세계여러 지역민들에게 심각한 직접적 영향을 주었다. 예를 들어 2014년부터 2016년까지 남수단에서는 인도주의 사무소들이 약탈과 파괴의 대상이 되었고 이는 일부 프로그램의 보류와 완전 중지라는 결과를 낳았다. 이 위기는 인도주의 활동에서 파괴적인 결과를 내는 데 그치지 않고, 신생 국가의 발전을 저해하고 빠른 회복 계획에 심각한 영향을 미쳤다. 2015년 시리아에서 유엔은 민간인들에게 인도적 지원을 제공하기 위해 신중하고 융통성 있는 접근법을 택해야 했다. 정부가 통제하는 지역과 분쟁 지역 사이를 이동하는 교차 파견단은 전쟁당사자들이 진행을 허가한 경우조차 조직하는 게 극히 복잡했고 국지적인 전투로 인해 자주 연기되거나 취소되었다. 극단주의자들의 폭력적인 움직임이 동부 지역으로 확산되면서 중요한 개발 프로젝트가 중단되었다. 유엔 인력이 분쟁 지역으로 갈 수 없을 때에는 지역 NGO나 제3의 계약자가 해당 지역에서 프로그램을 이행했다.

2015년 3월 예멘의 경우 공습을 비롯한 무력충돌이 급격하게 일어나 세계 각국 출신의 유엔 인력이 일시적으로 해당 국가를 떠나는 상황에 이르렀다. 해당 지역 출신의 인력과 국제 협력단체, 지역 협력단체들은 극히 어려운 상황에서 자신의 집이나 가족들의 부상에도 굴하지 않고 도움이 필요한 사람들에게 원조를 제공하는 일을 계속했다. 각 조직은 임금 인상과 이주 보조금을 통해 악화된 환경에서 일하는 사람들을 지원했다. 남수단의 악화된 상황으로 인해 유엔 프로그램들은 2015년 4월부터 예멘의 수도 사나에서 활동을 재개했다. 2016년 3월 인도지원조정실은 민간인 보호를 강화하고, 해당 국가의 전 지역에 인도주의적 방식이 쉽게 접근할 수 있도록 하며, 평화회담의 재개와 교전 중지를 촉진하기 위해 분쟁 당사자들에 대한 국제적 압력의 수위를 높일 것을 촉구했다. 2016년 4월 10일 휴전이 성립되어 평화협상에 대한 희망을 안겨주었다. 유엔은 "심각한 식량 부족" 상태에 있는 760만 명의 사람들과 340만 명 이상의 어린이를 비롯해 피해를 입은 예멘 국민들, 더 나아가 망명자와 망명 신청자까지도 보호하는 활동을 계속할 것이다. 4,400만 달러 이상의 비상 원조로 예멘은 2015년 중앙긴급대응기금의 최대 수혜자가 되었다.

고위험 환경의 활동을 위해서 인도주의 구호 인력은 목숨을 걸어야 하고 그 가족들은 큰 희생을 감수해야 한다. 반 총장은 유엔이나 인도주의 활동 인력에게 폭력을 행사하거나 충격적인 범죄를 저지른 가해자가 법의 심판을 받아야 한다는 점을 지속적으로 강조해왔다. 그러한 행위를 저지른 어떤 사람도 처벌을 피해갈 수 없다. 반 총장은 해당 정부와 회원국을 대상으로 유엔을 비롯한 인도주의 조직을 위해 일하던 도중 목숨을 잃거나 부상당한 사람들에게 정의를 찾아주는 일에 지속적이고 결연한 지원을 해 달라고 요구해왔기 때문이다. 그의 첫 번째 임기가 시작된 이래 인도주의 활동가 966명이 사망했고 962명이 부상을 당했다. 또 827명이 납치되어 그중 338명이 사망하고 283명이 부상을 당했다. 납치된 사람들 중 160명이 유엔 직원이었다. 반 총장은 2번의 임기 동안 유엔 안전보안국UN Department of Safety and Security 산하의 '세이빙 라이브스 투게더Saving Lives Together, SLT' 체제를 강력하게 지원했다. 세이빙 라이브스 투게더는 유엔과 국제조직, 국제 NGO 사이의 보안 협력을 강화하는 것을 목표로 하는 일련의 권고다. 세이빙 라이브스 투게더는 안전을 위협하는 상황에서 인도주의 원조와 개발 원조를 안전하게 전달하려면 협력이 중요하다는 점을 인식한 결과다. 세이빙 라이브스 투게더의 목표는 정보 공유와 교육을 통해 정보를 기반으로 하는 결정을 내리고, 효과적인 안보 조치를 이행하며, 인력과 사업의 안전과 보안을 향상시키는 협력 조직 능력을 강화하는 것이다.

2015년 12월 10일의 유엔 총회는 인도주의 인력의 안전과 보안 그리고 유엔 인력의 보호를 위한 결의 제70/104호를 채택했다. 공격과 위협이 인도주의 활동 인력에 미치는 심각한 심리사회적 영향을 염려한 회원국들은 "유엔 체제 전체의 인력이 스트레스 관리, 정신 건강 등 관련 서비스를 이용할 수 있게 하는 일의 중요성"을 강조하며 모든 인도주의 조직으로 하여금 그들의 인력에게 비슷한 지원을 제공하도록 권장했다. 사무총장의 고위급관리위원회는 2016년 3월, 이 권고를 1단계 진전시켜 고위험 환경에서 진행하는 사업과 유엔 인력에 대한 주의 의무를 조화시키는 것에 대한 보고서를 내놓았다. 고위급조정이사회는 고위급관리위원회를 통해 유엔 체제가 주의의무조정위원회UN Duty of Care Coordination Committee를 설립하는 데 동의했다. 주의 의무조정위원회의 목적은 고위험 환경에서 일하는 직원의 주의 의무를 처리하고, 보건과 안전 시스템을 감시하는 일련의 방편과 권고를 개발하는 것이다.

인도주의 비상사태와 지역적 대응

지난 10년 동안, 유엔과 협력단체들은 수백만 명의 생사에 영향을 준 인간 혹은 자연에 의한 수백 건의 재해에 대응해왔다. 이러한 비상사태의 대부분은 국경 너머로 확산되어 세계의 다른 나라와 지역(아프리카, 아메리카, 아시아와 태평양, 유럽, 중동)에 영향을 미쳤다. 때로 어떤 것은 그 영향 범위가 더 광범위하다. 현재 진행 중인 엘니뇨 현상은 공식 통계상으로 가장 강력한 영향력을 발휘하며 아프리카, 아시아, 중앙아메리카와 남아메리카, 태평양에서 6,000만 명의 사람들에게 영향을 준 것으로 추산된다. 북동부 아프리카, 남부 아프리카, 중앙아메리카의 건조 회랑 지대, 카리브 해의 섬들, 동남아시아와 태평양 섬들이 심한 피해를 입었다. 엘니뇨가 유발한 가뭄의 영향은 2016년 말에서 2017년 초에 절정에 이를 것이며 2017년 말에 라니냐가 뒤따른다면 상황은 더 악화될 수도 있다. 이미 엘니뇨로 5세 이하 어린이의 영양실조가 늘어났고, 매개체 감염 질환과 수인성 질환의 증가로 전 세계 취약 계층의 보건과 식량 안전이 심각한 타격을 받았다.

예를 들어 엘니뇨는 동북아프리카에 홍수에서 가뭄까지 다양한 영향을 주었다. 2015년 말의 지나친 강우로 소말리아, 케냐, 에티오피아, 우간다의 여러 지역에서 홍수가 일어났다. 엘니뇨 현상은 가뭄도 악화시켜 이 지역에 직접적인 영향을 주었다. 2016년 6월 현재 아프리카 동북부의 약 2,400만 명 인구가 심각한 식량 부족 수준에 도달해 있다. 에티오피아만 해도 1,020만 명의 사람들이 기본적인 식량을 확보하기 위한 긴급식량 원조를 필요로 하고 있다. 2016년 1월 반 총장은 가뭄 피해를 입은 에티오피아 지역을 방문해 기아 위기가 악화되고 있음을 전 세계에 알리는 데 일조했다. 원조가 도착하고 엘니뇨가 가라앉고 있었지만 에티오피아의 위기를 해결하기에는 역부족이었다. 아디스아바바에서 원조국을 대상으로 한 연설에서 반 총장은 이렇게 말했다.

"에티오피아 정부는 이번 가뭄에 대한 대응에서 놀랄 만한 지도력을 보여주었습니다. 정부는 지금까지 이 위기에 3억 8,100만 달러(약 4,447억 원) 이상의 엄청난 재원을 투입했습니다. 에티오피아 정부가 세계은행과의 제휴로 운영하는 생산안전망프로그램Productive Safety Net Programme은 800만 명의 사람들에게 긴급식량과 현금을 지원하는 것을 목표로 합니다. 유엔은 2015년 중앙긴급대응기금 2,500만 달러(약 292억 원)를 이용해 초기 활동을 후원했습니다. 하지만 더 많은 지원이 급히 필요합니다. 에티오피아에 대한 즉각적인 지원은 인명을 구하고 사람들이 예방 가능한 고통을 겪는 일을 막아줄 것입니다. 즉각적인 지원은 에티오피아가 지난 수십 년 동안 이룬 인상적인 개발이 손상을 입는 일도 방지해줄 것입니다."

소말리아에서는 2015년 10월부터 인도주의 협력단체들이 통합적인 접근법을 취하면서 피해 지역의 원조 규모를 늘려왔다. 기존 자원의 사용 계획을 갱신하고 2015년 말과 2016년 초에 추가 자금을 받아 수십만 명의 취약 계층을 지원할 수 있었다. 2016년 3월에 100만 명 이상의 사람들을 돕는다는 목표로 1억 500만 달러(약 1,256억 원)를 조성하는 '콜 포 에이드Call for Aid'를 통해 인도주의 협력단체들이 인명 구조를 계속 지원할 수 있었다. 수단의 경우에 엘니뇨로 350만 명의 사람들이 이미 피해를 입었지만, 난민·영양실조·식량 부족 등 인도적 지원을 필요하게 만드는 요인들이 악화된 데에는 기후 현상뿐 아니라 인간이 유발한 비극도 크게 한몫했다. 유엔의 인도주의 기관과 개발 기관들은 다른 조직이나 정부와 협력하여 단일 정부가 감당할 수 없는 대규모 비상상황 발생 지역에서 위험을 일찍 확인하고, 비상 상황에 대한 대응을 조정하며, 복원력을 강화하는 일을 진행해왔다. 필요한 지원 활동의 규모가 확대되면서 자금 조달의 공백이 커지고 있다. 우리의 행동이 늦어질수록 필요한 대응에 드는 비용은 늘어나고 대응 기간은 길어지며 수십 년에 걸친 개발 투자의 기반을 손상시킬 위험도 커진다.

서아프리카는 최근 에볼라 바이러스에서 기인한 질병 발생으로 인해 인도주의가 가장 강력하게 위협받는 곳으로 세계의 이목을 끌고 있다. 2013년 12월 발생하기 시작해 기니, 라이베리아, 시에라리온으로 빠르게 퍼진 에볼라는 역사상 가장 규모가 크고 가장 복잡하게 확산된 에볼라였다. 광범위한 에볼라 전파는 가정과 공동체를 파괴하고, 필수적인 공공 서비스와 의료 서비스를 위태롭게 했으며, 경제를 약화시키고, 감염자의 격리 사태를 낳았다. 에볼라는 국가의 대응 역량과 국제적 대응 역량에 엄청난 부담을 안겼다. 이 파괴적 상황은 세계가 이미 기록적인 인도적 지원 수요에 직면하고 있는 때에 일어났다. 세계보건기구는 인도적 지원을 필요로 하는 인구가 7,800만 명에 이르는 상황에서 유례없이 많은 수의 긴급 대응 활동과 장기 대응 활동을 동시에 진행하고 있었다. 결국 조직의 역량이 한계에 도달했다. 이에 대한 대응으로 반 총장은 유엔 에볼라긴급대응임무단UN Mission for Ebola Emergency Response, UNMEER(보건과 관련된 위기를 처리하기 위한 유엔 최초의 지원단)을 만들겠다는 뜻을 발표했다. 이에 더해 반 총장은 에볼라 특사Special Envoy on Ebola를 임명해 국제적 대응의 전략적·정책적 방향을 제시하도록 했다. 각국 정부와 협력단체, 국제 공동체는 힘을 합해 비상 대책 센터를 만들어서, 피해 국가에 한층 강력한 조정을 제공하고, 피해 국가 내 그리고 피해 국가들 사이에 신뢰할 만한 공중 가교를 만들고, 대규모 홍보 활동을 벌였으며, 전 지역에 에볼라 처치 침상 확대와 안전한 매장埋葬팀을 관리하도록 했다. 2015년 7월 31일 새로운 에볼라 확진 사례가 1년 만에 최저치(피해 국가 3국에서 일주일에 총 7건)로 떨어지자 유엔 에볼라긴급대응임무단은 해체되었고 대응 지휘권은 사무총장 지휘 아래의 세계보건기구로 되돌아갔다. 그때까지 2만 8,000명 이상이 에볼라에 감염되었고 1만 1,000명 이상이 목숨을 잃었다. 에볼라 바이러스 확산은 세계 보건과 인도주의 시스템에는 더 나은 준비와 조정된 지도력이 필요하며, 자연재해의 결과이든 분쟁이나 질병의 발발로 인한 결과이든 건강을 위협하는 모든 요소에 표준화된 접근법을 취함으로써 다양한 행위자들 사이의 격차를 없애야 한다는 것을 드러내준 결정적인 사건이었다. 에볼라에서 교훈을 얻은 세계보건기구는 보건 측면에 영향을 줄 수 있는 미래의 비상상황에 더 효과적으로 대응하기 위해 포괄적인 개혁절차를 밟았다.

중동에서는 2011년 첫 민주화 시위 이후로 이어진 시리아 분쟁이 온 나라를 피폐하게 만들었다. 외부 세력의 지원을 받기도 하는 다양한 활동 세력 간 싸움이 격화되면서 충돌의 양상은 점점 복잡해졌다.

IS와 테러 단체들이 약화된 국가 구조를 기회로 활용해서 자신들의 계획을 밀어붙였다. 그 결과 시리아 국민들은 심각한 고통을 겪게 되었다. 도시와 마을이 파괴되고 적절한 의료, 위생시설, 음식 공급, 기타 기본적인 서비스가 부족한 상황에서 660만 명의 국내 피난민을 비롯한 수백만 명의 사람들이 시급한 원조를 필요로 하고 있다. 수백만 명이 나라를 떠나면서 이 위기는 이웃 국가는 물론 더 넓은 지역까지 영향을 미치고 있다. 국내의 문제들(물리적 충돌의 진행, 전선戰線의 이동, 사람과 물자 이동을 고의로 막는 행위 등)로 인해 도움을 가장 필요로 하는 사람에게 인도적 지원을 제공하는 데 어려움이 많다. 2016년 4월 26일 반 총장이 안전보장이사회 보고에서 언급했듯이, 포위되어 있거나 접근이 어려운 지역이 많다. 일부 지역에는 2012년부터 원조가 완전히 차단되었다. 무고한 민간인들이 식사를 제한하고, 풀을 먹고, 가구와 플라스틱을 태우는 등 부정적인 대응 메커니즘에 의지했다. 이 행동들은 모두 파괴적인 결과로 이어졌다. 의료 지원이 절실히 필요한 사람들이 대피 협상을 할 수 없어 목숨을 잃었다. 국제시리아지원그룹International Syria Support Group, ISSG이 이룬 정치적 진전으로 일부 지역에서 전투가 잠시 중단되거나 접근이 허용되기는 했다. 그러나 포위되거나 접근이 어렵거나 주요 전선 지역에 있는 460만 명을 비롯해 시리아 전역의 1,350만 명 국민에 대한 일관된 접근권을 얻기 위해서는 해야 할 일이 아직 많다.

시리아 위기는 국내 피난민이 발생하고 수많은 민간인이 목숨을 잃는 사태에서 끝나지 않고 국경을 넘는 대규모 이동으로 이어지고 있다. 거의 500만 명의 시리아인들이 이웃 국가, 특히 이집트, 이라크, 요르단, 레바논, 터키로 도피했다. 이들 국가는 도망치는 시리아

난민들을 받아들여 보호하는 중요한 역할을 해왔다. 하지만 이들 국가도 이제는 자국민과 시리아 난민 모두를 다루어야 하는 유례없는 난제에 직면하고 있다. 2016년 유엔 난민기구가 세계은행과 공동으로 진행한 한 연구는 요르단과 레바논에 있는 시리아 난민의 90퍼센트가 빈곤선 아래에서 살고 있거나 빈곤선 아래로 떨어질 것으로 예상된다고 밝혔다. 시리아 내전이 가까운 미래에 평화적으로 해결될 가능성이 낮은 데다 국제 원조가 감소하고 주요 난민 수용국의 경제적·사회적 조건이 악화되면서 유럽으로의 2차 이동이 이어지고 있다. 일부 국가와 시민사회는 상당한 지원을 하고 있지만 난민 지위에 관한 1951년 협약이나 1967년 의정서의 당사국으로서 가지고 있는 의무, 더 일반적으로는 유엔 헌장 제1조 제3항을 비롯해 유엔의 목적에 부합하는 의무를 이행하지 않는 국가들이 많은 실정이다. 협력이 부족하고, 많은 국가들이 이주하는 사람들에게 보호와 지원을 제공하지 않으며, 최초 수용국에 충분한 물질적 지원을 제공하지 않고 있다. 그러한 지원은 국제 보호 체제의 주요한 요소로서, 난민 어린이가 교육에 접근할 수 있는지, 난민이 자격을 인정받거나 새로운 기술을 습득할 수 있는지, 난민이 사회 통합의 혜택을 받는지, 따라서 자국으로 돌아가서 국가를 재건할 수 있다는 힘과 자신감을 얻을 수 있는지를 결정짓는 중요한 문제다.

시리아에서 분쟁이 시작된 후 중앙긴급대응기금은 시리아와 이웃 국가들의 인도주의적 필요에 대응해 2억 1,200만 달러(약 2,000억 원) 이상을 제공했다. 하지만 인도주의 위기에 대응하기 위한 자금 조성은 수요에 크게 못 미치고 있다. 2016년 5월까지 2016년 위기가 필요로 하는 자금 중 약 5분의 1만이 지원되었다. 이러한 자금 공백의 결과는 난민들이 주거, 식량, 옷 그리고 교육을 비롯한 기본적 서비스를 찾는 데 어려움을 겪는 단기적인 비극에서 그치지 않는다. 의료 서비스의 부족, 장기적인 영양실조, 전쟁을 경험한 데 따르는 정신적인 상흔은 미래 세대에 장기적으로 심각한 영향을 미친다.

팔레스타인 점령지의 경우 2008년 이후 이스라엘에 대한 로켓 공격과 가자지구 내의 대규모 파괴를 비롯한 3번의 전쟁을 겪었다. 이로써 가자지구의 인도적 상황은 끔찍한 지경에 이르렀다. 충돌이 이어지는 동안 수십만 명의 사람들이 가자와 남부 이스라엘을 일시적으로 떠났다. 가자의 팔레스타인 사람들 중 2015년 말 임시 거주지에 남아 있는 사람은 9만 명에 이른다. 동예루살렘을 비롯한 팔레스타인 점령지 전역에 걸쳐, 모든 당사자들이 국제인권법과 국제인도법을 존중하지 않는 데다 점령이 장기화되면서 팔레스타인 사람들의 기본적인 생활 조건이 악화되었다. 2016년에는 인도적 지원이 필요한 인구가 230만 명에 이르렀다. 유엔은 반 총장의 강력한 지도력 아래 팔레스타인 사람들의 즉각적인 필요를 해소하는 데 힘을 모으고 있다. 이 활동은 유엔의 공조 대응에 의해 인도주의 공동체의 강력한 지원과 인도주의 조정관의 지휘로 이루어지고 있다. 유엔과 협력단체들이 도움을 필요로 하는 사람들에게 지원을 계속하고 있지만 근본적인 취약성을 극복하기 위해서는 시스템과 인프라 문제를 해결해야 하며 장기적인 개발이 필요하다. 반 총장의 여러 보고에 따르면, 현지에서 협상을 뒷받침하는 조건을 마련하는 지도자들의 노력이 있어야만 지속가능한 유일한 해법에 이를 수 있다.

유엔은 아시아의 여러 위기에서도 중요한 역할을 했다. 지난 10년간 유엔은 아프가니스탄에서 피해를 입은 수많은 민간인과 국내 피난민에 대한 인도적 지원을 조정하고 이웃 나라는 물론 더 멀리 떨어진 곳까지 피난을 갔던 약 600만 명의 아프가니스탄 난민 중 480만 명 이상의 복귀를 지원해왔다. 반 총장은 인도적 지원의 필요성이 홍수, 산사태, 가뭄, 식량 부족 등의 자연재해에서 비롯된 것이든 계속되는 내분과 내전의 불안에서 비롯된 것이든 유엔은 아프가니스탄의 인도적 지원에 조정자 역할을 계속하라고 지시했다. 2015년에만 1만 1,000명의 민간인 사상자가 보고되었고 38만 4,000명이 난민이 되었다. 2014년에 비해 96퍼센트가 증가한 수치다. 2015년 말 긴급 상황이나 지속된 상황으로 인해 난민이 된 아프가니스탄인은 100만 명이었고, 이웃한 파키스탄과 이란이 받아들인 아프가니스탄 난민은 각각 154만 명과 100만 명이었다. 여기에 증거 자료가 없는 아프가니스탄 난민이 비슷한 숫자만큼 있는 것으로 추정되었다. 더욱이 23만 5,000명의 아프가니스탄인이 매년 되풀이되는 자연재해로 피해를 입는다. 아프가니스탄 국민의 피해를 줄이기 위해서는 국제 인도적 지원의 수준을 현재와 같이 유지하는 일이 반드시 필요하다.

미얀마는 2008년 5월 사이클론 나르기스로 인해 14만 명이 목숨을 잃고 수백만 명의 사람들이 심각한 피해를 입는 최악의 재난을 당했다. 미얀마 정부가 초기에 대규모 인도적 지원을 차단하자 반 총장은 미얀마 지도부와 접촉해서 국제조직이 가장 피해가 심한 지역에 물자를 전달하기 위한 대규모 물류 시스템을 마련해도 좋다는 승인을 받았다. 회복 계획은 동남아시아국가연합Association of Southeast Asian Nations, 미얀마 정부, 유엔의 공조로 만들어졌다. 이 재난과 국제 구호원의 초기 접근 문제는 유엔과 지역조직 간의 파트너십을 증진시키고, 정부와 함께 효과적인 지원을 받을 수 있는 환경을 조성하기 위해 노력하는 일이 중요하다는 것을 부각시켰다.

2015년 많은 사람들이 안전한 삶을 위해 목숨을 걸고 지중해를 건너면서 유럽에는 전례 없는 난민 사태가 펼쳐졌다. 2015년 한 해 동안 약 100만 명의 사람들이 보트를 타고 유럽에 도착했다. 이들 중 84퍼센트가 아프가니스탄, 이라크, 시리아 등 주요 난민 발생국 출신이었다. 새로 도착한 난민 중 최소한 85퍼센트는 에게 해를 건너 터키에서 그리스로 왔다. 지중해에서 죽거나 실종된 사람은 3,770명으로 알려졌다. 유럽에 도착한 난민 중 31퍼센트는 어린이이며 대부분이 부모가 없거나 부모와 헤어져 특별한 보호와 관심이 필요한 상태다. 서발칸 경로를 통한 서유럽과 북유럽 국가로 이동이 이어지면서 이러한 이주의 영향이 유럽 대륙 전체에 미쳤다. 유럽 정부의 통계는 망명 신청자의 출신 국가가 시리아, 아프가니스탄, 이라크의 순이라는 것을 보여주었다. 독일과 스웨덴은 유럽에 들어온 망명 신청자의 약 50퍼센트를 받아들였다. 기존 체제는 유럽의 망명 시스템을 위태롭게 하는 이러한 이주를 효과적으로 관리하지 못한다. 특히 그리스의 경우 2015년 바다를 통해 도착한 망명 신청자가 85만 명 이상으로 크게 증가했다. 이에 유엔 난민기구는 2015년 7월에 2단계 긴급 사태를 선언하고 활동 규모를 확대하기 위한 대응에 착수했다. 유엔 난민기구는 국가기관, 협력단체들과의 긴밀한 협력을 통해 난민 수용 능력과 그들에 대한 서비스를 늘리는 사업을 펼쳤다. 난민들을 위한 공공 수용시설 설립, 결연 가정 계획, 호텔 숙박시설, 기타 대안적인 숙소 마련으로 그리스에 2만 6,000곳의 수용시설이 만들어졌고 그 일부는 유럽연합의 재이동 프로그램을 이행하는 데 사용되었다. 유럽연합집행위원회European Commission의 '분쟁 지역 접근법hotspot approach'에 따라 유엔 난민기구는 특히 특정한 필요를 가진 사람들에 게 보호 서비스와 인명 구조 지원을 집중 제공함으로써 일선 대응을 지원했다. 또한 유엔 난민기구는 기술적, 기능적 지원을 제공함은 물론 국가와 지역 당국의 역량, 특히 비상 수용소의 관리 역량을 쌓기 위해서도 노력하는 한편 국가의 망명 시스템 강화 작업도 계속했다. 2016년 5월 반 총장은 안전과 존엄에 대한 보고서를 발표했다. 〈안전과 존엄: 난민과 이주민의 대규모 이동 Safety and Dignity: Addressing Large Movements of Refugees and Migrants〉이라는 제목의 이 보고서는 새로운 포괄적 체제를 요구하고, 대규모 이동의 원인을 해결하며, 이주하는 사람들을 보호하고, 그들이 자주 접하는 차별과 외국인 혐오를 막아야 한다고 권고하고 있다. 2016년 9월 유엔 총회는 각국이 좀 더 인도적이고 조정된 접근법을 지향하도록 하면서 난민과 이주민의 대규모 이동 문제를 처리하기 위한 고위급회담을 개최했다.

반 총장의 인도적 유산과 미래

반 총장의 임기 마지막 해에 유엔의 인도적 사업에서 가장 두드러진 것은 중앙아프리카공화국, 에티오피아, 이라크, 필리핀, 남수단, 시리아의 비상사태와 계속되는 위기에 대한 인도적 대응이었다. 국내피난민감시센터 Internal Displacement Monitoring Centre, IDMC에 따르면 2015년 말에 전 세계적으로 무력충돌과 일반화된 폭력 때문에 국내 피난민이 된 사람들의 숫자는 4,080만 명에 이르렀다. 유엔 난민기구와 '근동 지역 팔레스타인 난민을 위한 유엔 난민구제사업국 UN Relief and Works Agency for Palestine Refugees in the Near East'에 따르면 2015년 말의 세계 난민 인구는 2,130만 명이었다. 타의에 의해 주거를 옮겨야 했던 사람들의 수는 6,530만 명이었다. 재난역학연구소Centre for Research on the Epidemiology of Disasters는 최근 2014년부터 324회의 자연재해가 발생해 7,823명이 목숨을 잃었고 1억 4,080만 명이 피해를 입었으며 990억 달러(약 119조 2,000억 원) 이상의 경제적 손실이 발생했다고 발표했다. 이런 비상사태에 대한 대응으로 2016년부터 37개국(대부분 분쟁 중인 나라들), 8,760만 명 이상의 사람들에게 인명 구조를 하기 위한 유엔 긴급 인도주의 구호에 201억 달러(약 23조 4,165억 원) 이상이 필요했다. 구호 수요가 계속 늘어나고, 국제사회가 오랫동안 계속되는 충돌을 해결하지 못하는 무능력한 모습을 보이며, 다양한 세계 추세가 수렴되면서 인도적 위기가 자주 강력하게 발생하고, 위기에 적절히 대응하는 정부와 인도적 조직의 운영 역량과 재정적 역량이 심각하게 악영향을 받았다. 장기간 지속된 분쟁을 해소하기 위해서는 인도주의, 개발, 정치 전략을 결합하는 접근법이 필요하다.

임기 마지막 해에 반 총장이 각별히 관심을 가진 사안은 국제인도법과 인권법이 제대로 준수되지 않는 문제, 침해에 대한 책임성 문제, 인도적 지원이 필요한 사람들에 대한 안전한 접근권의 문제다. 두 번째 임기 동안 반 총장은 자신의 비전을 국제적 합의와 헌신으로 전환시키기 위해 노력했다. 2015년의 가시적인 국제합의 3가지가 이러한 노력의 결과다. 2015~2030년 재해위험 경감을 위한 센다이 프레임워크인 '세상을 바꾸자Transforming out World', 2030 개발의제, 유엔 기후변화회의 이 3가지 모두가 인도주의 위기의 근본 원인을 다루는 것이었다. 이 합의와 제3차 개발재원총회International Conference on Financing for Development의 결과는 반 총장이 2012년 5개년 행동의제에서 서술한 5가지 임무를 구체적으로 실현하자는 것이었다. 2016년 5월 반 총장은 회원국과 인도주의 협력단체, 개발 협력단체들을 세계인도지원정상회의에 함께 불러 인도주의 활동의 필요성을 줄이기 위한 새로운 사업 방식에 전념할 것을 약속하도록 했다. 차기 사무총장은 재해위험 경감을 위한 센다이 프레임워크와 세계인도지원정상회의를 통해서 유엔과 협력단체들의 인도주의 활동이 향후 지향해야 할 방향을 정하게 될 것이다.

재해위험 경감을 위한 센다이 프레임워크

반 총장은 제3차 세계재해위험경감회의The Third UN World Conference on Disaster Risk Reduction에 참석하기 위해 일본으로 출발하기에 앞서 "지속가능성은 센다이에서 출발한다"고 선언했다. 2005년 제3차 회의가 일본 고베에서 열린 뒤로, 대규모 재해로 최소한 70만 명이 사망했고 17억 명이 피해를 입었으며 1조 4천억 달러(약 1,200조 8,000억 원)의 경제적 손실이 발생했다. 첫 회의는 1994년 요코하마에서 열렸다. 센다이 회의는 2015년 3월 14일 일본 왕과 왕비, 185개국 국가 및 정부수반들과 의원들이 참석한 가운데 개최되었다. 남태평양의 많은 소규모 섬들이 5단계 열대성 사이클론 팸Cyclone Pam으로 심각한 타격을 받으면서 특히 기후변화의 최전선에 있는 작은 섬나라 사람들 사이에서 재해위험 관리가 생사 문제라는 인식이 커졌다. 이 비극적인 사건으로 각국 대표들은 2030 개발의제의 첫 핵심 합의로 2015~2030년 재해위험 경감을 위한 센다이 프레임워크가 채택되는 이 회의에 더욱 주의를 집중하게 되었다. 이 프레임워크는 재해위험 경감을 위해 인간과 위험 중심의 광범위한 접근법을 마련하며, 자연이나 인간에 의해 유발되는 재해뿐 아니라 관련된 환경·기술·생물학적 위험에 의한 크고 작은 규모의 재해에 적용된다. 인재人災를 포함시키면서 재해 위험 경감의 범위는 크게 확대되었다. 이 프레임워크의 목표는 "재해 위험과 인명, 생계, 건강의 손실, 사람, 기업, 공동체, 국가의 경제적·물리적·사회적·문화적·환경적 자산 상실을 감소시키는 것"이다. 이 프레임워크는, 2030년까지 도시화가 예상되는 지역의 약 60퍼센트 가 건설 중이고 이러한 성장 대부분이 위험 대응력이 높은 도시 개발 을 기대하기 힘든 국가에서 일어날 것이란 사실을 인정함으로써 얻 은 핵심적 교훈과 이전 10년의 경험을 바탕으로 하여, 새로운 재해위 험을 막고 기존의 재해위험을 경감시키는 데 중점을 둔다. 총회는 만 장일치로 센다이 프레임워크를 채택했다.

재해위험 경감은 개발 자금을 조성하기 위한 아디스아바바 행동의 제, 지속가능개발목표, 파리기후변화협약, 세계인도지원정상회의를 비롯한 2030 개발의제의 종합적인 달성에 초점을 맞춰야 하는 핵심 영역이다. 센다이 프레임워크의 목표 달성이 세계적으로 얼마나 이 루어졌는지를 평가하기 위해 7가지 세계적 세부목표가 정해졌다. 국 가 세부목표와 지표들은 프레임워크 목표의 달성에 기여할 것이다. 정부 간 전문가 실무그룹은 합의된 세부목표의 세계적 진전 상황을 측정하는 지표들을 개발하고 있다.

2013년 10월 13일 국제재해감소의 날International Day for Disaster Reduction에 장애인들이 재해에 어떻게 대처하는가에 대한 최초의 유엔 세계 조 사 결과가 발표되었다. 126개국 5,450명의 응답으로 이루어진 이 조 사 결과는 재해가 발생했을 때 장애인들이 특히 더 많이 죽거나 다치 는 이유를 명확히 보여주었다. 세계 인구의 약 15퍼센트가 장애를 가 지고 살고 있다. 세계 전역의 장애인들은 어디에 살고 있든지 자신들의 필요에 대한 자문을 거의 받지 못하고 있다고 답했다. 갑작스러운 재해가 발생했을 때 어려움 없이 즉시 대피할 수 있다고 응답한 장애인은 20퍼센트에 불과했으며, 6퍼센트는 즉각적인 대피가 완전히 불가능하다고 대답했고, 나머지는 즉시 대피에 어느 정도 어려움이 있다고 답했다. 충분한 시간이 주어지면 어려움 없이 대피할 수 있다는 응답자의 비율은 20퍼센트에서 38퍼센트로 올라갔지만, 58퍼센트는 여전히 얼마간 혹은 많은 어려움이 있다고 답했으며, 4퍼센트는 대피가 불가능했다. 충분한 시간이 주어질 경우 어려움 없이 대피할 수 있는 사람의 비율이 그렇지 못할 경우에 비해 2배 가까이 증가한다는 사실은 조기 경보 시스템이 얼마나 중요하며, 이동성 문제와 관계없이 공동체의 모든 구성원에게 경보가 전달되도록 보장하는 일이 얼마나 의미 있는 일인지를 보여준다. 유엔 재해경감국제전략사무국은 이 조사 결과를 충격적이라고 표현하면서 "이 조사는 장애가 있는 사람들이 재난에서 특히 많이 사망하고 부상을 당하는 핵심적인 이유가 대부분의 상황에서 공적인 기획절차가 그들의 필요를 무시하거나 소홀히 여기는 데 있음을 명확하게 보여준다. 그들은 생존과 안전을 오로지 가족, 친구, 이웃의 친절에 의존해야 하는 상황에 놓이는 경우가 많다"고 덧붙였다. 이 조사 결과는 재해위험 경감을 위한 센다이 프레임워크가 만들어지고 이 프레임워크가 포괄적인 인간 중심 행동계획이 되게 하는 데 큰 기여를 했다.

세계인도지원정상회의

세계인도지원정상회의의 비전이 처음 만들어진 것은 2012년 1월, 반 총장의 5개년 행동계획에서였다. 여기서부터 더욱 글로벌하고 책임성 있고 강력한 인도 지원 시스템을 개발하려는 그의 도전이 시작되었다. 이 같은 목표는 다음을 통해 이루어진다.

• 지방, 국가, 지역 차원의 인도 지원 조직들 특히 제3세계 인도 지원 조직들 간의 파트너십을 향상시켜 공동체의 복원력과 비상사태 대응 능력을 강화하고 감시 시스템을 구축해서 준비 대책 마련에 어떤 진전이 있는지 평가한다.

• 인도주의 원조의 투명성과 효용성을 보장하기 위한 세계적 범위의 선언과 의제 등을 통해 원조의 투명성과 책임성을 강화하기 위한 국제적 결의를 다진다.

• 중앙긴급대응기금 등 통합적인 자금 조성 메커니즘에 대한 지원을 확대하고, 이해당사자들과 함께 비상사태에 대비하기 위한 혁신적인 자금 조성 방안과 재원 마련 방법을 찾는다.

• 세계인도지원정상회의를 소집해 지식을 공유하고 인도 지원 활동에 참여하는 다양한 조직들 사이에서 최선의 관행을 찾아낸다.

반 총장은 2012년 유엔 사업보고서에서 세계인도지원정상회의가 "인도 지원 활동을 향후 발생하는 문제에 적합하게 만들 방법"의 합의를 중개할 필요가 있다고 강조했다. 그가 인도 지원 공동체에서 특히 중점을 둔 부분은 회원국과 유엔 체제의 역할이었다. 유엔 체제와 회원국들이 "인도 지원 기관과 개발 기관이 위험을 관리하고 근본적인 취약성을 해소하기 위해 긴밀히 접촉하게" 함으로써 위기를 막고 위기에 대한 더 적절한 준비를 해야 한다는 것이다. 정상회의의 사전 준비로 반 총장은 협의 과정에 대한 보고서를 만들었다. 이 보고서는 세계와 지역 협의 등 153개국 2만 3,000명 이상의 사람들이 여러 해에 걸쳐 준비한 과정을 종합해서 보여준다. 이 협의들은 진행 결과를 검토하기 위해 전 세계의 1,000명 이상 대표들이 참여한 2014년 10월 제네바세계회의로 완결되었다. 유엔은 이전까지 긴급한 인도 지원 문제를 논의하기 위해 이렇게 많은 수의 이해관계자들이 모이는 큰 규모의 회의를 연 일이 없었다. 이 회의 결과는 2015년 9월 〈인간성 회복: 행동을 촉구하는 세계의 목소리Restoring Humanity: Global Voices Calling for Action〉로 드러났다. 2016년 2월 반 총장은 세계인도지원정상회의 보고서를 내놓았다. 이 보고서는 광범위한 협의의 결과는 물론 2030 개발의제를 비롯한 핵심 조치에서 나온 결과들까지 고려했다. 〈하나의 인도주의: 공동의 책임One Humanity: Shared Responsibility〉이라는 제목의 이 보고서는 행동에 대한 책임성, 즉 모든 이해관계자가 행동에 나서야만 한다는 것을 이야기했다. 그는 이렇게 덧붙였다. "이러한 문제의 급박성과 고통의 규모는 우리가 반드시 공동의 책임을 받아들이고 연민과 단호한 의지로 단호히 행동에 나서야 한다는 것을 말하고 있다."

최초의 세계인도지원정상회의는 2016년 5월 23일과 24일 양일간 터키 이스탄불에서 개최되었다. 55명의 국가와 정부수반, 수백 명의 민간분야 대표, 수천 명의 시민단체와 NGO 관계자 등 173개국 약 9,000명의 참가자가 이 회의에 참석했다. 정상회의에는 이런 다양한 집단들이 모여 인류애를 위한 의제와 인도적 활동을 위해 필요한 5가지 핵심 임무, ① 충돌을 막고 끝내는 정치적인 지도력 ② 인간성을 보호하는 규범의 옹호 ③ 누구도 도태시키지 않는 것 ④ 사람들의 삶을 변화시키는 것, 즉 원조를 제공하는 것에서 필요가 발생하지 않도록 변화시키는 것 ⑤ 인도적 활동에 투자하는 것을 지지했다. 더 나아가 이 정상회의는 양성평등과 여성권 강화를 장래의 인류애를 위한 의제에 통합시키도록 할 임무에 대해 상술했다. 각국 정부는 충돌을 막고, 국제법을 옹호하고, 유엔 헌장을 따르는 데 더 많은 노력을 기울이기로 약속했다. 인도 지원 협력단체와 개발 협력단체들은 인도적 활동의 필요를 감소시키는 새로운 사업 방식에 뜻을 같이했고, 원조 기관과 기부를 하는 정부들은 필요한 사람들에게 자원의 운용 권한을 위임하는 일에서 '그랜드 바겐(일괄타결)'을 약속했다. 세계은행과 국제이주기구International Organization for Migration 등 8개의 유엔 기관들 역시 행동 약속Commitment to Action에 서명하면서 공동 기획, 분석, 자금 조성에 새로운 사업 방식을 적용하기로 약속했다. 반 총장은 폐회사에서 이 세계적 약속을 다음과 같이 요약했다. "이 특별한 정상회의는 우리를 새로운 길로 인도했습니다. 그것은 종료점이 아닌 반환점입니다."

더 공정하고
권리에 기초한
세상을 위하여

08

HUMAN
RIGHTS
AND
JUSTICE

이 장은 인권최고대표사무소의 주도로, 유엔 사무국 법률실Office of Legal Affairs, OLA, 여성기구, 아동 및 무장 분쟁에 대응하기 위한 사무총장 특별대표, 아동 폭력에 대응하기 위한 사무총장 특별대표, 집단학살 예방을 위한 특별보좌관사무소, 보호책임을 위한 특별보좌관사무소, 유엔 난민기구, 정무국의 도움을 받아 작성되었다.

앞 장 사진: 스위스 제네바에서 열린 제16회 인권이사회 장면.
UN Photo | Jean-Marc Ferré

08 인권을 우선시하고 정의를 세우다

자이드 라드 알후세인 Zeid Ra'ad Al Hussein
유엔 인권 최고대표

　모든 사람의 인권이 보장되지 않고는 장기적인 평화와 안보가 존재할 수 없다는 인식, 평화와 안보 없이는 지속가능한 발전이 불가능하다는 인식, 인권이 극히 중요하고 본질적인 것이라는 인식은 유엔이 하는 모든 일의 기반이다. 유엔은 이러한 기본적 관계에 대한 이해를 통해 인권을 더 광범위하게 옹호하고 방어하게 된다. 지난 10년 동안 유엔 사업의 세 핵심 원칙(평화와 안보, 개발, 인권) 간의 연계에 대한 이해는 더 깊어지고 명확해졌다. 이 세 핵심 원칙을 화합하게 하고 인권을 나침반으로 사용하는 것은 사무총장이 우선시하는 사항 중 하나였다. 반 총장이 임기 초반에 "내 목표는 다리를 건설하고, 전 세계적으로 가장 가난하고 취약한 계층의 사람들에게 목소리를 주며, 유엔이 평화와 개발과 인권에서 가시적이고 의미 있는 결과를 내도록 하는 것입니다"라고 말했듯이, 임기 내내 투표 제도를 통해 자신의 목소리를 전달할 권리에서 출발하는 민주적 관행의 필요성을 강조했다. 또한 그는 어떤 차이에도 구애받지 않는 모든 사람들의 권리를 옹호했다.

유엔 헌장의 기본 약속은 다른 종류의 세계 질서, 즉 더 평화적이고 더 공정하며 더 평등한 세계 질서에 대한 약속이다. 유엔 헌장은 모든 인간의 인권이 양도할 수 없는 권리이자 진정으로 복원력 있고 안정적인 사회의 기반이기 때문에 법 지배 아래에서 인권 옹호가 무엇보다 우선시되어야 한다는 것을 인정한다. 차별 금지, 법 앞의 평등, 법에 의한 동등한 보호는 국제인권법의 근본 원리를 이룬다. 이러한 평등의 개념은 인간의 존엄성이란 개념과 떼어놓을 수 없다. 이것은 인종, 성, 언어, 종교, 국적, 장애, 연령, 정치적 견해, 성적 지향을 비롯한 모든 요인에 기반을 둔 모든 형태의 차별로부터 자유를 의미한다. 유엔 인권 체제는 인간 존엄에 필수적인 전방위의 인권, 즉 경제적·사회적·문화적 권리, 시민권과 참정권, 개발권을 아우른다.

지난 10년 동안 셀 수 없이 많은 도전들(시민사회에 대한 위협 증가, 무력 충돌, 침략, 외세의 점령, 테러, 테러와 싸운다는 기치 아래 자행되는 인권 침해, 민간 분야의 인권 침해, 경제적 위기, 기후변화의 영향, 심화되는 인종 차별, 외국인 혐오)로 인해 인권에 대한 유엔 헌장의 약속이 실현되지 못한 부분이 너무나 많았다. 사무총장의 두 번째 임기에는 수많은 충돌이 발생하고 인도주의와 평화 유지에 대한 요구가 크게 증가했는데, 반 총장의 지도력은 위기를 막고 사람들을 보호하는 일에 쏟은 노력과 지지로 입증되었다. 이를 배경으로 유엔 조직은 '모두를 위한 인권human rights for all'이 현실이 될 수 있도록 한층 더 노력했다.

신뢰할 수 있고 효과적인 인권 조직의 구축

반기문은 인권위원회Commission on Human Rights가 폐쇄되고 인권이사회가 설치되면서 국제 인권 구조가 가장 눈에 띄게 개혁되던 시기에 사무총장직을 맡았다. 그는 인권이사회 설립 첫해부터 이 조직에 세계 인권의 선봉으로서 임무를 다해줄 것을 요구했다.[129] 그는 이사회의 적절한 기능을 위해서는 독립적인 특별절차Special Procedure와 이사회가 착수를 앞두고 있던 보편적정례인권검토가 필수라고 생각했다. 그는 보편적정례인권검토의 편제를 환영하면서 이렇게 말했다.

"보편적정례인권검토는 평가가 공정하고 검토 절차와 방법이 투명하도록 하며, 결정적으로 각 국가가 인권 기준 이행 측면에서 진보, 정체, 퇴보를 책임지도록 도울 것입니다. 힘이 있는 국가라 할지라도 보편적정례인권검토의 기록, 임무, 활동의 엄정성을 피해 갈 수 없습니다."

2006년 인권의 보호와 증진을 초점으로 하는 새로운 정부 간 포럼으로 만들어진 인권이사회는 지난 10년간 그 위상과 영향력 부분에서 큰 성장을 보였다. 인권이사회는 정기회의와 특별회의를 통해서 새롭게 부각되는 문제를 비롯해 인권 문제를 해결하는 데 크게 기여했다. 인류 역사상 전 세계 모든 국가가 인권에 대한 임무를 이행하는지 평가하는 데 이처럼 광범위하고 엄정한 조사의 잣대를 적용한 사례는 없었다. 인권이사회는 인상적인 도구들을 갖추고 있다. 여기에는 ① 보편적정례인권검토라는 모든 국가의 기록에 대한 정기적이고 상세한 공개 조사 절차 ② 독립적인 인권 전문가나 전문가패널 등 권한 보유자들이 다양한 주제에 관한 감시와 보고 의무를 맡는 특별절차 ③ 인권 사고와 위기를 조사하는 권한을 가진 40개의 전문 조사위원회Commissions of Inquiry ④ 유엔 체제 전반에 걸쳐 인권의 통합을 가능하는 감독 계획 ⑤ 의무를 가진 사람과 권리를 가진 사람들의 역량을 구축하는 데 도움을 주는 자문 서비스와 기술적 지원이 포함된다. 이러한 도구들로 무장한 인권이사회는 이해관계자 모두가 발언권을 갖고 의견을 개진할 수 있는, 인권에 대한 주요한 국제포럼으로 성장했다. 인권이사회의 논의와 토론은 그 속성이 다양하며, 인권이사회의 결의와 결정은 기존 상황을 해결하고 새로운 규범을 개발하는 데 기여한다. 2007년부터 2015년까지 인권이사회는 633개 결의를 채택했다. 인권이사회의 권고는 국가들이 의무를 이행하도록 인도하는 지침 역할을 한다. 또한 전문 체제의 지원을 받는 인권이사회는 상황에 대한 의식을 높임으로써 위기와 충돌을 막는 데 중요한 역할을 할 수 있다는 사실을 입증했다.

특히 인권이사회는 참여적인 성격을 가지고 있기 때문에 개별 인권 옹호 활동가, NGO, 국가인권기구National Human Rights Institutions, NHRIs, 의회, 인권 전문가, 학자 등 다양한 협력단체들과 교류하고 그들의 의견과 정보를 받아들인다. 국가인권기구들은 NGO 등 시민사회 활동가들과 정부 사이를 중재하고, 국가에 그들의 역할을 일깨워주며, 정부가 인권이사회와 그 체제가 제안한 권고와 결정을 이행하도록 함으로써 국제기구와 국내를 연결하는 중요한 역할을 한다. 시민사회의 적극적인 참여는 이사회의 유효성과 적법성을 확보하는 데 기여한다. NGO를 비롯한 독립 활동 주체들은 현장의 이행 상황을 감시하고 그 결과를 인권이사회에 알려주며, 관련자들에 대한 교육과 기술적인 지원을 제공하고, 중요한 참여 활동을 하며, 인권 침해 문제에 대한 관심을 촉발시키고, 인권 운동가들을 보호하는 일을 주도

한다.

보편적정례인권검토를 소집하는 목적은 이전 검토에 대한 후속 조치를 취하고 그것을 토대로 노력을 기울이려는 데 있다. 보편적정례인권검토는 또한 최선의 관행에 대해 의견을 교환하고, 권고를 이행한 국가의 모범 사례를 강조하는 토론의 장 역할도 한다. 자발적인 중간보고는 국가들이 이전에 수용한 권고를 이행한 자신들의 노력과 성과를 자세히 살필 수 있는 귀중한 도구라는 것이 입증되었다. 또 보편적정례인권검토는 예방적인 역할도 한다. 193개 유엔 회원국의 인권 상황에 관심을 촉발하며, 인권이사회가 특정 국가의 인권 상황이 정체되어 있는지 개선되고 있는지 악화되고 있는지 등의 추세를 확인하는 데 도움을 주는 것이다.

특별절차는 인권이사회의 "눈과 귀"라고 불린다. 특별절차의 숫자는 최근 상당히 늘어나 현재 41개 주제와 14개국을 다루는 55개의 독립 체제를 가지고 있다. 주제별 임무는 시민적, 정치적, 경제적, 사회적, 문화적 권리 등 넓은 범위의 인권 문제와 다수의 단체와 상황을 다룬다. 이러한 전문가들의 보고는 인권이사회에 현지의 인권 사정에 대한 신뢰할 수 있는 최신 정보를 제공해서 구제 방법을 찾는 데 도움을 주고 조기 경보 역할도 한다.

인권을 위한 강력한 법 체계

유엔이 설립 이래 70년 동안 이룬 성과 중에 가장 큰 것은 포괄적인 국제법 체계를 만들어 더 안전하고 더 유리하고 더 인도적인 사회적·국제적 질서의 토대를 마련한 일이다. 이 점이 가장 분명하게 드러나는 곳은 국제인권법 분야다. 2007년 1월 이후 10개 핵심 인권협약

중 일부를 골라 만든 새로운 선택의정서들이 채택되었다. 그 대부분은 개인이 국제기구 앞에서 정의를 추구할 수 있게 하는 것이었다. 1969년 첫 번째 조약기구가 설립된 이래 인권협약 기구 체제도 급속하게 확대되어 지난 10년간 그 규모가 2배로 성장했다. 현재는 핵심 조약의 이행을 감시하는 10개의 기구들이 있다. 이러한 성장 덕분에 보호가 강화되기는 했지만, 조약 당사국, 유엔 기관, 조약이 보호하려는 사람들에게 큰 도전 과제를 제시하기도 했다. 그런 이유로 이 시기에 절차가 보강되기 시작해 국가 보고의무의 수행을 쉽게 하는 실질적인 성과를 냈으며, 조약기구 체제 자체도 더 접근하기 쉽고 효율적이며 간소하고 효과적인 것으로 변화시켰다. 조약기구 강화 절차는 2014년 총회 결의 제68/268호 채택으로 마무리되었다. 이 결의에는 임무 수행을 위해 기술적 지원이 필요한 국가를 돕는 역량 구축 프로그램을 비롯해 여러 가지 혁신안이 담겨 있다. 특히 결의에서 생기는 지출은 조약기구 체제의 효율화를 통해 조달되었다. 또한 이 결의는 시스템의 성장으로 인한 가장 시급한 문제들은 물론, 국가의 보고의무 준수와 관련해서도 임시적인 원조를 제공했다. 하지만 이 결의로도 해결되지 않은 많은 근본 문제들이 있었다. ① 다양한 체제가 내놓는 수많은 권고를 이행할 능력 ② 보고의 지연(2016년 초 기준으로 당사국의 13퍼센트만이 정해진 기한 안에 보고서를 제출했다) ③ 수단, 기구, 절차가 계속 확산되는 데 따른 국가 차원의 보고 비용 증가 등의 많은 문제들이 당사국에 영향을 준다. 조약들 사이의 실질적인 중복, 조약기구 권고와 견해가 불일치할 위험성, 선형적인 성장을 계속하는 시스템의 비용, 국제 인권 구조 내에서 시스템의 위치 등과 관련된 문제들도 있다. 조약기구 회원의 지명이나 선정 절차의 투명성 측면에서는 앞으로 더 큰 진전이 있을 것이다. 결의 제68/268호는 2020년 총회가 조약기구 체제 강화를 위해 선택한 조치들을 검토할 것을 요구하고 있다. 이는 미결 사업을 끝마치고 국내적으로나 국제적으로 시스템의 지속가능성을 높일 좋은 기회가 될 것이다.

최근 발효된 새로운 기구로는 ① 2016년 2월 기준으로 51개 회원국이 참여하고 있는 '강제실종으로부터 모든 사람을 보호하기 위한 국제협약International Convention for the Protection of All Persons from Enforced Disappearance' ② 경제적·사회적 권리를 보호하는 법적 수단을 강화하는 데 기여하고 그 목적을 위해 새로운 국제적 책임성 체제를 제공하는 '경제, 사회, 문화적 권리에 관한 국제규약선택의정서Optional Protocol to the International Covenant on Economic, Social and Cultural Rights'가 있다. 이 기구들로 인해 그러한 권리를 존중하고 보호하고 충족시키는 국가의 의무에 제정법·규제·판결과 프로그래밍의 협력적 조치가 필요하며, 이러한 권리의 침해가 일어나는 곳에는 의미 있는 해결 방안이 반드시 제시되어야 한다. 청소년이 불만 사항을 표명할 수 있도록 하는 아동권리협약Convention of the Rights of the Child의 제3차 선택의정서가 발효됨으로써 개별 개인진정 절차를 보유한 조약기구의 수는 8개가 되었다.

현장의 인권 활동

인권최고대표사무소의 국제 인권기구, 조약기구, 인권이사회, 보편적정례인권검토, 조사위원회와 특별절차에 대한 지원이 생기면서 지난 10년 동안 가장 절박한 현장 활동의 지원이 꾸준히 증가했다. 인권 상황의 감시, 보고, 지원에 기술적 협력 및 지원까지 더해진 유엔 조직의 통합적 역량이 전 세계에서 효율적으로 활용되고 있다.

2004년 인권최고대표사무소는 30개 현장사무소를 운영하고 있었으나 2016년 중반에는 국가별 독립 사무소 15개, 지역사무소 12개, 유엔 평화유지활동인권사무소 14개, 유엔 상주조정관·국가팀·유엔 개발그룹지역센터UN Development Group Regional Centre의 인권 고문이 23명으로 전체 숫자가 64개에 이르렀다.

인권최고대표사무소를 상대로 정부, 국가기관, 다양한 분야의 시민사회 협력단체에 ① 법적·제도적 개혁 ② 전환기 정의transitional justice에 대한 조언 ③ 시민사회 활동가들의 보호 ④ 국제 인권 체제와의 연계와 그 체제들의 권고에 대한 후속 조치 등에 기술적 지원을 제공해 달라는 요청이 많아지고 있다. 인권최고대표사무소는 정의와 안보 부문이나 인권 역량 구축 부문의 핵심 관리들에게 교육을 제공하기도 한다. 현장의 모든 인권 사무소들은 ① 감시·보고·지원에 관여하고 ② 의무를 가진 사람들의 책임 이행 역량을 개발하며 권리를 가진 사람들의 권리를 주장하고 인식하는 능력을 신장시키고 다른 국내 협력단체들이 인권을 전진시킬 수 있도록 기술적인 도움을 제공한다. 2005년부터 인권최고대표사무소는 독립적 혹은 다른 유엔 단체를 지원하는 방식으로 폭력이나 재해에 대한 비상 대응 역량을 개발해왔다.

또한 인권최고대표사무소는 국제조사위원회와 사실조사단Fact-Finding Missions의 활동에 대해서도 상당한 전문성을 개발해왔다. 이러한 조사 활동은 인권이사회와 사무총장, 최고대표, 안전보장이사회가 심각한 인권 침해 보고에 대응하는 데 점점 많이 이용되고 있다. 인권최고대표사무소는 40개 이상의 조사 기구 사업을 지원해왔으며, 2015년 말 인권최고대표사무소가 지원하는 단체는 2011년 9월부터 활동하고 있는 시리아에 대한 국제조사위원회International Committee of Inquiry on Syria를 비롯한 7개였다. 이렇듯 인권최고대표사무소는 조사에 지속적으로 관여하면서 그러한 임무를 지원하는 역량을 크게 발전시켰다. 인권최고대표사무소는 특화된 전문 지식에 의지해 조사단의 구성과 임무에 대한 지침(성 통합, 성 기반 폭력, 데이터베이스 이용 등)을 제공한다.

인권최고대표사무소는 유엔의 광범위한 협력 체제 안에서 지역 조직이나 그 조직의 인권 체제와 파트너십을 강화해왔다. 인권최고대표사무소의 파트너십을 통해 지역의 인권 규범과 국제 인권 규범을 상호 보완할 수 있었다. 광범위한 유엔 체제가 인권 문제를 포괄적으로 다루도록 하기 위한, 즉 모든 직원이 필수 과정 등을 통해 그들이 가진 인권 임무를 명확하게 인식하도록 하기 위한 변혁 사업이 진행 중이다. 더 일반적으로는 정책, 지지, 프로그래밍, 국가 협력단체와의 연계가 원칙과 인권 규범을 기반으로 이루어져야 한다. 이것은 유엔의 현장 활동이 성공하는 데 필수다. 상주조정관을 위한 새로운 직무분석서도 만들어졌다. 이 직무분석서에는 모든 인권을 포괄하고 불평등과 차별을 해소하는 적극적인 조치들을 포함한 임무가 명확하게 드러나 있다. 유엔 국가팀은 직무를 수행함에 있어서 참여, 차별 금지, 책임성의 원칙을 존중해야 한다. 대부분의 다각적 평화유지 임무단은 인권 부문이 결의에 담긴 임무를 이행하고 모든 파견단의 활동 전반에서 인권 주류화를 이루도록 한다. 인권 부문은 광범위한 보호와 촉진 활동 외에도 사람들에게 자신의 인권을 주장할 권한을 부여하고 의무를 가진 사람들이 임무를 이행할 수 있게 한다. 임무단이 이러한 목표 달성에 필요한 자원과 도구를 확보하도록 하기 위해 유엔 부서들은 2001년 유엔 인권 활동과 임무단에 대한 인권 통합 정책을 만들었다. 이러한 유형의 임무단이 하는 활동에는 ① 감시와 공개 보고 ② 예방, 지지, 보호 개입 ③ 특히 책임성 강화 측면의 역량 개발 ④ 제도적, 법적 개혁의 지원이 포함된다.

2011년 7월 13일 사무총장에 의해 도입된 '비유엔 안전보장군을 지원하기 위한 인권상당주의 정책Human Rights Due Diligence Policy'은 큰 진보였다. 이 정책은 지원이 유엔 헌장의 목적과 원리에 부합하고, 국제인도법·인권법·난민법을 존중하고 촉진하며, 그에 대한 존중을 진전시킬 책임과 일치되도록 한다. 유엔의 지원은 수혜국에서 이러한 법 체계의 준수가 일상화되는 정도까지 이어진다. 현재 기본적인 운영 절차가 개발되어 10개 평화 사업이 그 절차를 활용하고 있다. 이 정책은 지역 조직, 특히 소말리아에 파병된 아프리카연합임무단을 지원하는 데 활발히 사용되고 있다. 수많은 기관, 기금, 프로그램이 정책 실천을 목표로 하는 내부 지침과 절차를 개발했다.

추가적으로 2012년에는 유엔 인적자원인권심사Human Rights Screening of United Nations Personnel 정책이 채택되었다.[130] 이 정책 아래에서 유엔에서 일하는 인력을 임명하거나 제공하는 회원국은 그 인력이 국제인권법과 국제인도법을 위반하진 않았는지, 그에 대한 범죄 행위를 저질렀거나 저지른 혐의를 받고 있지 않은지 심사하고 증명해야 한다. 이 정책에 따라 유엔에서 일하고자 하는 개인도 동일한 내용을 입증해야 한다.

인권최우선의 원칙

유엔은 인권 존중과 보호라는 측면에서 자랑스러운 역사를 가지고 있다. 하지만 완벽함과는 거리가 멀다. 유엔의 보호를 기대하는 사람들의 권리에 영향을 미치는 수많은 위협이나 보호에 실패했을 때의 끔찍한 대가를 생각하면, 도덕적으로 용인할 수 있는 실수의 여지는 없다. 따라서 모든 유엔 단체의 역량과 모든 유엔 직원의 마음과 정신과 손이 인권 존중과 보호라는 명분에 동원되어야만 한다. 반 총장이 2013년 발표한 인권최우선행동계획Human Rights Up Front Action Plan은 모든 시스템과 모든 구성원이 가진 역량을 높여서 심각한 인권 침해를 막고 그에 대응하며 위험에 빠진 사람들을 보호하는 것을 목표로 하는, 유엔 전체를 아우르는 획기적인 계획이다. 이 계획은 모든 유엔 직원이 용기를 가지고 원칙에 따라 대응하고, 인권법을 따르고, 조기경보에 대응해야 한다는 근본 의무를 강조하며, 이런 목적을 위한 사업에 본부의 지원을 약속한다. 이 계획에 따르면 유엔 활동 여부를 결정하는 데에 더 큰 책임이 요구된다.

인권최우선행동계획에 의해 유엔은 인권 위험 요소들을 주기적으로 분석해 모든 국가의 심각한 인권 침해 위험에 적절한 대응 활동을 펼친다. 그러한 분석을 통해 문제가 확인되는 경우 UN은 지지, 지원 활동, 프로그래밍을 통해 문제 해결에 나선다. 유엔은 원칙에 입각하고 규범을 기반으로 하며 단도직입적이고 건설적인 참여를 통해 국내적·국제적 차원에서 국가기관과 관련 당사자들의 관심을 이끌어내야 한다. 인권최우선행동계획은 본질적으로 헌장이 부여한 예방과 보호 의무에 대해서 유엔이 생각하고 행동하는 방식을 개선시키는 일이다. 2015년 인권최고대표사무소와 정무국은 촌각을 다투는

긴급한 인권 위기에 대응해 빠르게 움직이는 '라이트팀light team'을 배치하기 시작했다. 2015년 5월 구 유고슬라비아 마케도니아 공화국에 초기 라이트팀으로 배치된 인권최고대표사무소-정무국 임무단은 상황을 직접 평가하고 정부, 유엔 체제, 국제사회의 후속 조치를 위한 권고안을 마련했다.

인권최우선행동계획은 출범 이래로 유엔이 인권 문제와 연루된 교차 사안을 더 효과적으로 처리하도록 이끌었다. 인권최우선행동계획은 상황을 진정시키는 데 도움을 주고, 정부와의 대화가 잠재적 위기를 피하는 데 어떤 도움이 되는지 보여주었다. 인권최우선행동계획은 위험 해결전략과 활동절차의 개발을 가능하게 했고, 오랫동안 끌어온 문제에 대해 유엔 국가팀의 관심을 자극했으며, 인권 분석을 유엔 개발원조계획UN Development Assistance Framework에 끌어들일 기회를 만들었다. 또한 국내 대응 기관의 지지를 강화하는 추가 도구를 제공했다. 본부의 조정 체제는 인권이라는 렌즈를 통해 상황을 시스템적 차원에서 검토하게 만들고 있으며, 다분야 팀들을 활용해 다양한 맥락에서 지원해왔다.

개발에서 인권의 주류화

개발은 통계로 평균을 낸 경제 성장보다 그 범위가 훨씬 넓고 의미가 크다. 개발은 사람들이 얼마나 건강한지, 그들이 어떤 종류의 교육을 받는지, 그들이 식량에 접근할 수 있는지, 건강한 환경에서 생활하는지에 대한 것이다. 진정한 개발은 인권을 통합시키고 진전시킨다. 유엔의 입장에서 개발은 공포로부터의 자유, 결핍으로부터의 자유를 가리키는 동시에 모든 사람을 위한 차별 없는 건강한 환경이 중심이 되는 것이어야 한다. 진정한 개발을 달성하기 위해서는 ① 개발이라는 문제에 인권을 기반으로 접근하고 ② 자유롭고 적극적이고 의미 있는 참여가 가능하도록 하며 ③ 책임성을 가지며 ④ 차별을 금지하고 ⑤ 평등하며 ⑥ 모든 사람에게 권한을 부여하고 ⑦ 개발권을 포함한 인권 규범을 명시적으로 제시해야 한다. 반 총장의 임기에 유엔 조직은 인권을 유엔 개발 체제 전체에 통합시키는 데 성공했다.

2030 개발의제의 채택은 중요한 변화를 나타내는 성과였다. 이 새로운 의제는 "누구도 소외시키지 않는 데" 매진하면서 "평등과 차별 금지를 보편적으로 존중하는 세상"이라는 미래상을 그리고, "인종, 피부색, 성별, 언어, 종교, 정치적 견해 등의 의견, 국적 혹은 사회적 출신, 재산, 출생, 장애, 기타 지위에 따른 어떤 차별도 없이" 인권을 보호해야 하는 모든 국가의 임무를 재확인한다. 2030 개발의제는 지속가능개발을 위해서는 투명하고 효과적이며 책임 있는 기관들과 함께, 인권 존중을 기반으로 하는 개발의 정의, 효과적인 법규, 모든 차원에서 좋은 거버넌스에 대한 평등한 접근권이 필요하다는 점을 담고 있다. 이 같은 필수적인 인권 원리의 효과적인 이행은 세계 모든 지역에 있는 수백만 사람들의 안녕, 안전, 존엄 상황을 완전히 탈바꿈시키는 것을 도와줄 것이다.

이 분야에서 유엔 활동의 근본은 식량, 건강, 교육, 물, 위생시설, 주택, 양질의 일자리, 사회 보장이 단순히 개발의 문제만이 아니라 근본적인 인권이기도 하다는 점을 인식하는 데 있다. 따라서 이 부문들에 인권을 통합시키는 일이 필수다. 건강할 권리 영역에서는 다른 어떤 이정표들보다 지속가능개발목표로 이행하는 과정이 두드러지고 있다. 2016년 9월 여성·아동·청소년의 보건 증진을 위한 글로벌전략Global Strategy on Women's, Children's and Adolescents' Health에서 시작된 지속가능개발목표로의 이행은 건강 보장에서 인권이 중심적 위치를 차지한다는 점을 확인하고, 각국 정부가 어떤 여성이나 아동도 소외시키지 않는 포괄적인 접근법을 택하도록 장려한다. 식량에 대한 권리를 진지하게 받아들인다는 것은 굶주림에 정면으로 맞선다는 의미다. 2012년 시작된 기아종식사업은 유엔이 가진 '기아 없는 세상'이라는 미래상을 반영하며 기아 종식 달성을 위한 세계적 행동을 촉구하는 조치다. 2008년 인권이사회는 안전한 식수와 위생시설에 대한 권리를 다루는 사업을 특별절차 임무로 설정했다. 식수와 위생시설에 대한 권리는 건강과 행복에서 기본이 되는 권리인데도 여전히 수백만의 사람들이 이 권리를 향유하지 못하고 있다. 이 권리를 보장하기 위해서는 사회적 혜택을 받지 못하고 소외된 사람들, 여성들의 특별한 필요에 초점을 맞추어야 하며 참여, 책임성, 평등, 역량 강화에도 역점을 두어야 한다. 현재는 식수와 위생시설에 대한 권리가 지속가능개발목표에 확실히 통합되어 있다.

평화와 인권의 연계

냉전이 종식된 후, 특히 지난 10년 동안 분쟁의 속성이 변하기 시작했다. 각국 군대들 사이의 전형적인 충돌 대신 정부와 무장단체들 사이의 내전(종종 이웃 국가들이 관여한다)이 중심이 되고 있다. 충돌의 속성은 크게 변화했지만 현대의 모든 국내 충돌은 모든 단계에서 ① 충돌의 예방 ② 폭력이 지속되는 동안 유엔의 분쟁 종식과 평화 유지 사업의 중심에 민간인 보호를 두는 대응 ③ 충돌 이후 진상 규명과 전환기 정의가 핵심이 되는 평화 구축에서 과거의 충돌 시기보다 더 많은 인권적 대응을 필요로 한다. 인권 침해, 차별, 학대는 사회 불안과 충돌로 이어지는 경우가 많다. 인권에 대한 부정적 추세는 앞으로의 긴장과 충돌 확대를 예견하는 표지판과 같다. 즉 분쟁을 막고 단계적으로 줄이며, 지속가능한 방법으로 해결하기 위해서는 폭력 사태가 발생하기 전에 인권 문제를 해결하는 것이 무엇보다 중요하다. 인권 문제는 현재 안전보장이사회의 의제에 체계적으로 통합되어 있으며, 인권 부문은 유엔의 중재와 평화유지임무단에서 빠질 수 없는 일부다. 유엔 인권최고대표를 비롯한 유엔 인권최고대표사무소의 관리들은 정기적으로 안전보장이사회에 인권 상황을 보고한다. 유엔 인권 전문가나 안전보장이사회 전문가들과 비공식 체제 사이의 비공식적 정보 교환도 늘어나고 있다.[131] 최근에 채택된 새로운 도구들과 정책들에는 위에 언급된 정책들은 물론이고 유엔 평화유지임무단의 인력을 위한 인권 지도 자료 등도 포함된다.

무력충돌에서 발생하는 성폭력

최근 들어 분쟁과 관련된 성폭력conflict-related sexual violence, CRSV이 만연하고 있다는 인식이 커지고 있다. 이 책은 이런 극악한 인권 침해에 여러 장을 할애해 효과적인 대응의 필요성 등 몇몇 측면들을 다루고 있다. 반 총장은 분쟁과 관련된 성폭력에 대한 유엔의 대응을 검토하고 강화하는 절차를 개시했다. 안전보장이사회는 결의 제1820호(2008년)를 채택했다. 이 결의는 "고의적으로 민간인을 표적으로 삼기 위한 전쟁 기법으로써 혹은 민간인에 대한 광범위하거나 체계적인 공격으로써 사용되거나 자행되는 성폭력은 무력충돌의 상황을 심각하게 악화시키며 평화와 안전의 복구를 방해한다"고 강조했다.[132] 또한 안전보장이사회는 반 총장에게 성폭력이 광범위하게 혹은 체계적으로 사용되는 무력충돌에 대한 정보를 매년 보고하고, 분쟁과 관련된 성폭력의 범위와 추세에 대한 분석을 제공하라고 요청했다.[133] 안전보장이사회는 다음 해에 '분쟁 중 성폭력에 대응하기 위한 사무총장특별대표사무소Office of the Special Representative of the Secretary-General on Sexual Violence in Conflict, SRSG-SVC'를 만들어 이 문제를 해결하기 위한 전략지도부를 제공하고 '분쟁 중 성폭력에 맞서는 유엔 행동UN Action against Sexual Violence in Conflict' 네트워크 안에서 13개 기관들의 협력과 조정을 촉진하고 있다.[134] 또한 이 결의는 '분쟁 중 성폭력에 대응하기 위한 전문가팀Team of Experts on the Rule of Law and Sexual Violence in Conflict'이라는 기관 간 팀을 만들어서 회원국들에게 분쟁과 관련된 성폭력를 다루는 역량을 지원하게 하고 있다. 이 전문가팀은 '분쟁 중 성폭력에 대응하기 위한 사무총장특별대표사무소'의 직속기관으로 인권최고대표사무소, 평화유지활동국, 유엔 개발계획의 인력으로 구성된다.

안전보장이사회의 후속 결의들을 통해 분쟁과 관련된 성폭력의 "감시, 분석, 보고 방식MARA"에 새로운 구조가 만들어졌다. 이로써 사무총장이 분쟁과 관련된 성폭력에 대한 연례보고서에 "강간을 비롯한 성폭력을 자행한 것으로 의심되거나 그러한 행위에 책임이 있는 무력충돌 당사자"의 명단을 포함시킬 수 있게 되었다.[135] MARA는 모든 평화 유지 임무에 적용되고 있다. 이러한 체제에 따라 사무총장 보고서에 분쟁 중에 성폭력을 자행한 것으로 의심된다고 적시된 당사자와 단체는 48개로 그 대다수가 비국가 행위자였다. 분쟁과 관련된 성폭력의 연례보고서에 반복적으로 이름을 올린 모든 당사국은 정책상 유엔 평화유지군에 참여하는 것이 제한된다. '분쟁 중 성폭력에 대응하기 위한 사무총장특별대표사무소'는 각국 정부를 포함한 여러 고위급 당사자들로부터 이런 혐오스러운 인권 침해를 종결짓는 데 헌신하겠다는 약속을 받았다. 이 합의에는 유엔과 아랍연맹, 아프리카연합, 대호수지역국제회의International Conference on the Great Lakes Region를 비롯한 지역 조직이 참여했다.

그럼에도 불구하고 여러 심각한 문제들이 남아 있다. 2015년 말에 성폭력, 특히 보코하람이나 IS와 같은 단체들이 저지르는 치명적 형태의 성폭력이 테러에서 빈번하게 이용되는 전술로 인정받았다.[136] 성폭력은 여전히 남수단이나 시리아 등지의 충돌에서 빠짐없이 등장하고 있다. 유엔은 평화유지군이 자행하는 모든 성적 착취와 학대를 없애는 일에서조차 성공하지 못하고 있다. 그런 이유로 최근 우리가 진행하는 사업의 핵심은 유엔이 이 문제에 대응하는 방법을 바꾸기 위한 일련의 계획들이다.

아동과 무력충돌

전쟁으로 피해를 본 대부분의 국가는 아동 인구가 많다. 이들은 무력충돌의 주된 피해자다. 지난 10년 동안 안전보장이사회는 무력충돌에서 아동을 보호하기 위한 강력한 체제를 개발했고, 사무총장과 '아동과 무력충돌에 대응하기 위한 특별대표Special Representative for Children and Armed Conflict'에게 이러한 재앙에 대응하기 위한 수단으로서 ① 충돌 당사자로서 아동에게 심각한 인권 침해 행위를 자행한 국가나 비국가 행위자의 명단을 작성하고 ② 당사자들과의 접촉을 통해 아동 보호를 강화하고 책임을 인식하도록 했다. 특별대표의 주요 임무는 충돌 당사자와의 직접적인 접촉 외에도 회원국에 대한 적극적 지원을 통해 유엔 체제, 시민사회 협력단체, 지역과 하위 지역조직 간의 협력과 화합을 증진하는 것이다. 그 결과 아프리카연합, 아랍연맹, 북대서양조약기구, 개별 회원국과의 새로운 파트너십들이 개발 혹은 강화되었다. 유엔은 안전보장이사회가 규정한 행동계획의 이행 등을 통해 충돌 당사자들을 연계시키고, 수년에 걸친 지지로 아동을 충돌에 관여하는 안전보장군에 포함시키지 않는다는 합의를 도출하는 데 크게 기여했다.

2014년 '아동과 무력충돌에 대응하기 위한 특별대표'와 유엔 아동기금United Nations Children's Fund(이하 '유니세프UNICEF')은 정부 무장세력이 아동을 병사로 이용하는 것을 막기 위해 '아동은 군인이 아니다Children, Not Soldiers' 캠페인을 시작했다. 이 캠페인은 상당한 정치적인 지지를 얻고 눈에 띄는 진전을 보였다. 특히 아프가니스탄과 콩고민주공화국, 미얀마에서 상당한 발전이 있었다. 2014년 차드는 아동을 병사로 이용하는 국가 명단에서 제외되었다. 소말리아, 남수단, 예멘에서도 이 사업이 진행 중이다.

유엔의 최선을 다한 노력에도 불구하고 세계의 많은 아동들은 여전히 무력충돌의 영향에서 취약한 상태에 있다. 아동들은 계속해서 목숨을 잃고, 불구가 되고, 무장세력에 의해 병사가 되며, 의료와 교육 서비스를 박탈당하고 있다. 아동들이 그들의 삶과 공동체를 재건할 수 있도록 만드는 지속가능한 재통합 프로그램이 절실하게 필요하다. 아동에 대한 심각한 인권 침해에 대응할 뿐 아니라 이를 사전에 막기 위해서는 가해자의 불처벌과 싸우는 것이 중요하다. 가해자에 대한 정의가 실현되지 않는 한 지속적인 진전은 불가능할 것이다.

인권, 대테러 활동, 극단주의

반 총장은 테러와 싸우고 폭력적 극단주의를 막는 노력과 인권 사이의 연관성을 부각시키는 데 중요한 역할을 했다. 그는 세계대테러 전략의 첫 번째 전략이 더 적극적으로 이행되어야 한다고 주장했다. 테러가 확산되기 쉬운 조건(오랫동안 지속된 충돌들 등)을 확인하고 그 조건들을 법규 부재나 인권 침해와 관련시키는 일이 중요하다고 강조한 것이다. 반 총장은 극단주의와의 전투에서 승리할 수 있는지 여부는 각 사회가 해당 국가의 영토 안에 있는 모든 사람들에게 소속감을 주는가에 달려 있다고 말했다. 모든 활동 주체가 공공 장소, 학교, 일터, 병원, 주민 자치센터, 법정, 경찰서에서 평등과 차별 금지와 인권에 대한 존중을 확보하는 데 동원되어야 한다. 과거의 인권 침해에 대해서 책임을 묻고 피해자들이 보상을 받아 상처를 치유하고 남은 상처가 불만과 소외감으로 번지지 않도록 해야 한다. 폭력적 극단주의를 효과적으로 예방하고 맞서기 위해서는 안전 보장 활동 자체가 인권을 존중해야 한다. 감시 활동은 사생활을 보호받을 권리와 표현의 자유, 인권을 반드시 지켜야 한다. 감시 활동은 적정한 목표에 꼭 필요한 정도로 제한되어야 하며, 명확하고 정확하며 이해하기 쉬운 법률에 기반을 두고 있어야 한다. 대량 감시mass surveillance 프로그램, 인종·종교·국적을 기반으로 한 감시 프로그램, 비밀스러운 결정을 기반으로 하는 프로그램은 허용되지 않는다. 표현의 자유라는 측면에서 국적, 인종, 종교적 혐오를 조장하는 일에는 지체 없이 대응해야 한다.

디지털 시대에 사생활을 보호받을 권리를 위한, 인권최고대표사무소의 2014년 보고서(A/HRC/27/37)는 사생활을 보호받을 권리에 나타나는 상당한 공백이나 감시 정책, 법, 관행과 관련된 정부의 불투명성을 확인했다. 인권이사회는 이후 사생활을 보호받을 권리를 위한 특별보고관Special Rapporteur을 지명했다. 외국 용병 현상과 관련해 2014년 말 인권이사회에 제출된 보고서(A/HRC/28/28)는 각국이 용병 유입을 저지시키는 노력에 국제인권법 의무 준수를 통합시키는 일이 중요하다는 것을 강조했다. 이를 위해서는 ① 테러가 발생하기 쉬운 조건을 확인하고 폭력적 극단주의에 맞서며 ② 국제인권법의 위반이나 국제인도법의 심각한 침해 행위에 대한 책임성을 확보하고 가해자가 반드시 처벌받게 하며 ③ 외국 용병의 유입을 차단하고 범죄행위를 예방하기 위해 택하는 모든 조치가 국제인권법의 의무를 따르도록 하는 계획을 강구해야 한다.

집단학살의 예방과 보호책임

역사의 도처에 걸쳐 전 세계에서 발생한 끔찍한 대규모 인권 침해 사건은 세상에는 집단학살이나 반인도 범죄, 전쟁 범죄 등 잔혹 범죄의 위험에서 자유로운 종교가 없다는 냉혹한 깨달음을 준다. 우리에게는 잔혹 범죄의 위험에 처한 사람들을 보호해야 하는 도의적·윤리적 책임은 물론이고, 그렇게 해야 하는 확고부동한 법적 의무가 있다. 그러한 법적 의무는 집단학살 범죄의 방지와 처벌에 관한 협약Convention on the Prevention and Punishment of the Crime of Genocide, 국제인권법, 국제인도법, 국제형법, 국제관습법에 나타난다.

아난 전 총장은 2004년 '집단학살 예방을 위한 특별보좌관Special Adviser on the Prevention of Genocide'을 임명했다. 뒤이어 반 총장은 자리에 앉고 얼마 되지 않아 '보호책임을 위한 특별보좌관Special Adviser on the

Responsibility to Protect'이라는 상보적인 자리를 만들었다. 두 자리의 권한은 별개이면서도 서로 연관되기 때문에 반 총장은 효율을 고려해 2009년 유엔 집단학살 방지와 보호책임 공동사무소Joint Office on Genocide Prevention and the Responsibility to Protect를 설립했다. 이 사무소는 집단학살, 전쟁 범죄, 인종 청소, 반인도 범죄와 그러한 범죄의 조장으로부터 사람들을 보호하는 국내외 활동을 진전시키는 일을 통해 두 보좌관을 지원한다. 동시에 전 세계에서 잔혹 범죄나 그러한 범죄를 조장할 가능성이 있는 상황에 대한 정보를 수집하고 그에 대한 평가를 수행한다. 또한 이 공동사무소는 교육과 기술적 지원을 통해서 ① 방지, 조기 경보, 대응 역량을 강화하고 ② 잔혹 범죄의 원인과 역학, 그리고 그런 범죄를 예방하기 위한 조치들에 대한 이해를 촉진하며 ③ 국가들을 비롯한 행위 주체들이 그들의 보호책임 인식을 높임으로써 유엔, 회원국, 지역과 하부 지역조직, 시민사회의 역량을 구축하는 일도 한다. 두 특별보좌관의 임무를 설정하는 이 계획은 잔혹행위 예방을 위한 국내적, 국제적 활동을 진전시키는 데 큰 역할을 했다. 긴밀한 파트너십을 구축한 두 특별보좌관은 많은 포럼에서 국가와 지역의 잔혹 범죄 방지 메커니즘 개발을 촉진하고 지원하고 있다. 무력충돌 방지와 잔혹 범죄 예방이 직접적으로 연관되어 있으나 동일하지는 않다는 반 총장의 견해에 따라, 무력충돌과 별개로 벌어지거나 이와 연관되지 않은 위험까지 고려하는 잔혹 범죄 표적 전략이 개발될 수 있었다.

인권최고대표사무소는 물론 인권최고대표사무소가 지원하는 인권 감시 메커니즘도 잔혹 범죄의 예방과 대응에 핵심 역할을 한다. 유엔 인권협약기구들과 인권이사회 특별절차는 조기 경보, 자문, 보고와 같은 중요한 역할을 한다. 인권최고대표사무소나 인권이사회가 제안하거나 지원하는 조사위원회는 집단학살을 종식시키고 책임성을 확보하는 일에 큰 기여를 해왔다. 잔혹 범죄의 조기 경보를 위한 유엔 사업은 잔혹 범죄가 하룻밤 사이에 일어나는 일이 아니며 위험 요인의 확인이 문제를 해결하는 정책 개발의 첫걸음이라는 전제를 기반으로 한다. 이에 따라 2014년 유엔 집단학살 방지와 보호책임 공동사무소는 방법론과 예방 도구, 즉 잔혹 범죄에 대한 분석 체계를 Framework of Analysis for Atrocity Crimes를 개발해 집단학살, 반인도 범죄, 전쟁 범죄와 관련된 위험 요인 정보의 수집과 분석을 체계화시켰다. 이 분석 체계는 2014년 반 총장에 의해 시작되어 이후 총회와 안전보장이사회 의장들에게 제공되었으며,[137] 유엔 체제, 회원국, 시민사회, 학계에서 이용되고 있다.

인권이사회 결의 제28/34호(2015년 4월 7일)는 잔혹 범죄의 분석 체계가 모든 상황에서 집단학살의 위험을 분석하는 도구로 유용하다는 점을 인식하고, 회원국과 지역 및 하부 지역단체들도 각자의 예방 사업에 이 체계를 길잡이로 사용하도록 권장했다. 전 세계에 걸친 상황 분석에 이를 체계적으로 응용한다면 문제 인식을 강화할 수 있으며, 사무총장은 더 체계적이고 더 일관되게 위급함을 알릴 수 있다. 잔혹 범죄의 분석 체계는 반응적인 접근보다는 예방적인 접근을 권장한다. 이 체계는 인권최우선행동계획 아래에서 문제 상황에 대한 기준을 개발할 때 기준 역할을 한다. 하지만 결정적인 조치가 따르지 않는다면 경보를 발한다 해도 소용이 없을 것이다. 회원국과 국제사회는 예방에 더 많은 노력을 기울이고, 더 많은 투자를 하며, 잔혹 범죄로부터 국민을 보호할 능력이 없거나 보호할 의지가 없는 국가에 대해 행동할 준비를 갖추어야 한다. 국가는 위험에 처한 국민을 보호하기 위한 적절하고 효과적인 조치보다 국가 이익을 우위에 두는 경우가 많다. 따라서 사무총장은 정치적 의지를 확보하는 데 주도적인 역할을 해야 한다.

보호책임

2005년 유엔 세계정상회의에서의 보호책임의 채택은 잔혹 범죄를 막아야 할 국제사회의 임무를 깨닫고, 이러한 임무의 이행에서 서로를 도울 의무가 있다는 것을 인식한 결과였다.

안전보장이사회 결의 제1973호(2011년)가 승인한 리비아 사태의 개입은 보호를 목적으로 한 물리력 행사가 언제, 어떻게, 어떤 한도만큼 정당화될 수 있는가에 대한 논란을 낳았다. 회원국들은 다른 목적에 원칙을 오, 남용할 수 있지 않느냐는 우려를 나타냈다. 행위 주체들은 물리력을 사용한 후에 어떤 종류의 지속적인 원조가 필요한지도 생각해야 했다. 그렇지만 보호책임의 핵심 측면에 대해서는 회원국들 간의 광범위한 합의가 이루어져 있다. 전반적으로 회원국들은 ① 예방을 우선시할 필요가 있고 ② 집단학살, 전쟁 범죄, 반인도 범죄, 인종 청소, 이런 행위의 선동 상황을 해소할 때는 외교적·정치적·인도주의적 방책을 전방위적으로 활용해야 하고 ③ 군사력을 최후 수단으로 고려해야 하고 ④ 보호책임의 이행이 유엔 헌장과 국제법에 부합되도록 해야 한다는 데 뜻을 같이하고 있다.

코트디부아르, 기니, 케냐, 키르기스스탄에 대한 국제적 개입이 잔혹 범죄의 위험을 경감시켰다고 믿는 데에는 확실한 근거가 있다. 하지만 상당한 진전에도 불구하고 여러 국가와 비국가 행위자가 계속 잔혹 범죄를 일으키고 있다. 잔혹 범죄에는 다방면의 피해와 오래 지속되는 후유증이 뒤따른다. 따라서 보호책임이 빠르게 이행되어야 한다. 집단학살, 전쟁 범죄, 인종 청소와 반인도 범죄는 인류에 대한 모욕이며 인간 존엄성 자체에 대한 모독이다.

전환기 정의

오랜 세월을 거치면서 '전환기 정의transitional justice(독재·전체주의 국가가 민주 체제로 전환되거나 내전·분쟁이 종식되고 새 체제가 들어설 때 과거 체제에서 발생한 범죄를 어떻게 처리할 것인지의 문제를 담고 있는 개념*)'에 대한 계획들은 충돌 이후의 전략기획에서 빠질 수 없는 요소가 되었다. 유엔은 국제 규범과 기준을 개발하고, 좋은 관행과 경험을 수집하며, 구체적인 상황에 적용하면서 인권 입장에서 전환기 정의 분야를 적극적으로 분석해왔다. 2010년 반 총장은 '전환기 정의에 접근하는 유엔의 방법UN Approach to Transitional Justice'이라는 획기적인 지침을 발표했다. 이 지침은 인권에 바탕을 둔 관점을 제공하고, 전환기 정의와 관련한 유엔 활동을 한층 더 강화하기 위한 접근법을 제시한다. 2014년 반 총장은 '분쟁과 관련된 성폭력 배상Reparation for Conflict-Related Sexual Violence'에 대한 지침도 내놓았다. 이것은 배상 프로그램과 희생자 대상 계획의 고안·이행·감시·평가를 지지하거나 지원하는 활동 등 유엔 참여정책과 운영지침을 제시한다.

인권최고대표사무소는 그 외에도 인권이사회의 요청에 따라 여러 분석 연구를 수행했다. 그들은 전환기 정의에 연관된 국가 등 이해관계자들에게 다양한 지침을 제시하는데, 그 지침의 예는 평화협정의 전환기 정의 측면(A/HRC/12/18), 군비 축소, 복원(전시 체제에서 평시 체제로 전환됨에 따라서 인적·물적 자원을 동원 목적에서 해제시키는 다양한 활동*), 재통합과 전환기 정의 사이의 관계(A/HRC/18/23), 전환기 정의에서 본 성폭력(A/HRC/27/21) 등이다. 인권최고대표사무소는 인권이사회에 진실을 알 권리와 관련된 규범 기준을 마련하는 과정에서 접근한 다양한 사안들에 대한 연구 결과도 제출했다. 그 예는 기록 보관소의 역할, 수사에 사용하는 법의 유전학法醫 遺傳學(인간의 유전자를 조사하여 특정 개인의 신상 정보를 파악하는 법의학의 한 종류*), 피해자와 증인 보호(A/HRC/12/19, A/HRC/15/33, A/HRC/18/25)다. 인권최고대표사무소가 발표한 '충돌 후 국가를 위한 법치 도구Rule of Law Tools for Post-Conflict States'는 책임 절차와 전환기 정의에 관련된 이해관계자들에게 기소계획부터 국가 협의와 재통합 프로그램의 제도적 개혁에 이르는 사안들에 대해 추가 지침을 제시한다. 인권최고대표사무소는 가능성과 문제, 한계에 대한 이해를 촉진하고 이해관계자들에게 권고안을 제시할 목적으로 2014년 발간한 《전환기 정의와 경제·사회·문화적 권리Transitional Justice and Economic, Social and Cultural Rights》에서 전환기 정의 절차가 경제적·사회적·문화적 권리의 침해를 해결해온 방식을 탐구했다.

지난 몇 해 동안 유엔의 현장 파견단, 전환기 정의 전문가, 국내 활동가들은 이들 도구에 크게 의존했다. 인권최고대표사무소는 다른 유엔 기관과의 공조를 통해 전 세계 25개국 이상의 전환기 정의 프로그램을 적극 지원하고,[138] 포괄적이고 참여적인 피해자 중심 접근법을 활성화시켰다. 유엔은 (특히 부룬디, 토고, 튀니지에서) 포괄적인 국가 협의체 조직을 지원해왔다. 이들 국가 협의체 조직이 전환기 정의 메커니즘으로 하여금 피해자를 비롯해 분쟁 공동체의 필요를 반영하도록 하는 전제 조건이라는 인식이 커지고 있다. 강력한 국가의 주체의식과 관련된 방책이 분쟁 이후에 정치적 안정을 가져다주며, 전제 조건이 마련되어 있어야 효과적인 전환기 정의 절차가 이어질 수 있다는 인식도 강해지고 있다. 여기에는 특히 증인과 피해자를 보호하기 위한 적절한 방책의 채택이 꼭 필요하다. 인권최고대표사무소는 다른 협력단체와 힘을 합해 아르헨티나, 부룬디, 네팔, 토고, 튀니지, 우간다를 비롯한 여러 나라에서 이런 측면을 지원해왔다.

진상 확인절차의 영향력을 극대화할 방안에 대해서는 더 깊은 고려가 필요하다. 일부 국가는 진실 관련 위원회들이 채택한 권고를 더 적극적으로 이행해왔다. 예를 들어 토고의 경우 각료회의Council of Minister에서 진실화해위원회Truth, Justice and Reconciliation Commission, CVJR의 제안을 받아들여 공식적으로 진실화해위원회 권고안을 이행하기 위한 지침백서를 채택했다. 이 경험에서 얻은 교훈은 인권최고대표사무소가 준비하는 새로운 법치 도구에 나타날 것이다. 유엔은 국제 범죄를 수사하고 기소하는 국가 역량을 강화하기 위해서도 노력해왔다. 콩고민주공화국이나 중앙아프리카공화국과 같은 여러 국가에 국제 범죄를 기소하는 특별재판소를 두는 것과 관련한 입법절차에도 지원을 아끼지 않고 있다. 인권최고대표사무소는 인권 침해 범죄의 기소에 관한 국가 계획(예를 들어 콜롬비아)이 개발되는 상황도 감시했다. 이는 1985년 보고타대법원 포위 사건 이후의 강제 실종 사건에 대한 2010년 법원 판결로 이어졌다. 불처벌이라는 불의에 반대하는 싸움에서 중요한 의미를 갖는 사건이었다. 인권최고대표사무소는 과테말라에서 사법부의 인권 존중을 뒷받침하고 여성과 아동의 권리 인식을 높이려는 목적에서 법무부 장관의 임명절차를 감시하는 등 여러 국가기관을 지원했다. 기니의 경우 인권최고대표사무소는 책임성 확보라는 목적을 가지고 사실조사단 심판관들과 함께 2013년 7월에 발생한 종족 간 분쟁의 피해자나 증인과 접촉하는 일을 추진했다.

인권최고대표사무소는 전환기 정의 절차에서 성폭력 문제에 관해 피해자의 효과적인 참여와 그들의 특정한 필요를 반영하는 일이 반드시 필요하다고 강조해왔다. 이런 사안이 과거보다 훨씬 큰 관심을 받고는 있지만 더 많은 주의와 관심이 필요하다.

2011년 9월 29일 인권이사회는 인권의 총체적인 침해와 국제인도법의 심각한 위반 상황을 해결하기 위해 진실·정의·배상의 촉진과 재발 방지 보장에 대한 특별절차 권한을 만들었다. 특별보고관의 일은 전환기 정의에 대한 인권최고대표사무소 사업을 인권적 입장에서 보완하는 것이다. 2014년 결의에서 이사회는 권한의 4가지 요소에 대한 포괄적인 접근법이 "책임성을 보장하고 정의를 실현하며, 피해자에게 해결책을 제공하고 치유와 화해를 촉진하며, 보안 시스템에 대한 독립적 감시를 확립하고, 국가기관의 신뢰를 회복시키고, 국제인권법에 부합하는 법의 지배를 촉진하는 데 도움을 줄 것"이라고 기대했다. 특별보고관은 부룬디, 스리랑카, 튀니지 등 여러 나라를 방문하고 인권적 입장에서 전환기 정의와 진실 규명에 어떻게 접근할 것인지에 대한 구체적인 권고안을 발표했다.

국제형사재판소의 사례

반 총장의 임기가 시작되면서 인권과 국제인도법의 심각한 위반에 대해 개인이 반드시 형사상 책임을 져야 한다는 개념이 확고해졌다. 뉘른베르크재판 이후 수십 년 동안 큰 진전이 없었던 국제형사사법 활동은 안전보장이사회가 1990년대 초에 구유고슬라비아국제형사재판소International Criminal Tribunal for the former Yugoslavia, ICTY와 르완다국제형사
재판소International Criminal Tribunall for Rwanda, ICTR를 설립하면서 활기를 되찾
았다. 21세기에 들어서면서 유엔과 시에라리온 정부 간 협약에 의해
시에라리온특별재판소Special Court for Sierra Leone, SCSL가 설립되었다. 몇 년
후 총회의 요청에 따라 캄보디아 국내법에 의해 캄보디아특별재판
소Extraordinary Chambers in the Courts of Cambodia, ECCC가 설립되었고, 유엔과 캄보
디아 왕립정부Royal Government of Cambodia는 캄보디아특별재판소에 대한
협력 협정을 맺었다.

 2010년 국제형사재판소에 대한 캄팔라재검토회의Kampala Review
Conference on the International Criminal Court에서 반 총장은 "불처벌의 낡은 시대는
끝났습니다. 우리는 그 대신에 느리지만 확실하게 책임성의 새 시대
가 탄생하는 것을 목격하고 있습니다"라고 말했다.[139] 지금은 심각한
국제 범죄가 자행되었을 때 책임이 뒤따를 것이라고 예상한다. 국제
형사사법 활동은 비용이 많이 들며 항상 신속하다고 말할 수 없다. 하
지만 국제형사재판소가 내린 기념비적인 평결들은 정치력이나 군사
력에서 최고 우위를 점하고 있는 사람들에 대해서도 재판절차가 독
자적인 방향을 따를 수 있고 그렇게 할 것이라는 점을 보여주었다.

 레바논특별재판소Special Tribunal for Lebanon, STL는 2007년에 설립되었다.
이 재판소의 설립 방식은 특이했다. 유엔과 레바논 정부 사이의 협
정에 재판소 설립 조항이 있었지만, 이 협정을 레바논이 비준하지 않
았다. 따라서 유엔 헌장 제7장에 의거해 채택된 안전보장이사회 결
의 제1757호(2007년)에 의해 협정이 발효되었다. 결의에 따라 안전보
장이사회는 라피크 하리리Rafiq Hariri 전 레바논 총리가 죽고 그 외 22명
이 죽거나 다친 2005년 2월 14일 테러공격이 국제 평화와 안보에 대

한 위협이라는 결정을 내렸다. 레바논특별재판소는 특정한 테러사건에 대한 사법권만을 가진다는 면에서 국제형사재판소 중에서도 독특한 위치에 있다. 형사사법제도의 원칙에 부합하고 2005년 2월 14일 테러공격과 유사한 성격과 중요성을 가진다면, 2004년 10월 1일과 2005년 12월 12일 사이에 일어난 다른 테러공격에 대해서도 레바논특별재판소가 사법권을 가진다. 따라서 레바논특별재판소는 관련 사건이라고 여겨지는 3번의 테러공격에 대한 사법권도 갖게 되었다. 하지만 지금까지 이들 사건에 대해서는 기소가 이루어지지 않았다.

지난 10년 동안 구유고슬라비아국제형사재판소와 르완다국제형사재판소는 주목할 만한 성과를 달성했다. 르완다국제형사재판소는 2015년 말 사법 활동을 마무리했으며 구유고슬라비아국제형사재판소의 활동은 2017년 말 끝날 것으로 예상된다. 이들 기구는 예상보다 오래 지속되면서 많은 예산을 사용했지만 놀라운 성과를 보였다. 구유고슬라비아국제형사재판소는 총 161명을 기소했고 모두 체포되었다. 르완다국제형사재판소는 93명을 기소했고 그중 8명만이 체포되지 않고 있다. 두 국제형사재판소 모두 유엔 헌장 제7장에 의거한 안전보장이사회 조치에 의해 설립되었고, 그에 따라 회원국은 유엔 국제사법재판소 활동에 협조해야 할 의무를 진다. 사법적 맥락에서 이 의무는 재판소에 의해 기소된 사람들의 체포로까지 확장된다. 구유고슬라비아국제형사재판소 장기 도피자였던 스릅스카공화국의 전 대통령 라도반 카라지치Radovan Karadžić의 2008년 7월 체포와 보스니아 세르비아군의 참모총장 라트코 믈라디치Ratko Mladić의 2011년 5월 체포는 지난 10년에 걸친 구유고슬라비아국제형사재판소 활동 중에 눈에 띄는 획기적 사건들이다. 2016년 3월 카라지치는 스레브레니차

집단학살, 전쟁 범죄, 반인륜 범죄로 유죄 판결을 받고 40년형을 구형받았다. 플라디치의 공판은 2017년 11월 마무리될 예정이다.

반 총장 재임 동안 르완다국제형사재판소의 권한은 21년간의 사법 활동 끝에 종료되고 폐쇄되었다. 르완다국제형사재판소는 국제형법에 큰 기여를 했다. 르완다국제형사재판소는 아카예수Akayesu 사건을 통해 집단학살 자행에 대해 유죄를 선고한 최초의 국제 재판소다. 르완다국제형사재판소는 1948년 체결된 제노사이드협약Genocide Convention이 말하고 있는 집단학살의 정의를 이 사건에 적용했으며, 강간죄를 국제법상 범죄로 규정하고 강간을 집단학살을 자행하는 수단의 하나로 보았다. 르완다국제형사재판소는 르완다의 전 총리인 장 캄반다Jean Kambanda에게 유죄 선고를 내려 그에게 집단학살 범죄의 책임을 물었다. 르완다국제형사재판소는 집단학살을 저지르도록 대중을 선동한 책임을 미디어에 물은 최초의 특별재판소이기도 하다. 르완다국제형사재판소는 몇 가지 사건의 기소를 프랑스와 르완다에 이송함으로써 국제적인 이목이 집중된 심각한 범죄 고발에 국가가 주된 책임을 갖는다는 개념을 분명히 드러냈다.

안전보장이사회는 2010년 12월 결의 제1966호(2010년)의 채택으로 형사재판소를 위한 국제잔여업무처리기구International Residual Mechanism for Criminal Tribunals를 만들었다. 구유고슬라비아국제형사재판소와 르완다국제형사재판소의 사법권으로 이루어진 이 기구는 네덜란드 헤이그와 탄자니아 아루샤에 지부를 두고 있다. 국제잔여업무처리기구는 판사와 직원의 등록 명부, 원격 재택근무, 이 기구의 업무 중 구유고슬라비아국제형사재판소나 르완다국제형사재판소의 겸직 등 혁신적인 사업 방법으로 작고 효율적인 임시기구를 표방한다. 이 기구의 아루샤 지부는 2012년 7월 1일에, 헤이그 지부는 그로부터 1년 후에 업무를 개시했다. 세 기관의 병립으로 관련 기능을 재판소에서 형사재판소를 위한 국제잔여업무처리기구로 이송하는 일이 가능해졌다.

캄보디아특별재판소는 1975년부터 1979년까지 벌어진 중대한 범죄를 이유로 크메르 루즈Khmer Rouge 정권의 지도부를 기소하기 위해 설립되었다. 이 기간에 기아, 고문, 처형, 강제 노동으로 170만 명 이상이 목숨을 잃은 것으로 추정된다. 캄보디아특별재판소는 캄보디아 법 체제 안에 있는 특별재판소로서, 국제 조직인 유엔 크메르 루즈 공판원조UN Assistance to the Khmer Rouge Trials와 국내 조직으로 이루어져 있다. 국내 조직은 캄보디아 판사와 인력으로 구성된다. 반 총장이 재임하는 동안 캄보디아특별재판소는 많은 문제에 직면했다. 그렇지만 여러 어려움에도 불구하고 반인도 범죄에 대항해 1940년 제네바협약에 대한 심각한 위반을 한 카잉 구엑 에아브Kaing Guek Eav를 2010년 기소하고 2012년에 선고를 내렸다. 또한 2010년에는 누온 찌어Nuon Chea와 키우 삼판Khieu Samphan을 반인도 범죄로 기소해 2014년 종신형을 선고하는 등 불처벌에 대한 싸움에서 눈에 띄는 성과들을 남겼다. 두 사건의 심판은 국제형사사법 역사의 획기적인 이정표였다. 특히 큰 성공을 거둔 것은 캄보디아특별재판소의 교육 프로그램이었다. 약 50만 명의 사람들이 소송 절차에 참석하거나 강연을 듣거나 견학하는 식으로 재판소 활동을 직접 경험했다.

반 총장이 임기를 시작한 해에 전 라이베리아 대통령 찰스 테일러Charles Taylor가 체포되어 시에라리온특별재판소 재판에 회부되었다. 시에라리온특별재판소는 분쟁이 일어난 영토에 자리를 잡은 최초의 특별재판소였다. 2012년 4월 테일러는 뉘른베르크재판 이후 처음으로 국제재판소에서 전쟁 범죄로 유죄 판결을 받은 전직 국가원수가 되었고 2013년 9월에 50년형을 선고받았다. 시에라리온특별재판소는 활동하는 동안 총 13명을 기소해 9명에게 유죄 판결을 내리고 징역형을 선고했다.

시에라리온특별재판소는 유엔 직속 혹은 유엔이 지원하는 형사재판소로서 임무를 완료하고 형사재판소를 위한 잔여업무처리기구인 시에라리온잔여업무처리특별재판소Residual Special Court for Sierra Leone, RSCSL에 권한을 넘긴 최초의 재판소였다. 시에라리온잔여업무처리특별재판소는 유엔과 시에라리온 사이의 조약에 의해 만들어졌으며 2014년 1월 1일 업무를 시작했다. 반 총장은 자발적인 기부가 사법기구에 자금을 조달하는 지속가능한 방법이 아니라는 입장을 고수해왔다. 기부에만 의존한 결과 심각한 자금 문제에 봉착했고, 당시 사법기구들은 기능을 계속하는 것이 위태로울 정도로 불안정한 상황에 놓였다. 총회는 수차례에 걸쳐 이 세 기관에 보조금을 지급했다. 장기간 기능을 이어가야 할 가능성을 고려한다면 시에라리온잔여업무처리특별재판소를 확고한 재정 기반 위에 세우는 일이 꼭 필요하다.

국제형사재판소의 의의

반 총장의 임기가 시작되기 5년 전인 2002년 7월 1일, 로마규정Rome Statute의 발효로 세계 최초의 상설 국제형사재판소International Criminal Court, ICC가 설립되었다. 국제형사재판소는 국제적 우려를 낳는 심각한 범죄(집단학살, 반인도 범죄, 전쟁 범죄)의 불처벌을 종식시키는 일에 나설 권한을 가지고 있다. 현재 많은 사건에 대해 국제형사재판소 수사가 진행 중이다. 5건은 관련국 법원으로 이송되었고, 3건은 소추관의 지휘권 아래에 있으며, 2건은 안전보장이사회에 의해 이송되었다. 소추관은 8건의 예비조사, 즉 수사를 개시할 만한 정당한 근거가 있는지 판단하기 위해 이용 가능한 정보를 검토하는 과정도 진행하고 있다.

유엔과 국제형사재판소의 양자 간 협력에 관한 기본 틀을 제시하는 관계합의서Relationship Agreement는 12년 전부터 발효되었다. 이에 근거해 여러 개의 협의와 합의가 평화유지군, 현지 사무소를 비롯한 다양한 유엔 단체와 국제형사재판소 사이의 파트너십을 결정해왔다. 가장 최근의 협의는 중앙아프리카공화국, 유엔 평화유지군, 국제형사재판소의 평화 유지 활동 사이의 협력에 관한 양해각서였다. 유엔은 국제형사재판소의 다른 기관에도 정보와 서류를 제공하고 전·현직 유엔 인력의 인터뷰(일부는 증언을 하기도 했다)를 조율하는 일도 한다. 그 외에도 유엔은 재판소의 행정적·물류적 지원 요청에도 응해왔다.

상설기구인 국제형사재판소는 국제형사사법 구조의 중심에 있다. 회원국들이 심각한 국제 범죄에 책임이 있는 사람들에게 책임을 물을 능력이 없거나 그렇게 할 의도가 없는 경우 국제형사재판소가 사법권을 행사할 수 있게 하는 것이 유엔의 역할이다. 애석하게도 모든 회원국이 로마규정을 비준한 것이 아니고 안전보장이사회가 모든 사건을 국제형사재판소에 이첩하고자 하는 것이 아니기 때문에 모든 상황에 국제형사재판소가 사법권을 행사할 수 있는 것은 아니다. 따라서 사무국은 그러한 범죄가 자행되었을 때 책임성을 확보할 수 있는 수단을 계속 생각해보아야 한다.

유엔은 심각한 국제 범죄에 대한 국가의 수사권과 기소권을 강화하는 일을 국제 범죄에서 정의를 확보할 수 있는 중요한 요소로 보고, 그에 대한 지원에 힘을 모으고 있다. 중앙아프리카공화국에서는

2003년부터 전쟁 범죄, 반인도 범죄 등의 심각한 범죄가 벌어졌다. 유엔은 중앙아프리카공화국이 이 사건들의 관할권을 가지는 특별형사법원을 세우도록 제정법 초안 마련을 지원하고 있다. 유엔 평화유지군은 정부의 특별형사법원 설립을 돕고, 법원 기능을 제대로 할 수 있도록 정부 기관의 역량을 강화시키고, 기술을 지원하는 임무를 맡고 있다. 그 과정에서 여러 문제를 겪고 있지만 지원이 국가의 책임 기제에 장기적으로 미치는 긍정적 효과는 상당할 것으로 예상된다.

안전보장이사회는 사무총장에게 남수단혼합재판소의 설립을 위해 아프리카연합위원회와 남수단 거국과도정부Transitional Government of National Unity에 기술을 지원할 권한을 위양했다. 남수단혼합재판소는 2013년 12월부터 벌어진 남수단 분쟁 중에 국제법을 위반했거나 남수단 법을 위반한 사람들을 심리하게 된다. 이것은 유엔이 이 문제의 지휘 주체가 될 지역조직에 기술적 지원을 한 최초 사례다. 유엔은 국제형사사법기구의 설립과 운영에 상당한 전문 지식을 가지고 있기 때문에 이러한 접근법은 책임 기제를 개발하는 건설적이고 유연한 기반을 제공할 수 있을 것이다.

평등, 포용, 차별 금지

모든 여성의 평등과 인권을 강화하고 그들을 제지하는 체제의 차별로부터 해방시키는 것은 유엔 사업의 일부다. 이러한 면에서 유엔 조직의 생각은 계속 진화하고 있다. "개발에서의 여성"이라는 편협한 분석을 기반으로 하는 과거 접근법은 비난을 받아왔다. 즉 여성에게는 권리가 있으며 그 점은 다른 사람에게 그 권리가 유용한지와는 관계없다는 단순하면서도 가장 중요한 사실 대신, 주로 국가 개발이라는 이해관계에 맞추어 여성 능력을 개발하는, 도구로서의 여성 생산성 문제에 초점을 두고 있다는 것이다. 여성이 모든 것을 스스로 선택할 수 있게 만드는 일이 꼭 필요하며, 성 역할을 제한하는 관행·법·정책을 근절하기 위해 그 근원이 되는 성 고정관념에 이의를 제기하는 일이 꼭 필요하다. 여기에는 성과 생식에 대한 보건 및 권리, 모든 여성이 자신의 성적 취향과 성생활·자녀 수·출산 간격·출산 시점에 대한 중요한 결정을 자유롭게 내릴 권리에 대한 고려도 포함되어야 한다.

최근 들어 여성의 인권을 존중하고 보호하고 실현시키고자 하는 세계적 체제에 상당한 규범적 진전이 있었다.[140] 2007년부터 나우루, 카타르, 남수단, 팔레스타인이 여성차별철폐협약Convention on the Elimination of All Forms of Discrimination against Women을 비준하면서 2015년 현재 협약국은 189개국이 되었다. 여성차별철폐위원회Committee on the Elimination of Discrimination against Women, CEDAW는 일반 권고를 통해 협약의 규범적 내용을 명확하게 규정하고 확장하는 일을 계속하고 있다. 여성과 청년의 역량 강화 문제를 다루는 다음 장에서 여성차별철폐협약과 여성차별철폐위원회에 대해 더 상세하게 논의할 것이다.

인권이사회는 2007년부터 2015년까지 여성 권리와 양성평등 문제에 대한 총 34개의 결의안을 채택했다.[141] 1995년부터 2014년까지 96개의 특별절차 메커니즘의 주제 보고가 여성의 권리와 양성평등에 초점을 맞추었고, 다른 주제를 다룬 119개 보고서에도 여성의 권리나 성별 관련 사안이 통합되어 있었다. 2010년 법과 관행의 여성 차별 사안에 대한 실무단이 만들어졌다.[142] 2008년부터 국가별 정례인권검토에서 나온 총 4만 6,584개의 권고안 중 약 20퍼센트가 여성 인권과 양성평등 문제를 언급했다.[143] 인권이사회는 여성 인권과 여성에 대한 차별 철폐는 물론, 성 관념을 이사회 사업에 통합시키는 데 대한 전문적인 연례 패널 토론을 개최하고 있다.

많은 나라가 국가적인 차원에서 양성평등을 촉진하기 위한 법적 개혁과 정책 수단을 마련하고 있다. 이러한 진전에도 불구하고 법과 관행 면에서 여성에 대한 차별은 계속되고 있으며, 많은 여성이 성별·연령·계층·인종·종교·기타 지위를 기반으로 하는 여러 형태의 차별에 시달리고 있다. 도처에서 발견되는 차별적인 규범, 고정관념, 편견, 폭력이 여성 인권의 실현을 막고 있다. 진전의 속도를 높이기 위해서는 ① 여성차별철폐협약에 대한 전 세계의 비준과 본격 시행 ② 법에 남은 여성 차별의 제거 ③ 양성평등과 여성 인권에 대한 투자 확대로 적절한 재원 확보와 역량 강화를 통해 법과 정책을 뒷받침하는 일 ④ 책임 기제를 강화하고 책임 기제에 더 많은 자원을 공급함으로써 여성이 자신의 권리를 주장할 수 있게 하는 일 ⑤ 성별 구분이 더 잘된 자료, 다양한 형태의 차별이 미치는 영향에 대한 지식, 법과 정책에 대한 적절한 대응 등 불평등 문제를 더 상세하게 다루는 일이 필요할 것이다.

지난 10년 동안 성과 생식에 대한 보건 및 권리 면에서 상당한 진전이 있었다. 국제인구개발회의International Conference on Population and Development, ICPD의 보고서 〈2014년 비욘드 리뷰Beyond 2014 Review〉는 성과 생식에 대한 보건 및 권리를 비롯해 사회적·경제적·정치적 평등의 강화가 개인 행복의 토대가 된다는 1994년 카이로협약의 합의를 재차 확인했다. 〈2014년 비욘드 리뷰〉는 국제인구개발회의의 미해결 의제를 완성하기 위해서는 인권·차별 금지·모두에 대한 기회 확대에 집중해야 한다는 인식을 바탕으로 인간의 존엄과 인권에 주된 관심을 두었다.

인권최고대표사무소는 인권 입장에서 산모 사망률과 질병률을 낮추기 위해서는 성과 생식에 대한 보건 및 권리를 전체론적으로 이해해야 한다는 점을 계속 강조해왔다. 이 점에서 인권기구의 사업은 2011년의 여성차별철폐협약의 법리와 함께, 산모 사망과 관련한 인권 침해(알리니 다 실바 피멘탈Alyne da Silva Pimental이 브라질을 상대로 낸 국가배상 소송)나 해당 여성의 건강을 지키기 위한 낙태 금지에 관련한 인권 침해(LC 대 페루의 소송) 사례를 찾는 데 도움이 된다. 2016년 경제·사회·문화적 권리위원회Committee on Economic, Social and Cultural Rights 역시 성과 생식에 대한 보건 및 권리에 대한 획기적인 일반 논평을 내놓았다. 2010년 시작된 반 총장의 여성·아동·청소년의 보건 증진을 위한 글로벌전략은 여성의 건강과 행복을 보장하는 데 인권이 맡는 중요한 역할을 명확하게 인식하고 있음을 보여준다. 자신의 삶과 건강에 대한 중요한 결정을 내릴 여성의 권리를 보호하는 데 초점을 맞춘 접근법은 이 영역의 계속적인 진전에 대단히 중요하다.

지난 10년 동안 아동 결혼과 강제 결혼, 여성 할례와 같은 유해한 관행은 문화나 종교라는 이름으로 정당화시킬 수 없으며 여성 인권의 침해라는 인식이 커졌다. 아동권리위원회Committee on the Rights of the Child와 여성차별철폐위원회는 해로운 성 관행에 대한 공동논평/ 일반권고를 채택했다. 유해한 성 관행은 고정화된 성 관념을 바탕으로 여성을 남성보다 하위에 있다고 여기는 사회적 태도에 깊이 뿌리 내리고 있다. 이 경우 가정, 공동체, 학교, 기타 교육적 배경이나 교육 기관은 물론 사회 전체가 성폭력을 여성과 어린이를 '보호'하거나 통제하는 하나의 방편으로 정당화한다.

인종과 소수자 차별

2001년 더반에서 열린 세계인종차별철폐회의World Conference against Racism는 세계 지도자들이 모든 유형의 인종 차별, 집단학살, 불관용에 맞서는 범지구적 전략을 만들고자 한 첫 번째 시도였다. 2009년 더반 검토회의Durban Review Conference는 인종 차별이 없는 세상에 헌신하겠다고 다시 한 번 다짐했고, 2011년 총회는 '더반선언 및 행동계획Durban Declaration and Programme of Action, DDPA' 10주년을 기념하면서 국가, 지역, 국제적 차원에서 정치적 의지를 결집시키고 더반선언 및 행동계획의 효과적이고 본격적인 시행에 헌신하겠다는 것을 재확인했다. 그러나 더반선언 및 행동계획의 방침에 의거한 각국의 행동계획과 시민사회단체들의 강력한 네트워크에도 불구하고 많은 나라에서 차별, 편견, 인종주의, 불관용이 증가하고 있다. 이러한 상황에서 유엔은 2015년에서 2024년까지를 '아프리카 후손을 위한 10년International Decade for People of African Descent'으로 정하고, 아프리카계 민족에 대한 인식 강화, 정의 구현과 개발에 초점을 맞추기로 했다. 이 10년은 아프리카계 사람들이 겪어온 노예제도, 폭력, 공포, 박탈, 혹독한 편견의 결과에 맞서는 노력을 배가시키는 세계적 플랫폼이 될 것이다. 이 10년은 그들이 유산, 문화, 사회 발전에 얼마나 많은 기여를 했는지에 대한 인식을 높이는 것을 목표로 한다.

유엔 소수자포럼UN Forum on Minority은 2007년 인권이사회에 의해 시작되었다. 소수자 문제를 위한 특별보고관Special Rapporteur on Minority Issues이 지휘하는 이 포럼은 국가, 인종, 종교, 언어적 소수자 문제에 대한 대화와 협력을 촉진하는 플랫폼을 제공한다. 소수자포럼은 소수자를 향한 폭력부터 의사결정에 참여할 권리에 이르는 핵심 사안들을 다루면서 국가를 비롯한 이해관계자들에게 구체적인 권고안을 제시해왔다. 반 총장은 2012년 국가, 인종, 종교, 언어 소수자에 속하는 사람들의 권리에 대한 유엔 선언UN Declaration on the Rights of Persons belonging to National or Ethnic, Religious and Linguistic Minorities 21주년을 맞아 인종 차별과 소수자를 다루는 유엔 네트워크UN Network on Racial Discrimination and Minorities를 만들었다. 인권최고대표사무소가 조정하는 이 네트워크는 관련 유엔 사무국, 기관, 프로그램, 기금 사이의 대화와 협력을 강화하는 역할을 한다. 2013년 해당 네트워크는 유엔 체제가 본부와 현장에서 인종 차별과 소수자 보호를 다루는 방법에 관한 사무총장 지침을 개발하면서, 여러 후속 활동을 촉진하고 소수자 문제에 대한 관심을 높였다. 그것과 관련해서 유엔은 소수자의 참여를 늘리는 새로운 기구를 지원하고, 교육 시스템에서 소수자 차별을 근절하는 일을 돕고, 소수자 언어권을 더 강력히 보호하는 것을 옹호해왔다. 이런 많은 노력에도 불구하고 소수자는 자주 차별이나 인권 침해의 표적이 되고 있으며 이는 다시 충돌의 근본 원인이 되는 경우가 많다. 따라서 소수자와 그들의 권리에 대한 관심을 높이는 것은 인권의 강제적 원칙일 뿐 아니라 분쟁 예방과 지속가능개발을 위해서도 꼭 필요한 일이다.

  반 총장은 난민과 이민의 대규모 이동 문제를 다루는 〈안전과 존엄Safety and Dignity〉 보고서에서 폭력 충돌, 빈곤, 불평등, 기후변화, 재해, 환경의 저하로 여성과 남성과 아동의 대규모 이동이 계속될 것이고 심지어는 증가할 것이란 사실에 주의를 촉구했다. 대규모로, 불규칙적으로, 대단히 위험하게 이동할 수밖에 없는 사람들은 특히 취약한 위치에 있다. 이들 대다수가 위험한 임시거처나 국경 지역에 머물게 된다. 반 총장은 괄목할 만한 노력에도 불구하고 이주하는 취약 계층의 권리를 옹호하기 위한 대응이 부적절한 경우가 많았고, 국제 공동체가 이 필사적인 이동에 대해 원칙적이고 효과적인 정책을 시행하는 데 어려움이 많았다는 사실을 강조했다.

국제 인권 체제는 이동하고 있거나 이주 전후에 있는 모든 사람들이 인권의 원칙에 따라 차별 없이 그 사람의 독특한 상황에 대한 배려를 받을 수 있도록 해야 한다. 간단히 말하자면 모든 인간은 모든 인권을 가지고 있다. 기존 인권법, 난민법, 인도법, 기타 관련 규범은 반드시 지켜져야 하며, 이동에 대한 모든 정책적 대응에서 이 규범들이 기반이 되어야 한다.

유엔의 세계이주그룹Global Migration Group은 관련 유엔 기관장과 단체장들의 힘을 모아 이주 규범을 촉진하며, 더 일관적이고 더 포괄적이며 잘 조정된 접근법을 장려한다. 인권최고대표사무소와 유엔 여성기구가 공동의장을 맡는 '인권과 성에 대한 세계이주그룹실무단GMG Working Group on Human Rights and Gender'은 박해나 충돌이 이주의 주된 이유가 아님에도 자발적으로 이동하고 있지 못하거나 보호를 받으면서 이동하고 있지 못한 사람들의 상황에 대응하기 위해서, 대규모 혹은 복합적인 이주에서 이주자 권리를 보호하는 일련의 원칙과 실무 지침 초안을 마련하고 있다. 이러한 원칙은 이주자들이 종종 처하는 인권 보호의 공백에 국가를 비롯한 이해관계자들이 대응하는 데 도움을 주는 것을 목표로 한다. 2016년 9월 19일 반 총장은 난민과 이주자의 대규모 이동에 대응하는 고위급회담을 개최하고, 국제사회에 난민과 이주자 상황을 개선시키기 위한 2개의 글로벌콤팩트(하나는 난민에 대한 책임 공유에 대한 것이고 다른 하나는 안전하고 정규적인 이주에 대한 것이다)를 받아들일 것을 제안했다. 또한 반 총장은 이민자와 난민에 대한 집단학살에 맞서고 그들의 역경을 공감하기 위해 세계적인 캠페인을 시작하겠다는 의사를 표현했다. 현재 이민에 대한 대중의 인식은 대단히 부정적이며, 이것은 권리를 기반으로 한 이민 정책의 고안과 이행에 가장 큰 장애물이다.

2007년 원주민권리선언Declaration on the Rights of Indigenous Peoples이 채택되고 나서 원주민 권리를 인정하는 데에 상당한 진전이 있었다. 이 선언의 채택은 회원국과 원주민들 모두가 포함된, 진정 통합적인 과정에서 도출된 획기적인 사건이었다. 이 선언은 짧은 기간에 국제적 차원과 국내적 차원 모두에서 원주민과 국가들 모두에게 강력한 공동 행동 체제가 되었고, 처음에는 이 선언에 반대표를 던졌던 회원국들까지도 현재는 모두 이 선언을 채택했다. 인권최고대표사무소를 비롯한 유엔 단체들은 특히 국제인권기구와 의회를 위해 고안된 도구 등 그 이행을 위한 구체적인 지침을 개발했다. 이 선언과 원주민에 관계된 다른 인권 기준은 유엔 내에서 다수의 옹호자들을 두고 있다. 원주민 권리를 위한 특별보고관은 여러 국가 방문과 보고를 통해 이 선언의 이행을 강화하며, 연례상설원주민포럼Permanent Forum on Indigenous Peoples은 1,000명 이상의 원주민과 국가 대표들을 대상으로 핵심 문제를 해결하기 위한 포럼을 개최한다. 2007년 인권이사회는 원주민 권리를 위한 전문가기구Expert Mechanism on the Rights of Indigenous Peoples를 설립해 주제 분석과 조언을 제공하도록 했다. 원주민 권리의 인식과 보호에 더 큰 추진력을 제공한 것은 2014년에 끝난 '세계 원주민을 위한 10개년International Decade of the World's Indigenous People'의 두 번째 사업이었다.

정치, 경제, 사회, 문화 등 다양한 사안에 대한 정책과 프로그램 구축에 참여할 권리를 보호하기 위해 원주민과의 파트너십을 공고히 하는 활동이 진행되었다. 이러한 진전에도 불구하고 많은 원주민은 선언문이나 인권기구에 담긴 원칙과 거리가 먼 현실을 살고 있다. 이를 염두에 두고 2014년 최초로 원주민을 위한 세계회의World Conference on Indigenous Peoples가 개최되어 실천의 공백을 메울 방안을 탐색했다. 그 결과 원주민권리선언을 실천하기 위한 국가 행동계획의 개발에 원주민 참여를 늘리는 등 국가적·국제적 차원의 다양하고 구체적인 후속 조치를 담은 결과문서가 발표되었다. 원주민 대표와 기관들이 유엔 절차 모두에 접근할 수 있게 하는 데에는 아직 많은 장애물(예를 들어 NGO로 조직되지 않은 경우)이 있다. 따라서 유엔은 원주민 대표가 그들에게 영향을 미치는 사안에 더 활발히 참여할 수 있게 할 새로운 방법과 수단을 찾아야 할 것이다. 반 총장이 자신의 2012년 보고서(A/HRC/21/24)와 세계회의 결과문서Outcome Document of the World Conference에서 내놓은 권고에 의거해 유엔 총회 의장은 2016년에 이 주제의 협의를 시작했다.

반 총장은 임기 동안 많은 국가의 동성애자·양성애자·성전환자·간성애자LGBTI가 경험하는, 때로는 생명까지 앗아가는 잔혹한 폭력과 차별에 반대한다는 의사를 거듭 밝혔다. 반 총장의 지휘 아래 유엔은 각국 정부와 접촉하고, 보고서를 발표하고, 동성애자·양성애자·성전환자·간성애자와 관련한 인권 문제를 국가 차원의 프로그램에 통합시키면서, 동성애자·양성애자·성전환자·간성애자의 동등한 권리와 그들에 대한 공정한 처우를 강력하게 옹호하는 지지자로 부상했다. 인권최고대표사무소는 제네바와 뉴욕의 유엔 본부는 물론 현장에서도 정부와 시민사회에 대항해 동성애자·양성애자·성전환자·간성애자를 지지하고 그 문제에 참여하는 중심이 되었다. 2013년 인권최고대표사무소는 동성애혐오와 성전환자혐오와 싸우고, 동성애자·양성애자·성전환자·간성애자에 대한 부정적인 고정관념에 이의를 제기하는 전례 없는 세계적 대중 캠페인인 '자유와 평등 유엔 캠페인UN Free & Equal'[144]을 시작했다.

동성애자·양성애자·성전환자·간성애자 공동체 구성원의 인권과 행복에 대한 고려는 인권, 개발, 노동시장, 건강, 교육, 난민, 양성평등, 여성의 역량 강화 등 유엔 체제 전반에 걸쳐 채택되고 이행되는 정책과 프로그램에 점점 더 많이 반영되고 있다. 2015년 9월 12개 유엔 기구는 공동성명에 연서하고 각 기구들의 권한 내에서 모든 곳에 있는 동성애자·양성애자·성전환자·간성애자의 권리를 보호하기로 약속했다. 반 총장은 이러한 발전을 이 문제에 대한 유엔 사업이 점차 제도화되고 있다는 증거라고 말하면서 환영했다. 정부 간 차원에서도 중대한 발전이 있었다. 성적 지향과 성 정체성을 기반으로 개인에게 심각한 폭력과 차별을 계속 가하는 상황에 대해 국가 연합체가 우려를 표한 것이다. 2003년부터 총회는 재판 외, 약식, 자의적 처형에 대응하기 위한 반기半期결의안에 성적 지향을 근거로 개인을 살해하는 문제를 집어넣었고, 2011년부터 성 정체성을 언급하기 시작했다. 제네바 유엔 인권이사회에서 한 국가 그룹은 성 소수자에게 영향을 미치는 인권 침해에 대한 결의안 2개의 채택에 강력하게 반대했다.[145] 이 결의안들은 인권최고대표사무소 보고서의 도화선이 되었다.[146] 인권최고대표사무소 보고서는 학대를 기록하고, 동성애자와 성전환자를 범죄자로 취급하는 국가들에 법 개정을 권유하며, 차별에 반대하고 증오 범죄와 맞서고 성 소수자 활동과 언론 자유를 보호할 것을 모든 국가에 촉구했다. 반 총장은 동성애 혐오와 성전환 혐오에 맞서는 싸움에서 보여준 세계적 지도력과 자유와 평등 유엔 캠페인에 대한 지원을 인정받아 2015년 하비 밀크 자유메달Harvey Milk Medal of Freedom을 받았다. 자유와 평등 유엔 캠페인 역시 월드프라이드World Pride의 2015년 월드와이드 상Worldwide Award, 유엔 재단의 글로벌리더십 상Global Leadership Award, 아웃라이트액션인터내셔널OutRight Action International의 아웃스포큰 상OutSpoken Award을 수상했다.

지난 10년 동안 유엔은 물론 유엔 외부에서도 장애인 인권 문제에서 많은 진전이 있었다. 2006년 채택되어 2008년 발효된 장애인권리협약Convention on the Rights of Persons with Disabilities은 구호 위주의 의료 기반 접근법에서 벗어나서, 장애가 있는지 여부에 관계없이 근본적으로 모든 사람들의 평등한 인권에 기반을 두는 접근법으로 패러다임을 전환했다. 중요한 진전이 있긴 했지만 아직 발전의 여지가 대단히 많이 남아 있다. 2030 개발의제를 협상하던 중에 장애인을 개발의제에 반드시 포함시키기 위한 조직적 노력이 있었다. 그 외에도 해당 기간에 장애인권리위원회Committee on the Rights of Persons with Disabilities는 41개 조약 당사국의 조약 이행 상황을 검토했다. 2014년 인권이사회는 장애인 권리를 위한 특별보고관을 두기 시작했다.

반 총장은 10년에 걸친 재임 기간에 유엔 조직과 회원국에 노인 인권을 강화하고 보호해야 할 필요성을 주장했다. 2010년 총회는 노인 권리를 위한 정부 간 공개 작업반을 만들고, 구속력 있는 새로운 수단을 만들 수 있는 가능성 등 노인 인권 보호를 위한 새로운 방법을 논의할 권한을 부여했다. 2013년 인권이사회는 노인 권리 문제를 의제에 도입했다. '노인의 모든 인권 향유를 위한 독립전문가Independent Expert on the Enjoyment of All Human Rights by Older Persons'가 2014년 설치되었고 노인 인권을 진전시킬 필요성에 유엔의 관심이 커지면서 이 사안에 대한 국가와 지역의 논의가 활발해졌다. 이러한 변화는 늘어나고 있는 이 인구집단의 필요에 전 세계가 더 적극적으로 대응하도록 만들 것이다.

'아동 폭력 종식의 때High Time to End Violence Against Children' 캠페인을 시작한다는 반 총장의 메시지에 2016년 3월 아동 폭력에 대응하기 위한 특별대표Special Representative on Violence against Children는 다음과 같이 말했다.

"국가의 지원이 있든, 사회적 관습이나 해로운 관행에 깊은 뿌리를 두었든 가리지 않고 폭력을 종식시키려는 우리의 노력은 가장 어린 세계 시민의 보호에서부터 시작되어야 합니다. 모든 아동은 모든 유형의 폭력으로부터 자유로울 권리를 가집니다. 이것은 단순한 상식이 아니고 기본 도덕률입니다. 이것은 세계적으로 가장 많은 비준을 받은, 아동권리협약에 명시된 국제법적 의무입니다."

2016년은 유엔 아동폭력연구UN Study on Violence against Children가 시작된 지 10주년이 되는 해다. 2006년 총회에 제출된 이 연구(A/61/299)는 폭력에 노출된 아동의 전 세계적 상황을 보여주고 아동 폭력에 대응하기 위한 사무총장 특별대표Special Representative of the Secretary-General on Violence against Children, SRSG-VAC의 임명을 촉구했다. 2008년 총회는 특별대표 임명 요청을 받아들였고 사무총장은 곧 특별대표의 임명을 발표했다. 아동 폭력에 대응하기 위한 사무총장 특별대표는 아동 보호를 위한 독립기관으로서 아동 폭력이 발생하는 지역과 부문 전체에 걸친 활동에서 조정자나 촉매 역할을 한다.

지속적인 지원 확대로 아동권리협약과 그 선택의정서 등 아동 권리를 위한 국제적 도구들의 비준과 이행이 꾸준히 발전했다. 아동권리협약은 196개국이라는 가장 많은 당사국의 비준을 받았다. 반 총장은 2010년 5월 선택의정서 채택 10주년에 즈음해서, 아동권리협약과 '아동 매매, 아동 매춘, 아동 포르노와 무력충돌의 아동 참여에 대응하기 위한 선택의정서Optional Protocols on the Sale of Children, OPSC' 비준 캠페인을 시작했다. 이 캠페인이 시작된 이후 36개국이 추가적으로 비준을 했고, 이로써 선택의정서는 총 173개국의 비준을 받았다. 앞서 언급했듯이 권리가 침해되었을 경우 아동이 대책을 찾을 수 있게 하는 소통절차를 위한 아동권리협약 선택의정서가 2011년에 채택되면서 체제는 한층 강화되었다. 90개국 이상이 아동 폭력을 방지하고 해결하기 위한 국가 전략을 가지고 있으며, 50개국 이상이 가족 내에서 벌어지는 폭력을 비롯해 모든 상황에서 벌어지는 모든 형태의 아동 폭력을 포괄적이고 분명하게 법으로 금지하고 있다. 아동 폭력을 용인하는 사회적 규범을 바꾸기 위한 노력이 전 세계에서 진행되고 있다. 이는 특히 여성 할례를 금지하는 법률을 가진 국가가 늘어나고 이러한 관행을 금지하는 풀뿌리 공동체의 노력이 커지는 데 도움이 되었다.

아동을 폭력으로부터 지키기 위해서는 아직 해야 할 일이 많다. 아동 폭력에 대응하기 위한 사무총장 특별대표가 착수한 아동 폭력에 대한 글로벌설문조사Global Survey on Violence against Children(2013년)는 전 세계적으로 폭력 예방에 대한 투자가 부족하고, 정책 개입이 통합적으로 이루어지지 않는 경우가 많으며, 국가 전략들이 단편적이라는 것을 보여주었다.[147] 중요한 입법 조치가 채택되었지만 시행이 미약하고, 아동들이 아동 친화적인 상담과 보고 체계에 접근할 수 있는 권리는 계속 제한받고 있다. 폭력의 비가시성을 없애고 아동 피해자의 치유와 장기적인 재통합을 지원하기 위해서는 자료 수집, 분석, 보급에 대한 강력한 투자도 필요하다. 유럽을 비롯한 세계 각지에서 진행되는 난민 위기에서 구체적인 문제들이 발생하고 있다. 이주 대열에 속해 있는 수천 명의 아동들은 부모와 떨어져 있으며, 폭력·학대·착취에 대단히 취약한 상태에 있다. 자유를 빼앗긴 아동들은 가장 취약한 계층이다. 이러한 이유에서 자유를 빼앗긴 아동에 대한 글로벌연구Global Study on Children Deprived of Liberty를 촉구한 총회의 요구는 시기적절한 조치였다. 이 연구는 ① 자료와 연구를 수집하고 통합하며 ② 좋은 관행과 국가의 긍정적인 경험을 기록하고 ③ 아동의 자유 박탈을 막고 회복을 위한 사법절차 등 대안에 대한 투자를 장려한다는 목표로 행위지향적이고 전략적인 권고안을 내놓을 것이다.

사형제 폐지

국제인권법과 법학, 국가 관행의 진화를 고려하면 사형제는 인권, 특히 인간 존엄, 생존권, 고문, 기타 잔인하고 비인간적이고 모멸적인 처우와 처벌 금지 등의 근본적 신념과 양립할 수 없다는 점이 분명해진다. 사형의 적용은 평등권과 차별 금지 원리까지 침해하는 경우가 많다. 사형을 선고할 것인지 더 가벼운 처벌을 선고할 것인지에 대한 결정은 임의적으로 이루어지는 경우가 많으며, 반드시 예상 가능한 합리적 기준을 따른다고 볼 수 없다. 가난한 사람들이나 소수자, 기타 여성, 외국인, 성 소수자 등 흔히 차별의 표적이 되는 사람들은 이 사법적 제비뽑기에서 당첨될 확률이 높다. 최근 몇십 년 동안

전 세계에서는 극형에서 벗어나려는 환영할 만한 움직임이 감지되고 있다. 지난 10년 동안에 유엔 총회는 사형제의 전면 폐지를 목적으로 처형의 일시 중지를 촉구하는 5개의 결의안을 채택했다. 이 기간 동안 17개국이 사형제를 완전히 폐지해서 사형제 폐지 국가는 총 106개국이 되었으며, 60개국은 공식적인 처형 중지를 도입하거나 10년 이상 처벌을 하지 않고 있다(이를 실질적인 사형제 폐지 국가라고 부른다*).

인권 문제에 대한 조정·혁신·대응

유엔의 사업은 단기적으로는 진행 상황이 좀처럼 명확하지 않은 데다 2016년에는 모순되는 추세에 휘말렸다. 2030 개발의제가 보편적인 인권의 진보에 대한 헌신을 약속했으나 다른 한편에서는 심각한 인도주의 위기, 여러 국가에서의 이주 통제 위기, 여러 지역에서의 외국인 혐오와 차별이 나타나고 있다. 이는 유엔 조직이 논란을 불러일으키더라도 원칙적 측면에서는 강력한 입장을 계속 취해야 한다는 것을 알려준다.

앞으로 사람들이 인권을 행사할 수 있게 보장하는 일이 유엔 조직 활동의 중심이 될 것이다. 생존, 자유, 안전에 대한 권리, 교육, 건강, 의식주, 사회 보장에 대한 권리, 성별·인종·신념·성적 지향을 비롯한 모든 요인에 근거한 모든 종류의 차별로부터의 자유, 표현의 자유와 사생활을 보호받을 권리, 사상·양심·신앙의 자유, 고문과 불법적이거나 독단적인 체포와 구금으로부터의 자유, 공정한 재판을 받을 권리, 이것들을 비롯한 기본 권리와 자유는 복원력이 있는 사회, 즉 위협을 이겨내고 분쟁을 평화적으로 해결하며 모든 구성원의 번영과 행복을 지속적으로 추구하는 사회를 구축하는 요소들이다.

각국이 지속가능개발목표를 인식하고 모든 유엔 기관과 협력단체들이 참여하는 과정에서 고통, 분쟁, 위기의 여러 가지 근본 원인이 해결될 것이다. 정부의 적절한 기능을 확보하는 일이든, 자원을 공정하게 분배하는 일이든, 모든 인간의 권리가 받아들여지게 하기 위한 일이든, 2030 개발의제가 목표를 향한 궤도에서 벗어나지 않도록 하는 노력이 꼭 필요할 것이다. 상황이 변화하고 예상치 못했던 문제가 발생하겠지만, 2030 개발의제의 핵심 원칙(평등과 포용, 특히 사회의 가장 취약하고 소외된 구성원에 대한 평등과 포용)을 확고히 지킨다면 우리는 올바른 방향으로 계속 전진할 것이다.

　위기 대응이 만족스럽지 못한 상황이다. 우리는 위기를 예방하기 위한 노력을 더욱 가다듬어야 한다. 성폭력과 같은 인권 침해의 패턴이 인권의 심각한 위기를 부르는 경우에는 유엔 체제 전체가 신속하고 포괄적인 대응으로 충돌의 발생, 악화, 지속을 막아야 한다. 조약기구, 인권이사회의 특별절차, 조사위원회, 정례인권검토와 같은 인권기구들의 권고안 등 인권 규범과 기준을 현장에서 훨씬 더 체계적으로 사용하는 일은 변혁의 중요한 측면이 될 것이다. 유엔은 전문가의 감시와 분석을 통해 역량의 공백이 드러난 부문을 공략하고, NGO의 역량 구축 프로그램을 마련하여 더 일관되고 균형 잡힌 세계 인권 확립을 목표로 해야 한다. 평화와 개발의 지속적인 진전이란 인권이 실현될 때에만 가능하다는 인식은 인권최고대표사무소와 국제 인권 메커니즘이 목적에 부합되도록 해야 한다는 것을 의미한다.

　회원국과 유엔 조직이 극복해야 할 또 다른 중요한 과제는 기관 이기주의다. 이들은 인권 정보를 전형적인 국가 간 차원을 넘어서는 문제로 인식한다.

여러 위기 상황에서 평화와 안전을 보장하는 안전보장이사회의 활동은 여러 차례 교착상태를 경험해왔다. 이러한 무능으로 인해 인간의 목숨이라는 큰 대가를 치러야 했고 이는 유엔 기관에 대한 신뢰를 흔들었다. 이 문제를 해소하기 위해서 안전보장이사회 회원국은 인권의 심각한 침해나 대규모 잔혹 행위의 경우에 거부권을 자발적으로 유예하는 것 등을 포함한 행동강령을 제안했다. 앞으로 고려할 만한 해법이다.

인권이라는 렌즈는 불안정하고 위태로운 이민과 난민 이동의 동인을 더 분명하게 분석하게 해주고, 이러한 21세기의 핵심 문제에 대한 주의 깊고 포괄적이고 원칙에 입각한 대응 방법을 보여준다. 이민 자체는 문제가 아니다. 인구 감소를 완화하고 경제적 경쟁력을 지키려면 세계 여러 국가에 이민자의 기여가 필요할 것이다. 이민은 사회, 경제, 문화의 여러 방면에서 사회를 풍요롭게 할 수 있다. 하지만 이민은 뿌리 깊은 두려움과 분열을 드러내기도 한다. 이민의 관리 방식에서 견고한 정치적 지도력이 없다면 이러한 두려움의 결과는 이민자에게 파괴적인 영향을 줄 것이며 사회 전반의 응집력을 약화시킬 것이다. 각국은 국경을 폐쇄하거나 국경에 군대를 파견하고, 사람·재산·국가의 안전을 해하는 범죄를 저지른 적이 없는데도 비정규적인 이민자를 범죄자로 취급하며, (아동을 비롯한 취약 계층까지) 처벌 목적으로 더 많은 구금을 하는 결정을 내릴 것이다. 이러한 대응은 지속가능한 방법이 아니며 해법이라고도 할 수 없다. 모든 이민자는 그들의 법적 지위, 국경에 도착한 방법, 출신에 관계없이 인권을 가진다. 정치 지도자들은 용기를 갖고 이민자에 대한 편견과 차별과 폭력에 맞서며, 증거와 원칙에 기반을 둔 이민 정책을 도입해야 한다. 인권에 기반을 두지 않고 현재의 이민 위기에 대응한다면 실패만이 따를 것이다.

유엔 헌장에 따라 우리는 ① 전쟁의 재앙을 피하고 ② 정의와 국제법이 존중되는 조건을 만들며 ③ 인간 존엄과 인간의 기본 권리에 대한 신념을 재확인하고 ④ 사회적 진보와 더 많은 자유를 누리고 더 나은 생활수준을 촉진하는 데 헌신해야 한다. 유엔 사무총장은 편협하게 정의된 국가의 방어적인 이해관계와 국가 정체성을 초월하는 광범위하고 원칙에 입각한 비전을 옹호하고, 모든 인간의 존엄과 가치를 강조하며, 그들의 권리를 보장하는 일을 통해서만 우리가 공유하는 취약한 세계에서 평화와 개발의 지속을 기대할 수 있다고 말한다.

09

EMPOWERMENT
OF WOMEN
AND
YOUTH

이 장은 유엔 여성기구와 유엔 인구기금의 주도로 하여, 유엔 개발계획, 사무총장 청년특사 Office of the Secretary-General's Envoy on Youth, 유엔 경제사회국, 모든 여성과 모든 아동 사무국 Office of Every Woman Every Child의 도움으로 작성되었다.

09 여성과 청년의 역량을 강화하다

품질레 음람보 응쿠카 Phumzile Mlambo-Ngcuka
유엔 여성기구 사무총재

바바툰데 오소티메힌 Dr. Babatunde Osotimehin
유엔 인구기금 사무총재

　반 총장이 재임한 10년은 2가지 뚜렷한 특징으로 규정지을 수 있다. 하나는 여성과 청년의 역량 강화에 대한 꾸준한 헌신과 끈기 있는 지지다. 다른 하나는 여성과 청년의 위치를 의사결정과 생산 활동의 변방에서 유엔과 국제사회에서 일어나는 변혁의 평등한 협력자와 주된 수혜자로 이동시키는 일에 대한 헌신이다. 그는 여러 차례에 걸쳐 여성의 역량 강화라는 대의를 저버리지 않을 것이며 "모든 여성의 평등을 위한 투쟁에서 항상 여러분 곁에 서서 우리가 이 세상을 모두에게 더 나은 곳으로 만들 수 있게 할 것"이라고 공개적으로 약속했다.[148] 또한 "청년은 새로운 개발의제의 선구자로서 빈곤, 불평등, 기아, 환경 저하를 종식시키는 데 핵심 역할을 맡고 있다. 그들의 활동이 아무도 소외되지 않는 시대를 여는 중심이 될 것이다"라며 청년에 대한 공개적인 옹호를 했다.[149]
　전통적으로 정부는 여성과 청년을 보호와 지원을 받는 대상으로 보며 행위 주체로서 갖는 잠재력과 활동력에는 충분한 관심을 기울이지 않는다. 역사적으로 정부에서 갖는 그들의 역할과 그들에 대한 포용은 완전히 혹은 거의 부재했다. 이제 이들의 역할은 지속가능개발을 이루기 위해 꼭 필요하지만 그동안 빠져 있던 연결고리로 인식된다. 유엔 역시 이러한 맹점에서 자유롭지 못하다. 유엔 헌장 성립 이후의 다양한 국제적 합의에는 권리와 평등과 양성평등, 청년의 개발, 사회적 포용이 광범위하게 표현되어 있지만, 이러한 말과 현실을 위한 활동 사이에는 뚜렷한 단절이 나타나고 있다.

권리의제에 활기를 불어넣다

여성과 청년 권리는 반기문이 사무총장으로 취임하기 전부터 국제적으로 개선되기 시작하다가 그의 지휘 아래서 크게 확대되었다. 2014년 이후 국제인구개발회의에 대한 후속 조치, 베이징선언Beijing Declaration과 행동강령Platform for Action의 20주년, 청년을 위한 세계행동프로그램World Programme of Action for Youth 20주년은 여성과 청년의 권리를 증진하고 그들을 지속가능개발의 중심에 두고자 하는 20년의 긴 여정에 중요한 이정표였다. 2000년에 채택된 여성·평화·안보에 대한 안전보장이사회 결의 제1325호의 15주년까지 포함시키면, 국제사회가 수십 년 동안 집적된 경험을 고려하고 그것을 새천년개발목표의 교훈에 추가하고 있다는 사실이 드러난다.

1994년 국제인구개발회의의 행동프로그램은 인권, 특히 여성과 청년, 취약 계층의 인권 및 성·생식 보건과 생식권이 지속가능개발의 토대임을 강조함으로써 인권의제 개발의 초석을 다졌다.

1995년 189개국 만장일치로 채택된 베이징선언과 행동강령은 "여성의 역량을 강화하기 위한 의제"에 합의하고 여성의 인권을 확실히 주장했다. 이는 같은 시기에 제4차 세계여성대회The Fourth World Conference on Women에 참석하기 위해 베이징에 모인 시민단체의 엄청난 지지를 이끌어냈다.

청년의 역량을 강화하는 첫걸음은 이들을 개발 주체로 인식하는 일이었다. 이는 1995년 청년을 위한 세계행동프로그램을 통해 실현되었다. 이 프로그램은 청년들의 삶을 개선하는 데 초점을 맞추었으며, 그들의 전면적인 사회 참여를 촉진할 필요성을 인식하고 그들의 견해를 의사결정에 반영할 방법을 찾는 방향으로 진화했다.

빈, 카이로, 베이징회의로 이어지는 동반 상승효과로 여성의 권리와 개발을 촉진, 보호, 보장하는 일에 상당한 진전이 있었다. 2010년 9월 세계 정상들은 선택의 기로에 있다는 인식으로 뉴욕에서 열린 유엔 새천년개발목표 정상회의에 모였다. 2015년 말까지 5년이 남은 시점에서 금융과 경제의 위기, 변덕스러운 에너지와 식량 가격, 식량 안전에 대한 문제, 기후변화, 생물 다양성의 손실 등 서로 맞물린 과제들이 수없이 남아 있었다. 가장 큰 문제들은 이미 확연하게 드러난 상태였다. 극빈, 산모 사망률, 중등 교육 중퇴 등과 같은 문제들의 뒤에는 성 불평등, 청년 실업과 사회 참여 기회의 부족이 있었다. 그러나 한편으로 기아와 싸우고, 초등학교 등록자와 아동 보건을 향상시키며, 깨끗한 물과 HIV 치료에 대한 접근권을 확대하고, 결핵·말라리아·열대성 질환을 통제하는 사업의 성공은 낙관을 가능하게 했다. 새로운 세계적 역량 동원의 형태가 부각되고 있다. 세계적인 조직에서 풀뿌리 조직까지 다양한 조직들이 개발에 대한 공통의제에 합의했다. 2015년 파리협약은 기후변화의 행동 주체를 성적 관점에서 본 첫 번째 기후 조약이었다. 여성은 에너지와 물 자원을 관리하는 데 핵심 역할을 하며, 기후변화가 대규모 기후 이주와 분쟁의 등장 및 확산 등 물 부족이나 식량 안전과 관련된 위험을 어떻게 악화시키는지에 대한 인식을 강화할 능력도 가지고 있다.

반 총장은 임기를 시작하면서부터 양성평등과 여성의 역량 강화를 최우선 과제로 삼았다. 유엔의 최고 책임자가 여성의 지위와 참여, 국가수반들과의 쌍무회담, 시민사회단체를 비롯한 주요 행동 주체들과의 상호작용, 유엔 수석 행정관으로서 자신의 공식적 개입이 부른 결과에 문제 제기를 한 사실은, 해당 의제를 비주류에서 주류로 이동시키고 양성평등과 여성의 역량 강화를 주변적 사안이 아닌 중요한 정치적 과제로 만드는 데 핵심 역할을 했다. 과거에는 '여성 문제'가 주로 여성지위위원회와 같은 전문 포럼에서 논의되었으나 현재는 양성평등 논의가 유엔은 물론 그 범위를 벗어나는 모든 정부 간 기구에 침투했다. 오늘날은 양성평등과 여성의 권리가 총회에서부터 안전보장이사회, 인권이사회, 경제사회이사회, 유엔을 벗어난 G8과 G20 등의 포럼, 국제형사재판소의 양성평등이나 기후변화에 대한 논의에서 다루어지고 있으며, 국제적 담론의 대단히 많은 부분을 차지하고 있다. 2015년 9월 반 총장은 중국 국가주석과 함께, 양성평등과 여성의 역량 강화를 위한 세계지도자회의Global Leaders' Meeting on Gender Equality and Women's Empowerment의 공동의장을 맡았다. 이렇게 여러 명의 국가와 정부수반이 모여서 양성평등의 격차를 좁히기로 다짐하는 것은 이전에는 없던 일이다.

또 다른 중요한 기여는 여성을 단순히 피해자로 그리는 서사에서 여성 역할을 지속가능개발, 평화, 안보, 인도주의적 대응과 경제·정치 리더십에 크게 이바지하는 적극적 변화 주체로 단언하는 서사로 전환시킨 점이었다. 차별을 제거하고 여러 부문의 성 격차를 좁히는 일이 생산성을 높이고 경제·정치·사회·환경적 결과를 개선시켜 모두에게 이익을 가져다준다는 증거가 계속 쌓이고 있다.

유엔 여성기구, 양성평등과 권리의 원동력

유엔 새천년개발목표 정상회의를 몇 달 앞두고 있었으며, 통합적 노력을 시작한 지 거의 4년이 되어가던 2010년 7월 2일이었다. 총회는 유엔 안에서 양성평등에 관한 일을 전문으로 하는 4개 단위를 한데 모아 단일한 조직으로 만들자는 데 동의했다. 4개 조직은 바로 여성발전부Division for the Advancement of Women, 국제여성교육연구원International Research and Training Institute for the Training of Women, 양성 이슈에 관한 특별보좌관 사무국Office of the Special Advisor on Gender Issues and Advancement of Women, 유엔 여성개발기금이었다. 이 조직들이 모인 여성기구인 '양성평등과 여성 역량 강화를 위한 유엔 기구UN Entity for Gender Equality and the Empowerment of Women'는 사무차장이 지휘하며 유엔 헌장과 여성차별철폐협약, 베이징선언과 행동강령 같은 중대한 인권 선언의 개념 안에 속한다.

유엔 여성기구의 창설은 양성평등과 여성의 역량 강화를 세계적 의제에 포함시키고 그 사안을 맡은 고위 지도부를 설치하는 획기적 사건이었다. 미첼 바첼레트Michelle Bachelet 전 칠레 대통령이 초대 사무총장이었고 이후 그 뒤를 이어 2013년 7월부터 전 남아프리카공화국 부통령 품질레 음람보응쿠카가 사무총장으로 일하고 있다. 총회의 여성기구 설립 결정을 신호탄으로 삼아 모든 유엔 회원국들이 양성평등과 여성 역량 강화를 더 큰 규모로 지원하는 전례 없는 모습을 보여주었다. 시민사회 조직은 더 크고 일관적이며 조직화된 유엔 기관을 창설하기 위해 오랫동안 노력을 기울여왔다. 이는 유엔이 양성평등에 대해 가진 임무(개발, 인권, 인도주의 문제, 세계적 평화와 안보의 필수 요소인 양성평등을 추구할 임무)를 한층 더 발전시키기 위해서였다. 이러한 노력이 성공의 정점에 달한 것이 여성기구의 설립이었다. 이전에는 여성의 권리를 찾기 위한 투쟁을 주로 세계 전역의 여성 운동과 시민사회가 이끌었다. 유엔 여성기구의 등장으로, 시민사회는 정부의 주빈 테이블에 대변자를 두게 되었고 모든 영역에서 지도부에 접근할 수 있게 되었다. 규범적 지지, 유엔의 조정, 운용 활동이라는 3가지 권한은 여성의 경제적 역량 강화, 정치적 참여 확대, 여성에 대한 폭력 종식, 평화와 안보 문제에 여성을 참여시키려는 업무를 포괄하며, 원주민이 목소리를 낼 수 있는 여지를 주는 등 가장 취약하고 소외된 계층의 필요를 선두에 둔다. 이전의 어떤 유엔 단체도 이러한 3중 권한을 갖지 않았다. 그 자체가 변혁의 뚜렷한 표시인 것이다.

유엔 여성기구의 창설은 ① 여성의 상황을 변화시키겠다는 반 총장의 개인적 투지 ② 변화의 느린 속도에 대한 세계적 우려 확대 ③ 아무도 귀 기울이지 않고 돌보지 않는 사람들의 목소리를 증폭시켜야 할 필요성의 이해 ④ 유엔 합의들에 나타난 권리가 실제에서는 보장되지 않는다는 인식을 반영한다. 국제통화기금, 세계은행, 세계경제포럼 등 많은 연구기관에 의한 다양한 연구는 여성의 빠른 진보를 지원하는 것이 도덕적인 의무만은 아니라는 것을 보여준다. 이러한 지원이 정치, 경제, 환경적으로도 부인할 수 없는 혜택을 가져온다는 확실한 증거와 인식이 강화되고 있다.

세계 청년 의제의 부상

반 총장 재임 기간을 규정하는 특징은 여성과 청년에게 공식적인 통로를 제공함으로써 그들이 자신의 운명에 대해서 훨씬 더 큰 발언권을 갖고 자신의 존엄성에 훨씬 더 큰 지분을 갖게 했다는 점이다. 그는 여성과 청년이 인권의 탄압과 학대에 항의하고 평등과 정의·존엄과 근로권에 대해 목소리를 높이는 등 아랍의 봄을 추진한 큰 힘 중 하나였다는 점을 인식했다. 그들은 공익을 위해 소셜 네트워크의 힘을 이용했으며, 역사를 만들고 자신들의 사회를 좀 더 나은 곳으로 변혁시킬 수 있는 잠재력을 보여주었다.

반 총장은 오늘날 세계 인구의 4분의 1을 차지하는 18억 청년이 세상의 가장 벅찬 과제를 해결하는 데 도움을 줄 독창성과 창의력을 갖추고 있으며 역사의 방향을 바꿀 변화의 힘이라고 묘사하면서 이렇게 말했다. "이들은 빈곤을 끝낼 수 있는 잠재력을 가진 첫 번째 세대이며 기후변화가 가져오는 최악의 영향을 피하려는 마지막 세대입니다."[150] 지도자들이 자기 국민의 진정한 염원을 귀담아 듣고 존중해야 한다는 것을 이해하는 반 총장은 그와 같은 일을 해내기 위해 유엔을 현대화시킬 방법을 찾았다. 이렇게 함으로써 그는 청년을 위해 일하고 그들과 함께 일하는 것을 두 번째 임기의 최우선 과제로 삼으면서 3가지 핵심 계획을 발표했다. ① 기존 청년 프로그램의 초점을 좀 더 고용, 기업가정신, 정치 참여, 시민권, 권리 보호, 교육, 생식보건 쪽으로 맞추는 유엔 전체 차원의 청년 행동계획을 창안하는 것 ② 그 어느 때보다 규모가 큰 청년 세대의 필요를 해결하기 위해 사무총장청년사절단사무소를 설치하는 것 ③ 유엔 체제로 하여금 청년 필요에 대응하는 의제를 발전시키게 할 청년 자원봉사 프로그램을 만드는 것이 바로 그것이다. 이 시기에는 청년, 평화, 안보에 대한 안전보장이사회 결의 제2250호가 채택되었고, 청년 실업 문제에 대응하기 위한 글로벌계획Global Initiative on Decent Jobs for Youth이 개발되는 등 다른 획기적 사건도 있었다.

2013년 1월 요르단 출신의 아마드 알헨다위Ahmad Alhendawi가 사무총장의 첫 번째 청년특사Envoy on Youth 역할을 맡았다. 유엔 역사상 가장 어린 사절단이었다. 청년특사에게는 유엔 활동을 조화시켜 젊은이의 개발 필요와 권리에 대응하고 그들과 함께하는, 그들을 위한 유엔 사업을 그들과 더 밀접하게 만드는 임무가 주어졌다. 청년특사는 청년 관련 문제에서 사무총장의 대리인이나 조언자 역할을 한다.

2015년 11월 유엔 총회는 청년특사에게 유엔 단체와 정부, 시민사회, 청소년 조직, 학계, 대중매체를 비롯한 이해관계자들 사이를 중개하는 조정자 역할을 맡겼고, 이는 세계 청년 의제를 향상시키는 특사와 사절단사무소의 노력에 강력한 자극제가 되고 있다.

정책 영역에서 사무총장의 청년특사, 유엔 개발계획, 유네스코, 유럽평의회Council of Europe가 2014년 10월 아제르바이잔 바쿠에서 공동으로 조직한 제1회 청년정책글로벌포럼Global Forum on Youth Policies과 그 결과물인 바쿠청년협약Baku Commitment to Youth Policies은 청년에게 영향을 주는 공공정책에 대한 토론에 다시 활기를 불어넣었다. 포스트 2015 개발의제의 청년글로벌파트너십Global Partnership for Youth 설립 등의 계획들은 청년이 2030 개발의제 사업에 영향을 미치고 목소리를 낼 수 있게 했다.

전 세계의 청년은 소셜미디어와 온라인 캠페인을 통해 주요 개발 사안의 범지구적 대화에 참여하고자 하는 열의를 보여주었다.

여기에는 포스트 2015 개발의제에 속한 청년 우선과제Youth Priorities에 대한 크라우드소싱crowdsourcing 계획, 사회 참여 캠페인인 #유스나우#YouthNow, 20주년을 맞은 청년을 위한 세계행동프로그램, 전 세계 청년의 상황을 계속 부각시키는 일이 포함된다.

유엔 체제는 청년에 대한 행동계획을 이행하고, 청년의 의견과 활동이 세계 평화와 유엔, 협력단체의 지속가능개발 노력에 흡수될 기회를 만들면서 청년의 역량을 강화하고 그들의 문제를 직접 듣고자 하는 중요한 활동을 계속하고 있다.

새로운 문제와 장애

여성에 대한 폭력은 여성의 삶은 물론 사회에까지 즉각적이고 직접적이고 해로운 영향을 주는 인권 침해 행위다. 성폭력 형태는 매우 다양하며 전 세계 모든 국가에서 발견된다. 여성에 대한 폭력은 HIV나 성적 접촉으로 인한 여성의 감염, 의도치 않은 임신, 신체적·정신적 트라우마의 위험을 높이며, 남성과 여성 사이의 힘의 불균형과 뿌리 깊은 차별을 반영하는 동시에 이를 영속시킨다. 반 총장의 지휘 아래서 무엇이 폭력으로 발전하는지, 어떻게 그것과 싸울 것인지의 인식 측면에서 큰 발전이 있었다. 일례로 여성 할례female genital mutilation, FGM와 같이 장기적으로 건강에 악영향을 주는 해로운 문화적 관행을 소녀들의 성장과 성공 역량 측면에서 생각하게 된 것이다.

15세에서 44세의 세계 여성이 겪는 질병의 3분의 1은 성과 생식 보건의 열악한 환경과 관련이 있다. 임신을 원치 않지만 효과적인 피임 방법을 사용하지 않는 개발도상국 여성이 2억 2,500만 명에 이르는 것으로 추정된다. 산모 사망률은 1990년 이래 절반으로 떨어졌지만 여전히 매년 30만 명의 여성이 임신 혹은 출산 중에 사망한다. 임신이나 출산 중 사망은 생식가능 연령에 있는 여성의 두 번째 사망 원인이다. 청소년은 다른 여성에 비해 임신과 관련한 합병증과 사망 위험이 더 높다. 그런데도 아동 결혼, 할례, 기타 악습이 끈질기게 이어지고 있다.

초등교육의 확대에서 큰 성과가 있었지만, 평생에 걸친 성공에 필요한 기술과 자원을 만들어내는 2차, 3차 교육 및 직업 교육의 발전에서는 많이 뒤떨어진 나라들이 여전히 다수다. 특히 여성의 경우 중등학교의 중퇴는 삶을 개선할 수 있는 능력에 심각한 장애 요인이 된다. 가정에서 동생이나 연장자를 돌봐야 한다는 등의 이유로 여성을 교육에서 배제하는 것은 그들의 가능성을 크게 약화시킨다. 이러한 부양 부담 때문에 세계적으로 여성이 보수를 받지 않는 돌봄 업무에 참여하는 시간은 남성보다 2.5배 많다. 학교 내 위생시설의 부족으로 생리를 하는 사춘기 소녀들은 위생과 관리의 문제를 겪는다.

많은 청년들이 학업을 마치고도 일자리를 구하지 못한다. 청년 실업은 거의 어디에나 있는 문제로, 2014년 세계 7,300만 명 이상의 청년에게 영향을 주었다.[151] 가장 부유한 나라들에서조차 청년 중 거의 절반이 실직 상태다. 개발도상국의 청년들은 비공식 경제에서 일하거나 불안정한 조건에서 적은 봉급을 받고 여러 개의 파트타임 일을 하는 불완전 고용 상태에 있다. 젊은 여성의 경우에는 더 심하다. 앞으로 10년 동안 세계에는 노동 인력에 새로 편입되는 근로자와 기존 실직자들을 위해 6억 개의 새로운 일자리가 필요할 것이다.

지속가능개발과 지속가능한 평화는 서로 떼어놓을 수 없는 관계다. 오늘날의 청년들은 반 총장이 말한 "지속가능개발 세대Sustainable

Development Generation"로, 영속적인 안보를 확립하는 데 꼭 필요하다. 적절한 지원만 있다면 청년들은 평화를 구축하고 화해와 민주적 통치 방식을 발전시킬 수 있을 것이다. 이를 목표로, 유엔 지도자들을 포함한 지도자들은 청년 목소리에 귀를 기울이고, 그들의 참여를 촉진하며, 세계 평화와 진전을 위해 그들이 가지고 있는 잠재력을 해방시켜야 한다. 반 총장은 지속가능한 평화에서 여성의 필수적인 역할도 되풀이해서 강조해왔다.

하지만 사회적 배제Social Exclusion(실직·범죄·주택난 등 복합적 문제에 시달리고 개선될 가망도 없는 상황*)와 기회 부족은 청년의 발전을 계속 가로막고 있다. 청년 실업, HIV/AIDS, 빈곤 퇴치, 분쟁과 폭력, 성 불평등에 대응하기 위해서는 강력한 정책과 프로그램을 통해 청년의 잠재성을 최대한 발휘할 수 있게 하는 각국 정부의 노력이 반드시 필요하다. 아랍의 봄으로 중동과 북아프리카 전역의 젊은이들은 자유와 민주주의에 대한 기대를 갖게 되었다. 이러한 변화는 탄압과 불평등에 대한 젊은 세대의 저항, 민주주의에 대한 동경에서 나타난다.

모든 차원에서 여성의 전면적이고 평등하고 효과적인 리더십과 참여를 확보하고, 젊은 세대의 의미 있는 참여를 보장하기 위해서는 아직 세계적으로 많은 문제들이 남아 있다. 고용 부문에서는 큰 발전이 있었다. 세계적으로 여성은 동일한 가치의 일에서 남성보다 적은 수익을 올리며, 경영진이나 요직에 올라가는 여성을 찾아보기 힘들다. 세계 남성의 77퍼센트가 급여를 받는 데 비해 급여를 받는 여성은 전체의 50퍼센트에 불과하다. 여성이 하는 대부분의 일은 비정규적이며 노동법이 적용되지 않기 때문에 사회적 보호를 받지 못한다. 세계적으로 여성은 보수를 받지 않는 부양이나 가사노동을 남성보다 거의 2.5배 많이 한다.

공식 정치기관에서 여성과 젊은이의 대의권을, 또 모든 차원의 정치적 의사 결정에서 여성의 참여권을 인식한 것은 변화의 중요한 동인이었다. 2007년 반기문이 사무총장으로 막 취임했을 때 세계의회에서 여성의 비율은 16.8퍼센트였고 여성 의원이 없는 의회가 9개 존재했다.[152] [153] 기대했던 것보다 느린 진보이지만 2016년 세계의회 의석의 22.6퍼센트를 여성이 점유하고 있으며[154] 여성 의원이 없는 의회의 숫자는 4개로 감소했다.[155] 2016년 여성지위위원회에서 반 총장은 여성의 정치적 대의권을 직접 언급하며, 의회나 내각에 여성이 단 한 명도 없는 나라 지도자들에게 '이러한 불평등을 종식시킬 조치'를 촉구했다. "사무총장으로서의 권한이 만료되는 마지막 날까지 매일 확인하겠습니다. 나는 세계에 여성이 없는 의회와 내각이 존재하지 않게 되는 날까지 노력을 멈추지 않을 것입니다." 반 총장은 유엔 체제 내에서 양성평등과 여성 권한의 강화 그리고 청년 개발 문제의 일관성과 책임성을 확보하기 위한 기구를 시행하는 일도 했다. 이러한 노력은 전체 유엔 체제의 역량을 한데 모으고 공동계획에 따른 사업을 촉진해 개별 기관의 임무와 전문성을 강화한다. 이는 반 총장이 "양성평등과 여성의 건강, 권리, 행동을 세계적 의제의 선두에 두고 지속가능개발목표에 통합시키는 데"에도 도움을 주었다.

여성에 대한 폭력의 근절

1994년 국제인구개발회의 행동프로그램은 여성의 권리와 역량 강화, 양성평등에 남성의 참여를 요구한 대단히 진보적 성격을 가지고 있었다. 1995년 제4차 세계여성대회 역시 가족생활과 사회생활의 모든 영역에서 남성 참여가 중요하며, 완고한 사회적·문화적 규범이 여성과 남성 사이에 권한 불균형을 영속시킨다는 것을 강조했다. 반 총장은 폭력을 종식시키기 위해 태도와 행동에 반드시 변화가 있어야 한다는 것을 인식하고, 불평등과 변화 문제에 남성을 더 효과적으로 참여시킬 창의적인 방법을 찾기 위해 노력했다. 그는 또한 불평등을 깊이 뿌리박힌 차별과 고정 관념에 따르는 최종 결과로 이해하는 혁신적인 접근법을 활성화시켰다.

2006년의 역사적 보고서 〈여성 폭력 근절: 말에서 실천으로Ending Violence against Women: From Words to Action〉는 다양한 형태의 여성 폭력이 지속되고 있는 전 세계 상황을 용납할 수 없다는 점을 강조하고, 이미 국가에 존재하는 체제를 동원하고 책임성을 향상시키는 일련의 조치를 시작할 것을 알렸다. 그때부터 반 총장은 ① 정부 조치를 넘어서 새로운 파트너십을 통합하는 데까지 책임을 확장하고 ② 2007년에는 유엔 체제의 협력을 바탕으로 분쟁 중 성폭력에 대한 공동 행동계획인 '성폭행을 중단하라Stop Rape Now'를 시작하고 ③ 2008년 여성 폭력 근절 UNiTEUNiTE to End Violence against Women 캠페인에 착수하고 ④ 2009년 UNiTE 캠페인을 지원하면서 모든 곳의 남성들에게 롤 모델의 역할을 하기 위해 남성지도자네트워크Network of Men Leaders를 설립하고 ⑤ 2010년 분쟁 중 성폭력에 대응하기 위한 특별대표를 처음 임명하고 ⑥ 2014년 히포시HeForShe 캠페인을 시작하는 등 여성 폭력을 새로운 방법으로 다루는 데 선도적인 역할을 했다.

지난 10년 동안 유엔 체제는 여성 폭력 예방에 대한 관심을 키우고, 폭력에 시달리는 여성에게 다부문 서비스에 대한 접근권을 주며, 이러한 서비스의 질을 높이는 데 상당한 성과를 거두었다. 예를 들어 2013년 12월 5개 유엔 단체의 협력으로 세계 폭력 피해 여성을 위한 필수서비스 유엔 공동글로벌프로그램UN Joint Global Programme on Essential Services for Women and Girls Subject to Violence이 시작되었다. 이 프로그램은 의료, 경찰, 법무, 사회 영역에서 서비스의 안정적 공급과 협력 활동을 위한 지침을 만들었다. 2015년 유엔 성폭력예방조치강화체제UN Framework to Underpin Action to Prevent Violence against Women가 출범했다. 7개 유엔 단체가 관련된 이 체제는 여성 폭력의 근본 원인은 물론이고 여성 폭력에 관련된 위험과 보호 요소를 다룬다.

UNiTE 캠페인은 전 세계에서 모든 형태의 여성 폭력을 예방하고 근절하는 데 대한 대중의 인식을 높이고, 정치적 의지와 자원을 확대하는 데 목표를 둔다. 500만 명이 그러한 폭력을 세계적 최우선 과제로 만들자는 범지구적 요구에 응했다. 반 총장의 직접적인 호소에 대한 반응으로, 지금까지 74개 정부수반과 거의 700명의 의원들이 여기에 이름을 올렸다. UNiTE 캠페인은 세계·지역·국가 차원의 지지 계획을 통해 개인과 공동체를 동원하고, 남성·젊은이·유명인사·예술가·운동선수·민간분야 대표 등과 적극적으로 접촉하고 있다. 매년 11월 25일부터 12월 20일까지 실시하는 16일 성폭력반대운동16 Days of Activism against Gender-Based Violence은 성폭력에 대한 정부·유엔 체제·시민사회의 인식을 넓히고, 행동을 변화시키며, 고위 정치 지도부로 하여금 폭력 근절에 헌신하도록 하는 중요한 계기를 제공한다.

유엔 여성기구의 히포시 캠페인(남성을 성 불평등에 맞서는 싸움에 참여시키는 것을 목표로 한다)은 2014년 9월 유엔 여성기구 여성친선대사UN Women Global Goodwill Ambassador인 엠마 왓슨Emma Watson과 함께 시작되었다. 반 총장은 온라인으로 헌신을 약속한 첫 번째 남성이 되었고, 다음

며칠간 전 세계의 남성 10만 명이 그를 뒤따랐다. 10억 명 이상이 트위터에서 이 캠페인에 대한 대화를 나누었다. 몇 개월이 지난 2015년 1월 스위스에서 열린 세계경제포럼에서 반 총장은 '임팩트 10×10×10IMPACT 10×10×10'을 발표했다. 이 계획에 의해 3군데 주요 영향 분야(국가, 기업, 학계)에서 두각을 나타내는 옹호자들은 평등에 대한 광범위한 헌신을 약속하고 자신이 속한 기관 내외에서 주요한 구조적·시스템적 변화를 이끌었다. 국가수반, 다국적 기업의 CEO, 주요 대학의 총장이 핵심 지지 그룹을 만들었다. 그들은 〈동등성 보고서Parity Reports〉를 발표하고, 자신이 속한 기관 내의 양성평등 진전 상황을 매년 확인하는 임무를 맡는다. 1년 후 제출된 첫 보고서에는 민간분야 지지자들과 같은 기준을 사용했을 때 9년 동안 재임한 유엔 상급직의 여성 수가 40퍼센트 증가했다는 반 총장의 보고와 유엔 조직 전체의 여성 대의권에 대한 간단한 분석이 포함되었다.

유해한 관행을 끝내는 추진력

여러 전임 사무총장이나 유엔 체제의 주요 기금과 프로그램 책임자와 마찬가지로 반 총장은 여성 할례를 종식시키는 캠페인의 선봉에 서서 젊은 운동가들을 만났다. 그리고 아프리카는 물론 그 외 지역에서도 이 문제에 대해 정기적으로 강력한 발언을 했다. 반 총장이 총회에 제출한, 소녀The Girl Child와 관련한 보고서는 이러한 관행을 뒷받침하는 사회적 규범을 강조하면서 사회적 변화의 필요성을 지적했다. 이 보고서는 권한이 강화된 여성은 "모든 여성, 아동, 청소년의 인권을 전적으로 존중하고 그들의 건강을 보호하며 그들로 하여금 공동의 미래에 더 많이 기여할 수 있도록 하는" 세상을 만들 수 있다는 데 논의의 초점을 맞추었다. 이는 모든 여성과 모든 아동Every Woman Every Child 운동이 시작되는 토대를 마련했다. 모든 여성과 모든 아동 운동은 여성과 청년이 직면한 주요 보건 문제를 해결하고 여성 할례를 비롯한 유해한 관행과의 싸움에 활기를 불어넣는 데 협력단체들의 힘을 집결시켰다.

지난 10년 동안 부인할 수 없는 진전이 있었고 이 사안에 대한 예산은 600퍼센트 증가했다. 약 1,200만 명의 사람들이 살고 있는 1만 5,000개 이상의 공동체들이 여성 할례의 중단을 약속했고 2015년 현재 1,000건의 소송이 진행 중이다. 여성 할례가 일반적이던 거의 모든 국가가 이 관행을 금지했고 2007년부터 14개국이 새로운 제정법을 도입했다.

그렇지만 법률만으로는 뿌리 깊은 문화적 관행을 극복하기 힘들다. 여성 할례가 금지되거나 불법화된 여러 국가에서 이것의 발생률이 여전히 90퍼센트에 이르는 것으로 추정되고 있다. ① 법적 조치 ② 여성 할례에 대응하기 위한 유엔 인구기금-유엔 아동기금의 공동프로그램 ③ 고위층의 지도력 ④ 남성들의 인식을 넓혀 확고한 반대 입장에 서게 하고 관행을 금기에서 끌어내며 공동체로 하여금 관행을 계속하게 하는 복잡한 사회 규범을 이해하게 하는 등 광범위한 협력단체의 끊임없는 노력이 한데 어우러져야 한다. 《가디언The Guardian》지가 2014년 2월에 시작한 것과 같이 현장에서 운동가들의 사업을 증폭시키는 대중매체 캠페인은 행동과 태도의 변화를 일으키는 데 중요한 역할을 해왔다. 여기에 소녀들이 치르는 대안적인 통과의례나, 할례를 시행하는 사람들의 대안적인 소득원과 같은 문화적 고려도 힘을 보탰다. 2016년 프란치스코 교황Pope Francis과 오바마 당시 미국 대통령은 반 총장과 함께 여성 할례에 반대하는 입장을 밝혔다. 2030 개발의제의 5대 목표(세부목표 5.3)가 여성 할례를 '제거해야 하는 유해한 관행'에 포함시킴으로써 여성 할례는 향후 조치가 절실한 주요 문제로 부상했다. 반 총장은 2030 개발의제 채택을 기념하는 2016년 2월 특별행사에서 "초점을 절단에서 교육으로 이동시킵시다. 여성 할례의 약자FGM가 '소녀들의 마음에 초점을 맞추다Focus on Girls' Minds'라는 말의 약자인 세상을 만듭시다"라고 말했다.[156]

지속가능개발목표의 5대 목표 아래서 2030년까지 근절하고자 하는 또 다른 유해한 관행은 아동 결혼이다. 이 목표의 조기 달성을 위해서 2016년 3월 유엔 인구기금과 유니세프는 아동 결혼 종식 행동을 가속화하기 위한 글로벌프로그램Global Programme to Accelerate Action to End Child Marriage을 시작했다. 이 프로그램의 목표는 더 많은 소녀들이 조혼의 위협 없이 유년기를 보내고, 교육·성생활·인간관계·결혼·출산에 대해 스스로 결정을 내리는 더 건강하고 안전하고 권한이 강화된 삶을 경험하는 것이다. 소녀들 삶의 모든 측면에 영향을 주는 근본적인 인권 침해인 아동 결혼은 거의 모든 새천년개발목표의 달성에 장애요소로 인식되고 있다. 유엔 인구기금–유니세프 글로벌프로그램은 ① 소녀들에게 양질의 서비스와 기회를 제공하고 ② 가족, 공동체 태도 변화의 토대를 마련하며 ③ 정부로 하여금 아동 결혼을 근절시키려는 지속가능개발목표를 달성하도록 주요 기관과 시스템을 강화하고 있다. 프로그램이 시작된 이래 이미 많은 나라들이 아동 결혼을 중단하는 국가별 행동계획을 개발하거나 자국의 개발계획에 이 사안을 포함시켰다. 반 총장은 소녀가 신부가 아닌 소녀로 남을 권리에 강력한 지지를 표현해왔다. 그는 2010년 10월 11일 국제 소녀의 날

International Day of the Girl Child 메시지에서 "소녀들에 대한 교육은 그들을 아동 결혼으로부터 보호하는 최선의 전략입니다. 학교에 머물 수 있고 어린 나이에 하는 결혼을 피할 수 있다면, 소녀들은 자신과 가족들을 위해 더 나은 삶의 토대를 마련할 수 있을 것입니다"라고 말했다.[157]

여성과 아동·청소년의 건강과 행복을 증진하다

2010년 여성과 아동의 예방 가능한 사망을 종식시키기 위한 움직임에서 중요한 사건이 일어났다. 여성·아동·청소년의 보건 증진을 위한 글로벌전략(Global Strategy for Women's, Children's and Adolescents' Health(2010~2015년)이 시작된 것이다. 반 총장은 여성과 아동의 질병과 사망률이 계속 높게 유지되는 상황을 용인할 수 없다고 말하면서, 다양한 이해관계자들이 모든 여성과 모든 아동 운동 아래에서 전 세계 49개 극빈국 여성과 아동의 건강을 증진하는 공통의제를 달성하는 데 힘을 합쳐야 한다고 호소했다. 특히 산모와 영아의 건강에 초점을 맞춘 새천년개발목표의 진전은 개발의제의 다른 요소들에 비해 속도가 느렸고, 세계는 HIV·말라리아·결핵과 싸우는 여성과 아동의 필요를 충족시키는 데 상당한 어려움을 겪고 있다.

모든 여성과 모든 아동 운동은 세계 300개 협력단체의 400건 이상의 의무 이행 약속과 여성과 아동의 건강과 행복을 증진하기 위해 정부, 재단, 기업, 시민사회, 저소득 국가까지 참여한 450억 달러의 재원으로 빠르게 추진력을 얻었다. 그 결과 보건 시스템에 대한 투자와 혁신에 대한 투자 증대는 물론 더 나은 영양, 위생시설, 교육과 같은 필수적인 건강 증진 서비스에 대한 접근권에서도 보기 드문 발전이 이루어졌다. 2010년부터 2015년까지 산모와 영아 사망률은 글로벌

전략 40개 표적 국가 모두에서 감소했다. HIV 모자 감염을 막고 경구 수분 보충 요법_{Oral Rehydration Therapy, ORT}(설사로 인한 탈수증 완화 요법*)과 완전 모유 수유_{exclusive breastfeeding}를 증가시키는 데 상당한 진전이 있었다. 가족계획, 산전 건강 관리, 숙련된 출산 보조자, 산후 관리에 대한 접근권은 물론 의료 인력의 강화에도 큰 성과가 있었다.

세계가 2015년 9월 지속가능개발목표의 채택으로 새로운 개발 시대로 이행하면서, 반 총장은 세계 지도자들과 함께 다음 15년을 위한 갱신된 글로벌전략을 내놓았다. 이 전략은 개발의 추진력을 높이고, 한 세대 내에 여성과 아동·청소년의 취약한 권리를 보호하며, 각국이 2030년까지 새로운 목표를 달성하도록 지원하는 것을 목표로 한다. 이 최신의 글로벌전략은 한 세대 내에 여성과 아동·청소년의 예방 가능한 사망을 막고, 그들의 건강과 행복을 보장하며, 그들이 잠재력을 충분히 발휘해서 세상을 변혁시킬 수 있게 만드는 계획을 제시했다. 3가지 핵심 원칙, 즉 생존(예방 가능한 사망의 종식), 번성(건강과 행복의 보장), 변혁(권능을 부여하는 환경의 확대)으로 이루어진 청사진이 지속가능한 미래 건설에 필요한 변화를 이끈다.

새로운 글로벌전략은 건강에 더 전체론적이고 통합적인 방식으로 개입한다. 청소년들이 직면하는 특유의 건강상 문제뿐 아니라 변화의 핵심 동인인 그들의 중요한 역할을 인식한 이 전략은 건강에 사상 처음으로 청소년 문제를 포함시켰다. 반 총장은 2015년 제3차 개발재원총회 때 글로벌전략의 이행을 지원하기 위해 공공과 민간의 자금원으로부터 추가 재원을 동원하고 기존 재원을 효율적으로 사용하는 글로벌금융기구_{Global Financing Facility}를 설립했다. 지금까지 160개 조직과 40개국 이상이 갱신된 글로벌전략에 참여하기로 약속하고 여성과 청년 건강에 250억 달러(약 30조 2,000억 원)를 내놓기로 했다.

그 외에도 H6 연합(유엔 에이즈프로그램UN Programme on HIV/AIDS, 유엔 인구
기금, 유니세프, 유엔 여성기구, 세계보건기구, 세계은행그룹)은 모든 여성과 모
든 아동 운동의 주요한 핵심으로, 세계적인 차원에서 지도력을 제공
하고 글로벌전략의 약속을 이행하기 위해 노력하는 국가들에 기술
을 지원한다. 산모와 영아 사망률이 높아 생식·모성·영아·아동 건강
서비스에 대한 접근권의 개선·통합·확대를 특별한 목표로 설정한 저
소득 국가들이 우선 대상이다. 이들 국가에서 H6 단체들은 정부와
합동으로 국가 건강 계획의 지속적인 발전을 성문화하는 법률과 정
책을 만들고 이행하는 일을 돕는다. 이러한 활동은 모든 여성과 아
동·청소년이 생존하고 잘 성장하며, 건강에 대한 자신의 권리를 향유
하고, 존엄과 행복을 경험하며 살아가는 미래상을 실현하는 데 중심
이 된다.

성과 생식에 대한 보건 및 권리는 여성이 본인이 선택한 삶을 살고
역량을 강화하고 평등한 권리를 누릴 수 있는 토대다. 성과 생식에
대한 보건 및 권리는 모든 커플과 개인이 자녀의 수, 출산 간격, 출산
시점을 자신의 책임 아래서 자유롭게 결정할 수 있고 그것을 가능하
게 하는 정보와 수단을 얻을 수 있는 기본 권리를 가지고 있다는 인
식에 기초한다. 성과 생식에 대한 보건 및 권리를 보장하는 것은 모
든 사람들이 삶의 모든 영역에서 성별을 기초로 한 차별 없이, 성적
폭력이나 강압 없이, 사생활을 보호받을 권리를 확실히 보장받으면
서 동등하고 자유롭게 결정을 내리는 데 꼭 필요한 요소다.

반 총장은 총회가 위임한 국제인구개발회의 보고서 〈2014년 비
욘드 리뷰〉에, 국제사회가 1994년 카이로회의의 성공을 기초로 생식

에 대한 보건 및 권리를 우선 과제로 삼아야 한다는 요청을 담았다. 이후 총회의 2014년 특별회기에 승인을 받은 사무총장 보고서 〈국제 인구개발회의 행동프로그램의 후속 조치를 위한 행동체제Framework of Actions for the follow-up to the Programme of Action of the ICPD〉는 국제인구개발회의 행동체제에 기술된 대로 카이로회의의 약속을 지키고 점점 커지는 불평등과 새로운 문제를 해결할 것을 각국에 요구했다. 일부 영역에서는 상당한 진전이 있었지만 극빈 계층과 가장 소외된 계층에서는 변화가 거의 없었다. 이 행동체제는 각국 정부에 국제인구개발회의 미해결 의제를 실현하고 각국 개발 목표를 지원하는 데에 대한 지침을 제공한다.

사회적 규범과 성 고정관념 문제를 다루는 것은 성 불평등과 여성에 대한 차별의 근본 원인을 찾고 성과 생식에 대한 보건 및 권리를 발전시키는 데 필수다. 반 총장은 이 사안에 대한 옹호자로서, 남성들을 양성평등의 지지자이자 옹호자로 참여시키고, 차별적인 사회 규범과 성 고정관념에 이의를 제기하며, 비폭력과 존중·책임을 동등하게 공유하는 중심 역할을 했다.

AIDS는 생식가능 연령에 있는 여성 사망의 주된 원인이며 청소년 사망의 두 번째 이유다. 세계적으로 HIV에 새롭게 감염되는 사람의 34퍼센트가 청소년이다. 이 연령 집단에서는 남성보다 여성의 새로운 감염이 훨씬 더 많다. 15세 이하의 아동 및 청소년 4명 중 오직 1명만이 항레트로바이러스 치료를 받아 목숨을 구한다. 전체 연령에서는 AIDS 관련 사망이 감소하고 있지만 10세에서 19세의 사망률은 이 추세에서 예외다.[158]

성과 생식에 대한 보건 및 권리를 HIV 전략과 정책에 연결시킨다면 서비스 제공과 활용을 늘릴 수 있다. 하지만 건강에 제한되지 않고 인권과 개발을 증진하는 데까지 나아가야 비로소 효과적인 대응이라 할 수 있을 것이다. 반 총장은 HIV에 수반될 수 있는 차별과 오명에 반대한다는 뜻을 수차례 밝히면서 정부와 공동체에 ① AIDS 환자로서 살아갈 권리를 보호하고 ② 성 기반 폭력을 근절하며 ③ 감염 위험이 높은 사람들을 범죄자 취급하고 그들이 사실을 숨길 수밖에 없도록 만들고 그들을 정보·치료·지원 서비스에서 멀어지게 만드는 법과 정책을 철폐할 것을 요구했다. 그는 어디에 있는 어떤 사람이든 "용기와 진실성을 가지고 인류라는 대가족의 취약한 구성원을 보호하는 데 나서야 한다"고 주장했다.[159] 또한 그는 젊은이들이 자신을 감염으로부터 보호하기 위해서는 성과 생식 보건에 대한 정보와 서비스에 접근해야 하며, 따라서 이러한 접근을 막는 법적 장벽 등의 장애를 제거할 것을 요청했다. 유엔 협력단체들과 전 세계의 청소년 운동가들은 모두가 참여하는 청소년 AIDS 종식운동인 All In! to #EndAdolescentAIDS(프로그램과 정책의 주요한 변화를 통해 청소년들이 더 나은 결과를 만들도록 고무하는 행동과 협력강령)를 출범시켰다. 이 계획은 여러 분야에 있는 활동가들의 힘을 모아서 2020년까지 청소년의 새로운 HIV 감염과 AIDS 관련 사망을 빠르게 감소시키고 2030년까지 공중 보건을 위협하는 AIDS 확산을 끝내자는 취지로 시작되었다.

AIDS가 청소년 사망의 첫 번째 원인인 사하라 이남 아프리카에서는 젊은 여성의 28퍼센트만이 자신을 HIV로부터 지키는 방법을 알고 있다.[160] 유엔 인구기금과 유네스코는 교육 과정 개발, 효과적인 프로그램의 감시·평가·확대 사업을 하고 있다. 하지만 성교육은 여전히 논쟁을 초래하는 문제로 남아 있고, 포괄적 성교육에 모든 젊은

이들이 접근하도록 하려면 해야 할 일이 아직 많다.

산과적 누공obstetric fistula은 양질의 생식 보건 서비스에 대한 접근권 등에서 여성 인권이 부정당하고 있다는 점을 신체적으로 가장 잘 드러내는 사례다. "최악의 불평등을 냉혹하게 반영하는 현상"이라는 말은 가장 가난하고 가장 소외된 여성을 공격하는 질병이자 대부분 예방이 가능하지만 일단 발병하면 삶을 완전히 뒤흔드는 이 질병을 적확하게 묘사하고 있다.[161] 많은 개발도상국에서 이 질병이 계속되는 것은 만성적인 보건 불평등과 의료 시스템의 제약에 빈곤, 사회경제적 불평등, 성적 불평등, 이른 결혼, 이른 출산, 학교 교육의 부족과 같이 여성이 직면하는 광범위한 인권 침해가 더해진 결과다. 누공 치료가 필요한 여성이 수백만 명에 이르지만 대부분 숙련된 산부인과 외과의의 누공 치료 서비스를 이용하거나 그에 접근하기도 힘든 형편이다. 이러한 질병을 없애는 활동을 활성화시키기 위해서 2014년 10월 산부인과 누공 종식 사업을 지원하는 반 총장의 보고서가 발표되었다. 이 보고서는 주로 국가적 차원에서 인권에 기반을 둔 접근법으로, 이러한 사업을 강화하기 위한 권고안들을 공개했다. 2015년 5월 반 총장은 누공 문제를 가진 모든 국가에 기한이 정해진 포괄적 국가 전략과 행동계획을 개발하라고 강력히 촉구했다.[162] 2014년 보고서에 대한 대응으로, 총회는 2014년 12월 산부인과 누공 종식 사업 강화에 대한 결의 제69/148호를 채택했다. 150개 이상 회원국이 이 결의안에 찬성표를 던졌다.

반 총장의 노력을 지원하기 위해 유엔 인구기금이 이끌고 조정하는 누공 종식 캠페인Campaign to End Fistula은 수백 곳의 협력기관이 힘을 모아 의무 보급, 예방, 치료, 사회적 재통합을 목표로 하는 교육과 기금을 제공한다. 이 캠페인은 아프리카, 아랍, 아시아, 라틴아메리카 50개 이상 나라의 산부인과 누공 종식 사업에서 큰 진보를 이루었다. 하지만 지원의 필요성은 아직 엄청나고 할 일이 더 많이 남아 있다.

평화를 추진하는 여성과 젊은이

2015년 유엔은 ① 유엔 평화 사업 ② 평화 구축 구조 ③ 여성과 평화와 안보 사안에 대한 안전보장이사회 결의안의 이행이라는 3가지 주요 사안을 검토했다. 공통 주제가 명확하게 드러났다. 개혁에서는 양성평등과 여성 리더십이 주요 요소가 되어야 하며, 인권이 바탕이 되어야 한다는 점이 분명해진 것이다. 평화와 안보 발전을 목표로 여성과 청년의 필수 역할을 촉진하는 데에는 관행과 태도 변화가 필요하다. 젊은이는 평화를 적극적으로 추진하는 역할을 하기보다는 갈등과 충돌을 일으키거나 그로부터 고통을 받는 존재로 대단히 오랫동안 생각되어왔다. 여성 역시 결의안의 결정적인 구성 요건이라기보다는 충돌의 피해자로 묘사되었다. 전통적으로 남성이 대부분이었던 군 병력은 평화 구축과 평화 유지에 긍정적인 영향을 끼치는 여성의 역할을 이해하지 못하거나 큰 가치를 두지 않았다. 그러나 분쟁 지역에서 성과 인종이라는 복합적 약점에 직면한 원주민 여성과 극단적인 폭력이 자행되는 지역의 여성을 비롯해 가장 위험한 상태에 있는 사람들을 돕기 위해서는 여성과 청년의 필수적인 역할을 촉진함과 동시에 대응력도 키워야 한다.

2000년 안전보장이사회는 여성, 평화, 안보에 대한 선구적 결의안을 채택했다. 결의 제1325호는 여성이 분쟁에서 얻는 경험을 국제 평화와 안보에 연결시킨 최초의 결의였다. 그 이후 안전보장이사회는 여성, 평화 안보에 대한 후속 결의안 7개를 채택했고 2015년 말에는 55개국이 국가별 행동계획을 채택했다. 이 아이디어는 국제 평화와 안보 유지라는 임무를 가진 최고 조직의 공식 정책이자 세계적인 규범(결의 이행과 평화 구축에서 여성 지도력을 우선시하겠다는 특별한 약속의 증거)이 되었다. 이 결의는 이 책 전체에서 언급되지만 특히 제9장에서 몇 가지 측면을 자세히 살펴보기로 하겠다.

2010년 결의 제1325호(2000년) 채택 10주년을 맞아 반 총장은 평화 구축에 여성이 참여하는 문제를 다룬 보고서를 발표했다. 이 보고서는 분쟁을 방지하고 해결하며, 분쟁의 회복 과정에 여성 참여를 어렵게 하는 지속적인 장애 요인을 확인한다. 덧붙여서 ① 여성들의 우선 사항이 해결되고 ② 참여 권리가 실현되며 ③ 평화 구축에 성 인지적 관점이 적용되고 ④ 모든 공적 조치가 국가의 국제 인권 의무에 부합되도록 하는 국내적 방편과 국제적 방편을 명시했다. 보고서의 핵심은 국가와 국제적 활동 주체의 관행을 변화시키고 현장의 평화 구축 결과를 개선하는 것을 목표로 하는 성 인지적 평화 구축을 위한 7대 행동계획Seven-Point Action Plan on Gender-responsive Peacebuilding이다. 여기에는 여성과 성 문제 전문가들로 하여금 평화 구축 절차와 분쟁 후 기획에 참여하도록 해서 매 단계에서 여성 필요를 다루고 여성이 평화 구축과 평화 회복 전반의 의사결정에서 큰 역할을 하게 만드는 일이 포함된다. 또한 이 보고서는 여성들이 의사결정자로서 자신의 의견을 낼 기회를 주고, 안보와 정의에 대한 여성 권리를 촉진하며, 분쟁 이후 상황에서 경제적 기회에 여성을 동등하게 참여시킬 것을 요구한다. 국제적 원조는 아직 여성 참여를 촉진하지 않고 있으며, 무력충돌 도중과 전후의 조직적인 성 공격(이 경우 가해자 대부분이 처벌을 받지 않는다)

등 폭력으로 계속 고통받는 여성의 필요에 맞춰지지 않고 있다.

그렇지만 아프가니스탄, 부룬디와 같은 나라의 전후 헌법 개정에서 유엔이 여성 참여를 지원한 것, 시에라리온과 동티모르의 안전보장군에 여성 비율을 높아진 것 등 몇 가지 성과가 드러났다. 2015년 결의 제1325호 채택 15주년을 맞아 안전보장이사회는 세계, 지역, 국가 차원에서 결의의 이행 상황을 평가하기 위한 고위급검토High-level Review를 실시했다. 이 논의에 정보를 제공하기 위해 반 총장은 결의 이행에 대한 글로벌연구Global Study를 의뢰했다. 이 연구는 여성이 평화 구축에서 긍정적 역할을 한다는 점을 재확인했다. 제2차 세계대전 종전 이후 40개의 평화 구축 절차에 대한 상세한 분석은 여성이 협상 과정에 강력한 영향력을 행사할 수 있을 경우 합의에 도달할 가능성이 훨씬 높다는 것을 보여주었다.[163] 협상 과정에서 여성의 역할은 평화 합의가 이행될 가능성이 매우 높아지는 비율과도 관계있으며, 또한 휴전이나 군비 축소를 감시하거나 진실과 화해를 추구할 때, 새로운 헌법을 입안하기 위해 성립된 위원회의 유효성에도 영향을 주었다. 마찬가지로 1989년에서 2011년 사이에 조인된 181개 평화협정의 데이터를 근거로 최근에 이루어진 통계 분석은 여성이 평화협정에 참여할 경우 그 협정이 15년 이상 유지될 가능성이 35퍼센트 증가했다는 것을 보여주었다.[164] 사실 여성이 평화협상 과정 전반에 참여하는 비율은 꾸준히 증가해왔다. 2014년 유엔이 감시한 평화협상 과정에서 상급직에 여성이 참여한 경우는 전체의 75퍼센트였고, 최근 콜롬비아, 조지아, 필리핀 분쟁을 해결하기 위한 평화회담에는 더 많은 여성이 협상가나 서명자로 참여했다.[165]

안전보장이사회는 고위급검토와 글로벌연구를 거쳐 2015년 10월 결의 제2242호를 채택했다. 이 결의는 ① 폭력적 극단주의의 영향과 동인에 대한 성 분석 통합 ② 여성 평화유지군의 수에 대한 야심 찬 목표 설정 ③ 평화와 안보 의사결정의 모든 단계에 고위급 여성 지도자를 더 많이 참여시킬 필요 등 실질적 문제를 다룬다. 결의 제2242호는 만장일치로 채택되었으며, 71개의 공동 후원국을 두고 있고, 113명의 지지 연설이 있었던, 안전보장이사회 역사상 가장 광범위한 지지를 받은 결의다. 또한 정부수반이 주재하는 여성, 평화, 안보 문제에 대한 최초의 결의다. 결의 제1325호와 후속 결의, 특히 새로운 범지구적 안보 위기 이후로 이행된 결의들은 반 총장이 남긴 큰 업적 중 하나다. 그는 다양한 차원의 평화와 안보 구축 과정에서 여성과 젊은이들의 역할을 제한하려는 태도를 변화시키고, 그 역할을 한층 더 강화하는 계획과 결의를 계속 추진해왔다. 여기에는 양성평등과 여성의 역량 강화 프로젝트에 평화구축기금의 15퍼센트를 할당하는 목표를 달성하고, 평화와 안보에 대한 새로운 위협이 드러나는 지역, 특히 극단적인 폭력에 대응하는 목표를 설정하는 것이 포함된다.

젊은이들 역시 평화와 안보 활동에서 중요한 역할을 맡고 있다. 세계적으로 젊은 세대와 연결된 평화와 안보 계획에 대한 추진력이 지난 몇 년간 증가해왔다. 2014년 4월 안전보장이사회는 극단적인 폭력과 맞서고 평화를 증진하는 과정에서 젊은이의 역할에 대한 공개토론을 진행했다. 평화 구축 노력에서 젊은이의 역할을 인식하는 데 가장 중요한 전환점은 2015년 8월 반 총장이 청년사절단사무소, 평화구축지원사무소Peacebuilding Support Office, PBSO, 유엔 개발계획, 유엔 인구기금이 시민사회단체인 공공의 장을 찾아서Search for Common Ground, 젊은 평화구축자들의 연합네트워크United Network of Young Peacebuilders의 협조를 받아

요르단 암만에서 공동개최한 세계청년평화안보포럼Global Forum on Youth, Peace and Security이었다. 이 포럼에서는 회원국, 유엔 기구, 젊은이들이 이끄는 여러 단체, NGO, 학계 전문가, 실무자가 모여 청년·평화·안보에 대한 새로운 의제를 규정하고 그에 대한 헌신을 약속했다. 그 결과물이 암만청년선언Amman Youth Declaration이다. 이 선언은 평화 구축을 위해 노력하는 전 세계 1,100명의 젊은이들이 낸 조언을 기반 삼아 전적으로 젊은이들이 초안을 마련했으며, 충돌을 전환시키고 지속적인 평화에 기여하는 젊은이의 역할에 대한 공통 비전을 제시했다.

이 포럼은 청년·평화·안보에 대한 안전보장이사회 결의안을 제안했다. 이로써 2015년 11월 평화구축이사회Peacebuilding Commission는 최초로 평화 구축 주체로서 청년의 역할에 대해 전문적으로 논의하는 자리를 갖게 되었다. 이는 결국 2015년 12월 9일 청년·평화·안보에 대한 안전보장이사회 결의 제2250호의 만장일치 채택으로 이어졌다. 5개의 핵심 원칙(예방, 보호, 참여, 파트너십, 탈참여와 재통합)을 중심으로 이루어진 결의 제2250호(2015년)는 평화 유지와 평화 구축 노력을 성공시키는 데 청년이 하는 중요한 역할을 확인하고, 이러한 과정의 의사결정에서 젊은이의 대의권을 옹호한다. 이러한 노력들 덕분에 젊은이가 충돌의 피해자 혹은 가해자라는 부정적 서사를 변화시키고 평화 구축에서 젊은이의 역할을 인식시키려는 유엔의 노력은 큰 성과를 거두었다.

반 총장이 이 분야에 개입하는 과정에서 드러난 또 다른 특징은 그가 폭력적 극단주의의 예방에서 젊은이의 역할을 강조해왔다는 점이다. 2016년 1월에 발표된 반 총장의 '폭력적 극단주의 방지 행동계획Plan of Action on Preventing Violent Extremism'은 과격화를 부르는 근본 상황까지 포괄적으로 접근할 것을 촉구한다. 이 행동계획은 국제 공동체에 힘을 합칠 것을 호소하고 회원국과 유엔 체제에 폭력적 극단주의가 확산되는 것을 막는 권고안을 제시한다. 특히 이 행동계획은 회원국이 극단적인 폭력을 방지하려는 활동에서 국가, 지역, 세계적 차원의 참여 메커니즘을 중시하여 청년들의 참여를 지원하고 강화해야 한다고 권고했다. 이 계획은 또한 의사결정 과정에 청년을 통합시키고, 세대 간 대화를 촉진하며, 접근권을 차단당했거나 접근이 어려운 청년의 참여를 늘리고, 국가 차원의 멘토링 프로그램을 만들고, 폭력적 극단주의 예방에 할당된 기금을 전적으로 젊은이의 특정 필요를 해결하고 그들의 역량을 강화하는 데 사용하라고 권고한다.

여성의 역량 강화는 지속가능한 평화에 꼭 필요한 힘이며, 회원국들은 폭력적 극단주의를 방지하기 위한 노력 전반에 성 인지적 관점을 적용해야 한다. 여성은 그들의 권리와 자유에 대한 공격이나, 가족과 공동체에서 일어나는 개인의 군사화와 과격화를 가장 먼저 감지할 수 있는 사람이다. 따라서 여성은 젊은이의 과격화, 군국주의, 폭력적 극단주의를 막는 데 중요한 역할을 맡는다. 반 총장은 ① 폭력적 극단주의에서 여성이 하는 역할에 대한 성 인지적 연구와 자료 수집에 투자하고 ② 국가법의 집행과 테러 방지와 대응 체제를 비롯한 안보 기관에 여성 등 대의성이 부족한 집단을 포함시키며 ③ 폭력적 극단주의를 예방하고, 그에 대응하는 여성의 역량을 키우는 동시에 여성의 시민사회 집단을 구축하며 ④ 폭력적 극단주의에 맞서는 모든 기금이 여성 특유의 필요를 해결하고 여성에게 권한을 부여하는 프로젝트에 할당되도록 해야 한다고 주장했다.

여성과 청년의 경제적 역량을 강화하다

여성과 청년의 경제적 기회와 성과 면에서 상당한 진전이 있었음에도 불구하고 모든 국가와 지역에서는 아직 큰 불평등이 존재한다. 성 불평등은 결국 여성이 불안정한 저임금 직종에서 일하게 되며 고위직에 오르는 경우가 드물다는 의미다. 프랑스, 독일, 스웨덴, 터키의 자료에 따르면 세계적으로 여성은 같은 직종에 있는 남성보다 24퍼센트 낮은 보수를 받는다. 여성은 평생에 걸쳐서 남성보다 75퍼센트 적은 돈을 번다.[166] 여성의 일 대부분은 비공식적이며, 여성들은 주로 노동법의 적용을 받지 않고 사회적 보호가 부족한 일자리에서 일한다. 개발도상국의 경우 여성의 75퍼센트가 비정규적인 일자리를 가지고 있다.[167] 이러한 요인들은 토지나 대출과 같은 경제적 자원에 대한 여성의 접근권을 제한한다. 경제, 사회 정책의 형성에 참여하는 여성도 제한적이다. 여성은 가정에서 보수를 받지 않는 부양과 가사 노동의 엄청난 부담을 진다. 이 부담은 세계적으로 남성보다 평균 2.5배가 많다. 따라서 그들은 경제적 기회 등 가능성을 좇을 시간이 극히 부족하다.

155개국에는 여성의 경제적 기회를 저해하는 법이 적어도 1개 이상 있다.[168] 여기에는 여성이 특정 직업을 갖는 것, 재산을 소유하거나 상속하는 것, 자신의 이름으로 은행 계좌를 개설하는 것을 제한하는 법 등이 포함된다. 법으로 양성평등이 보장되지 않는 국가에서는 소년에 비해서 소녀들의 중등학교 재학률이 낮고, 경력을 쌓거나 기업을 경영하는 여성들이 적으며, 봉급의 성 격차가 크다. 이러한 제한은 여성들의 삶에 광범위한 영향을 주며 여성들이 그들과 가족, 공동체에 가장 적절한 선택을 하는 것을 막는다. 기존 데이터를 분석한 세계경제포럼에 따르면 직장에서 양성평등이 실현되는 데에는 앞으로 81년이, 성별 보수 격차가 사라지는 데에는 118년이 걸릴 것이라고 한다. 하지만 여성이 노동 인력에 많이 편입되면서 국가와 세계의 경제적 성장에 긍정적인 역할을 한 것으로 드러났다. 맥킨지 글로벌 인스티튜트McKinsey Global Institute의 2015년 보고서는 여성의 평등을 발전시킨다면 2025년까지 세계 총생산이 12조 달러 늘어날 것으로 추정했다.[169]여성의 경제적 역량 강화는 양성평등과 여성이나 여성 사회를 전진시키기 위한 유엔 여성기구의 노력에서 중요한 핵심이다. 반 총장은 이 사안을 국제적 의제의 최우선 순위에 놓았다.

반 총장은 세계가 지속가능개발목표를 달성하기 위해서는 여성의 경제적 역량이 비약적으로 강화되어야 한다고 강조하면서, 2016년 1월에 지도력을 제공하고 구체적인 조치(정부, 민간분야, 시민사회, 유엔 체제 등)를 동원하기 위해 최초로 '여성의 경제적 역량을 강화하기 위한 고위급패널High-level Panel on Women's Economic Empowerment'을 발족했다. 이 패널은 전 세계 경제 부분에서 지속되는 성 격차를 종식시키는 것을 목표로 한다. 또한 여성의 경제적 역량 강화를 위해 필요한 6가지 과제인 법적 장벽의 해소, 돌봄 경제Care Economy(배려받을 수 있는 관계를 돈을 주고 사는 것*)의 해결, 성별 봉급 격차의 축소, 비정규 고용 상태인 여성의 권리 확장, 디지털과 금융에 대한 여성 접근권 확보, 여성의 기업가정신 촉진에 초점을 맞출 것이다. 여기에는 탁월한 양성평등 운동가, 경제 전문가, 학자, 노동조합 지도자, 기업, 시민사회, 정부 대표, 모든 지역의 유엔 체제 지도자가 포함된다. (시민사회를 아우르는) 일련의 지역 자문회의에 뒤이어 2016년 9월에는 행동 지향적인 권고안을 담은 패널의 첫 보고서가 발표되었다. 패널은 폭넓은 참여를 촉진하고, 여성의 일이 가진 밤낮없이 지속되는 속성을 파악하면서, 보고서 권고안을 이행하는 데 필요한 행동을 나타내기 위해 #empowerwomen24_7(24시간 하루 종일 일주일 내내 여성 역량을 강화하겠다는 뜻*)이라는 해시태그를 택했다.

청년들 역시 포부, 기회, 권리의 인식 면에서 많은 문제에 부딪치고 있다. 이는 그들의 경제적 역량 강화를 막고 그들이 속한 공동체와 국가의 발전을 저해한다. 오늘날 청년 인구가 많은 여러 국가들이 인구배당효과(피부양자가 많은 데 비해 생산가능 인구가 적은 경제에서 피부양자가 적고 생산가능 인구가 많은 경제로 인구 구성이 변화할 때 일어나는 경제적 성장)를 거둬들일 만반의 준비를 하고 있다. 이러한 기회를 놓치지 않으려면 여성의 역량 강화, (특히 소녀들을 위한) 교육, (특히 젊은 세대를 위한) 적절한 일자리, 인프라, 사회사업에 대한 강력하고 시기적절한 투자와 사회 통합에 대한 지속적인 헌신이 필요하다.

인구배당효과를 기대하는 대부분의 국가에서 비정규 고용이나 취약한 고용이 70퍼센트라는 높은 수치를 유지하고 있다. 젊은 세대의 경우 상황은 더 심각하다. 젊은이들이 다른 나라에서 일자리를 찾거나 자국에서 정치적 변화를 추구하는 것은 전혀 놀라운 일이 아니다. 많은 젊은 이민자들이 더 나은 삶의 기회를 얻기 위해서 위험을 감수할 준비를 한다는 것은 그들이 직면하고 있는 극단적인 경제 상황과 불안을 보여준다. 젊은이들이 기술과 지식을 개발할 수 있게 하는 투자, 젊은이들이 지도력을 발휘하고 참여할 수 있도록 촉진하는 일, 기업가적 가능성을 발전시키는 융자에 대한 접근권과 멘토링을 제공하는 일은 청년의 경제적·사회적 참여를 강화하고 자국에서 젊은이들이 갖는 전망을 밝게 할 수 있다.

2016년 2월 2016년 유엔 경제사회이사회 청년포럼2016 ECOSOC Youth Forum에서 발표한 '청년 실업 문제에 대응하기 위한 글로벌계획'은 청년 실업 문제를 다루는 유엔 최초의 포괄적 사업이었다. 이 계획의 주 목적은 지역적·국가적 차원에서 효과적이고 혁신적인 증거 기반의 개입 활동을 확대하는 것이다. 이 계획은 정부, 민간분야, 청년 대표, 시민사회, 재단, 학계 등의 협력으로 혁신적인 사고를 자극하고, 청년 고용에 대한 더 많고 더 나은 투자를 하며, 국가 개발 우선 과제에 일관성을 부여한다. 이 계획 아래서 유엔 국가팀들은 국가와 지역 협력단체들과 함께 녹색 일자리를 활성화하고, 양질의 견습 제도를 만들며, 디지털 기술을 확장하고, 기술 중심지를 구축한다. 반 총장은 네덜란드 로테르담의 에라스무스대학교에서 한 연설에서 이렇게 말했다. "우리는 젊은이들이 단순히 일자리를 채우는 데에 그치지 않고 일자리를 창출하기를 바랍니다."[170]

많은 정부가 청년에 대한 통합적 투자로 얻을 수 있는 잠재적 이익을 인식하고 있다. 2030 개발의제의 지지를 통해 입증된 대로, 인구배당효과를 경제 성장과 장기적 지속가능개발의 길로 보는 정부와 국제 공동체가 점차 많아지고 있다. 2015년 6월 총회 의장이 유엔 인구기금과 국제노동기구International Labour Organization, ILO의 지원으로 마련한 '인구배당효과와 청년 실업에 대한 고위급행사High-level Event on the Demographic Dividend and Youth Employment'에서 반 총장은 행동이 시급하다고 강조했다. "젊은이의 적극적인 참여가 없이는 지속가능개발에 대해 이야기할 수 없습니다. 젊은이에게 양질의 일자리, 정치적 비중, 협상력, 세상에 대한 실제적인 영향력을 준다면 그들은 더 나은 미래를 만들 것입니다." 모든 여성과 남성, 모든 소녀와 소년이 역량을 확장할 권리와 존엄을 향유하고, 생식 보건과 권리를 확보하고, 양질의 일자리를 찾고, 지속가능한 경제 성장에 기여하도록 보장하지 않고서는 지속가능개발을 달성할 수 없다. 여성들이 자녀를 가질지, 언제 가질지 자유롭게 선택할 권리를 누릴 때, 출산율은 감소하고 인구배당효과의 실현 전망은 커질 것이다.

반 총장은 세계의 주의를 이 사안으로 돌리는 데 큰 역할을 했다. 예를 들어 2013년 그의 사헬 방문은 사헬 여성 역량 강화와 인구배당효과 프로젝트Sahel Women's Empowerment and Demographic Dividend Project의 출범을 자극했다. 세계은행그룹, 유엔 인구기금과 다른 협력단체들이 지역 주도적으로 진행하는 이 프로젝트는 여성의 역량 강화를 돕고, 가족계획을 비롯한 생식 보건 서비스에 대한 접근권을 높이며, 소녀들로 하여금 학업을 계속하게 한다. 이는 세계에서 출생률이 가장 높은 이 지역 여성들에게 더 많은 경제적 기회를 주고 그들의 가족·사회·국가를 번영시키는 데 도움을 줄 것이다. 이러한 파트너십의 성공에 고무되어 이 지역 주도형 프로젝트를 다른 지역으로 확대하려는 사업이 진행 중이다.

여성과 청년의 발언권

참여는 기본적인 권리다. 이것은 세계인권선언Universal Declaration of Human Rights의 지도 원리이며, 다른 많은 협약과 선언에서도 계속 강조된 권리다. 적극적인 참여는 자신의 미래를 만들고 자신이 속한 공동체의 미래를 만드는 역량을 강화한다. 여성은 세상의 절반이며 지금 세계는 역사상 가장 규모가 큰 청년 세대를 가지고 있다. 하지만 여성과 젊은이는 의사결정 과정에서 발언권을 갖지 못하는 경우가 대단히 많으며, 그 결과 그들의 의견은 무시되고 그들의 인권은 도외시된다. 이러한 상황을 바꾸려는 노력이 추진력을 얻고 있다. 반 총장은 여성과 청년의 포용과 적극적인 참여가 2030 개발의제를 성공시킬 열쇠이자 지속적인 평화와 더 복원력 있는 사회로 나아가게 하는 열쇠임을 알리려 노력했다.

유엔 내외에서 변화의 주체로서 여성 역량을 강화하는 일은 반 총장 임기를 말해주는 강력한 지도 원리였다. 반 총장은 유엔 체계는 물론 전 세계적으로 지도적 위치에 여성이 접근하기 쉽도록 적극적으로 나섰다. 예를 들어 유엔 여성기구는 히포시 프로그램의 임팩트 $10 \times 10 \times 10$ 캠페인을 통해 국가수반, 주요 기업의 CEO, 유명 대학의 총장들과 협력하여 기관 내의 양성평등 계획을 활성화하고 후속 조치를 취하는 데 앞장섰다. 할당 제도와 임시 특별 조치들 역시 리더십에 대한 여성의 접근권을 늘리는 데 효과적인 방법이라는 것이 입증되었다. 전 세계 국가의 40퍼센트가 의회와 지방 자치 정부에서 여성 할당 제도를 실시하고 있다.[171] 여성 리더십, 참여, 대의권에 대한 국제사회의 헌신은 오랜 역사를 가지고 있다. 1979년 여성차별철폐협약은 공무公務에 참여할 여성 권리를 인정했다. 1995년의 베이징 행동강령은 평등한 참여를 막는 장애의 제거를 촉구했다. 새천년개발목표는 의회에서 여성 의원이 점유한 의석 수를 통해 양성평등에 대한 진전 상황을 평가했다. 지속가능개발목표는 "정치·경제·사회의 모든 의사결정 단계에서 여성의 전면적이고 효과적인 참여와 리더십에 대한 동등한 권리"를 확보할 것을 요구하고 있다.

반 총장은 여성 정치 후보자의 역량을 구축하고 유권자와 시민에게 양성평등 교육과 캠페인을 제공하는 유엔 여성기구를 지원하는 동시에, 공공정책 결정의 중심이 되는 양성평등 활동에 청년들의 참여를 독려하는 계획들을 지원해왔다. 유엔 여성기구는 유엔 국가팀이나 시민사회와의 협력 아래 여성들이 정치 분야에서 유권자, 후보, 선출직을 포함한 공무직에 공평한 접근권을 갖도록 보장하는 법과 헌법 개정을 옹호하는 일도 한다. 이러한 노력은 선거권과 폭력에서 자유로운 선거 운동의 권리 등 여성의 권리를 보장하는 데 도움을 준다.

유엔은 젊은이와의 협력, 젊은이를 위한 협력의 중요성도 인지하고 있으며 그렇게 하기 위한 길을 늘리고 있다. 포스트 2015 개발의제의 청년글로벌파트너십은 청년이 이끄는 전 세계 1,700개 조직과 NGO를 회원으로 받아들이고, 크라우드소싱 플랫폼 등을 통해 새로운 개발의제에 청년들의 우선사항을 반영할 정보와 아이디어를 공유했다. 청년글로벌파트너십은 새로운 개발의제를 성공시키는 데 청년이 중요한 역할을 한다는 인식을 넓혔다. 이것을 기반으로 사무총장 청년특사는 지속가능개발목표를 위한 청년글로벌파트너십Global Youth Partnership for the Sustainable Development Goals을 시작했다. 이 파트너십은 새로운 2030 개발의제의 실현에 청년들을 참여시키는 온라인 플랫폼인 유스 게이트웨이Youth Gateway를 내놓을 것이다. 지속가능개발목표에 대한 글로벌청년지표Global Youth Index on the SDGs는 앞으로 15년 동안 청년 개발 분야의 진전을 검토하고 후속 조치를 내놓는 데 기여할 것이다.

아동 및 청소년 메이저그룹Major Group for Children and Youth은 유엔 경제사회국의 조정 하에서 지속가능개발 과정의 적극적인 이해관계자로 활동해왔다. 5,000개 이상의 조직으로 이루어진 이 그룹은 ① 청년과 유엔 체제 사이의 가교 역할을 하며 청년이 공식회의에 참석하고 관여할 수 있게 하고 ② 정보와 문서를 제출하고 그에 대한 접근권을 가지며 ③ 권고안을 내고 ④ 행사와 회의를 주재한다. 아동 및 청소년 메이저그룹은 지속가능개발목표에 대한 총회 공개 작업반General Assembly Open Working Group on the SDGs의 사업과 2030 개발의제의 채택으로 이어진 정부 간 협상에 적극적으로 기여했다. 또한 이 그룹은 제3차 유엔 재해위험경감세계회의에 참여하고, 제3차 유엔 주택과 지속가능도시개발 회의UN Conference on Housing and Sustainable Urban Development(제3차 해비타트Habitat Ⅲ)에 관여하며, 글로벌지속가능개발 보고서Global Sustainable Development Report에도 기여한다.

유엔 경제사회이사회의 연례 청년포럼은 젊은이들에게, 범지구적 차원에서 회원국과의 대화에 참여하고 세계 경제·사회·환경 정책 형성에 기여할 수 있는 플랫폼을 제공한다. 이 포럼은 고위급정치포럼High-level Political Forum과 연례각료급회의Annual Ministerial Review를 비롯해 유엔 경제사회이사회에 반영되는 유엔의 제도적 과정에 청년을 참여시키는 중요한 메커니즘이다. 2014년 전 세계 젊은이의 광범위한 참여와 지원으로 이 포럼은 〈세계 청년들의 요구: 포스트 2015 개발의제에서 중심이 된 청년Global Youth Call: Prioritizing Youth in the Post-2015 Development Agenda〉을 내놓았다. 〈세계 청년들의 요구〉는 지속가능개발목표에 포함시켜야 할 청년 세대의 우선사항과 표적 분야를 서술했고, 이는 당시 논의가 진행 중이던 포스트 2015 개발의제에 반영되었다. 800명 이상의 참가자와 청소년 문제를 관장하는 수많은 장관과 대표들이 참석해 포럼 역사상 최대 규모로 열린 2016년 포럼은 젊은이들이 2030 개발의제의 수혜자만이 아니며 지속가능개발의 포괄적 비전을 실현할 핵심 동인이 될 것이라는 메시지를 전달했다. 이 포럼은 혁신적인 소셜미디어와 커뮤니케이션 도구들을 동원해 청년들이 의제에 대한 의사를 가장 효과적으로 전달할 방법을 다루었다. 이 포럼은 청년 실업 문제에 대응하기 위한 글로벌계획으로 이어졌다.

2010년 국제 청년의 해International Year of Youth에 만들어진 '청년 개발을 위한 유엔 기구 간 네트워크UN Inter-Agency Network on Youth Development'는 44개 유엔 기구의 임무와 특유한 접근법과 힘을 활용하고 동시에 협력을 강화함으로써 청년 문제에 대처하는 유엔 조직의 유효성을 증진하고, 유엔 체제 간 정보 교환을 활성화하는 것을 목표로 한다. 이 네트워크는 주제별 실무그룹에 청년들을 적극 참여시키고 사업을 통해 많은 협력단체를 청년들과 관련시킨다. 기구 간 조정 메커니즘은 동유럽과 중앙아시아를 비롯한 아시아와 태평양, 라틴아메리카, 카리브해 지역, 유럽 등 50개국에 설치되어 있다. 많은 국가들이 청년 문제를 기존의 유엔 개발원조계획UN Development Assistance Framework의 중심에 두고 있다. 청년특사 역시 유엔 상주조정관과 유엔 국가팀과 협력해서 국가청년자문위원회National Youth Advisory Boards 혹은 패널을 마련해 국가 차원에서 청년과의 협력을 촉진하고 소외된 청년들과 젊은 여성들의 참여를 보장한다.

젊은이들은 각국의 총회 공식 대표단과 다양한 기능을 가진 경제사회이사회 위원회의 청년 대표로 유엔에 참여하고 있다. 최근에 점점 많은 회원국이 청년 대표 프로그램을 마련하면서 모든 수준의 의사결정에서 젊은이들의 중요한 역할을 강조하고 있다. 2015년 52명의 청년 대표가 국가 대표단의 일부로 지속가능개발목표 고위급정상회의에 참여했고, 35명의 청년 대표들이 총회의 사회·인도주의·문화위원회Social, Humanitarian and Cultural Affairs Committee에 참석했다. 그 외에 많은 청년들이 경제사회이사회 청년포럼에 참석했다.

젊은 전문가 프로그램Young Professionals Programme은 유엔 조직의 사업에 참여하는 또 다른 경로다. 이 프로그램은 유엔에서 경력을 시작하고자 하는 젊은 전문가들에게 경력 개발의 기회를 제공한다. 후보자들은 입사 시험을 통과해야만 하고 매년 달라지는 참여국에 의해 선발된다. 반 총장은 두 번째 임기에 5개년 행동의제를 통해 청년 자원봉사 프로그램을 창안해서 젊은이들의 필요에 대응하는 의제에서 유엔 체제를 지원해줄 것을 요청했다. 이러한 요청은 다음 10년간 청년 자원 봉사를 통합시키기 위한 총회 결의 제67/138호에서도 반복되었다. 유엔 글로벌청년 봉사프로그램UN Global Youth Volunteer Programme은 2014년 5월 공식 출범했다. 현재 116명의 유엔 청년봉사자들이 98개국에서 정치와 사회 문제에 대한 젊은이의 참여를 증진하고, 교육과 보건 분야에 기여하며, 지원 활동을 돕고, 귀중한 직접 경험을 얻으면서, 평화를 구축하고 지속가능개발을 촉진하는 전 세계 유엔 조직의 사업에 기여하고 있다.

유엔 체제의 책임감 있는 헌신

엘리너 루스벨트Eleanor Roosevelt의 말을 빌리자면, 인권은 집 근처에서 시작된다.[172] 반 총장은 2006년 10월 총회의 첫 연설에서 유엔과 세계의 양성평등을 위해 노력하겠다고 약속했다. 집안 개혁이야말로 다른 곳에 신뢰감을 주면서 개혁을 촉구할 수 있게 하는 효과적인 전제 조건이며, 다른 어떤 기구와 마찬가지로 직원의 다양성과 성별 균형이 대단히 중요한 자산이라고 생각했기 때문이다.

2006년 유엔 사무국의 전문직과 고위직 여성 비율은 37.3퍼센트였고, 고위급 의사결정직의 여성 비율은 27.5퍼센트였다. 8년 후인 2014년 12월 31일, 유엔 사무국의 전문직과 고위직 여성 비율은 40.4퍼센트, 고위급 의사결정직의 여성 비율은 31.9퍼센트로 증가해 사상 최고 수치를 기록했다.

반 총장은 재임 기간에 사무차장보 수준의 직책에 150명 이상의 여성을 임명했다. 2006년에서 2014년 사이, 유엔 체제의 3대 고위직 각각의 여성 비율은 7퍼센트 이상이었다. 임무단의 책임자나 부책임자 자리에서도 여성 비율이 눈에 띄게 증가했다. 반 총장이 처음 임기를 시작했을 당시에는 현장에 여성 특별대표는 없었고 특별부대표는 단 1명이었다. 2015년 11월 여성은 임무단 책임자의 21퍼센트(28명 중 6명)를, 부책임자의 17퍼센트(30명 중 5명)를 차지했다. 이러한 추진력을 강화하기 위한 노력이 계속되고 있다. 특히 사무국에서는 2016년 총회 검토를 대비해 여성의 동등한 대표권을 보장하기 위한 전략안을 개발하고 있다. 유엔 사무국은 ① 봉사 활동, 신규 모집 등 선별과 보유에 대한 계획과 핵심 요소 ② 경력 개발 ③ 성별 구조 ④ 조직 문화 등의 포괄적인 전략 안에서 남녀 문제를 다룸으로써 많은 수의 자격 있는 여성을 끌어들이고 보유할 수 있는 더 나은 준비를 갖추고 있다. 2030년까지 남녀평등을 달성하게 될 것이다.

유엔 전체가 책임지는 양성평등과 청년 문제

양성평등과 청년의 전면적인 참여를 달성하는 것은 단 한 기관이 책임질 수 없는 일이다. 이를 위해서는 시스템 전반의 헌신과 진전에 활기를 불어넣고 진전을 감시하는 체제가 필요하다. 개별 기관과 전체로서 유엔 체제가 그 활동과 제도에서 성 문제를 주류화시키는 데 헌신했음에도 불구하고, 그러한 헌신은 실제 변화를 낳지 못했고 감시와 책임성 체제는 존재조차 하지 않았다. 그 결과 전문적인 책임 메커니즘이 만들어지기까지는 양성평등이나 성 문제에 대한 자원 배분과 같은 사안은 거의 정체되어 있었다. 2012년 4월 양성평등과 여성역량 강화를 두고 '유엔 조직 내 행동계획UN System-wide Action Plan, UN-SWAP'이라고 알려진, 체제 전체를 아우르는 최초의 책임 체제가 비준을 받고 이행되었다. 이 체제는 성 주류화와 양성평등 목표에 대한 책임을 유엔 체제 전체에 지운다. 반 총장은 2013년부터 모든 사무처장들로부터 이 목표의 진전 상황에 대한 연례보고를 받겠다는 강제력 있는 약속을 했다. 300개가 넘는 유엔 조직 내 행동계획의 강력한 네트워크를 통해서 유엔 체제 90퍼센트 이상이 '유엔 체제 전체에 걸친 양성평등과 여성 역량 강화 행동계획UN System-wide Action Plan for Gender Equality and the Empowerment of Women' 관련 보고를 4년간 계속했다.

2015년 양성평등 정책을 가진 유엔 기구의 비율은 2012년의 40퍼센트에서 73퍼센트로 증가했다. 의무적인 양성평등 교육을 제공하는 기구의 비율은 같은 기간 23퍼센트에서 53퍼센트로 늘어났다. 2014년, 유엔 기구의 39퍼센트가 양성평등에 자원을 끌어들였다. 2012년의 22퍼센트에서 증가한 수치였다.

반 총장은 두 번째 임기에 5개년 행동의제의 일환으로 ① 고용과 기업가 활동 ② 권리의 보호와 시민 참여 ③ 정치 참여 ④ 포괄적인 성교육을 비롯한 교육 ⑤ 보건에서 '청년을 위한 유엔 조직 내 행동계획Youth-SWAP'의 개발을 촉구했다. 청년을 위한 유엔 조직 내 행동계획은 10세부터 24세까지의 모든 청소년을 대상으로 한다. 특정한 배경이나 영역(정치 참여, 고용, 기업가 활동 등)에서는 그 범위를 25세까지로 확장할 수 있다. 186개국 1만 3,500명의 젊은이들이 청년을 위한 유엔 조직 내 행동계획 개발에 참여했다. 청년을 위한 유엔 조직 내 행동계획 보고와 웹사이트가 처음 시작된 것은 2014년 10월이었다. 청년을 위한 유엔 조직 내 행동계획 보고는 목표를 촉진하는 주요 사업을 개략적으로 설명하고 지역과 국가의 이행에 특히 중점을 둔다. 청년을 위한 유엔 조직 내 행동계획 감시체제Youth-SWAP Monitoring Framework 는 2014년에 개발되어 2015년 40개 유엔 기구와 8개 유엔 국가팀에서 시범 운영됐다. 철저한 조사가 청년 개발을 위한 유엔 조직 사업을 다루는 실질적 세계보고서에 반영되어 이후 사업에 지침 역할을 할 것이다.

계속되는 불평등, 차별, 폭력

지난 20년 동안 여성과 청년의 삶에 큰 발전이 있었다. 임신이나 출산 중에 사망하는 여성이 줄어들고 있다. 학교에 가는 어린이(특히 소녀)들이 많아지고 있다. 더 많은 여성이 기업, 정부, 세계적 조직을 이끌고 있다. 더 많은 청년이 자신들의 권리를 인식하고 자신들의 삶과 세계의 미래에 영향을 주는 결정에 의견을 반영시키고 있다. 국정의 다양한 차원에서 인권을 보호하고 옹호하며, 양성평등을 증진하고, 여성에 대한 폭력을 다루고, 성과 생식에 대한 보건 및 권리를 촉진하는 법과 정책이 더 많아졌다.

하지만 이러한 권리를 실현하는 데에는 아직 대단히 많은 불평등이 존재한다. 반 총장은 이러한 불평등을 "유엔 헌장의 치욕"이라고 불렀다. 많은 곳에서 분쟁과 위기가 더 많은 제약을 낳고 있다. 법의 집행과 공공정책의 실현은 여성과 청년에 대해서는 제각각이거나 제한적이었다. 약물 중독자, 성매매업 종사자, 성전환자, 원주민 공동체 사람들, 장애가 있는 사람들이나 HIV에 감염된 사람들처럼 소외되거나 취약한 상황에 있는 특정 인구나 집단의 경우에는 특히 더했다. 이러한 집단은 중복되거나 누적된 차별을 경험하며, 보건·교육·안보·번영 분야의 발전도 이들에 대해서는 특히 느리게 나타났다. 완벽한 양성평등을 달성한 나라는 없다. 그리고 많은 여성들이 평생에 걸쳐 다양한 혹은 교차적인 형태의 차별로 인해서 상처를 받고 사회적 소외를 경험한다. 2030 개발의제는 가장 뒤처진 사람들에게 변화를 불러옴으로써 예정된 기한에 모두가 함께 결승선에 이를 수 있게 하려 한다.

대부분의 나라에서는 진보가 주로 부유한 사람들에게 국한된다. 부는 점점 집중되어 현재는 부의 절반이 인구 단 1퍼센트의 손에 있다. 극빈국은 물론이고 더 부유한 국가에서도 여성 지위, 모성 보건, 아동 결혼, 빈·카이로·베이징회의가 다루었던 많은 문제들이 거의 개선되지 못하고 있다. 수백만 명의 빈곤하고 소외된 여성들과 가장 취약한 소녀들, 세계 청소년들에 대한 약속은 지켜지지 못한 채 남아있다. 이것은 주로 성과 생식, 보건과 권리에 대한 정보·교육·서비스에 접근할 수 있는 권리의 불평등과 차별에서 기인한다.

여성이 정치적·경제적 영향력을 가진 자리에 진출하는 경우는 세계적으로 제한적인 상태이며 변화 속도 역시 느리다. 여성에 직접 관련된 국제 합의에 따르는지의 여부에서 실망스러운 국가들이 많다. 양성평등을 향한 전반적인 진보는 받아들이기 어려울 정도로 느리거나 정체되어 있으며 심지어 어떤 경우에는 후퇴했다. 여성이 삶과 결정과 신체에 대한 완벽한 주도권을 누리지 못하는 책임은 오명을 씌우는 차별적 가치와 관행을 기반으로 한 성 역할, 성과 생식에 대한 일반적인 믿음과 가정, 그리고 남성과 여성 사이 혹은 다양한 인간들의 불평등한 권력 관계에 있다.

충돌이 일어나기 쉬운 오늘날의 세계에서

이 책의 다른 부분에서 언급했듯이 여성의 권리와 자유가 폭력적인 극단주의자들의 표적이 되고 있다. 여성은 교육과 기본 서비스에 대한 권리 행사까지 제한당하고 있다. 소녀들은 강간을 당하고, 성 노예가 되고, 전투원에게 상으로 주어지고, 인신매매상들에게 팔려간다. 2015년 3월 8일 국제 여성의 날International Women's Day에 반 총장은 이러한 상황을 "여성 인권에 대한 전면적인 공격"이라고 표현했다.[173] 이러한 공격이 가끔은 유엔 내부에서 일어나고, 많은 국가에서 유엔 평화유지군과 평화 유지 인력들이 성적 착취 및 학대 혐의를 받는 경우가 늘어나고 있다. 이에 반 총장은 피해자(그중 다수가 아동이다)를 지원하고 (회원국의 조치 등을 통해) 책임성을 강화하는 등 불처벌에 대한 효과적인 집단 대응책 마련을 촉구해왔다. 고향을 떠나 임시 숙소나 수용소에 있는(이 역시 안전하지 못하다) 여성들이나 국내 피난민 여성들은 필수 서비스에 대한 접근권을 얻지 못한 채 성폭력과 의도치 않은 임신, 성적 접촉에 의한 감염 위험에 노출되어 있다. 여성은 국제 이민자의 거의 절반을 이루며, 남성보다 국내 이주(도시 중심으로) 가능성이 더 높다. 그들은 폭력, 착취, 학대, 인신매매자의 거짓된 고용/지원 약속의 피해자가 될 위험이 있다. 차별과 성 불평등은 이러한 취약성을 가중시킨다.

여성은 평화로운 사회에서도 공격을 받는다. 세계적으로 여성 3명 중 1명이 신체적 혹은 성적 폭력의 피해를 입는다. 아동 결혼, 조기 임신, 할례, 기타 유해한 관행이 지속되고 있다. 여성들은 불리한 약점들을 딛고 위기의 최전선에서 학교와 시장과 국경 교역을 다시 시작하면서 자신들의 공동체를 재건하고 지켜가고 있다.

2016년에는 좀 더 많은 소녀들이 학교에 다니게 되었다. 여러 국가에서 최소한 초등학교의 경우에는 출석에서 양성평등이 달성되었다. 여성에게 교육 기회를 제공하고 아동 결혼과 같은 악습에서 여성을 보호하기 위한 세계적인 캠페인과 계획들이 추진력을 얻고 있다. 산모 사망률과 예방할 수 있는 영아 사망률이 지난 25년 동안 극적으로 감소했다. 여러 곳에서 오랫동안 간과해왔던 인구 집단인 청소년의 보건과 성 문제가 중요하다는 인식이 커지고 있다. 정부, 유엔, 시민사회가 분쟁 중 성폭력을 비롯해 모든 배경에서 일어나는 모든 형태의 성폭력에 대해 인식하고 대응하고 있다. 전 세계적으로 양성평등과 성에 대한 전환적 접근을 촉진하는 프로그램에 참여하는 남성이 늘어나고 있다. 이런 혼란한 시기에 반 총장은 세계 시민들에게 세상이 더 나은 진로를 잡도록 할 기회를 잃지 말라고 촉구했다. 그는 여성과 청년을 복원력이 있고 지략이 풍부한 미래의 지도자로 보는 자신의 견해를 여러 차례 밝혔다. 2030 개발의제는 더 적절하고 공정하고 포용적인 미래를 향한 청사진을 제시한다. 이제는 약속에서 행동으로 나아가야 할 때다.

반 총장은 "세계 시민의 절반이 그들의 잠재력을 모두 발휘할 수 없다면 세계 목표는 결코 100퍼센트 실현될 수 없을 것"이라고 말하면서 세계가 여성의 권리·평등·역량 강화를 지원하는 데 힘을 모아야 한다는 의견을 피력했다.[174] 하지만 10년에서 20년 전에는 양성평등과 여성의 역량 강화를 촉진하는 일이 더 낙관적이고 열정적이었던 환경에 있었던 데 비해 현재는 강한 역풍과 맞서고 있다. 시민사회의 참여 여지가 줄어들고 여성 인권 옹호자들에 대한 위협이 커진 것은 인권과 자유의 폭이 줄어들었다는 것을 보여주는 지표다. 여성지위위원회와 인구개발위원회Commission on Population and Development에서 양성평등 의제의 여러 측면, 특히 생식권에 대해서 저항과 반발이 커지고 있다. 많은 글로벌포럼에서 성적 지향과 양성평등, 성과 생식 관련 서비스에 대한 젊은이들의 접근권, 포괄적인 성교육, 가족의 역할·권리·구성 문제들에 대한 논쟁이 자주 벌어지고 있다. 근본주의적 이념과 문화 상대주의가 다시 부상해서 정부 간 인권 담론에서 여성의 권리를 강화하는 데 걸림돌이 되고 있다. 양성평등과 여성의 역량 강화는 심각한 논쟁을 초래하는 문제가 되기도 하고, 민주주의와 평화 구축 과정에서 교섭을 유리하게 이끌기 위한 수단으로 이용되기도 한다. 그러나 반 총장은 계속해서 동성애자·양성애자·성전환자·간성애자에 대한 확고하고 강경한 옹호 입장을 거듭 밝혀왔다. 그는 또한 원주민 공동체 출신 여성과 청소년 그리고 장애인이 사회에 끼친 귀중한 공헌을 인식하고, 그들에 대한 평등과 차별 금지 원리를 옹호한다. 하지만 우리는 인권이 보편적으로 존중받는 세상에서 여전히 멀리 있으며, 차별을 끝내고 사람들의 다양성이 높은 평가를 받는 세상을 만들기 위해서는 할 일이 아직 많이 남아 있다.

베이징 행동강령 이행에 대한 제20차 연례검토는 진보가 느리고 고르지 않다는 것을 보여주었다. 이 검토는 여성이 모든 수준의, 특히 최상위 수준의 의사결정에서 눈에 띄게 소외되고 있는 등 끈질긴

장애 요인이 많다는 것을 노출시켰다. 제도·구조·문화·태도의 측면에서, 정치·경제·기타 분야의 의사결정에서 여성이 대표성을 보장받지 못하는 근본 원인이 무엇인지 찾고 해결하기 위해서는 다면적 조치가 필요하다. 법률 체계와 선거 방식은 할당제와 특별 조치들을 통해 선거의 성 균형을 촉진해야 한다. 매체, 정치 지도자, 공동체는 정치와 기타 지도적 지위에서 여성의 긍정적인 이미지를 활성화시켜, 여성이 남성과 마찬가지로 정당하고 효과적인 지도자로 인식되도록 해야 한다. 성 인지적인 정치 제도와 선거 제도, 불평등과 차별에서 벗어난 직장 문화를 위해서는 더 많은 노력이 필요하다.

차별적인 법, 관행, 태도들이 여성과 젊은이, 특히 소녀들로 하여금 낙태를 비롯한 성과 생식에 관련된 의료 서비스에 접근하지 못하고 생식권에 대해 인지하지 못하게 만들고 있다. 이런 차별적 법을 제거하고, 평등을 촉진하고, 토지를 소유하거나 상속하고, 기업을 경영하고, 대출 서비스에 접근할 수 있는 여성의 권리와 역량을 보호하는 입법을 시작한다면 여성이 자신의 삶을 통제할 수 있는 권리가 크게 증진될 것이다. 개발도상국에서 여성은 농업 노동력의 평균 43퍼센트를 차지한다.[175] 하지만 농촌의 토지 소유자 중 여성은 3~20퍼센트에 불과하다.[176]

소녀들에게 중등교육을 받게 하고, 과학, 기술, 공학, 수학, 정보통신기술ICT 교육, 인터넷에 접근할 수 있게 한다면 여성들은 일자리(장래에는 대부분의 일자리가 커뮤니케이션 기술을 필요로 할 것이다)를 두고 남성들과 경쟁할 수 있는 준비를 더 잘할 수 있을 것이다. 적절한 투자와 함께 정보화 수준을 높이는 것은 경제적·사회적 통합을 향한 중요한 발걸음이며, 젊은이들의 전망을 밝게 하는 일이다. 세계 인구의 절반은 이미 휴대전화를 가지고 있다. 사하라 이남 아프리카만 해도 휴대전화 이용자가 3억 8,600만 명에 이른다. 지역보다는 노하우를 기반으로 하는 경제는 가장 외진 공동체에 있는 여성과 젊은이들에게도 새로운 고용 기회를 제공한다. 더욱이 재택근무의 가능성은 가정에서 다양한 일을 처리하는 여성들에게까지 양질의 일자리에 대한 접근권을 확대한다. 그 어느 때보다 많은 젊은이들이 생산가능 연령과 생식가능 연령에 진입하고 있다. 그들의 인권을 보장하고 역량을 확대하는 데 그 어느 때보다 많은 투자가 필요하다.

앞으로 10년 동안에는 거의 10억 명의 여성이 세계 경제에 진입할 것이다. 그들은 중국이나 인도의 인구 규모에 비교할 만한 강력한 새 경제 인구와 신생 시장을 이룰 것으로 예상된다. 여성과 젊은이들에게 완전 고용과 양질의 일자리를 보장하고 동등한 가치의 일에 동등한 보수를 받도록 하는 일은 2030 개발의제를 달성하기 위한 본질적 과제로 남을 것이다. 그 외에도 보수가 없는 돌봄 노동을 인정하고 그 양을 줄이고 일을 재분배하는 한편, 가정과 고용의 균형을 재규정하는 데 남성 역할을 촉진하는 조직적인 운동에 초점을 맞추어야 한다.

상당한 진전이 있었지만 여성의 경제적 기회와 성과 면에서는 성 불평등의 요소가 많이 남아 있다. 여성의 경제적 역량을 강화하기 위한 고위급패널High-level Panel on Women's Economic Empowerment은 정부, 기업, 시민사회로부터 지원을 이끌어내는 데 중요한 역할을 할 것이다. 여성의 경제 역량을 계속 강화시키는 일은 노동인구에서 지속되는 남녀 격차를 줄이고, 정부와 기업의 물자와 서비스 조달이 여성 소유의 기업에 의존하는 비율을 늘려서 여성들의 경제력을 강화하겠다는 의미이자, G20, G7과 같은 포럼의 약속을 강화하겠다는 의미다. 이 패널은 자녀 양육과 노인 돌봄 수요를 결정하는 사람들과, 운송 서비스의 공급을 비롯한 기업과 정부의 정책도 변화시키고 있다. 이러한 추진력을 진전시키고 가속시키는 것은 여성의 경제적 기회와 성과를 지속적으로 높이는 데 꼭 필요한 일이 될 것이다.

지난 10년 동안 청년의 개발과 역량을 강화시키는 추진력이 늘어나고 사회적·경제적 발전에 청년을 참여시키는 힘이 커졌다. 그럼에도 사회적 배제와 기회 부족은 청년의 개발을 계속 방해하고 있다. 또한 청년 정책, 특히 교육·역량 강화·고용과 관련된 정책의 개발과 이행에는 여러 문제가 있는 실정이다. 지속가능개발목표에 대한 글로벌청년지표는 앞으로의 15년 동안 청년 개발의 중요성을 강조하고 청년 문제의 세계적 진보를 검토하고 그에 대한 후속 조치를 취하는 데 기여할 것이다. 양질의 청년 일자리를 마련하기 위한 글로벌계획 역시 적절한 조치다. 젊은이들이 고용과 기업가 활동을 위해 필요로 하는 교육, 기술, 멘토링을 얻도록 하려면 더 많은 노력이 필요하다. 반 총장이 2016년 8월 12일에 강조했듯이 "우리가 청년들에게 투자를 하면 그들은 새로운 시장, 양질의 일자리, 공정한 거래, 지속가능한 주택, 지속가능한 운송과 관광, 지구와 지구촌 시민에게 혜택을 주는 더 많은 기회를 제공할 것이다."

도시화의 진전은 여성과 청년에게 전례 없는 기회와 도전을 안겨주는 한편, 통찰력 있는 새로운 대응을 요구할 것이다. 도시는 고용과 기업가 활동의 기회를 제공하고 세계적으로 국내총생산의 80퍼센트 이상을 책임질 것이다. 도시화는 국가가 기본적인 의료, 복지, 교육을 더 쉽고 저렴하게 제공하도록 만든다. 하지만 도시 불평등의 부상은 특히 여성과 청년이 도시에서 겪는 사회적 배제와 소외를 증가시켰다.

기존의 경제적 제약들은 개발도상국과 선진국을 가리지 않고 여성에 관련된 진보에 영향을 끼쳐왔다. 이러한 추세를 반전시키려면 더 크고 집중적인 관심, 건설적인 참여, 전략적 동맹 구축이 필요하다. 국경이나 선진국과 개발도상국의 구분 등을 뛰어넘는 광범위한 기반의 연합체라면, 분열을 뛰어넘고 정부 간 포럼에서 합의에 도달하는 데 도움을 줄 것이다. 여성과 젊은이들이 직면하는 모든 심각한 문제는 주요 자원의 격차와 재정적·지정학적 구도를 바꾸는 맥락에서 해결되어야 한다. 공식적인 개발 원조가 감소하고 있으며 안보·이주·기후변화의 문제를 비롯한 세계적 우선 과제와 국가적 우선 과제가 경합하기 때문에, 개발 주체와 유엔 체제는 이전과는 다르게 생각하고 일할 필요가 있다.

아디스아바바 행동의제에서 회원국들은 성 인지 예산을 확대하고 그 사용을 감시할 것을 약속했다. 양성평등의 자원 격차를 좁히기 위해서는 근원과 정도를 막론하고 투자를 끌어들여야 할 것이다. 이를 위해서는 기존 기부자와 새로운 기부자, 시민사회, 재단, 민간분야, 기타 협력단체 등 다양한 주체와 유엔 체제의 관계에도 변화가 필요하다. 이러한 행위 주체들 사이의 단절과 할당되는 전용 자원의 부족은 양성평등과 여성 역량 강화를 막는다. 아디스아바바 행동의제는 젊은이에 대한 투자의 중요성을 인정하고, 세계 지도자들에게 젊은이들의 필요와 포부를 충족시키기 위한 국가적 청년 전략을 세우라고 요구해왔다. 이러한 약속에 따른 후속 조치는 모든 수준에서 책임성을 확보할 수 있는 중요한 기회를 제공할 것이다.

소외당하는 사람이 없게 하기 위해서는 성별이 구분된 더 정밀한 자료를 통해 가장 소외된 사람을 확인하고 그들을 정책 개입의 대상으로 삼아야 한다. 그렇기 때문에 연령, 성별, 교육 정도, 가족과 배우자 관계 등의 범주로 세계 인구를 나눈 양질의 정보가 중요하다. 반총장은 지속가능개발을 위한 자료의 혁명을 촉구했다. 여기에는 광범위한 활동가들과의 공동 작업과 민간분야의 협력이 필요하다.

폭력과 극단주의가 늘어가고, 여성과 청년에 대한 진보가 위협을 받고 있기 때문에 여성과 청년을 지속적인 평화와 번영을 위한 공동 노력에 참여시키는 일에 집중할 필요가 있다. 한편으로 유엔 활동의 최전선에 인권을 두는 데도 초점을 맞추어야 한다. 평화와 안보 유지와 증진에서 여성과 청년의 역할을 명시한 안전보장이사회 결의를 계속 이행하는 것이 앞으로 우리에게 맡겨진 과제다. 유엔이 평화 구축 체제의 개혁을 고려하고 있듯이 이 부문의 활동에는 양성평등과 여성 및 청년의 대표성과 참여를 중심 요소로 포함시켜야 할 것이다.

목적에 부합하기 위한 유엔 체제 내의 근본적인 변화는 계속되어야 한다. ① 더 강하고 공정하고 투명한 유엔 체제를 구축하고 ② 인권을 나침반으로 삼고 양성평등을 증인으로 삼아 유엔의 3개 핵심 요소를 화합시키며 ③ 인권최우선행동계획을 이용해서 권리 침해(위기가 다가올 것이란 조기 경보)를 발견해야 한다. 유엔의 소집 권한을 이용해서 인도주의 활동가들의 힘을 모아 인간의 존엄성과 인간성을 지키고 (가장 어려운 상황에서도) 여성과 청년의 권리를 강화하는 일을 반드시 지속해야 한다.

양성평등과, 여성과 청년의 역량 강화는 2030 개발의제 전반에 스며들어 있다. 그것들은 모든 영역의 동시 진보를 실현할 특별한 기회를 마련해주기 때문이다. 2030 개발의제는 야심 찬 내용 측면에서나, 참여적이고 포괄적인 과정 측면에서나 역사적 이정표라 할 만하다. 그 포괄적인 접근법은 ① 모든 여성과 청년에 대한 차별과 폭력을 제거하고 ② 경제적·사회적 불평등을 해소하며 ③ 여성과 청년의 참여를 확대시키고 ④ 성과 생식 보건 및 생식권에 대한 보편적인 접근권을 확보함으로써 성 불평등을 종식시키고 모든 여성과 청년의 역량을 강화하는 것을 목표로 한다. 2030 개발의제의 포괄적·통합적·보편적 속성은 지속가능개발목표를 새천년개발목표와 구별 짓고 모든 영역에서 더 체계적인 리더십에 대한 책임과 기회를 만든다. 이러한 포부와 포괄성은 여성과 젊은이를 변화의 주체로 인식하는 것으로 요약할 수 있다. 모든 부문에서 그들의 전면적인 참여가, 권리를 토대로 더 공정하고 평화로운 세계를 건설하려는 총체적 노력과 성공에 기본이 될 것이다.

더 강하고
더 많은 권한을
직원들에게
주기 위하여

Strong
UN.
Better
World.

10

REFORMS
WITHIN
THE UNITED
NATIONS SYSTEM

이 장은 유엔 사무국 관리국UN Department of Management이 주도로 하여 유엔 사무국 현장지원국, 유엔 사무국 안전보안국UN Department of Safety and Security, 유엔 제네바 사무소UN Office at Geneva, 유엔 사무국 내부감사실Office of Internal Oversight Services, 유엔 법률사무소, 세계보건기구, 유엔 고위급관리위원회의 자료를 바탕으로 작성했다.

앞 장 사진: 2015년 유엔 70주년 기념일. 뉴욕 유엔 본부와 전 세계를 상징하는 200여 개의 기념물에 청색 불빛이 켜졌다.
UN Photo ┃ Cia Pak

10 유엔 조직을 개혁하다

다카스 유키오 高須幸雄
유엔 관리국 사무차장

　1945년에 창립된 유엔은 본부에 기반을 둔 회의 주재 기관의 성격이 강했다. 그 이후 유엔은 4만 1,000여 명의 직원들이 복잡한 난제와 위험 요소들을 해결하기 위해 애쓰는, 현장 중심의 운영 조직으로 변화되어왔다. 현장에서 일하는 다수의 비정규직 직원들 역시 사무국의 지원을 받는다. 반 총장의 재임 10년 동안 유엔의 활동 영역은 인권에서 개발에 이르기까지 광범위하게 확장되었으며 평화 유지 활동도 4배나 증가했다. 예전에도 유엔의 행정 체계와 절차가 유엔의 목적에 부합할 필요는 있었다. 하지만 운영상 중요한 정보를 적시에 정확하게 감시하고 보고하는 중앙집권식 체계가 존재하지 않았다. 당시의 인적 자원 정책과 공급망 관리 체계로는 위기 상황에서 직원과 물자의 배치가 신속하게 지원되지 못했다. 서비스 지원이 지연되었으며 그 과정이 느리고 복잡했다. 간단히 말해 행정 절차는 통합되고 단편적인 정보 기술 체계로 표준화될 필요가 있었다. 결론적으로 포괄적인 운영 개혁이 필요했다. 반 총장은 이러한 필요성뿐 아니라 더 효율적이고 현대적이며 세계적인 조직을 창조할 기회를 간파했다. 바람직하게 평가받는 그의 개혁 노력은 유엔 사무국 중심의 계획뿐 아니라 전 조직에 걸친 계획에도 영향을 끼쳤다.

유엔 사무국은 지난 10년 동안 책임을 강화했으며, 최소 비용에 최대 효과라는 확고한 원칙을 기반으로 엄격한 예산 규율을 보여주었다. 또한 글로벌 사업에서 업무 처리를 표준화 및 자동화했으며, 재무 회계와 재무 보고 분야에서 세계적인 모범 경영 사례를 수용했다. 직원 선발에 관한 새 기준을 확립했고, 인사 교류 시스템을 운영했으며, 전 세계에 퍼져 있는 직원들에 대한 계약과 혜택 조건을 합리적으로 개선했다. 지금 유엔 사무국은 정보통신기술ICT을 여러 목표에 맞춰 더 긴밀하게 연계시키며 여러 글로벌 사업에 공급하는 기술을 통합시키고 있다. 그뿐 아니라 업무 환경을 현대화하고 있다.

여기에 더해 유엔 사무국은 현장 임무의 필요에 더 신속하고 효율적으로 반응하기 위해 현장지원국을 부설하고 글로벌 현장 지원 전략을 이행함으로써 유엔의 평화 활동을 지속할 수 있는 능력을 강화했다.

현대적이고 통합적인 행정 지원

스와힐리어로 우모자Umoja는 '통합'을 뜻한다. 우모자는 유엔 사무국의 새롭고 전사적인 자원 관리 시스템의 명칭이기도 하다. 우모자는 유엔 사무국이 업무 절차뿐 아니라 정보 기술 해결의 차원에서 행정을 관리하는 완전히 새로운 방식이다. 우모자는 다수의 파편화된 구형 시스템을 현대적인 중앙 행정 시스템으로 대체한다. 자원 관리를 이행하는 목적은 조직의 모든 운영 영역에서 정보 흐름을 촉진하고 간소화하기 위해서다. 우모자는 수많은 구식 소프트웨어 시스템, 운영 모델, 독립형 데이터베이스, 지역별 업무 방식을 하나의 공통된 자원 관리 솔루션으로 통합하여 모든 근무처에서 유엔의 정책과 절차가 동일하게 적용되도록 한다.

우모자는 전 세계에 있는 사무국들이 재정 자원과 인적·물적 자원을 통합하고 능률적으로 관리하는 것을 가능하게 해주어 반 총장이 추구하는 혁신에 주춧돌 역할을 했다. 이뿐 아니라 국제공공회계기준International Public Sector Accounting Standards, IPSAS을 준수하여 책임과 투명성을 높였으며, 적시에 고객 중심 방식의 서비스를 전달할 수 있도록 했다. 2015년 11월 기준으로 우모자는 전 세계 사무국에 구축되었으며 400여 곳의 유엔 기구에서 3만 2,000명이 넘는 사용자들이 사용하고 있다. 우모자는 세계 어느 곳에서든지 인터넷을 통해 언제나 이용할 수 있으며, 혼자 힘으로 유엔 직원과 관리자에게 접속할 수 있게 해준다. 중복 데이터와 오류를 제거했으며 비상 상황에서도 계속 운영되고 먼 지역과의 소통도 가능하다. 이와 동시에 우모자는 공동의 엄청난 자료를 공유하며 절차를 단축시키고 종이 낭비를 줄인다. 우모자 솔루션에는 데이터의 집중화, 인터넷을 통한 정보 접속, 효율성을 위한 표준화되고 자동화된 업무 절차, 업계 모범 경영 방식의 준수뿐만 아니라 유엔 조직의 규칙과 규정의 준수도 포함된다.

유엔 사무국의 자원 계획 착수는 1990년대 후반부터 2015년까지 이 조직의 중심 관리 소프트웨어였던 종합경영정보시스템Integrated Management Information System, IMIS을 이용하던 중에 이루어졌다. 최신식 자원 관리 솔루션으로 업그레이드해야 할 필요성은 2000년대 초에 분명하게 드러났다. 이미 그 당시 종합경영정보시스템으로는 유엔의 글로벌한 운영을 감당할 수 없는 상태였으며, 전 세계에 있는 종합경영정보시스템의 독자적인 8개 부서들은 보고, 전략적 분석, 계획 등을 이행하는 데 비효율적이었다. 2007년에 개최된 유엔 총회에서 자원 관리의 변화를 요구하는 결의가 채택되었다. 그에 따라 관료적 장애 요소 없이 이 프로젝트에 박차를 가하기 위해 관리국Department of Management을 다른 사무국 부서들과 독립적인 부서로 내세워 새로운 자원 관리 프로젝트를 착수했다.

　5년 동안 집중적으로 이루어진 설계와 개발 과정이 끝나고 2013년 7월에 우모자는 유엔 레바논 평화유지군과 베이루트에 있는 유엔 레바논 특별조정관사무실에서 시범용으로 처음 쓰였다. 유엔 조직이 우모자로 야기된 변화를 받아들이고 모든 근무처가 새로운 업무 방식에 점차 적응하게 만들기 위해 우모자 솔루션을 단계적으로, 즉 '군群' 단위로 이행하기로 했다. 이는 우모자를 세계에 보급하는 과정에서 우선 이 솔루션의 각각 다른 영역을 각각 다른 유엔 기관에서 이행해본다는 것을 의미했다. 우모자 파운데이션Umoja Foundation은 유엔이 재정, 회계, 조달, 물류관리에 새로운 자원 관리 시스템을 이용할 수 있게 만든 첫 기능이다. 우모자 파운데이션은 2013년에서 2014년 사이에 세계적인 평화 유지 활동과 특별정치임무단에 이용되었다(1군과 2군). 인적 자원, 지원 혜택, 인사부, 보험을 관리하는 기능인 우모자 익스텐션 1Umoja Extension 1은 2014년에 출시되어 이 솔루션에 추가되었다. 그 이후 우모자 통합 버전이 본부에서 멀리 떨어진 사무실, 지역위원회, 심사위원회, 뉴욕 유엔 본부를 포함한 모든 사무국 근무처에서 이용되었다(3군과 4군). 다음 단계로 우모자는 2016년

9월에 평화 유지 활동과 특별정치임무단에 속한, 모든 지역의 채용 직원들에게 활용되었다(5군).

2016년 5월에 우모자는 쉽지 않은 안정화 시기의 한가운데에 놓여 있었다. 큰 조직은 새로운 자원 관리에 적응하고 그 운영을 안정화하는 데 시간이 필요하다. 쉽지 않은 과도기를 잘 통과하려면 모든 부서 및 관리자와 직원의 노력과 인내, 결단이 필요하다. 우모자는 이행에서 요구되는 일들이 많지만 현재 사용되는 운용 시스템이며, 전반적으로 상당한 효과를 보이고 있다. 현재 매일 수많은 업무가 매끄럽게 처리되고 있다. 유엔 사무국은 이 솔루션을 사무국 전체에 안정적으로 적용시키기 위한 우모자 후기 이행 점검팀Umoja Post-Implementation Task Force의 포괄적인 노력에 힘입어, 타당하고 중요한 사안들을 다루는 데 최선을 다하고 있다. 그뿐 아니라 정책, 절차, 시스템을 조정하여 유엔 조직이 새로운 업무 방식을 흡수하도록 최선을 다하고 있다.

우모자 솔루션은 국제공공회계기준IPSAS을 준수한다. 유엔 사무국은 여느 유엔 조직과 마찬가지로 준수하는 기준을 유엔 시스템 회계기준에서 국제공공회계기준으로 바꿈으로써 재무 회계와 보고 부문에서 국제적인 모범 경영을 따랐다. 국제공공회계기준은 국제적으로 수용되는 회계 협안이자 독립적인 공공단체가 지속적으로 개선하는 데 일종의 기준이 된다. 국제공공회계기준을 준수한다는 것은 유엔의 금융 관행을 국제적인 금융 관행과 보조를 맞추도록 주기적으로 조정한다는 의미이기도 하다.

국제공공회계기준을 준수하며 우모자를 이행하면 자원 관리를 강화하고 여러 절차를 표준화할 수 있는 기회가 생긴다. 이렇게 하면 더 많은 유동적인 노동력을 지원하는 동시에 효율성과 업무 연속성이 더 강화될 것이다. 2014년부터 유엔 사무국과 모든 유엔 조직들은 국제공공회계기준을 기반으로 한 재무제표를 제시했다. 유엔의 평화 유지 활동과 그 밖의 영역 활동에 관련한 2014년 재무제표는 적정의견(감사에서 재무제표가 회계 기준에 위배되지 않고 적정하게 작성되었다는 의견*)을 받았다.

유엔 조직은 국제공공회계기준을 준수하기 때문에 유엔의 금융 관행을 국제적인 금융 관행과 보조를 맞추도록 주기적으로 조정하고 있다. 현재 유엔 사무국은 위탁받은 자원의 관리와 관련하여 예전보다 훨씬 더 높은 책임성과 투명성을 보이고 있다. 국제공공회계기준을 준수할 때 자산을 관리하고 설명하는 방법에 상당한 변화가 생기기 때문이다. 구체적으로 말하자면 재무제표에 자산 항목을 더 많이 포함시켜야 하고, 자산의 가치 하락과 유효 수명을 더 면밀하게 조사해야 하며, 적절한 교체 시기를 현명하게 계획해야 하고, 자산을 효율적으로 사용하는지 감시해야 하는 것이다. 이렇게 국제공공회계기준을 표준으로 한 정보와, 이러한 정보의 포착을 지원하는 운영 절차는 체계적인 국제공공회계기준의 이익 실현 계획에서 핵심 요소다. 유엔 고위급관리위원회 소속의 고위급조정이사회가 설립한 회계기준위원회는 유엔 조직이 국제공공회계기준을 계속 준수하고 이익을 실현할 수 있도록 지속적인 도움을 준다. 더 투명하고 책임감 있는 조직으로 나아가기 위한 마지막 단계가 내부통제보고서Statement on Internal Controls다. 이것은 2018년까지 조직 전반에 시행할 목적으로 현재 시험 중이다.

과거 수년 동안 유엔의 정보통신기술은 개별 부서와 사무실의 독립적이고 구체적인 요구에 부응하며 발전했다. 조율된 전략이 없는 상태에서 이러한 접근법은 정보통신기술이 너무 단편적인 나머지 조직이 변화하고 효과적으로 돌아가는 데 일조하지 못하는 결과로 이어졌다. 반 총장은 2014년에 정보통신기술국장Chief Information Technology Officer, CITO을 새로 임명했다. 신임 정보통신기술국장은 정보통신기술 제공과 관련해 혁신적 변화를 이끌기 위해 분명하고 현실적인 전략을 세웠다. 국장은 전략을 세우는 초기 단계에서 우모자처럼 현대화를 위한 기존의 노력들이 충분한 지원을 받아야 하고, 새로운 전략과 통합되어야 한다는 결론을 내렸다. 이에 더해 온전한 변화를 이루려면 새로운 기술을 활용하고 가능한 영역에서 혁신을 이루는 일이 중요하다고 판단했다. 그리고 이 모든 일이 리더십, 관리, 책임, 조직 내에 현존하는 자원과 구할 수 있는 자원을 최대한 활용하려는 노력으로 이룰 수 있다고 보았다.

국장은 이러한 목표를 위해 현대화, 변신, 혁신을 변화하기 위한 핵심 주제로 정의했다. 이러한 핵심 주제를 뒷받침하는 당면 주제가 전반적 관리, 리더십, 최상의 재무관리였다. 국장은 이러한 주제를 바탕으로 단계적 활동과 제안을 수반한 전략을 세웠다. 그 후에 개최된 제69차 유엔 총회에서 이러한 전략은 지지를 얻었다. 그리고 그러한 전략을 이행한 지 1년 반도 안 되어 눈에 띄는 진척이 이루어졌다. 관리와 프로젝트 보증 체계가 확고하게 자리를 잡았다. 우모자가 제 궤도에 올라 중심으로 자리 잡았다. 정보 보호와 장애 복구 조치가 이행되어가고 있으며 이전에 상당히 단편화되었던 응용프로그램이 통합적으로 관리되고 있다. 네트워크와 인프라도 안정되었다. 기업 애플리케이션, 기업 데이터, 지역 기술을 위한 센터가 설립되어 모두 원활하게 운영되고 있다. 전체적인 감시 체제가 상당히 개선되었고 이전에 발견하지 못한 곳에 정보가 존재하고 있다. 조직 전반에 걸쳐 정보통신기술의 기능이 강화되고 있다. 마지막으로, 첨단 기술의 활용이라는 관점에서 볼 때 기업 정보 수집 활동과 분석 기술이 통합되어 조직이 의미 있는 데이터를 기반으로 의사결정을 내리는 데에 도움을 주고 있다.

정보통신기술 환경이 더 원활하게 기능하기 위해서는 근본적인 변화가 필요하지만 기술은 조직의 실질적인 업무에도 쓰여야 한다. 국장은 회원국과 일반 대중을 위한 방법과 도구를 개발했다. 이 가운데 오픈 소스 소프트웨어open source software(어떤 제품을 개발하는 과정에 필요한 자료나 설계도가 공개된 소프트웨어*)를 구축하기 위한 크라우드소싱 플랫폼 덕분에 세계인도지원정상회의, 2015년 새천년개발목표 보고서, 세계의 지속가능개발 보고서에 도움을 준 데이터 분석 도구가 개발되었다. 그뿐 아니라 회원국들이 증거에 기초한 정책 의사결정을 내리는 데 도움이 되는 도구도 개발되었다.

유엔의 운영 방식이 갈수록 디지털화되어가고 있으며, 조직의 임무가 사이버 세계로 확장되고 있다. 온라인 인신매매와 주요 인프라에 대한 사이버 공격은 정보화 시대에 강력한 난제다. 사이버 세계에는 엄청난 변화와 기회가 존재하지만 새로운 위협 역시 공존한다. 유엔의 정보통신기술 전략은 임무를 좀 더 효과적으로 수행하는 데 필요한 기술을 사용할 능력과 입지를 강화하는 동시에, 이러한 위협에 맞서서 대응할 능력과 프로그램을 구축하는 것이다. 유엔 각 기관의 정보통신기술 네트워크의 부회장 역할을 하는 사무국은 개방형 데이터와 사이버 보안 같은 영역의 행정 활동과 프로그램에 입각한 활동의 지원 기술 영역에서도 주도적인 역할을 하고 있다. 전반적인 시스템에 괄목할 만한 개선이 이루어진 것은 맞지만 정보통신기술 전략은 5년째 여전히 이행되고 있다. 이러한 전략은 전반적이고 통합된 정보 기술 제공이라는 목표를 달성하기 위해 여전히 이행되고 있는 것이다. 이러한 정보 기술을 제공하는 이유는 유엔의 임무를 성공적으로 수행하고 디지털 시대의 무한한 가능성을 활용하며 디지털 시대의 결과로 등장한 새로운 위협을 상쇄하기 위해서다.

지난 10년 동안 다양하고 중요한 계획들이 최상의 목표를 염두에 두고 이행되어왔다. 그 최상의 목표란 최신식이자 최고의 시스템과 이용 가능한 정보 기술을 활용하여 유엔 사무국을 좀 더 중앙집권적이고 통합된 조직으로 만드는 것이다. 반 총장은 금융 포용 정책(모든 사회 계층이 부담 없이 금융 서비스를 쉽게 활용하게 만드는 과정이나 시스템*)을 고취하고 투명성을 높이는 수단으로서 안전하고 견실한 전자 결제 플랫폼을 촉진하는 일이 중요하다는 점을 인식했다. 현재 사무국은 새로운 전자 결제 방식을 평가하는 조직 내 절차를 앞장서서 시도하고 있으며, 운영을 디지털화함으로써 효율성·투명성·책임감이 더 높아질 것으로 기대하고 있다. 더욱이 유엔은 고위급관리위원회가 전 조직에 걸쳐 진행한 혁신적 계획에 동참함으로써 외국환 거래와 뱅킹 서비스에서 수백만 달러의 이익을 얻었다.

인적 자원 관리의 현대화

유엔에서 인적 자원 개혁의 전반적인 목표는 세계적이고 역동적이며 적응력 강한 인력을 개발하고 유지하는 것이다. 이렇게 해야 유엔은 회원국들이 맡긴 다양하고 복잡한 임무들을 완수할 수 있기 때문이다. 반 총장은 재직 첫 달에 유엔의 업무 문화에 변화가 필요한 것

같다고 직원들에게 말했다. 반 총장은 21세기의 세계적 변화에 유엔이 발맞추려면 실로 이동성 있고 다기능적인 직원들을 구축해야 한다고 확신했다. 그는 사무총장실에서 순환근무를 촉진함으로써 본을 보이겠다고 말했다. 그는 사무총장실에 있는 몇 개의 일자리를 유엔 사무국의 인트라넷인 'iSeek'에 올리는 관행을 처음 시작했고 이에 따라 전 세계 유엔 직원들은 그 자리에 대한 관심을 드러낼 기회를 얻었다. 그뿐 아니라 고위직으로 승진하려면 다른 지역으로 인사이동이 우선되어야 한다고 명시하여 순환근무 개념을 도입하려고 애썼으며, 각 부서에서 다른 지역 사람을 더 많이 뽑도록 격려했다.

　반 총장은 직원 대표들과 협의하여 포괄적인 직원 선발 기준을 만들었고, 전문 분야와 현장 근무 분야에 속한 모든 직원을 위해 순환근무제도Managed Mobility를 만들었다. 이동성은 유엔의 새로운 개념이 아니다. 이 개념은 1990년대 초부터 유엔 인적 자원 전략의 일부였다. 1994년에 유엔 총회는 결의 제49/222호에서 이 전략의 순환근무 요소를 국제적으로 채용되는 직원들에게 적용시키라고 요청했다. 1997년에는 여기서 한 단계 더 나아가 결의 제51/226호에서 말단 직원을 위한 재지정 프로그램을 개발하도록 요청했다. 유엔은 그 후로도 순환근무를 촉진하기 위해 여러 가지 조치를 취해왔다. 2014년 총회에서 승인된 새로운 시스템은 약간의 예외는 있지만 다음과 같은 원칙을 바탕으로 만들어졌다. 국제적으로 채용된 직원들은 모두 일정한 기간을 두고 다른 근무지로 이동해야 하며, 모든 직원은 자신이 이동하고 싶은 곳과 경력 개발에 대한 바람을 충족시킬 수 있는 선택을 내릴 줄 알아야 한다는 원칙이다. 새로운 시스템은 업무 네트워크를 기반으로 단계적으로 이행되고 있다. 그리고 현재의 직원 선발 과정은 연 2회 실시되는 선발 활동으로 대체될 예정인데, 이 과정은 두 부분으로 이루어진다. 첫째, 기존 자리나 곧 만들어질 자리로 공석인 경우 중앙에서 관리하며 내부와 외부에서 모두 지원할 수 있다. 둘째, 일정한 틀 안에서의 이동 활동으로 이것은 내부에서 자리를 재배치하는 과정을 말한다. 이는 현재 근무하는 직원이 자신의 자리와 비슷한 수준의 다른 자리들 가운데 공석에 관심을 보일 경우에 해당한다. 총회는 이 선발 활동을 도입하는 첫해에 한정된 이동 범위 내에서 직원이 자발적으로 참여해야 한다는 조건으로 이 활동을 승인했다.

새로운 시스템을 시행하면서 신규 직원 채용 기구가 도입되고 있다. 직군job network 위원회가 직원 재배치에 대한 추천, 그리고 현장 근무 직원과 P-3급에서 P-5급 직원의 (그리고 국별 경쟁시험을 통해 채용되지 않은 P-2급 직원의) 채용 추천을 관리한다(유엔에서 P급과 D급은 전문직과 고위직을 말한다*). 한편 고위급검토위원회는 직원 재배치에 대한 추천과 D-1급과 D-2급 직원의 채용 추천을 관리한다. 여러 부서와 사무실의 대표들이 이 위원회의 구성원이며 직원 대표들이 이 위원회의 참관인 역할을 한다. 인사실의 네트워크 직원 채용 팀은 직원 채용 활동을 관리한다. 이러한 활동에는 인사실의 협력은 물론 실질적인 부서와 사무실 같은 핵심 이해 당사자들의 협력이 필요하다. 언급된 핵심 이해 당사자들은 인사실이 이 활동을 촉진할 때 필요한 전문 지식과 자원을 제공하는 데 중요한 역할을 한다. 2016년 1월에 새로운 시스템으로 이행된 첫 번째 직군은 정치·평화·인도주의 직군Political, Peace and Humanitarian job network, POLNET이다. 2020년까지 매해 모든 직군이 단계적으로 도입될 예정이다.

반 총장은 재직 중에 사람에 대한 투자와 관련한 보고서에서 자신이 구상했던 인사 개혁을 꾸준히 추구했다. 이러한 인사 개혁은 현재와 미래의 인적 자원을 강화하며, 진정으로 통합되고 현장 중심적이며 기능을 다하는 조직을 창조하는 것을 목표로 한다. 그러한 목표를 달성하는 데 큰 걸림돌은 서로 다른 근무 환경에 따라 계약상 합의 내용이 광범위하다는 점과 현장에서 일하는 직원들의 근무 환경이 서로 다르다는 점이었다. 2009년 7월 1일 이전에는 직원 규칙이 담긴 총서가 3가지 종류였고 계약 유형이 9가지나 존재했다. 이러한 차이로 말미암아 직원들 사이에 혼란이 야기되었을 뿐만 아니라 보상과 직무 보장에서 불평등이 발생했다. 반 총장은 국제공무원위원회International Civil Service Commission, ICSC가 채택한 계약 체계에 맞게 계약상 합의 내용을 간소화할 것을 제안했다. 유엔 총회는 결의 제63/250호에서 직원규칙총서 1가지를 바탕으로 3가지 직위 유형(임시직, 정기직, 영구직)에 따라 구성된 새로운 계약상 합의 내용을 승인했고, 이것은 2009년 7월 1일부터 효력을 발휘했다.

2009년 7월에 실시된 계약 개혁으로 인해 모든 직원에 대한 명확성, 투명성, 공정성이 더 커졌다. 하지만 가족이 따라가지 않은 현장 근무지에서 일하는 국제적인 직원들의 보수가, 같은 지역이라도 유엔 단체, 기금, 프로그램과 관련한 일을 하는 현장 직원들의 보수보다 30퍼센트에서 40퍼센트 낮았다. 반 총장은 근무 환경의 조화를 다룬 보고서에서 국제공무원위원회의 권고 사항을 지지한다고 밝혔다. 그 권고 사항이란 바로 안전 평가를 바탕으로 가족이 따라갈 수 있는 근무지와 따라갈 수 없는 근무지로 지정을 해야 하고, 가족이 따라갈 수 없는 근무지에서 일하는 직원에게 추가 수당을 지급하는 제도를 도입하며, 휴가와 휴양 수당의 기준을 세우라는 것이다. 유엔 총회는 봉급 및 수당 체계와 그 외 근무 환경을 다룬 결의 제65/248호에서 현장 직원의 근무 환경을 공정하게 만들기 위한 국제공무원위원회의 권고 사항을 승인했다. 계약과 관련한 개혁과 현장 근무 환경의 개선으로 말미암아 본부와 현장 사이에 존재하던 직원 이동의 큰 장벽이 감소되었다. 바로 이러한 부분이 순환근무를 촉진하게 만들고, 현장과 본부를 세계적인 사무국으로 통합한다는 목표를 달성하게 만든 중요한 요소다.

국제공무원위원회는 2013년에 세계적으로 경기가 좋지 않고 임금이 증가하는 상황에서 유엔의 보수 체계를 전반적으로 검토하기로 결정했다. 이는 직원의 보수와 수당이 계속 적절한 수준에서 지급되도록 하기 위해서였다. 2014년 4월 12일에 유엔 총회는 결의 제67/257호에서 국제공무원위원회가 전문직과 고위직 직원들에 대한 보수 체계를 전반적으로 검토하겠다는 결정에 주목했다. 유엔 총회는 유엔의 공동 시스템에 참여하는 조직들의 재정 상태와 이 조직들이 경쟁력 있는 인력을 끌어들이는 능력을 고려해줄 것을 이 위원회에 요청했다. 유엔 고위급관리위원회 위원들은 반 총장의 리더십 아래 국제공무원위원회의 검토에 다방면으로 도움을 주었다. 그들은 이러한 기회를 통해 시스템을 간소화할 수 있으며 자신들이 검토 과정에 적극적으로 동참해야 한다는 점을 알고 있었다. 그들은 그 당시 보수 체계의 일부 요소들이 상당히 합리적이라고 보았지만 그것을 현대화하고 투명화해야 할 필요성에 대해서는 전반적으로 동의했다. 반 총장은 이러한 검토와 보수 체계에 대한 장기적인 재설계가 반드시 비용 압력과 재정적 제약의 해결책이 되는 것은 아니라고 보았다. 하지만 세계 경제의 변화로 말미암아 회원국들이 유엔 시스템의 필요에 맞고 재정적으로 지속가능한 보수 체계를 채택할 필요가 있다는 점을 간과할 수는 없다고 보았다. 반 총장이 고위급조정이사회 위원들과 국제공무원위원회 위원들과도 공유한 목표에는 다음과 같은 것이 있다. 유엔 조직의 임무 이행을 지원하고, 경쟁력 있고 공정하고 투명하고 간소하게 설계되며, 이행이 쉽고, 직원들과 다른 이해관계자들이 이해하기 쉬운 보수 체계를 확립하는 것이다.

유엔 총회는 국제공무원위원회의 권고를 준수하여 2015년에 결의 제70/244호에서 전문직과 고위직 직원들의 보수 체계에 여러 변화를 주는 것을 승인했다. 이러한 변화에는 부양가족 여부에 따른 차이를 두지 않는 봉급 체계, 봉급 체계와 별도로 배우자 수당 지급, 편친 수당 도입, 교육 지원비 제도 개정, 그 밖에 여러 비용의 합리적 개선 등이 포함된다. 2016년에 유엔 사무국은 개정된 보수 체계를 적용하기 시작했으며, 이 체계는 앞으로 단계적으로 시행될 것이다. 여기에는 우모자에 필요한 수정 작업, 유엔 조직의 입법 구조 변화, 새로운 보수 체계의 단계적 시행, 그리고 국제공무원위원회의 검토 초기에 유엔 고위급관리위원회의 승인을 받은 성명서에 따라 직원에게 지금까지와는 다른 보수 체계를 적용하는 조치가 포함된다.

유엔 사무국 현장지원국을 설립하다

제5장에서 상세히 다루었듯이 반 총장은 임기가 시작되었을 때 우선 평화유지활동국에 2개의 부서를 만들어서 '사무국이 유엔의 평화유지 활동을 관리하고 지속하는 능력을 강화할 수 있는'[177] 조치를 이행했다. 평화유지활동국은 2000년에 〈브라히미보고서〉[178]가 나온 이

후 몇 년 동안 다양한 개혁을 이루었고 특히 2006년에는 평화 유지 활동과 현장 직원 수의 증가세가 사상 최고치를 보였다. 평화유지활동국은 2005년도에 보강되었지만 갈수록 증가하는 업무량과 복잡성을 감당하지 못했고, 2007년에는 이 부서를 더 확장해야 한다는 기대감이 생겨났다. 이러한 폭발적인 성장세 때문에 "지나치게 긴장을 유발하고 감당하기 버거운"[179] 시스템이 생겨나고 있었다. 평화 유지 활동은 스스로의 무게에 짓눌려 허물어지는 형상을 보였으며, 실질적인 변화가 이루어지지 않고 있었다. 이에 유엔이 평화 유지 활동을 지원하는 일을 효과적으로 지속할 수 없으리라는 우려가 일었다.

그 결과 유엔 사무국 현장지원국이 만들어졌다. 현장지원국의 임무는 인사, 재정과 예산, 정보와 통신기술, 물류 업무와 같은 기능을 지원하고 자원을 교차 활용하는 일이다. 이렇게 하면 협력이 강화되고 좀 더 효과적인 지원을 끌어낼 수 있다. 그뿐 아니라 "폭넓은 현장 지원의 필요를 충족시킬 하나의 진입 지점을 설립함으로써 책임감 체계를 명확하게 정의하여"[180] 자원을 더 효율적으로 다룰 수 있다. 또한 분쟁 지역과 그 지역 사람들의 필요에 더 신속하고 기민하게 반응하며 더 명확하게 책임을 지는 방향으로 유엔 평화 활동을 계획하고 이행하는 새로운 방법을 찾을 수 있다.

유엔 사무국 현장지원국은 현장에 대한 지원을 그 어느 때보다 빠르고 왕성하고 유연하며 더 책임감 있게 만들었다. 시간이 지나면서 현장지원국은 평화 활동을 뒷받침하는 세계적인 동반자 관계를 더 폭넓게 만드는 데 새롭고 중요한 역할을 하고 있다. 사실 전통적인 외교적 수단과 평화 유지 활동은 현재 직면한 여러 위협에 잘 맞지 않는다. 현장지원국은 유엔 관계자들에게 더 나은 지원을 해줄 뿐 아니라 유엔 관계자가 아닌 사람들에게도 예측 가능하고 지속가능한 현장 지원 플랫폼을 제공하고 있다. 이렇듯 현장지원국은 예측 가능하고 지속가능하며 신속하고 효과적이며 효율적이고 책임지는 현장 지원 플랫폼을 제공함으로써 다변하는 세상에서 유엔이 다른 관계자들에게 더욱 유능한 전략적 조력자가 되게 해주었다. 세상이 계속 변하고 국제 평화 안보에 대한 위협이 증가함에 따라 현장지원국의 이러한 역할은 계속 진행 중이다.

글로벌현장지원전략이 시행되다

유엔 사무국 현장지원국의 현지 활동 규모는 설립 2년 만에 50퍼센트나 증가했다. 설립된 지 얼마 안 된 현장지원국은 이렇게 급격한 성장을 관리할 방법을 재빨리 고심했다. 현장지원국이 임무를 성공적으로 완수하려면 서비스 전달을 현장 임무로 바꾸기 위한 전략이 필요하다는 점이 이내 분명해졌다. 글로벌현장지원전략Global Field Support Strategy, GFSS이 2010년 1월에 제시되었고 그해 6월부터 시행되었다. 이 5년짜리 전략은 조직 기반을 형성하고, 서비스 전달에서 변화의 필요성을 야기한 중요한 난제들을 다루는 능력을 강화하는 것을 목표로 구성되었다. 이러한 난제에는 다음과 같은 문제들이 포함된다. 활동이 어려운 환경에서 필요한 지원을 충분하게 파악하지 못한 경우가 많은 임무단에 광범위하게 부여된 권한 문제, 새로운 임무를 위해 신속한 자금 조달을 하는 데 따른 장애 요소, 세계적인 활동보다 개인의 임무에 초점을 맞추기 때문에 자원 활용을 극대화하지 못하는 경우, 평화유지군을 배치하는 능력의 부족, 물적 자원을 신속하게 입수하는 능력의 부족, 높은 구인율과 이직률, 활동 지역에서 보안과 안전에 대한 위험 요소의 증가, 그리고 궁극적인 평화 유지를 위해 개선된 지원의 필요성이다.

글로벌현장지원전략에는 핵심 목표들이 제시되어 있다. 바로 평화유지임무단, 특별정치임무단, 그 밖의 임무에 대한 지원의 촉진과 개선, 효율성과 규모의 경제를 추구하는 가운데 자원에 대한 책임감 강화, 현장 임무를 맡은 직원의 삶의 질은 물론 안전과 보안의 향상, 지역적 여력의 활용, 현장 임무로 인한 환경적 영향 줄이기 등이다.

글로벌현장지원전략의 핵심적인 특징은 새로운 조직 구조 혹은 서비스 전달 모델의 구축이었다. 이렇게 되면 본부와 새로운 서비스 센터, 현장 임무단 사이의 분업이 새롭게 짜일 터였다. 본부는 계속해서 전략적 방향을 정하고 정책을 결정하며 감독을 하면 되고, 서비스 센터는 운영과 거래와 관련한 대다수 업무를 맡으면 되었다. 그리고 현장 지원 부서는 지역과 관련된 일에 초점을 맞추면 되었다. 현장 활동의 규모와 복잡성이 엄청나게 증가한 시기에 글로벌현장지원전략은 유엔 사무국 현장지원국에 변화를 주기 위한 기본 틀 역할을 했다. 개혁은 복잡하고 만만치 않으며 때로는 좌절감을 주었고 순탄하지만은 않은 과정을 거쳤다. 그 결과 오늘날 현장 지원 활동은 2010년에 비해 비용 효과가 더 높아졌고 더 간소화되고 더 신속하게 변했다. 현장지원국의 능력은 증가했으며 더 공고한 서비스 전달 모델을 활용하고 있다. 현장지원국은 혁신을 이루었으며 좀 더 고객·이행·변화 중심적인 조직 문화를 발전시켜왔다. 현장지원국이 달성한 핵심 성과들을 살펴보면 다음과 같다. 예산 설정과 이행 능력이 향상되었고, 새로운 임무를 위해 자원을 동원하는 속도가 빨라졌으며, 현장 지원 활동에서 비용 효과가 더 커졌고, 서비스 공유로 규모의 경제 효과가 향상되었고, 고객 만족도를 더 체계적으로 측정할 수 있게 되었다. 이러한 강점들은 현장 지원 개체들인 본부, 서비스 센터, 현장 임무단 사이에서 계속 유지되며 조화를 이룰 것이다. 현장 지원 업무를 맡은 사람들은 첫째, 멀리 떨어진 위험한 환경에서 활동할 수 있어야 하고, 둘째, 군대와 경찰의 지원자들과 협력을 강화할 수 있어야 하며, 셋째, 서비스 전달의 질을 계속 향상시켜야 하고, 넷째, 한정된 자원을 신중하게 이용해야 하며, 다섯째, 현장 업무를 위해 유엔 사무국 차원의 개혁이 효과를 발휘하도록 도움을 주어야 한다. 이렇게 되려면 지속적인 향상을 추구해야 한다.

공급망 관리 전략

평화 유지 임무나 정치적 임무 수행의 효과는 수요와 공급의 글로벌 네트워크를 통해 다양한 원천에서 나오는 복잡한 지원 시스템에 따라 많이 달라진다. 전 세계 30개 나라에 나가 있는 36개의 임무단에 지원을 해주는 일을 결코 과소평가하면 안 된다. 특히 이러한 임무단이 기반 시설이 부족하고 지형이 험난하며 현지 시장이 제대로 갖춰지지 않은 오지에 배치되었다면 더욱 그렇다. 활동 현장이 불안정하다는 위협 요소가 존재할 때 지원 능력은 더욱 한계에 부딪친다. 하지만 이러한 문제들에도 불구하고 항상 현장 임무단의 요구와 필요 물자와 서비스를 충족시킬 필요가 있다. 유엔 사무국 현장지원국은 이러한 목적을 달성하기 위해 신속한 공급망 방식 개발에 착수했다. 이러한 공급망은 업계의 모범 경영을 따르고 우모자의 지원을 받아 다양한 상황과 환경에 따른 각양각색의 해결책을 제공할 수 있다. 공급망 관리의 이행까지 5년을 계획하고 있다.

상업계 사례를 보면 공급망 관리를 할 때 운영 효율성이 30퍼센트까지 상승하고, 운영비가 12퍼센트에서 15퍼센트까지 감소한다는 점을 알 수 있다. 유엔 사무국 현장지원국의 목표는 이와 비슷한 향상을 보이는 것이다. 이러한 향상은 전 세계 조달과 운송 활동의 통합, 현지의 자원과 재고품 획득, 좋은 정보를 바탕으로 한 전략, 개선된 계획으로 공급의 예측 가능성 증가를 통해 가능하다.

공급망 관리의 정착이 아직은 초기 단계지만 이미 어느 정도의 성과가 나타나고 있다. 중앙에서 창고를 관리하자 현지 재고품의 파악과 활용이 개선되었고 더 효율적인 보관이 가능해졌으며 보관에 드는 간접비가 감소되었다. 전 세계의 통합적 물자 획득 계획을 세운다는 것은 전 세계 수요에 대한 중요한 정보를 알아내는 것과 같다. 이러한 정보는 유엔 조직이 규모의 경제를 달성하고 공급망 계획을 개선하는 데 도움이 될 것이다. 공급망 구조의 재편성은 조달의 비용 효과와 직원 채용의 간소화에 도움이 되었다.

전세기 조달 개혁

유엔 사무국 관리국의 조달부는 유엔 시스템에서 가장 규모가 크고 가장 분주한 부서다. 조달부는 유엔 본부에서 재화와 용역을 획득하는 데 중요한 역할을 할 뿐 아니라 유엔의 평화 유지 임무와 특별한 정치적 임무, 본부에서 멀리 떨어진 사무실, 지역경제위원회를 위한 공급망의 전략적 파트너가 되었다. 조달부의 규모는 2007년에 19억 달러(약 2조 3,000억 원)에서 2015년에 31억 달러(약 3조 7,000억 원)로 증가했으며, 전에는 거래 기능이 중시되다가 현재는 굉장히 전문적이고 중요한 서비스 제공자로 자리매김했다.

조달 영역에서 지난 10년 동안 이루어진 개혁 가운데 중요한 부분은 요청 방식이 입찰공고 방식(1994년에 시작되었다)에서 장기 전세기 필요조건에 대한 제안요청 방식으로 바뀌었다는 점이다. 전세기 확보는 유엔의 조달 부문에서 중요한 전략적 영역이며 그 비용이 6억 달러(약 7,000억 원)에 이른다(항공 연료비는 제외). 이는 전체 비용의 19퍼센트에 달하며 2015년 조달부의 전체 조달 규모에서 가장 규모가 큰 재화(혹은 용역)에 해당한다. 운영의 유연성을 높이고 국제적인 경쟁을 강화하며 유엔 조직에 더 나은 가치를 부여하기 위해서 유엔 사무국 현장지원국과의 협력으로 새로운 요청 방식이 시행되었다. 새로운 방법론에서 후보 추천은 유엔의 조달 원칙을 준수하며 기술적·상업적 이익을 고려하여 이루어진다. 이때 갈수록 복잡해지는 항공 필요 요건을 다루기 위해 업계의 모범 경영 사례를 활용한다.

2012년에서 2014년 사이에 항공 전문가들과 폭넓은 상의를 한 끝에 제안요청서를 받기로 한 결과 무려 22개의 요청서가 들어왔다. 그 가운데 계약을 맺은 2곳의 항공 운영사는 2015년 7월에 콩고민주공화국에 있는 유엔 조직 안정화임무단을 위해 운영을 시작했다. 이러한 계약으로 내년에는 경로와 이동 횟수가 비슷한 이전 계약 사항과 비교할 때 항공기 전세 비용의 6퍼센트 감소와 항공 연료 비용의 35퍼센트 감소가 예상된다. 현재 다른 현장 임무단을 지원하기 위해 더 많은 제안요청서가 작성되고 있다. 이러한 제안요청서는 미래에 현장 항공 운영을 위한 중요한 도구가 될 것이다.

유엔 평화 활동을 위한 사무총장 고위급패널의 권고에 따르다

유엔 사무총장 특별대표와 임무단 대표를 포함한 현장의 모든 직원들은 유엔 사무국의 많은 행정 절차가 임무단이 주둔하는 역동적이고 불안정하고 어려운 환경에는 적합하지 않다고 생각한다. 유엔 평화 활동을 위한 사무총장 고위급패널은 이러한 상황을 강조하며 "유엔의 현장 활동은 효율성과 효과성을 떨어뜨리는 행정 체계에 얽매여 그 기반이 약화되었다"고 말했다. 이러한 지적에 반 총장은 현장 임무단에 더 많은 권한을 부여하기 위해 절차를 간소화하고 능률화하는 조치를 취했다. 이는 임무단이 임무 수행과 자원 활용을 효과적이고 책임감 있게 하도록 만들려는 조치였다. 유엔 총회는 이러한 노력을 지지하여 반 총장에게 현장 지원을 개선하기 위해 "유엔 사무국 현장지원국에 적절한 수준의 권한을 위임하도록" 권했다.

우선 반 총장은 임무가 처음 수행되는 상황이나 위기 조치가 취해진 상황에서 적용되는 일련의 지속적인 행정 조치를 승인했다. 이는 임무단과, 유엔 인도지원조정실, 유엔 인권최고대표사무소와 같은 현장 파견단이 필요한 인력과 자원을 가지고 현장 요구에 효과적으로 대응하도록 촉진하는 조치다. 유엔 사무국은 이러한 목표를 위해 기존의 행정 정책과 절차를 전반적으로 검토하는 작업을 마무리하고 있다.

물론 모든 구성원의 필요에 부응하는 유엔 사무국의 규칙과 규정에 따라 절차와 정책을 완벽하게 검토하고 필요한 변화를 이행하려면 아직 할 일이 많이 남아 있다. 콜롬비아특별정치임무단의 설립을 지원하기 위해 지속적인 행정 조치가 발휘되었으며, 이는 유엔 안전보장이사회 결의 제2261호(2016년)에서 승인되었다. 이 조치의 효과에 대해 지금 당장 결론을 내리는 일은 시기상조다. 하지만 유엔 사무국은 지속적인 행정 조치로 겪은 첫 경험을 바탕으로, 대응력 향상을 위한 개인적인 조치가 어떤 효과를 냈는지 평가하고, 현재의 조치에 변화를 주어야 하는지 아니면 추가적인 조치를 더해야 하는지 판단할 수 있어야 한다.

직원 안전과 보안 강화

세계적으로 환경의 안전이 갈수록 위태로워지는 상황은 유엔 활동에도 영향을 끼쳤다. 위험에 취약한 주민들에게 가해지는 막대한 피해 때문에 프로그램 이행이 방해를 받거나 지연되었다. 유엔 직원들은 그러한 위협 앞에서 평화, 발전, 인권이라는 대의를 지키기 위해 큰 대가를 치러야 할 때가 많았다. 이러한 안전 문제로 말미암아 유엔 안전관리시스템UN Security Management System, UNSMS 내에서 여러 가지 중대한 개혁이 필요하게 되었다.

2003년에 바그다드의 카날호텔에 위치한 유엔 본부가 엄청난 폭탄 공격을 받아 유엔 직원과 방문객 22명이 사망했다. 이후 유엔 총회 결의 제59/276호에 따라 직원의 안전과 보안을 통합적으로 관리하기 위해 2005년 1월 1일에 유엔 사무국 안전보안국UN Department of Safety and Security, UNDSS이 설립되었다. 이렇듯 유엔 직원들의 안전 문제가 갈수록 커지고[181] 새로운 부서가 생긴 상황에서 반기문이 사무총장에 취임했다.

유엔이 청색 깃발이나 중립과 공명을 내세워도 이제 안전하지 못하다는 점이 분명하게 드러나면서 유엔 사무국 안전보안국이 설립된 것이다. 2007년 12월에 알제리 수도 알제 주재 유엔 사무소 부근에서 두 번째 대량살상 공격이 가해졌고 그 결과 유엔 직원 17명이 목숨을 잃었다. 반 총장의 재임 기간에 직원의 안전과 보안을 직접적으로 위협하는 사건이 여러 번 발생했는데 이 공격이 첫 번째 사건이었다. 유엔의 모든 조직은 이러한 공격에 맞서 개혁이라는 목표를 공유하면서 안전에 책임을 지는 조직문화 형성을 추구했으며, 다음과 같은 3가지 핵심 원칙을 고취했다. 그것은 바로 '회피하지 마라', '안전 없이 프로그램도 없다', '자원 없이 안전도 없다'이다. 그 결과 유엔 직원들에 대한 책임이 반영되어 있는 개정된 책임 체계가 공표되었다.

그뿐 아니라 더 효과적이고 유연하고 투명하게 위험을 관리하고 '회피하지 마라'라는 원칙을 준수하기 위해 새로운 '안전 위험 관리' 방안과 '프로그램 중요도'의 틀이 만들어졌다. 이 2가지가 설립된 목적은 위험성이 매우 높은 지역에서 활동을 할 때 수용 가능한 위험 수준을 결정하고, 위험이 존재하더라도 중요한 프로그램 활동들을 균형 있게 유지하기 위해서다. 이 2가지 도구는 유엔 안전관리시스템이 수용 가능한 위험을 결정하기 위한 핵심 기둥이며, 이라크, 리비아, 소말리아, 시리아, 예멘 같은 나라에서 인도주의적이고 인명을 구하는 프로그램이 이행될 수 있게 해주었다. 그뿐 아니라 이러한 도구들 덕분에 중앙아프리카공화국, 말리, 남수단에서 발생한 정치적 위기와 인권 위기에 적절히 대응했고, 최근에는 필리핀제도에서 발생한 자연재해와 에볼라 바이러스의 확산에 복구 지원을 해줄 수 있었다.

반 총장은 안전과 보안 서비스 제공의 효과성과 효율성을 향상시키기 위한 조치들도 취해왔다. 이러한 조치를 뒷받침하는 결의에 따라 유엔 사무국 안전보안국은 스스로의 안전과 보안 관련 자원을 유엔 사무국 평화유지활동국, 현장지원국, 정무국의 안전과 보안 관련 자원과 통합했다. 결과적으로 유엔 사무국 전체에 안전과 보안 영역에서 통합적인 인력이 구축될 것이고, 보안 서비스 제공과 관련해 재정과 인력이 안정될 것으로 보인다.

환경 보호와 관련 정책

평화 유지 활동은 상당히 외지고 환경이 취약하며 자원 경쟁이 심한 곳에서 이루어진다. 배치된 임무단 규모가 상당한 반면에 수도, 전기, 쓰레기 처리 같은 기본적인 사회 기반이 너무 열악한 경우도 많다. 현실이 이렇다 보니 유엔 사무국 현장지원국은 유엔 환경계획과 스웨덴 방위연구기관Swedish Defence Research Agency의 지원을 받아 '현장 임무를 위한 환경 정책'을 수립했다. 2009년 6월에 서명된 이 정책에는 '환경적 조치들을 각각의 유엔 현장 임무단의 계획 수립과 활동에 통합시킨다'는 목표를 염두에 둔 기본 원칙과 기준이 명시되어 있다. 이러한 목표는 "임무단과 직원들이 행하는 활동이 환경에 끼치는 영향을 최소화하는 동시에 환경적 영향으로부터 인간의 건강을 보호하기 위해" 세워진 것이다.

정책 시행은 각각의 평화 활동에 따라 다른 양상을 보여왔고 예산 문제로 걸림돌에 부딪치기도 했지만 에너지·물·쓰레기·문화 부문에서 주목할 만한 성과가 이루어졌다. 가령 유엔-레바논평화유지군은 임무 본부에서 필요한 전기의 7퍼센트를 태양 에너지를 통해 충당하고, 다푸르에 있는 유엔 아프리카연합임무단은 폐수를 재활용하여 필요한 물의 40퍼센트를 충당한다. 또한 유엔 아이티안정화임무단은 고체 폐기물 양을 14퍼센트 줄였다.

2015년 9월에 폭넓은 지침 마련의 일환으로 '현장 임무단을 위한 쓰레기 관리 정책'이 서명되었다. 환경 정책이라는 큰 틀에서 마련된 이 구체적인 정책에는 액체 및 고체 폐기물뿐 아니라 위험한 폐기물과 무해한 폐기물에 대한 내용도 담겨 있다. 또한 발생원 축소와 폐기물 분리에서 폐기물 수거와 계약 감시까지 폐기물 관리의 다차원적인 측면을 반영하여 다양한 문제 영역에서 맡는 역할과 책임에 대한 내용도 포함하고 있다.

덧붙여 말하자면 현재 환경 관리는 평화 유지 활동이라는 영역에 완전히 포함되어 있다. 유엔 사무국 평화유지활동국과 현장지원국에서 환경은 여러 측면에서 전략적인 우선순위로 지정되었다. 유엔 사무국 현장지원국 사무차장은 정책 집행의 격차를 메우기 위해 수년 동안의 환경 전략 개발을 이끌고 있다. 특히 성과 감시 체제의 강화, 기술 지원의 향상, 더 전략적인 자원 할당을 통해 그러한 일을 해내고 있다.

현장을 위한 행동과 규율 체계가 수립되다

유엔의 모든 직원은 직위에 상관없이 청렴결백의 측면에서 높은 기준을 준수해야 할 책임이 있다. 여기에는 유엔의 행동 기준을 존중하는 것이 포함된다. 또한 유엔의 모든 직원은 이러한 기준을 어기는 데 따르는 책임을 반드시 져야 한다. 최악의 경우 국법에 따라 처벌받아야 할 범죄로 여겨진다. 지난 10년 동안 평화 유지 요원에게 적용되는 행동과 규율 체계가 설립되었다.

2002년에 이어 2004년에도 평화유지군이 성적 착취와 학대를 광범위하게 저질렀다는 심각한 혐의가 포착되었다. 그러자 아난 당시 사무총장은 2005년에 유엔 본부에 품행군기과를, 평화유지임무단에 품행군기팀을 만들었다. 품행군기과는 성적 착취와 학대 사건을 포함하여, 평화 유지 활동에서 발생되는 행동과 규율 문제들과 특별정치임무단의 전반적인 방향을 제시한다.

행동규율 관련 부서는 그 사이 몇 년 동안 책임과 성과에 대한 기대감이 높아지면서 상당한 변화를 겪었고, 유엔 사무국 평화유지활동국과 현장지원국에서 핵심 관리하는 기능으로 통합되었다. 반 총장의 불관용 정책은 통합의 4가지 전략적 축을 바탕으로 지속적으로 행해지는 활동에서 핵심 역할을 했다. 4가지 전략적 축이란 2011년에 도입된 행동 및 규율의 통합 체계에 따른 능력 형성, 의식 고취, 의식 확장 그리고 성과에 기반을 둔 책임을 말한다.

여기에 더하여 2015년에 현장 임무에서 행동과 규율과 관련한 책임 정책이 채택되었으며, 이것은 유엔의 모든 현장 직원의 책임을 명확히 하는 중요한 틀이 되고 있다. 유엔 직원이 유엔의 이전 부서에서 행했던 비행을 심사하는 영역뿐 아니라 의무적인 훈련 활동과 도구에서도 많은 발전이 이루어졌다. 앞 장에서 설명한 대로 성적 착취와 학대 사건이 여러 번 발생하여 문제 인식이 확산되면서 2015년과 2016년에 이러한 노력은 가속화되었다. 특히 품행군기과와 품행군기팀은 반 총장이 성적 착취와 학대를 막기 위한 특별조치를 다룬 보고서에서 밝힌 40여 가지의 계획을 이행하기 위해 조직 내에서 그리고 회원국들과 함께 협력해오고 있다.

책임 체계를 구축하다

2005년에 유엔 석유·식량 교환프로그램 비리사건이 발생했다. 그러자 유엔 총회는 사무총장에게 유엔 사무국 책임 체계, 기업 리스크 관리, 내부 통제 체계, 성과 중심 관리 체계에 대해 총회에 보고할 것을 요청했다. 이러한 요청은 회원국들이 유엔에 최소 비용으로 최대 효과를 거두고, 책임감과 투명성을 더 높이며, 성과를 내는 데 집중할 것을 요구하면서 나온 것이었다. 아난 당시 사무총장은 회원국과 유엔 사무국 사이의 약속으로 구성된 공식 책임 체계를 제안했으며, 이것은 전략적 구조, 프로그램 예산, 평화 유지 예산에 명시되었다. 이 체계에서 회원국들은 유엔이 책정된 자원으로 일정한 기간 내에 달성하기 바라는 것들을 요구한다. 이에 유엔 사무국은 이용 가능한 자원과 더불어 불가항력의 외부 요소에서 기인한 제약 요소를 고려하여 성과를 내야 한다. 유엔 사무국은 적극적인 성과 관리가 (그러한 결과를 내는 데 따른 위험 관리도 포함하여) 책임성 측면에서 중요하다는 점을 이해했기 때문에 기업 리스크 관리와 내부 통제 체계뿐 아니라 성과 중심 관리 체계를 책임 체계에 포함시켰다.

책임 체계에는 직원의 역할과 의무에 대해 명확하게 명시되어 있다. 직원들은 윤리적 행위의 높은 기준을 지키고 조직의 규칙과 규제를 따르면서, 연간 업무 계획에 포함된 성과를 달성해야 한다. 고위급 간부들은 사무총장과 연간 협정에 서명을 해야 하는데 이러한 협정에는 그해에 달성해야 하는 성과가 자세히 명시되어 있다. 반 총장 체제에서 고위급간부협정에는 평화유지임무단 및 특별정치임무단의 단장과 부단장까지 포함되었다.

유엔 사무국은 부정행위 방지 체계도 설립했다. 이것은 유엔 직원들에게만 해당되는 게 아니며, 사무국과 계약 관계를 맺은 다른 이해 관계자들에게도 부정행위를 막고 그것을 인지하고 대처하는 방법에 대한 정보와 지침을 제공한다. 여기에는 유엔 직원들의 책임이 명시되어 있으며, 판매사, 공급자, 이행 동반자를 포함한 계약상의 제3자들이 반드시 지켜야 할 원칙들도 포함되어 있다. 이 체계에도 부정행위에 대한 '불관용' 원칙이 담겨 있다. 이 원칙은 유엔 사무국이 이 체계에 포함된 어떤 개인이라도 부정행위 혐의를 끝까지 추적하고 그 혐의가 입증되면 적절한 행정 또는 징계 조치(상황에 따라 재판을 국가 기관에 일임하는 것을 포함하여)나 계약 수정을 가하겠다는 의지가 담긴 것으로 이해하면 된다.

내부와 외부의 감독 기관은 독립적이고 객관적인 판단을 통해 이러한 과정을 효과적이고 타당하게 이끌어간다. 유엔 사무국 내부감사실은 지난 몇 년 동안 감사보고서를 인터넷에 올려 사람들에게 공개하여 효율성을 증대했다. 이렇게 한 목적은 투명성을 높이고 중차대한 사안에 대해 적시에 관리자들의 반응을 이끌어내기 위해서다. 그뿐 아니라 유엔 사무국 산하 기관들의 관리 방식, 리스크 관리, 내부 통제 절차를 평가하는 시스템도 도입했다. 이러한 평가 시스템은 관리자들이 유엔 사무국 내부감사실의 감사를 통해 확인된 문제들을 처리하고 시정 조치를 취하는 데 도움이 된다.

기업 리스크 관리를 실시하다

활동이 복잡해지고 임무 영역이 증가하면서 유엔이 다른 기관에 존재하지 않는, 굉장히 높은 수준의 위험에 직면하고 있는 것은 분명하다. 유엔 사무총장은 전략적 차원에서 효과적인 의사결정을 촉진하고자 유엔 관리위원회의 지지를 바탕으로 조직 전체에 포괄적인 기업 리스크 관리ERM를 시행하는 데 앞장섰다. 이때 업계의 모범 사례를 활용했다.

기업 리스크 관리는 위험이 닥친 조직을 바른 방향으로 이끌고 통제하기 위해 고안된 공조 활동으로 정의된다. 이것은 복잡성과 불확실성이 점점 커지는 환경에서 유엔 사무국이 직면하고 있는 중요한 문제들에 대해 고위급 관리자들이 유익한 대화를 나누도록 자극하는 역할을 한다. 또한 목표, 위험, 관리적 대응의 우선순위를 투명하게 정함으로써 책임성을 강화하고 모범 경영의 틀을 형성하는 데 일조한다.

부서와 사무실 책임자로 이루어진 고위급 관리자 팀의 직접적인 참여와 노력이 이어지면서 2014년에 반 총장은 포괄적인 리스크명부Risk Register를 공식적으로 채택했다. 이것은 조직에서 최고 수준의 전략적 위험, 유사한 위험의 대응 전략, 이러한 과정을 지원하는 관리 구조를 개괄하는 도구다.

기업 리스크 관리 이행의 진척 상황은 1년에 한 번씩 유엔 총회에 보고되며, 이러한 보고는 중요한 위험 영역에 대한 유엔 관리직과 회원국 사이의 논의에 영향을 준다. 그리고 이러한 논의는 유엔이 임무와 목표를 효과적으로 달성하는 능력을 키워준다. 기업 리스크 관리는 중요한 위험 영역에 대한 대응의 우선순위를 정함으로써 전략적인 계획 수립과 자원 할당 능력을 지속적으로 키워준다. 그리하여 고위급 관리자들은 제대로 된 정보를 바탕으로 더 현명한 결정을 내릴 수 있다.

리스크명부는 효과적인 관리 도구이자 전략적인 의사결정 도구로서 유엔의 계속 변하는 위험 측면을 잘 반영하는 실시간 문서로 계속 유지될 것이다. 유엔의 각 부서들은 기업 차원의 노력에 자극을 받아 각자의 활동 영역에서 리스크 관리를 이행하며 전진하고 있다.

전문적인 법 집행 체계를 만들다

"그동안 유엔에서 시행된 개혁 가운데 가장 지대한 영향을 미칠 관리 개혁"으로 묘사된 변화가 이루어지던 전환적 시점에 반 총장은 취임했다.[182] 그것은 바로 유엔 조직 내에서 발생한 고용 관련 분쟁을 다루는 내부 법 체계를 정비하는 작업이었다. 내부 법 체계는 부당한 행정 처분으로부터 직원을 보호하는 장치다. 그 당시 내부 법 체계를 검토하고 필요하면 재설계할 수 있는 권한을 유엔 총회로부터 부여받은 고위급 전문가 집단인 '혁신팀The Redesign Panel'은 몇 달 전에 보고서를 제출한 상태였다.[183] 바로 내부 법 체계가 시대에 뒤떨어지고 기능을 다하지 못하며 효율성과 독립성이 떨어진다는 결론이 담긴 보고서였다.[184] 혁신팀은 효율적이고 독립적인 내부 법 체계 없이는 유엔의 효과적인 개혁이 불가능하다고 판단했다. 그리하여 공식적 부문과 비공식적 부문으로 구성되며, 분권화되고 능률적이고 전문적이고 독립적이고 지원을 제대로 받는 새로운 체계를 권장했다.

반 총장은 혁신팀의 보고서를 환영했고 내부 법 체계가 더 이상 적절하지 못하다는 의견에 공감했다.[185] 반 총장은 조직이 직원의 고충을 다루는 방식에 근본적인 변화가 필요하다는 점을 인식했으며, 그 보고서를 관리자와 직원이 함께하는 협의와 총회에서 제기하는 논평이나 권고의 기반으로 삼았다.[186]

유엔 총회는 혁신팀의 보고서와 반 총장의 제안에 따라 독립적이고 투명하고 전문적이고 지원을 충분히 받으며 분권화된 새로운 법 집행 체계를 만들기로 결정했다. 이것은 관련 국제법, 법치의 원칙, 직원의 권리와 의무를 존중하고 관리자와 직원의 책임을 강조하는 정당한 법 절차와 일치하는 법 체계다.[187] 유엔 총회는 의견 차이를 조정하는 중재 역할이 중요하다고 보았으며, 불필요한 소송을 피하기 위해 이용 가능한 비공식적 제도를 최대한 이용해야 한다고 강조했다.[188]

개편되고 분권화되며 공식적이자 비공식적 부서를 모두 갖춘 새로운 법 체계는 2009년 7월 1일에 발효되었다. 현장 임무단을 포함한 유엔 사무국 직원들뿐 아니라 별도로 운영되는 유엔 기금 관리 조직과 프로그램도 이 법 체계의 영향을 받는다. 지정된 비공식적 부서인 유엔 옴부즈맨중재서비스UN Ombudsman and Mediation Services는 직원과 관리자가 업무 관련 갈등을 해결하는 데 도움을 주기 위해, 중재를 포함한 비공식적이고 협력적인 접근법을 활용한다. 이 부서는 직원들에게 가능한 한 초기에 분쟁을 비공식적으로 해결하기 위해 애쓰도록 권한다. 직원들은 고용계약서나 근무 조건을 어겼다는 관리직의 결정에 대해 공식적으로 이의를 제기할 수 있다. 그 첫 단계는 경영진에게 그러한 결정을 검토해 달라고 요청하는 것이다. 그 후에 직원은 유엔 분쟁법원에 신청서를 제출할 수 있다. 직원이나 사무총장 모두 유엔 항소법원에 항소할 수 있다. 항소법원의 판결은 최종적이며 구속력이 있다. 직원에게 공정하고 독립적인 법률적 도움을 주기 위한 새 체제의 일환으로 직원 법률상담실이 신설되었고, 공식적인 체제를 편성하기 위해 독립적인 법무실이 설립되었다.

2015년에 내부 법 체계에 대한 독립적인 중간평가가 실시되었다.

이는 내부 법 체계의 목표와 목적이 제대로 달성되고 있는지 판단하기 위한 평가였다.[189] 고위급 전문가들로 구성된 새로운 팀이 6개월에 걸쳐 내부 법 체계를 검토했다. 그 결과 더 나은 방향을 위한 제안을 내놓은 한편, 새 체계의 목표와 목적이 상당히 실현되었으며 새체계가 이전 체계보다 더 개선된 제도라고 결론 내렸다.[190]

성과 관리와 분석을 강화하다

유엔 총회는 유엔 조직을 위한 효과적인 성과 관리 체계에 항상 큰관심을 보여왔고, 좋은 성과에 대해 보상을 하고 저조한 성과에 대해해결책을 모색하는 효과적이고 신뢰할 만한 체계의 필요성을 끊임없이 강조해왔다. 유엔 총회는 "유엔 조직의 최고 행정 책임자인 사무총장이 성과 평가 시스템을 개선하고 이행하는 일을 도맡아야 한다"고 강조하기도 했다.[191]

성과 관리 체계를 "높은 성과, 개인의 발전, 지속적인 학습을 특징으로 하는 문화"를 촉진하고 관리자에게 "직원 관리의 책임"을 지게 만드는 체계로 접근하는 포괄적인 방안이 2010년에 발표되었다. 2011년에 새로운 전자 성과 모듈이 인스피라Inspira(유엔의 인사부 시스템*)에 공표되면서 이행되었다.

2014년에 열린 제69차 유엔 총회에서 순환근무 관리에 입각하여성과 관리 체계를 포괄적으로 검토할 것이 요청되었다. 이러한 검토결과로 현재 성과 관리 체계의 단점은 주로 문화적·관료적 특성과 연결되며 역할, 책임, 정책과 도구의 복잡한 절차, 저조한 성과와 관련이 있다는 사실이 드러났다. 제69차 유엔 총회에서 처음 제출된 개혁방안은 4가지 영역의 개선을 목표로 삼았다. 이는 특히, 관리와 리더십 측면에서 성과 관리에 대한 책임 증진, 성과 관리 정책과 인스피라 전자 성과 모듈의 간소화, 개선된 관리 문화, 저조한 성과를 효과적으로 다루는 방법을 말한다.

유엔 사무총회는 인적 자원과 관련한 결의에 합의가 이루어지지 않자 성과 관리 개혁에 대한 고려를 2016년 9월에 시작되는 제71차 유엔 총회로 미루었다. 그 사이 유엔 인적자원관리실은 각 부서와의 의사소통을 강화하고 성과 평가의 완성도를 높이는 작업을 해왔다. 더욱이 2015년 이후로 관리자 의무 교육을 강화하고 능률화했는데, 이는 관리자들이 지속적인 대화를 바탕으로 공정하고 객관적인 평가를 내리는 데 도움이 되었다. 2016년에는 아주 외진 근무처에 있는 관리자를 포함한 모든 관리자가 온라인을 통해 의무 교육을 받을 수 있게 되었다.

반 총장은 직원을 조직의 소중한 자산으로 생각하며 직원과 관리자 사이의 관계를 개선하기 위해 많은 노력을 기울여왔다. 그뿐 아니라 직원들을 직접 만나 그들의 고충을 들었고, 시청 회의를 열었으며, 공식적인 노사위원회의 협의 과정에 참여했다. 2012년에서 2015년 사이에 노사위원회는 성과 관리를 능률화하고 간소화하는 한편, 좋은 성과에 대한 보상과 저조한 성과에 대한 대처를 효과적으로 하기 위한 논의를 했다. 그동안 저조한 성과를 해결하기 위한 과정을 간소화하기가 쉽지 않았으며 이러한 과정을 관리자와 직원 모두 분명하게 알아야 한다는 점이 중요하게 여겨졌다. 이제 성과 관리에 대한 최종 정책이 공표되려면 개혁안에 대한 유엔 총회의 승인이 남아 있다. 유엔 사무총장이 직원과 협의를 잘 이끌어낸 사례를 찾자면, 2013년에 탄자니아공화국 아루샤Arusha에서 진행된 노사 연례회의에서 성공적으로 이루어낸, 순환근무 체계에 대한 합의를 꼽을 수 있다.

데이터에서 통찰력을 얻어내는 능력인 분석력은 유엔을 포함한 모든 조직에서 갈수록 중요한 요소가 되어가고 있다. 데이터는 우리가 성과를 이해하고 계획을 세우고 결정을 내리며 결과를 설명하는 일을 더 수월하게 해내는 데 도움이 된다. 데이터 혁명은 이미 민간분야를 변화시켰지만, 유엔 사무국의 많은 부서에서 자리매김하는 데 더딘 편이었다. 유엔 조직이 분석과 성과를 강화하려면 4가지 핵심 측면에서 행동을 취해야 한다. 이러한 핵심 측면은 데이터를 더 이용하기 쉬운 환경 조성, 직원에게 더 좋은 분석 도구의 부여, 데이터에 입각한 통찰력을 이끌어내는 팀 구축, 데이터를 성과 중심의 관리 체계로 통합하는 일을 말한다.

유엔 평화 활동에서 분석과 성과 관리 부문이 빠르게 진전하고 있다. 전문가위원회는 여기에 속도를 내기 위해 2014년에 '유엔 평화 유지 활동 부문의 기술과 혁신에 관한 보고서'에서 분석의 위치를 비중 있게 검토했다. 가령 유엔 사무국 현장지원국은 세계를 무대로 한 활동에서 더 향상된 결과를 낳기 위해 더 심도 깊은 분석을 해왔다. 분석은 갈수록 관리 우선순위가 되어가고 있고, 더 많은 데이터가 체계적으로 이용 가능해졌으며, 유용한 분석 도구를 제공받는 직원들이 더 많아졌다. 고위급 관리직은 통찰력을 성과로 끌어내기 위해 부서 운영에 중요한 영역을 검토하기 위한 일정을 짜왔고, 핵심 성과 지표와 목표를 세계적으로 통합하기 위해 노력하고 있다.

향상된 분석과 성과 중심 관리의 여러 이점들은 갈수록 분명하게 나타나고 있다. 분석 팀은 성과에 중요한 데이터 집합과 관련한 추세, 패턴, 상호 관계를 알아내는 데 도움이 된다. 이러한 팀은 관리직과 더 가깝게 지낼수록 의사결정에 더 직접적인 영향을 끼칠 수 있다. 유엔 평화 활동 부문에서 관리자들은 데이터를 이용해 비용을 통제하고, 위험을 파악하며, 성과의 격차를 판별한다. 새로운 도구, 시각화, 데이터 중심의 분석은 직원들이 활동 환경, 필요, 결과를 잘 이해하는 데 도움을 준다. 물론 더 많은 발전이 필요하지만 더 나은 분석으로 말미암아 회원국, 파트너, 대중과의 대화가 갈수록 촉진되고 있다. 이는 궁극적으로 유엔이 사람들의 목숨을 보호하고 피해를 줄이며 평화를 촉진하는 방식을 더 폭넓게 이해하는 데 도움을 줄 것이다.

퇴직자 건강보험을 효율화하다

퇴직자 건강보험ASHI 프로그램은 일정한 자격 기준이 되는 직원에게 은퇴 기간 내내 건강보험을 제공하는 제도다. 이러한 혜택에 들어가는 관련 비용은 1967년에 이 프로그램을 시작한 이후 상당히 증가해왔다. 이는 전 세계적으로 기대 수명 증가, 의료 시설 이용 비율 증가, 의료비 증가에 힘입은 바가 크다. 반 총장은 다양한 자금 모금 방안을 모색해왔으며 유엔이 자금 모금 정책을 채택하는 데 신중해야 한다고 생각한다. 이는 현재 혜택을 받는 사람들뿐만 아니라 미래에 혜택을 받을 사람들을 위한 충분한 비용을 마련하기 위해서다.

유엔 의원총회는 결의 제68/244호에서 사무총장에게 현재 유엔 조직의 의료 제도를 조사해볼 것을 요청했다. 이는 효율성을 증가시키고 비용을 억제하기 위한 모든 대안을 찾고, 유엔 합동연금기금UN Joint Staff Pension Fund의 임무를 퇴직자 건강보험의 관리까지 포함할 정도로 확장시키는 방안을 검토하기 위한 요청이었다. 이러한 요청에 대응하여 퇴직자 건강보험 특별조사위원회가 이 사안을 검토했고, 반총장은 그러한 검토 결과를 유엔 총회에 보고했다.[192] 유엔 총회는 자가 의료 보험의 인수안뿐 아니라 자가 의료 보험 제도를 위해 유엔이 제3자 경영자, 의료인과 단체협약을 맺는 안을 검토해보라는 제안을 받아들였다. 앞으로 건강보험 혜택을 관리하는 조직 전반의 접근법과 관련한 더 많은 대안이 검토될 것이다. 또한 유엔 총회는 유엔 합동연금기금에 모범 경영 방식과 복수 기업 연금 제도를 시행하기 위한 방식을 공유해줄 것을 요청할 것이다.

퇴직자 건강보험 비용을 조달하기 위해 유엔은 현재의 원천 징수 방식을 지속하겠지만 미래의 예상 수혜자들을 위한 충분한 예산 자원을 확보할 만한 여력이 더 강화될 수 있을지는 검토를 해봐야 할 것이다.

기반 시설을 현대화하다

회원국과 유엔 직원들이 일하고 회의를 열고 대중과 소통하는 건물은 유엔 조직이 효과적으로 기능하는 데 중요하다. 건물은 중요한 행사나 업무가 이루어지는 환경이지만 여기서 더 나아가 우리가 이러한 건물을 유지하는 방식은 유엔 조직과 직원들을 대하는 방식을 나타낸다. 건물은 안전하게 지켜져야 하고 끊임없이 현대화되어야 하고 더 효율적으로 쓰여야 하며, 계속 변하는 요구에 맞추어 주기적으로 리모델링되어야 한다.

2007년 유엔 총회 결의 제62/87호에서 유엔 본부 개보수사업CMP이 승인되었다. 이것은 유엔 본부 시설을 최신 건축 법규와 화재 안전

기준에 맞게 보수하고 낡은 건물 부품과 장치를 교체하되 고유한 건축학적 특성과 원래의 설계 의도는 유지하기 위한 계획이다. 또한 본부 시설이 에너지 절약, 환경 친화성, 효율성이라는 현행 원칙에 따라 운영되게 하기 위한 계획이기도 하다. 개보수사업의 공사 단계는 공식적으로 2008년 5월에 시작되었다. 유엔 사무국 건물은 2010년 초에서 2012년 중반 사이에 리모델링되었고, 현재 대표자와 다수의 직원으로 구성된 각 부서들이 이 건물에 모두 들어와 있다. 직원들은 칸막이 없는 새로운 사무실에서 일하고 있다. 2014년 9월에 제68차 유엔 총회의 폐회식은 리모델링된 홀에서 열렸다. 2010년에 새로 바뀐 주요 안전 기준에 따라서 재설계하고 새로운 보강재를 설치하는 데 1년이 걸렸지만, 본부 건물을 리모델링하고 현대화한다는 개보수사업의 목표는 달성되었다. 하지만 2012년에는 허리케인 샌디Hurricane Sandy로 발생한 피해에 대처해야 했다. 그 당시 허리케인의 영향으로 새롭게 개보수된 건물 지하실 시스템이 큰 피해를 입었다. 그 결과 2014년 9월로 예정된 유엔 본부 공사의 마무리가 1년 지연되었다. 개보수사업에는 친환경성을 높이기 위한 신기술이 많이 포함되었다. 난방, 환기, 에어컨 장치가 상당히 개선되었다. 이러한 조치와 함께 건물의 정면 유리를 완전히 바꾸면서 에너지 소비가 공사 이전에 비해 50퍼센트 이상 줄어들었다. 물 소비량도 40퍼센트 이상 줄었다. 결과적으로 개보수사업으로 말미암아 연간 이산화탄소 배출량이 2만 3,000톤 이상 줄어들면서 유엔의 탄소 발자국(개인이나 단체가 직간접으로 발생시키는 이산화탄소의 총량*)이 45퍼센트 감소했다. 더욱이 공사 후 남은 자재의 90퍼센트 이상이 재활용되었다.

　유엔 제네바 사무소로 쓰이고 있는 팔레데나시옹Palais des Nations은

1929년부터 1936년까지 지어졌다. 2015년 10월에 유엔 총회에서 유엔 제네바 사무소 개보수사업_{SHP}이 승인되었다. 이것은 이 역사적 건물을 개보수하고 복구하고 현대화하는 획기적인 프로젝트다. 개보수사업은 팔레데나시옹이 안전하고 비용 효과적이며 친환경적인 회의장 역할을 계속 해나가려면 반드시 필요한 일이다. 개보수사업을 시행하면 화재 안전장치 결함을 바로잡고 위험물질을 제거하며 장애인의 접근성을 높일 수 있기 때문에 건물이 더 안전하게 바뀔 것이다. 또한 에너지 효율 증가와 사무국 활동의 통합으로 운영비가 감소할 것이고 건물은 더 기능적이고 현대적인 회의장으로 거듭날 것이다. 더욱이 직원 700명을 더 수용할 수 있을 만큼 사무실 공간 효율성이 25퍼센트 증가해 팔레데나시옹은 규모가 더 크고 유연한 직장이 될 것이다.

개보수사업은 이미 상당히 진전되었다. 유엔 총회의 결의 제70/248호에 따라 이 프로젝트의 범위, 일정, 8억 3,650스위스프랑(약 9,901억 원)에 달하는 견적이 모두 승인되었다. 종합 설계 계획, 예비 조사, 콘셉트 설계(모두 유엔 사무총장 보고서에서 제시된 권고 이행 전략과 비용을 준수한다)가 완료되었다. 자문위원회와 운영위원회와 같은 관리 체계도 확립되었다. 또한 스위스 정부는 이 프로젝트의 자금으로 4억 스위스프랑(약 4,734억 원)을 무이자로 융자해주기로 약속했다.

유엔은 2015년에 창립 70주년을 맞았다. 유엔의 많은 건물이 오래되어서 신속하게 개보수하고 전용(轉用)할 필요가 있다. 유엔 사무국 관리국은 이 문제를 해결하기 위해 2018년에서 2037년에 이르는 20년 자본 유지 프로그램을 수립했다. 이 프로그램에는 주요 지역 8곳(뉴욕, 제네바, 빈, 나이로비, 아디스아바바, 방콕, 베이루트, 산티아고)과 위원회가 있는 소구역 20곳에 소재한 자가 건물과 임대 건물이 포함된다. 이 프로그램은 전략적 자본 검토Strategic Capital Review로 불린다. 상당한 자산으로 구성된 유엔 건물들의 가치를 모두 합산하면 35억 달러(약 4조 2,000억 원) 이상이며 이러한 가치는 안전하게 보존되어야 한다. 이러한 검토의 목표는 자본 유지 요건과 관련해 더 정확한 장기 계획을 제시하는 것이다. 이는 유엔 총회에 이러한 필요를 사전에 고려할 수 있는 도구를 제공하는 것과 같다. 그뿐 아니라 전략적 자본 검토는 부동산 관리에 수명 주기 접근법을 이용하여 기본 자본 요건을 전반적으로 낮추는 것을 목표로 한다. 이러한 검토로 말미암아 유엔 본부 개보수 사업이나 유엔 제네바 사무소 개보수사업처럼 규모와 위험성이 큰 대규모 자본 프로젝트를 해야 할 필요성이 없어질 것이다. 이러한 검토에 제시된 목표로는 생명 안전, 장애인의 접근성, 자산 가치 유지, 공간의 효율적 활용 극대화, 건물 시스템의 현대화, 에너지 효율 증진, 유산적 가치 보존, 업무 차질의 최소화 등이 있다.

업무 연속성을 강화하다

유엔의 업무 연속성 관리는 2005년부터 시작되었다. 그때부터 유엔 본부와 산하 기관들은 유행성 인플루엔자의 위협에 대처하고자 유행병 대비책을 마련하기 시작했다. 그러다가 2010년에 아이티에서 엄청난 지진이 발생했을 때 각 기관의 개별적 대응으로는 그 정도 규모의 비상사태에 효율적으로 대처하지 못한다는 사실이 명확하게 드러났다. 그리하여 유엔 총회에서 유엔 사무국이 포괄적인 비상 관리 체계를 설립해야 한다는 안이 의결되었다. 오늘날 업무 연속성 관리는 조직의 전반적인 복원력 관리 체계의 일부다. 이것은 준비, 예방, 대응, 회복, 복원이라는 여러 단계로 구성된 비상사태 관리 틀을 제공할 뿐 아니라 업무 중단 원인에 국한되지 않는 준비 조치를 요하는 모든 위험 접근법all hazards approach을 적용한다. 2014년 12월 유엔 고위급조정이사회는 유엔 사무국이 수립한 조직 복원력 관리 체계를 유엔 전체의 비상 관리 체계로 수용했다. 현재 직면한 중요한 과제는 서로 다른 조직을 이끌고 지원하는 일에 인적 자원을 투입하고 조화·통합·협력이라는 주요 원칙을 일상 업무에 적용시키는 일이다.

난제, 차질, 기회

앞에서 설명한 관리 개혁은 유엔 역사상 전례가 없을 정도의 전폭적인 개혁이다. 모두 유엔 사무총장의 강한 리더십, 고위 관리직 팀의 전념, 유엔 직원들의 노력과 회원국들의 지지에 힘입은 개혁이다. 효과적인 프로젝트 관리 역시 이러한 노력들이 성공을 거둔 중요한 요인이다. 하지만 기회의 가능성만큼 난제와 차질의 가능성 역시 존재한다.

2013년 후반에 기업 리스크 관리 이행의 일환으로 사무차장실은 조직의 가장 심각하고 영향력 강한 전략적 리스크를 판별하기 위해 사무국 전체에서 리스크 평가를 실시했다. 조직 전체의 상급 관리자들을 대상으로 인터뷰를 진행했다. 이러한 평가에서 드러난 공식적인 리스크 가운데 몇 가지 조직적인 난제들은 조직의 업무, 특히 관리 개혁을 방해하는 요인으로 지목되었다.

유엔 사무국의 업무가 세계를 배경으로 이루어지는 데에도 불구하고 이 조직이 위험 기피적인 업무 문화를 보인다는 점은 역설적이다. 흔히 현상 유지에 관심이 있거나 일이 잘못되었을 때 비난받기를 원치 않는다고 생각하는 관리자들과 직원들은 변화를 싫어하며 책임을 지고 결정을 내리는 일을 두려워한다. 이러한 상황에서 구성원들이 최신식 모범 경영을 실천하고 위기 상황에서 유연성을 발휘하는 일은 매우 어렵다. 이러한 태도는 조직이 '조직의 목적에 부합하는 상태'에 이르지 못하게 한다. 더욱이 결정이 항상 위험 평가와 기회를 바탕으로 내려지는 것은 아니다. 각 부서들은 세계적, 조직적 접근법을 취하지 않고 조직의 포괄적이고 장기적인 목표를 고려하지 않은 채 계획을 세워 이행하는 경향이 있다. 이러한 경향은 때때로 협력의 부재로 이어진다. 각 부서가 조직의 접근법을 따르지 않고 각자의 프로젝트를 진행하기 때문이다. 그리하여 결과적으로 자원을 비효율적으로 사용하게 된다. 각 부서와 사무실은 자원을 두고 갈수록 심한 경쟁 양상을 보이는데, 특히 기부자 기금을 두고 더욱 그렇다. 게다가 공동의 목표를 향해 일하게 만드는 적절한 장치가 없기 때문에 다차원적인 활동을 이행하기가 갈수록 어려워진다.

유엔 조직의 정치적 특성 또한 영향을 끼친다. 개인 회원국이나 국가 연합의 정치적 선호도는 유엔처럼 크고 복잡하고 다양한 조직을 관리하는 데 필요한, 아주 중요한 전략적 시각을 제한할 수 있다. 서로 다른 운영위원회에서 서로 모순되는 지시가 내려올 수도 있다. 유엔 수석행정관인 사무총장은 자신의 관리 책임을 효과적으로 이행하려면 예산 집행과 관련하여 충분한 자원, 유연성, 재량권에 대해 회원국들의 승인을 받아야 한다. 더욱이 개인 기부자들은 이따금 몇 가지 우선사항을 제시하기도 한다. 그 결과 일부 활동에는 자금이 마련되는 반면 다른 활동에는 자금이 부족한 상황이 발생한다. 그들은 자원을 다른 관계자에게 이동시킬 수도 있다. 이렇게 되면 유엔 활동이 불확실해지며, 총체적이고 전략적인 계획을 세우는 유엔 조직의 능력이 약화될 수 있다.

아직 완성되지 못한 과제 가운데 하나는 최고위직을 포함해 조직의 모든 직급에서 양성평등을 실현하는 일이다. 반 총장은 취임할 때부터 양성평등 실현을 중요한 안건으로 여겨왔다. 그리하여 다수의 여성을 사무차장과 사무차장보로 임명하여 본을 보여왔다. 양성평등은 아직 미완성으로 남아 있지만 유엔 조직은 앞으로 더 많은 진전을 하게 해줄 구조를 만드는 데 상당한 성과를 거두었다. 유엔의 지속가능개발목표에서 양성평등이 우선순위로 채택되고 2030년까지 목표 이행이 명시되면서 이러한 흐름에 새로운 추진력이 생겼다.

2015년 6월 30일 기준으로 유엔 사무국의 전문직과 고위직에서 여성이 차지하는 비율은 41.3퍼센트다. 이전과 비교할 때, 경미하지만 꾸준한 증가세를 나타낸다. 유엔 사무국의 일부 중위직에서 양성평등은 실현되었지만 고위직에서 성별 격차는 여전히 존재한다. 여성은 P-급 직원의 33.4퍼센트, D-1급 직원의 31.5퍼센트, D-2급 직원의 27퍼센트를 차지한다. 고위직에서 여성의 수를 늘리기 위해 사무총장에게 추천하는 D-2급 후보 3명 가운데 적어도 1명 이상은 여성이 뽑혀야 한다는 정책이 도입되었다. 고위직에서 양성평등 실현은 앞으로도 유엔의 중요한 과제가 될 것이다.

만만치 않은 환경에서 이루어지는 유엔의 현장 활동에서 양성평등 실현은 가장 어려운 과제로 남아 있다. 하지만 이 부분에서 상황이 나아지고는 있다. 2007년 1월에 유엔 현장 임무의 요직에서 남성이 차지하는 비율이 98퍼센트였다. 그러다가 2015년 말에 현장 임무 요직의 20퍼센트를 여성이 차지하게 되었다. 이러한 진전을 가속화하기 위해 유엔 사무국 현장지원국은 현장 임무에서 D-1급과 D-2급의 고위직에 여성들을 앉히고자 2014년에 여성인재자원정책을 실시했다.

앞에서도 설명했듯 반 총장은 우모자를 이행함으로써 세계적 활동 부문에서 많은 업무 절차를 표준화하고 자동화했다. 이제 우모자 체계가 안정화에 들어선 만큼 유엔은 계속 전진하며 다음 단계를 준비해야 한다. 지속적인 향상이 필요한데 이는 다음과 같은 문제들을 해결하기 위해서다. 첫째, 우모자 안정화 단계에서 맞닥뜨리는 난제들이다. 사무실과 부서는 초창기에서 비롯된 작은 문제들, 새로운 운영 모델의 부적절한 채택, 변화에 대한 부정적 반응에서 야기된 운영상의 문제들을 해결하는 데 우선순위를 두어야 한다. 둘째, 국제공무원위원회의 개정된 보수 기준, 기업 정보 수집 활동 분석, 보고 요건 등 최근 생겨난 필요 요건들이다. 셋째, 예산 편성을 위한 우모자 익스텐션 2를 포함한 새로운 기능과 현장 임무단이 시설, 장비, 물품을 관리하기 위해 쓰는 자산 관리 체계의 교체다.

우모자는 수년 동안 각각의 근무처, 부서, 사무실에서 복잡하고 무수히 많은 독자적인 행정 요소로 진화해온 기존의 행정 구조를 바꾸고 있다. 또한 유엔 사무국의 파편화된 행정 체계를 간소화하고 공유된 서비스 환경으로 통합하는 기회를 제공한다. 우모자가 운영 시스템으로 완전히 자리 잡으려면 유엔은 세계적 수준의 새로운 서비스 전달 모델을 모색해야 한다. 이것이 자연스러운 진전이다. 지역의 영향을 받지 않는 행정 처리를 가능하게 해주는 우모자의 이점을 최대한 누리려면, 유엔은 특정한 행정 서비스를 가장 효율적인 방식으로 표준화하고 통합할 필요가 있다. 새로운 글로벌 서비스 전달 모델은 유엔 사무국에서 이용하는 전문 기술에 영향을 줄 것이다. 또한 세계적인 유엔 사무국 운영에 필요한 요건을 만족시키고 맡겨진 자원 관리를 강화하는 고객 중심적 서비스에 초점을 두기 위해 최근의 모든 혁신적 계획에서 나온 가능성과 경험을 활용할 것이다.

업무 환경을 현대화하다

유엔 제네바 사무소 개보수사업은 2023년에 완료될 예정이다. 이러한 최종 기한을 맞추려면 최종 입주 전까지 임시로 사용할 새 건물에 대한 설계와 입찰 서류가 2016년까지 완성되어야 한다. 새 건물의 건설은 2017년에 시작되어야 하고 2019년에 임시 공간으로 이용될 준비가 완료되어야 한다. 그리고 기존 건물의 리모델링은 2018년부터 시작되어야 한다.

2018년에서 2019년에 시작되는 또 다른 단기 주요 프로젝트들은 우선순위 과제들로 구성되어 있다. 여기에는 방콕에 소재한 유엔 아시아태평양경제사회위원회Economic and Social Commission for Asia and the Pacific 건물의 지진 충격 완화와 생애주기 교체에 따른 리모델링, 유엔 나이로비 사무국에 있는 이른바 '낡은 사무실 건물들'의 리모델링, 아디스아바바에 소재한 유엔 아프리카경제위원회의 카페와 도서관 건물의 리모델링, 산티아고에 소재한 유엔 라틴아메리카카리브경제위원회 Economic Commission for Latin America and the Caribbean의 북관 리모델링이 포함된다. 이러한 프로젝트들은 지속적인 자본 유지라는 맥락에서 행해지는 소규모 프로젝트들과 함께 진행된다.

유엔 본부 개보수사업에 따라 리모델링된 유엔 사무국 건물의 사무실 공간 활용도를 검토한 결과, 사무실 공간이 충분히 활용되지 않는 것으로 드러났다. 할당된 업무 공간은 평일에 평균적으로 40~50퍼센트 사용되는 것으로 나타났다. 유엔 본부가 사무실 공간을 현대화하고 유연한 업무 공간 전략을 시행하여 직원 만족도를 높이면서 건물 이용률을 향상시키고 효율성을 달성할 기회는 분명히 있다. 이러한 목표를 위해 반 총장은 2016년 1월에 뉴욕에서 유연 근무제의 단계적 시행을 시작했다. 2017년 1월에 시행될 다음 단계 안을 계획했으며 이 프로젝트 진행에 쓰일 미래 기금을 마련하기 위한 회원국들의 결정이 남아 있다.

마지막으로, 유엔 평화 활동을 위한 사무총장 고위급패널 보고서에 근거한 반 총장의 권고에 따라 유엔 사무국 관리국과 현장지원국은 협력하여 행정적 절차를 검토해왔다. 행정적 절차를 간소화하고 유엔의 활동, 특히 열악한 환경에서 행해지는 현장 활동을 제대로 지원하기 위해 이러한 검토를 해온 것이다. 각 영역별(인사, 재무, 조달, 물류관리, 정보통신기술) 특별조사위원회는 2016년 9월에 예비 검토를 마쳤다. 유엔 조직이 유엔의 목적에 부합하고 모든 임무를 효과적으로 이행하는 데 필요한 지원을 해줄 수 있도록 이러한 영역들에 대한 검토는 2017년에도 이어질 필요가 있다. 여기에는 현장 활동에는 도움이 되지 않을 수도 있으나 입법 기관의 결정을 통해 구성된 핵심 절차를 유엔 총회에 제안하는 일도 포함될 수 있다.

11

THE
PROMISE
OF
PARTNERSHIPS

특별자문관실Office of the Special Adviser이 2030 개발의제와 기후변화를 주제로 이 장을 준비했다. 고위급조정이사회, 유엔 개발운영조정실, 유엔 남남협력사무소, 유엔 공보국, 유엔 사무국 평화유지 활동국, 인도지원조정실, 유엔 비정부기구연락사무소, 유엔 협력사무국, 유엔 민주주의기금, 유엔 글로벌콤팩트, 기아종식사업, 유엔 글로벌펄스, 모든 여성과 모든 아동 캠페인, 모두를 위한 지속가 능한 에너지 사업Sustainable Energy for All의 자료를 활용했다.

앞 장 사진: 뉴욕에서 열린 기후변화행진People's Climate March에 참가한 반기문 사무총장(오른쪽에서 두 번째, 청색 모자 착용). 이 행진은 반 총장이 2015년 9월에 유엔 본부에서 개최한 기후정상회의에 앞 서서 진행되었다. 반 총장을 기준으로 오른쪽에 세골렌 루아얄Ségolène Royal 프랑스 환경에너지부 장관. 왼쪽에 빌 더블라지오Bill de Blasio 뉴욕 시장, 앨 고어Al Gore 전 미국 부통령이자 노벨 평화상 수상자, 제인 구달Jane Goodall 유엔 평화의 메신저, 로랑 파비우스Laurent Fabius 프랑스 외교부 장 관이 서로의 팔짱을 끼고 있다.

UN Photo | Mark Garten

11 파트너십을 약속하다

데이비드 나바로 David Nabarro
2030 개발의제의 사무총장 특별고문

반기문은 2006년 10월 유엔 사무총장으로 취임할 때 유엔 총회에서 이런 말을 했다. "유엔의 성공에 관한 진정한 평가는 우리가 얼마나 많이 약속하느냐가 아니라 우리의 도움이 절실한 사람들을 위해 얼마나 많이 행동하느냐에 달려 있습니다."

당시에 여러 가지 복잡한 난제에 대응하려면 이러한 난제에 반응하는 모든 조직의 행동들이 시너지 효과를 내야 한다는 인식이 확산되고 있었다. 서로 다른 조직의 임무나 개별적인 위치에 따른 단편화는 효과성과 효율성을 떨어뜨린다. 이것은 해로운 작용을 일으킬 수있다. 유엔에서 효과성 증대의 필요성은 특히 인도주의적 활동 부문에서 협력을 강화하겠다는 계획에 반영되어 있다.

반 총장은 첫 임기를 시작한 후 도움이 절실한 사람들을 돕고 매우 심각한 난제를 해결하기 위해 임무 수행을 극대화할 방법을 계속 고민해왔다. 이것은 반 총장이 추구한 핵심 과제였다. 그는 유엔이 효과적인 체계를 갖춰야 하고, 올바른 일을 하되 그것을 효율적으로 해야 하며, 구조적 경직성이나 조직적 한계에 부딪쳐 이러한 일이 방해를 받으면 안 된다고 일관되게 주장했다. 정보가 공유되어야 하고 활동들이 사람들에게 최대한 이익이 되어야 한다고 말했다. 또한 성과를 가능하게 한 절차가 아니라 그러한 성과를 낸 사람에게 공을 돌려야 한다고 말했다.

반 총장은 시스템을 이루는 각 부분들이 효과적으로 협력하고 각각의 능력을 적절하게 드러낼 것을 계속 강조함으로써 자신의 포부를 표현해왔다. 그뿐 아니라 유엔 체계가 각 나라의 정부뿐 아니라 정부 관련 기관, 시민사회, 학술 단체, 기업, 종교 단체, 예술가, 창의적 활동 기관과 좋은 관계를 맺을 때 얻을 수 있는 추가 이점을 언급함으로써 자신의 포부를 밝혀왔다.

이러한 접근법은 흔히 '협력 업무'로 표현되어왔다. 실제로 이 용어는 다양한 관계자들이 공동의 대의를 위해 공조하는 방식을 나타낸다. 유엔은 유엔 조직의 권한 내에서 기준을 정하고 기술적 지원을 하며 진전 상황을 감시하고 회원국들에게 보고할 책임이 있다. 그뿐 아니라 유엔은 광범위한 관계자들과 함께 일할 때 고무하고 격려하고, 촉진하고 조장하며, 회합하고 조정하며, 네트워크와 활동을 지원하는 역할도 한다. 반 총장은 첫 임기 때 새천년개발목표와 인도주의적 활동과 관련해 이러한 접근법을 분명하게 추구했다. 유엔 체계의 서로 다른 부분들이 서로에게 마지못한 협력자였던 시기도 있었다. 각자의 임무와 업무 방식이 자신들의 통제를 받지 않는 체계에서는 부적합했기 때문이다. 이제는 협력 업무가 다각적인 활동의 기준이 되었다. 이와 함께 유엔에서 시너지 효과를 내는 업무가 요구되는 동시에 높이 평가되면서 협력하는 경우가 기하급수적으로 늘었다. 이 글을 쓰고 있는 지금, 협력 업무는 지속가능개발목표를 이행하기 위한 중요한 수단이 되고 있다.

유엔 산하 기관들과 유엔 사무국 관리국 내에서 관심을 기울이는 부분은 그러한 임무가 관리되는 방식이다. 실제로 이러한 기관들은 개인 관계자의 행동을 통제하지 않는 방식으로 관리될 때 최고 성과를 낸다. 이와 동시에 조직의 활동들이 관심 있는 사람들에게 분명히 보이고 책임자가 명확히 정의되어 책임을 다하는 것이 중요하다.

협력 양상이 중앙 정부의 지배 아래 어느 정도 놓여 있는가 하는 문제는 중앙 정부와 일부 시민사회단체의 근본적인 우려와 연결된다. 일부 시민단체들은 정부의 통제 조치 때문에 일부 국민들이 권리를 행사하지 못하고 있다는 우려를 표할 수 있다. 그러한 상황에서 시민사회단체는 출산 의료 서비스와 같은 주민들의 요구가 무시되지 않도록 더 많은 협력을 추구할 것이다. 유엔 회원국들은 특정한 난제들이 개별적으로 처리되기 때문에 협력 업무에 대한 융통성 없는 규정은 불필요하다는 결론을 내렸다. 유엔 경제사회이사회 연례 협력 포럼Partnerships Forum에서는 협력 업무에 대한 일반적인 사안들이 항상 논의된다. 이 포럼에서 협력 촉진에 끼치는 유엔 체제의 역할이 특히 강조되었다. 또한 이것이 조직의 규범적 역할과 기준 설정 역할에 어떻게 상반될 수 있는지도 강조되었다. 세계보건기구 같은 일부 특별한 기관들도 비국가 단체의 업무 체계Framework for Engagement of Non-State Actors를 통해 이러한 문제를 자세히 검토했다.

반 총장은 2013년에서 2014년까지 2년 동안 협력 업무의 모범 경영을 보여줄 중심지가 될 협력 시설Partnership Facility을 설립하려고 노력했다. 하지만 회원국들이 그것을 가장 잘 운영할 방안에 대해 합의를 이끌어내지 못하자 그 제안은 철회되고 말았다.

국가 내 활동을 위한 협력

2005년에 유엔 정상회의가 끝난 후 아난 당시 총장이 개발, 인도적 지원, 환경 분야에서 유엔의 운영 활동 강화를 논의하기 위해 유엔 총회에 참석했다. 그 총회에서 유엔 체계의 일관성을 위한 고위급패널High-level Panel on UN System-wide Coherence이 임명되었다. 그러면서 유엔 체계가 1명의 리더, 하나의 프로그램과 하나의 예산, 그리고 가능하다면 한 사무소에서, 한 나라의 차원으로 운영되도록 장려되었다.

이러한 계획의 시험 단계가 2006년에 8개 국가에서 시작되었다. 이때 정책 지원, 프로그램 설립·운영, 기금 마련에서 통합적 접근법을 촉진하고자 각기 다른 유엔 기관의 강점들과 비교해보기도 했다. 이러한 시도의 성공 여부는 유엔의 가치, 표준과 기준, 일관된 업무, 투명성 향상, 예측 가능성과 책임성, 효율성 개선, 비용 절감이 확실하게 자리 잡느냐에 달려 있었다.

2012년에 실시된 이러한 시험 단계에 대한 독립적 평가는 상당히 긍정적이었다. 그리하여 반 총장은 그다음 단계를 요청했다. 그 결과 4개년 총괄정책검토Quadrennial Comprehensive Policy Review 결의안이 채택되었고, 이는 유엔 체계를 한 국가 차원에서 운영하는 개혁으로 이끌었다. 2014년에는 유엔의 기금 및 사업을 위한 기구와 전문 기구 18개의 대표들이 표준운영절차Standard Operating Procedures를 지지했다. 이러한 개혁의 평가 결과로 주인의식이 증가했고, 유엔의 활동을 국가의 우선순위에 두었으며, 절차가 통합되고 거래 비용이 감소되었고, 더 효과적이고 효율적으로 대응하게 되었다는 점이 드러났다.

2014년에 유엔 국가팀은 132개국에서 10가지 협력 기능을 추구하며 업무를 시작했다. 이러한 기능에는 다음과 같은 사항들이 포함되었다.

- 유엔 개발원조계획UN Development Assistance Frameworks, UNDAFs을 이용한 전략적 분석과 계획(유엔 국가팀의 92퍼센트).

- 국가적 절차, 정치 및 인도주의 활동과 개발 활동, 연합 결과보고서에 입각한 유엔 프로그램 주기에 따른 감독(유엔 국가팀의 54퍼센트).

- 각 국가가 유엔 체제를 통해 전문 지식을 얻을 수 있도록 유엔 사무국의 협조 증진.

- 남남 협력South-South cooperation(유엔 국가팀의 65퍼센트)과 개발 지원 관리(유엔 국가팀의 50퍼센트)에 초점을 둔 국가적 역량 향상.

- 유엔 체제에 대한 모든 유엔 국가팀의 공동 운영 지원. 이는 더 나은 전략적 초점, 더 신속하고 관리가 잘 되는 서비스, 리스크의 통합 관리, 겹치는 부분 제거, 효과적인 비용 조달, 공급자와의 관계 개선으로 이어진다.

- 구체적인 위험 관리 계획과 유엔 기관 외에 다양한 관계자들이 수반된 협동 위험의 평가. 이를 통해 위기 대비와 대응 능력이 증가했

다(유엔 국가팀의 32퍼센트).

• 지속가능개발 및 인권과 조화를 이루는 외부와의 소통과 외부의 지지, 유엔 커뮤니케이션그룹UN Communications Groups 활동(유엔 국가팀의 68퍼센트), 유엔 외부의 그룹과 긴밀한 협력 증가.

• 인권 영역에서 보자면, 개발 정책에 인권 추가(유엔 국가팀의 82퍼센트), 인권 분석의 시행(유엔 국가팀의 42퍼센트), 국가별 인권 상황의 정기 검토 시행(유엔 국가팀의 59퍼센트).

• 공동의 자원 동원과 기금 관리(유엔 국가팀의 30퍼센트). 자원 동원과 공동 모금 기구를 위한 전략을 채택하며 여기에 초점을 두었다.

• 유엔 국가팀의 관리 및 협동과 이에 대한 협약서 작성(유엔 국가팀의 40퍼센트).

이 10가지 영역은 유엔 체제에서 협력이 어떻게 이루어지는지 잘 보여준다. 이는 유엔과 함께 일하는 나라들의 관심이 증가했다는 점과 관련이 있다. 90개 이상의 나라들이 2030 개발의제를 이행하며 유엔 체제를 지원해왔다. 또한 많은 나라들이 지속가능개발 활동과 기후변화와 관련된 약속을 이행하기 위한 계획을 서로 연결시키고 싶어 한다.

글로벌 활동을 위한 협력

"다양한 이해관계자 협력 모델은 부담을 나누어 갖고, 행동을 촉진하며, 모든 관련자들이 특정한 문제의 해결에 책임지게 만드는 유망한 방법으로 떠올랐습니다. 우리는 약속 이행을 위해 더 많은 활동을 동원하고 협력이라는 방식의 완전한 잠재력을 이용할 필요가 있습니다."(반 총장이 2013년 7월에 유엔 총회에서 발표한 보고서 〈모두를 위한 존엄한 삶〉에서)

반 총장은 고위급조정이사회를 통해 30개 유엔 기구의 대표들과 주기적으로 만났다. 이렇게 함으로써 (다양하고 분권화된 수많은 기구들로 구성된) 유엔 체제가 정책, 운영 활동, 관리 방식과 반드시 조화를 이루게 할 수 있었다.

반 총장은 첫 임기를 시작할 때부터 자신의 비전과 의제를 제시하고 시스템을 통합하고 일관성을 유지시키기 위해 고위급조정이사회를 활용했다. 반 총장은 취임한 지 얼마 되지 않았을 때 세계 식량 위기에 대응하여 유엔 전 조직에 걸친 완전히 새로운 접근법을 추진하기 위해 고위급조정이사회와 협력했다. 2007년에서 2008년 사이에 전 세계 식량 가격이 급등했으며 이후 수년 동안 농업 투자가 부족해지고 에너지 가격이 급등했으며 식량 수요가 증가했다. 식량 가격의 상승으로 유례없는 세계적 식량 위기가 발생했다. 2008년 말에 무수히 많은 가정이 가난에 내몰렸고 만성적 기아와 영양실조에 시달리는 인구수가 10억 명에 달했다.

반 총장은 이러한 위기를 극복하기 위해 유엔의 통합적인 대응을 이끌어내기로 결심했다. 그리하여 협력을 구축하기 위해 유엔의 전문 기구들, 세계적 금융 기관들을 포함해 고위급조정이사회의 구성원들을 소집했다. 식량을 구하지 못하는 사람들의 필요에 부응하고 농업 생산을 늘리며 식량 위기의 근본 원인을 찾아내기 위한 다면적인 전략 및 프로그램과 관련해 합의를 이끌어낼 필요가 있었다. 고위급조정이사회는 이러한 목적을 위해 2008년 3월에 전 지구적 식량 위기에 대응하기 위한 고위급대책위원회High-level Task Force를 설립했다. 이 위원회는 유엔 체제의 협력을 끌어냈을 뿐 아니라 세계적인 식량 및 영양 위기에 대해 전 세계의 포괄적이고 통합된 행동을 촉진하는 강력한 힘으로 급부상했다. 이 위원회는 2008년 9월에 식량 안보를 위한 포괄적 행동계획Comprehensive Framework of Action for Food Security을 세웠다. 이것은 막 형성되기 시작한 '식량 안보를 위한 세계적 협력'에 기여하기 위한 새로운 전략이었다. 이러한 전략으로 말미암아 기아와 영양실조 문제를 해결하기 위한 최대의 비상조치를 지원하고자 높은 수준의 정치적 리더십이 형성되었다.

고위급대책위원회에 대한 반 총장의 관심은 굉장히 높았다. 그랬기에 다양한 이해관계자들은 2010년에 몇 개월 동안 지속된 협의를 거쳐 포괄적 행동계획을 수정했다. 그 결과 갱신된 포괄적 행동계획Updated Comprehensive Framework for Action이 나왔다. 폭넓은 네트워크로 연결된 이 관계자들은 전략을 세우는 데 바탕이 된 원칙을 분명하게 명시하고 포괄적 임무에 대한 광범위한 플랫폼을 만들어 전략을 강화했다. 이 갱신된 계획에서는 음식과 영양에 대한 권리, 생산자와 소비자로서의 여성, 생태계, 기후, 지속가능한 농업, 농민 단체, 과학의 중요성이 강조되었다. 이러한 계획으로 인해 지속가능한 농촌 생계와 모두의 식량 안보를 위한 국가적 행동을 지원하는 유엔의 통합적 접근법이 나왔다. 2012년에 반 총장은 갱신된 포괄적 행동계획의 원칙과 전략, 접근법을 기반으로 기아종식사업을 발표했다. 같은 해에 고위급 대책위원회에서 검토한 결과, 이 캠페인이 유엔과 유엔 체제 밖의 다른 이해관계자들을 자극하여 식량 안보를 위한 포괄적이고 협력적인 행동을 시행하는 데 상당히 기여했다는 점이 드러났다.

반 총장은 2008년에서 2009년에 세계적인 경제 및 금융 위기가 닥쳐 유엔 산하 기관들이 협력자로서 도와야 할 필요성이 생기자 다시 고위급조정이사회에 도움을 청했다. 고위급조정이사회는 선두에 서서 경제·사회·환경의 지속가능성을 촉진하는 행동계획을 지지하고, 가장 큰 타격을 받은 사람들의 필요를 충족시키기 위한 공동위기관리계획Joint Crisis Initiative을 세웠다. 자금 조달, 식량 안보, 교역, 녹색 경제, 세계 고용 협약, 사회적 보호 최저선, 인도주의와 사회적 안정, 기술과 혁신에 초점을 맞춘 행동계획은 이행되었고 계속 감시되었다.

반 총장은 건강 위해 요소에 대응하기 위한 일관된 행동을 촉구하는 공동공약을 수립해줄 것을 고위급조정이사회에 요청하기도 했다. 질병 발생으로 말미암은 건강 위기가 연이어 발생하는 동안 반 총장은 고위급조정이사회 구성원들에게 이 위원회의 전략에 집중하고 협력이라는 책임을 다해줄 것을 요청했다. 2005년에서 2008년에 조류 인플루엔자가 유행했고 2009년에서 2010년에 신종 인플루엔자가 전 세계를 휩쓸었으며, 2014년에서 2015년에 에볼라 바이러스가 유행했다. 이 모든 유행 시기에는 지역별·나라별 효율적인 운영 지원, 지역 사회의 적극적 참여, 업무 관행의 조화에 초점을 맞춘 핵심 방향과 협력 조치가 필요했다. 에볼라 바이러스 유행으로 여러 정부와 유엔 조직, 이 바이러스의 영향을 받은 나라에서 일하는 협력자들은 극심한 난관에 처했다. 이는 감지된 위험성이 크고 확산 속도가 빠르며 이 바이러스의 영향을 받은 나라에 접근하기가 어려웠기 때문이다. 고위급조정이사회 위원들은 유엔의 대응을 철저히 검토했고, 그 결과 그러한 건강 비상사태에서 바람직한 대응을 위해 효율적이고 시기적절한 협력을 할 수 있으며 유엔의 능력을 높여줄 중요한 교훈을 얻었다.

심각한 정치적 난제에는 갈수록 커지는 기후변화의 영향, 재난 위험, 높은 청년 실업률, 이민자 및 난민과 관련해 갈수록 불안해지는 상황이 포함된다. 반 총장은 고위급조정이사회 위원들을 협력자로서 일하도록 끊임없이 격려해왔고 갈수록 이러한 업무 방식이 표준이 되었다. 2015년에 고위급조정이사회는 청년 고용을 위한 세계적 전략을 채택했다. 이 전략에는 사실상 모든 유엔 기관과 관련이 있는 문제이자 세계의 모든 정부가 정책적으로 가장 우선순위에 두는 문제와 관련해 다양한 유엔 기관들의 전문 지식과 경험이 망라되어 있다. 이 전략은 협력과 연맹을 바탕으로 한 정교한 시스템을 통해 나라별로 이행될 예정이다.

이민자와 난민 급증에 따른 위기 역시 굉장히 광범위하고 급박한 문제다. 이러한 위기는 수많은 나라와 수많은 사람에게 영향을 끼쳤다. 반 총장은 모든 사람의 권리와 안녕을 보호하는 일을 강력하게 지지하는 사람이다. 그는 2013년 국제 이주와 개발을 위한 고위급회담High-level Dialogue on International Migration and Development을 주도하면서 세계 각국에 이민자의 인권을 존중하고 촉진하며 보호하고 실현하기 위해 강도 높은 노력을 기울여야 할 필요성을 강력한 메시지로 전했다. 난민과 망명 신청자에 대한 수용 의무를 지키는 나라들이 그 어느 때보다 줄어들면서 전 세계의 이민자와 난민 문제가 심각해졌다. 이러한 상황에서 반 총장은 이 문제를 해결할 세계적 접근법을 요청했고, 2016년에는 각 나라가 이러한 문제를 해결하도록 지원하는 유엔의 능력을 강화해줄 것을 유엔 고위급조정이사회에 요청했다. 고위급 조정이사회 위원들은 이러한 요청에 응하여 이동이 발생하는 근본 원인을 파악하고, 수용국이 많은 수의 난민과 이민자를 수용할 수 있는 탄력을 키우게 해주며, 밀매업자와 밀수업자를 소탕하기 위해 더 긴밀하게 협력하기로 결의했다. 이러한 노력은 반 총장의 임기가 끝난 후에도 지속될 필요가 있다.

한편 기후변화와 재난 위험의 복잡한 측면을 다루기 위해서는 유엔 조직 전반의 심도 깊은 협력이 필요하다. 이는 17개의 지속가능개발목표에도 적용될 접근법이다. 앞날을 생각할 때 새로 선출된 사무총장에게 가장 큰 난제는 지금 세계가 직면한 여러 위기들의 누적 효과를 해결하는 일이 될 것이다. 이러한 위기는 지난 20년 동안 얻은 개발 이익을 역전시킬 위험성이 있고 지속가능개발목표의 달성에도 위협이 되고 있다. 위기가 갈수록 더 심각해지고 더 빈번하게 발생하며 더 복잡해짐에 따라 유엔이 다른 협력자들과 긴밀하게 공조하고 전문적인 해결책을 도출하는 데 다양성이라는 강점을 활용해야 할 필요성은 더 커질 것이다. 유엔 조직의 최고 책임자인 사무총장은 인류의 더 나은 미래를 위한 활동에 쓰일 다양한 전문 지식을 이끌어낼 수 있고, 충분한 자원을 바탕으로 효과적으로 기능하는 내부 협력 기구를 만들 수 있는 재량권이 있다.

반 총장은 고위급조정이사회와 유엔 국가팀과 함께 유엔과 세계은행그룹의 협력을 강화하는 일에 집중해왔다. 명백한 비전의 공유와 격려를 바탕으로 한 이러한 협업은 파리기후변화총회COP 21 협약,

2030 개발의제, 개발 재원 논의 등 지속가능개발과 관련된 영역 대부분을 아우른다. 이 책의 다른 부분에서도 언급했듯이 2013년 5월에 반 총장과 김용 세계은행 총재는 아프리카의 대호수 지역을 방문해 콩고민주공화국과 그 지역을 위한 '평화, 안정, 협력 계획'에 서명했다. 유엔과 세계은행의 두 지도자가 다른 나라를 함께 방문한 것은 그때가 처음이었다. 두 사람은 그 후에도 3가지 임무를 함께 수행했다. 그들은 환경이 열악한 지역의 개발에 쓸 자금 조달을 위한 새로운 방법도 함께 고민했다.

반 총장은 유엔이 지역 정치 단체 및 세계적인 정치 단체와 긴밀한 관계를 맺어야 한다고 강조했다. 그리하여 유럽연합, 아프리카연합, 동남아시아국가연합뿐 아니라 G20, G7과의 협력을 촉진했다. 또한 북대서양조약기구와도 두 조직의 산하 기관이 배치되어 있는 곳(아프가니스탄과 코소보)의 지리적 문제에 대해 협력을 했다. 유엔은 비대칭 위협(적군이 가지지 못한 군사적 수단을 적군에게 사용하여 발생시키는 위협*), 급조폭발물 대응 작업, 계획과 훈련에 대해 북대서양조약기구의 전문 지식에서 도움을 받았다.

반 총장은 남남 협력과 삼각 South-South-North 협력을 통해 국가 간 협력을 장려하는 일에도 헌신했다. 여기서 제3세계의 여러 국가들 사이에 자원·기술·지식을 교환하여 비용 효율적인 혁신을 공유하는 데 주안점을 두었다. 가령 농업과 농촌 개발 계획 분야에서 남남 기술적 협력은 농부들을 시장과 연결시켜주고, 농촌의 기반 시설을 세우며, 소규모 자작농들의 집단 협상력을 강화하게 하고, 금융 서비스를 비롯한 광범위한 서비스에 쉽게 접근하게 하는 데 도움을 주었다. 마찬가지로 분산형 에너지 시스템의 설계와 배치 부문에서 이루어진 협력은 농촌 지역의 에너지 빈곤을 줄이고 생활수준을 높이는 데 중요한 역할을 하고 있다.

남남 협력 증진을 위한 고위급위원회는 유엔 총회의 부속 기구다. 유엔 남남협력사무소는 남남 협력을 위한 유엔 기금UN Fund for South-South Cooperation을 관리하며 이 기금 관련 안건은 매해 열리는 유엔 발전약정회의UN Pledging Conference for Development Activities에 포함된다. 2005년에 남남 협력을 위한 유엔 기금은 '남남 협력과 삼각 협력을 촉진하고 지원하기 위한 유엔의 주요 신탁 자금'으로 지정되었다. 1997년 이후 50개가 넘는 나라, 기금 시설, 재단, 국제적 조직, 상호 조직이 이 기금에 기부를 해왔다. 기부금은 특정한 계획을 위해 공개되거나 배정된다.

반 총장은 제3세계에 속하는 국가들 사이에 재생가능 에너지, 기후변화 복원력, 스마트시티Smart City, 빅데이터Big Data 응용 부문의 협력을 촉진하기 위해 남반구기후협력육성기구Southern Climate Partnership Incubator, SCPI를 설립했다. 이 기구는 2016년 4월 22일에 뉴욕에 소재한 유엔 본부에서 출범했다.

글로벌남남개발엑스포Global South-South Development Expo, GSSD Expo는 일찍이 지속가능개발목표와 새천년개발목표를 충족시켜야 할 필요성을 피력한 제3세계에서 나온 성공적인 개발 해결책을 보여주고 있다. 이 행사를 통해 파트너들이 모여 성과를 보여줄 뿐 아니라 계획을 공고히 하고, 파트너십을 형성하며, 개발과 관련해 검증된 해결책을 적용하기 위한 프로젝트에 착수한다. 유엔 총회 규정을 따르고 남남 협력과 삼각 협력을 촉진하는 유엔 남남협력사무소가 개최한 이 행사는 포스트 2015 개발의제에서 제기된 과제들을 해결하는 경제·사회·

정치적 이익을 추구한다.

유엔 조직을 넘어선 협력

"내가 유엔 총회에서 배운 중요한 교훈 가운데 하나는 유엔이 경제
계와 시민사회의 협력 없이는 제대로 기능하지 못한다는 점입니다.
우리는 정부, 경제계, 시민사회라는 3영역의 지원이 필요합니다."(반
총장이 2011년 11월에 한국 부산에서 열린 세계개발원조총회의 민간분야 포럼에서
한 연설에서)

다양한 이해당사자들이 합의하는 지속가능개발에 대해 반 총장이
품은 비전은 시간이 지날수록 더욱 공고해졌다. 반 총장은 기업, 시
민사회단체, 학계, 종교단체, 창의적 활동 기관, 언론 같은 광범위한
영역의 고위층 인사들과 회합하여 리더십을 발휘했다. 또한 건강('모
든 여성과 모든 아동' 캠페인), 식량과 영양(기근종식사업과 영양 증진 운동), 에
너지(모두를 위한 지속가능한 에너지 계획), 데이터 활용(유엔 글로벌펄스)이라
는 각 영역에서 합의된 성과를 추구하며 협력을 이끌어내고 행동을
촉구했다. 협력자들이 성과 달성에 전념하고, 각자의 장점을 활용하
고, 신뢰를 형성할 수 있는 공동의 대화를 추구하며, 포용력과 투명
성, 책임감을 갖추며, 경쟁을 피하도록 이끄는 것이 지금까지 반 총
장의 목표였다. 그동안의 경험에 미루어볼 때 모든 이해당사자가 비
전·목표·우선순위·연계 구호·개발이나 기술 활용에 동의하고, 체계
적으로 정치적 지지 활동을 하고, 시민사회를 끌어들이며, 대중매체
를 창의적으로 활용하고, 혁신을 장려하고, 다양한 이해관계자들 간
의 신뢰를 촉구하고, 재정 지원을 성과로 이끌어낼 때 협력의 영향력
은 훨씬 커진다.

반 총장은 유엔이 이러한 협력을 위한 촉진자, 조력자, 중개인, 안내자, 관찰자 역할을 하도록 격려했다. 그뿐 아니라 협력 과정에서 이행과 감시를 이끄는 유엔 전문 기관들의 규범적 기능과 기준을 설정하는 기능에서 도움을 받을 수 있도록 노력했다.

반 총장은 2010년 9월에 유엔 총회에서 '여성 및 아동 보건을 위한 세계적 전략'을 제시했다. 모든 여성과 모든 아동 캠페인에 대한 협력으로 많은 이해당사자들을 포함한 행동과 관련해 명확한 플랫폼이 만들어졌다. 이 캠페인은 갈수록 합류하는 기관의 수를 늘렸으며, 이들의 협조를 끌어내는 운동을 촉진했다. 또한 글로벌전략을 이행하는 역할과 공동의 비전과 목표를 실현하기 위한 협력을 이끌어내고자 각 분야 관계자들을 동원하는 역할을 했다. 2010년에 유엔의 많은 기관이 국가, 비정부 기구, 글로벌전략의 민간분야가 합의한 약속을 이행할 수 있게 하기 위해 공동의 노력을 기울였다.

여러 나라가 공동의 약속을 위해 애쓰는 동안 유엔은 공동의 리더십을 발휘하고 통합적인 기술적 지원을 해주었으며 전략적이고 기술적인 플랫폼 역할을 했다. 유엔은 임산부와 아동 사망률이 높은 저소득 국가를 우선순위에 두었다.

세계의 다양한 이해관계자들은 모든 여성과 모든 아동 캠페인에 대한 협력을 약속했다. 2010년 이후 이 캠페인은 진전을 가속화하는 혁신을 촉진해왔다. 지금까지 이룬 1,000가지의 새로운 혁신은 모두 2억 5,500만 달러(약 3,080억 4,000만 원)의 가치를 지닌다. 혁신 장터 Innovation Marketplace는 이해 충돌이 없고 믿을 만한 투자 기회를 투자자들에게 제공하는 플랫폼이다. 이 혁신 장터는 국가적·지역적 차원에서 글로벌전략 목표를 실현하기 위한 혁신에 필요한 공급 경로, 큐레이

선_{curation}(여러 정보를 수집, 선별하고 이에 새로운 가치를 부여해 전파하는 것*), 중개, 투자를 촉진할 것이다.

세계식량안보위원회_{Committee on World Food Security, CFS}는 식량 안보 정책을 검토하고 후속 조치를 취하기 위한 정부 간 국제기구로 1974년에 설립되었다. 2009년에 세계식량안보위원회는 식량 안보의 세계적 관리를 위한 의사결정 기구로서 정통성을 높이고, 이 기구를 세계적 수준에서 포괄적인 의사결정을 내리는 모델로 세우는 것을 목표로 하는 개혁안에 동의했다. 세계식량안보위원회는 회원국과 비회원국 옵저버로 구분하는 전통적인 분류 방식을 쓰지 않는다. 이는 모든 이해당사자들의(특히 식량 안보의 영향을 가장 많이 받는 이해당사자의) 목소리를 들을 수 있는 적극적인 참여를 유발하기 위해서다. 유엔 산하 기구, 시민사회와 비정부 기구, 민간분야 협회와 자선 단체, 국제적인 농업 연구소, 국제 및 지역 금융기관의 대표들은 모두 세계식량안보위원회의 의사결정 과정에 참여한다. 시민사회 조직과 민간분야 협회는 자체적으로 설립된 조정 기제에 의해 협력한다. 식량농업기구 Food and Agriculture Organization, FAO, 국제농업개발기금International Fund for Agriculture and Development, IFAD, 세계식량계획으로 구성되며 여러 기관을 포함하는 사무국과 식량 안보와 영양을 위한 고위급전문가패널이 세계식량안보위원회의 정책을 기술적으로 지원한다. 세계식량안보위원회는 2009년 이후 식량 안보와 영양 부문을 전문적인 안내에 의해 주류에 편입시키는 것을 목표로 한 몇 가지 정책을 발표했다. 여기에는 고위급전문가패널 보고서에 근거한 권고와 독립적인 안내 도구가 포함된다. 정보책임위원회Commission on Information and Accountability, CoIA와 독립전문가검토그룹Independent Expert Review Group, iERG이 여성 및 아동 보건을 위한 세계적 전략의 이행에 쓰인 자원과 성과를 매해 측정하고 추적 관찰한다.

모든 여성과 모든 아동 캠페인 협력의 책임을 주제로 현재 이루어지는 토론들은 3가지 주요 측면에 초점을 맞춘다. 이 3가지 측면은 다음과 같다. 첫째, 측정으로 이것은 데이터의 수집과 분석(여러 가지 면에서 이것은 정보책임위원회가 가장 초점을 두는 부분이다)과 관련이 있다. 둘째, 포용과 참여로 이것은 모든 여성과 모든 아동 캠페인과 산모, 신생아 및 아동 보건 단체의 협력적 특성에서 비롯된 측면이다. 셋째, 투명성과 독립성이다. 정보책임위원회의 특성에서 비롯된 이러한 측면은 전문가 검토그룹 구성과 다양한 기관의 후속 조치에 잘 반영되었다. 이 외에 책임에 대한 격려라는 측면은 모든 여성과 모든 아동 캠페인의 협력자들이 서로 책임감을 지고 있기 때문에 기본 바탕이 되는 측면이다.

산모, 신생아 및 아동 보건 단체의 협력과 공동 목표 의식과 도전은 모든 여성과 모든 아동 캠페인에 큰 힘을 실어주었고 효과적으로 이행을 하고 책임감을 지게 해주었다. 그뿐 아니라 이 캠페인이 책임감 모델을 정하는 데에도 도움을 주었다. 이것은 함께 일하는 단체들이 다른 단체에서 찾아볼 수 없는 책임감을 지게 하기 위한 공동 노력을 말한다. 모든 여성과 모든 아동 캠페인 관계자들은 지난 5년 동안 얻은 교훈을 바탕으로 이 전략의 이행에 공헌한 관계자들이 1년에 한 번씩 보고를 해주도록 요청하고 있다. 또한 투명성을 위해 온라인 보고 플랫폼을 만들었다. 이것은 비국가 단체들이 지속가능개발목표를 위한 행동과 공헌에 대해 투명하게 보고할 기회를 제공해준다.

반 총장이 2012년에 시작한 기아종식사업은 몇 가지 업무 분야를 통해 시행되어왔다. 협력자들은 기아와 관련한 새천년개발목표를 달성하기 위해 열심히 노력했다. 그 결과 전 세계 사람들이 영양 식품을 충분히 구할 수 있게 되어서 영양 결핍자의 숫자가 절반으로 줄었다. 협력자들은 태아 때부터 두 돌 때까지의 영유아와 산모에게 적절한 영양을 제공하도록 촉진하는 방법으로 어린 시절의 성장 방해 요소를 제거하는 데 초점을 맞추었다. 또한 모두가 자신뿐 아니라 지구도 살리는 방식으로 영양 섭취를 하게 하는, 지속가능한 식량 시스템을 구축하기 위해 노력했다. 협력자들은 일자리를 창출하는 한편, 소규모 자작농들의 생산성과 수입을 2배로 높이기 위한 노력도 기울였다. 그뿐 아니라 생산되는 식량의 3분의 1이 수확과 소비 과정에서 사라져버리는 현실에서 식량이 사라지거나 낭비되는 것을 막기 위해 노력했다.

기아종식사업에 참여한 협력자들은 기아가 절망에 직면한 구호 단체와 관련된 영역이라는 인식을, 올바른 정책과 정치적 리더십으로 기아를 근절할 수 있다는 긍정적인 결심으로 바꾸었다. 기아종식사업의 기반을 이루는 사고는 2030 개발의제에 담긴 17가지 지속가능 개발목표에 반영되어 있으며, 기아 근절이라는 목표를 추구하는 회원국들을 고무시켰다. 162개 나라가 기아종식사업을 지지했으며, 이 가운데 45개 나라는 자국에서 기아를 근절하기 위한 구체적인 조치를 취하고 있다. 45개 시민사회단체와 기업 그리고 수천 명의 개인들은 기아종식사업을 논의와 행동을 위한 플랫폼으로 정했다. 이 사업은 유엔 체제를 재정비하는 데도 도움이 되었다. 가령, 2015년 밀라노엑스포에서 유엔의 주제는 '기아 없는 세상: 지속가능한 세계를 위해 결합하다'였다. 농촌 빈곤, 기아, 영양실조를 근절하기 위한 통합적인 접근법을 쓰는, 기아 근절이라는 비전은 2030 개발의제와 완벽한 조화를 이룬다. 2030 개발의제에는 이러한 비전을 실현하기 위해 반드시 달성해야 할 목표와 목적이 담겨 있다.

정부, 시민사회단체, 유엔, 기부자, 기업, 연구원 등 다양한 출신의 열정적 기여자들은 '영양관리확산Scaling Up Nutrition' 운동을 통해 영양과 관련한 공동의 긍정적 영향을 끼치면서 함께 결속했다. 이 운동은 음식에 대한 사람들의 권리를 실현하기 위해 노력하여 사람들이 충분한 음식 섭취를 하도록 돕는 방법이다. '선SUN'으로도 불리는 이 운동은 2010년에 시작되어 몇 년 후에는 57여 개 나라가 회원이 될 정도로 확산되었다. 이 운동의 남다른 특징은 국내의 이해당사자들이 이 운동과 관련한 우선순위를 정한다는 점이다. 이 운동과 관련한 우선순위는 국가 지도자들이 결정하는 것이다. 정부와 다른 국내 이해당사자들이 함께 최적의 정책을 정하고, 협력자들과 공조하고, 공동목표를 위한 조치를 취하며, 좋은 성과를 위해 자원을 동원한다. 많은 근원적 요인들이 사람들의 영양 상태에 영향을 주기 때문에 이 운동을 이끄는 관계자들은 증거에 기초한 다부문 접근법을 장려한다. 2,000명의 지원 협력자들은 시민사회단체, 유엔, 기부자, 기업가로 구성된 독자적인 네트워크로 조직되어 있다.

2011년에 반 총장은 '모두를 위한 지속가능한 에너지Sustainable Energy for All' 사업을 5년간 지속될 두 번째 임기를 이끌어갈 5가지 우선순위 의제의 하나로 정했다. 이것은 각 정부, 기업가, 시민사회단체의 리더십을 함께 모아 세계 에너지 시스템의 광범위한 변화를 달성하고 현재와 미래 세대를 위해 더 건강하고 깨끗하며 안전하고 번영하는 세계를 만들기 위한 계획이다. 이것은 지속가능한 에너지로 움직이는 미래를 지지하며 변화를 주도하는 다양한 이해관계자들의 협력을 나타낸다.

광범위한 이해관계자들이 공동의 비전과 국가별로 정한 목표를 위해 협력하면서 지속가능한 에너지 사업은 시작 이후로 상당한 추진력을 얻었다. 100곳이 넘는 나라의 정부들과 유럽연합은 이 계획과 관련한 각 나라별 목표를 이루기 위해 협력하고 있다. 마찬가지로 유엔, 민간분야, 개발 은행, 시민사회단체는 이 계획의 3가지 목표를 지원하기 위해 자원을 동원하고 행동을 취하고 있다. 이 3가지 목표는 현대의 에너지 서비스를 누구나 받을 수 있게 하고, 에너지 효율성을 2배로 높이며, 전 세계 에너지에서 재생 가능한 에너지를 2배로 높이는 것이다. 50개가 넘는 고효율기회High Impact Opportunities는 위에서 언급된 3가지 목표를 달성하는 데 중요한 행동 영역을 말한다. 이로써 다양한 이해관계자들은 비전과 전략을 실현하는 데 중요한 영향을 끼치는 행동을 하게 된다.

2013년에 반 총장은 지속가능한 에너지 사업을 위한 특별대표를 임명했다. 이 계획은 2015년에 에너지와 관련한 최초의 세계적 목표인 지속가능개발목표 7번이 채택될 수 있는 기반을 마련해주었다. 지속가능개발목표 7번은 에너지 이용, 재생 가능한 에너지, 에너지 효율성과 관련된 목표를 말하며, 이는 지속가능한 에너지 사업의 3가지 목표와 비슷하다. 2016년에 유엔 사무국 경제사회국의 지원을 받아 지지와 원조 활동을 위한 특별대표를 임명했다.

모두를 위한 지속가능한 에너지 사업의 토대는 유엔과 세계은행 사이의 협력이다. 이 두 기관은 협력을 통해 세계를 대상으로 회합하는 능력을 발휘하고 지속가능한 에너지의 보편적 이용을 고취하는 일에 영향력을 끼친다. 반 총장과 세계은행 총재는 모두를 위한 지속가능한 에너지 자문단의 공동의장을 맡았다. 두 사람은 이 사업에 대한 전 세계의 인식을 높이고, 이해관계자들의 노력을 동원하며, 지지와 지원 활동을 하고자 정부, 재계, 시민사회단체, 국제기관의 명사 40명을 이 위원회 일원으로 끌어 모았다.

모두를 위한 지속가능한 에너지의 글로벌트래킹프레임워크Global Tracking Framework 개발은 큰 진전이다. 이것은 기본적인 에너지 자료를 구축한 체계로, 에너지 접근성, 재생 가능한 에너지, 에너지 효율, 효율성을 실현할 수단에 대한 최근 동향을 주기적으로 갱신한 자료를 제공한다. 2015년에 출시된 글로벌트래킹프레임워크의 두 번째 버전에는 에너지 접근성에 대한 다양한 정의와 그 밖의 혁신적인 감시 도구 같은 획기적인 작업이 반영되었다. 글로벌트래킹프레임워크는 세계은행과 국제원자력기구가 편성한 것으로 20개가 넘는 다른 기관의 지원을 받고 있다. 현재 글로벌트래킹프레임워크 협력단은 지속가능개발목표 7번과 관련된, 입수 가능하고 깨끗한 에너지에 대한 후속 조치와 검토도 지원하고 있다.

모두를 위한 지속가능한 에너지 사업은 유엔이 회합 능력을 효과적으로 발휘하여 얻어낸 결과로, 다양한 이해관계자들 사이의 약속이 유엔, 정부, 재계, 시민사회단체 사이의 협력을 강화할 수 있다는 점을 보여주었다. 그뿐 아니라 이 사업은 모범 경영과 혁신적 해결안을 촉진했고, 지속가능개발목표 7번, 2030 개발의제, 기후변화에 대처하기 위한 파리협약을 지지하기 위한 공동 노력을 자극했으며, 지속가능한 저탄소 미래를 위한 조치와 투자를 가속화했다. 모두를 위한 지속가능한 에너지 자문단의 재정위원회(개인 은행, 개발 은행, 기관 투자자의 협력으로 구성되었다)는 1년에 1,200억 달러(약 145조 200억 원)를 추가로 동원할 구체적인 방법을 정했다. 여기서 난제는 지역별·국가별로 대대적인 시스템 변화를 이끌어내는 데 필요한 공동의 노력 수준을 극적으로 끌어올리는 일이다. 모두를 위한 지속가능한 에너지 사업이 더 큰 영향력을 발휘하려면 건강, 성, 물 등 다른 개발의제와의 시너지 효과를 더 활용할 필요가 있다. 또한, 다양한 이해관계자들이 참여하는 협력의 적절성, 효율성, 책임성을 강화하려면 적절한 협의가 필요할 것이다.

다양한 파트너들의 역량이 향상되다

"우리의 대화 주제가 빈곤 퇴치 운동이나 AIDS든, 보호책임이나 무력 분쟁 예방이든, 의제로 올라온 또 다른 난제든 유엔은 정책 결정 테이블에서 현장에 이르기까지 시민사회와 긴밀하게 협력할 필요가 있습니다."(반 총장이 2007년 5월에 유엔 협회세계연맹World Federation of United Nations Associations 지원자들에게 한 연설에서)

2009년에 반 총장은 정치적 의지를 형성하고 이것을 이행하기 위한 세계적 수준의 행동을 동원하기 위해 새천년개발목표 지원자 그룹을 설립했다. 폴 카가메Paul Kagame 르완다 대통령과 호세 루이스 로드리게스 사파테로José Luis Rodríguez Zapatero(전 스페인 총리)가 이 그룹의 공동의장을 맡았으며, 회원은 다양한 분야의 저명인사들로 구성되었다. 반 총장은 이 저명인사들을 "빈곤 퇴치에 앞장서는 슈퍼 영웅들의 집합체"라 호칭했다.[193] 여기에는 방글라데시의 무함마드 유누스Muhammad Yunus, 덴마크의 스티네 보세Stine Bosse, 미첼 바첼레트Michelle

Bachelet 칠레 대통령, 프랑스의 필리프 두스트블라지Philippe Douste-Blazy, 일본의 요네쿠라 히로마사米倉弘昌, 케냐의 왕가리 마타이Wangari Muta Maathai, 한국의 도영심, 멕시코의 훌리오 프렝크Julio Frenk, 나이지리아의 아킨 아데시나Akin Adesina, 카타르의 셰이카 모자 빈트 나세르Sheikha Mozah bint Nasser, 스웨덴의 얀 엘리아손Jan Eliasson, 남아프리카와 모잠비크의 그라사 마셀Graca Machel, 미국의 레이 챔버스Ray Chambers, 테드 터너Ted Turner, 제프리 삭스Jeffrey Sachs가 포함된다. 이뿐 아니라 뒤이어 중국, 인도, 일본, 영국의 저명인사들이 이 그룹에 합류했다. 2016년에는 가나 대통령과 노르웨이 총리가 이끄는 지속가능개발목표 지원자 그룹이 형성되었다.

반 총장은 시민사회단체의 행동을 격려해주고 억압적인 법률에 직면한 시민사회단체의 자유를 보호해줘야 할 필요성을 인식했다. 전 세계의 시민사회단체, 특히 활동이 활발하게 이루어지지 않는 지역의 시민사회단체와 협력을 촉진할 필요성도 느꼈다. 유엔 민주주의기금UN Democracy Fund은 당시 유엔 사무총장인 코피 아난이 전 세계의 민주화 노력을 지원하기 위해 2005년에 설립한 기구다. 이 기금은 반 총장의 재임 기간에 점점 성장했고 2015년에는 120여 개 나라의 시민사회단체들이 행하는 약 700개의 프로젝트를 지원할 정도로 규모가 커졌다. 유엔 민주주의기금은 회원국들의 자발적인 기부금으로 운영된다. 지원국 수가 2007년의 20개에서 현재 40개로 늘어났으며 이 가운데 절반 이상이 아프리카, 아랍제국, 아시아, 라틴아메리카, 동유럽에 속한 나라들이다. 앞서 언급한 프로젝트에는 터키 같은 최전선 국가에 있는 시리아 난민 여성에게 자율권을 부여하기 위한 운동, 튀니지에 있는 젊은이들에게 극단주의와 지하디즘Jihadism(극단적인 이슬람 원리주의 운동의 총칭*)을 피할 수 있는 권한을 주기 위한 운동, 라틴아메리카에 있는 동성애자·양성애자·성전환자·간성애자 공동체에 그들의 권리를 옹호하고 보호할 권한을 부여하기 위한 운동, 벨라루스와 러시아연방에 있는 비정부 기구가 AIDS 양성인 여성의 권리를 내세우기 위해 벌이는 운동이 포함된다.

유엔 비정부기구연락사무소UN Non-Governmental Liaison Service, UN-NGLS는 유엔의 40년 된 중개기관이다. 이 기관은 시민사회단체가 신뢰 구축을 바탕으로 유엔에서 열리는 국가 간 논의에 참여할 수 있게 기회를 제공한다. 유엔 체제를 잘 알고 유엔에서 진행되는 절차에 참여하고자 하는 일련의 이해관계자들에 대해서도 잘 아는 유엔 비정부기구연락사무소는 다양한 시민사회단체의 참여 활동을 조율한다. 또한, 유엔 협력자들과 협의를 하는 시민사회단체에 전문 지식을 제공하며, 유엔 회의와 정상회담을 위한 서비스뿐 아니라 유엔 사무총장실과 유엔 총회 의장사무실 활동을 위한 서비스도 제공한다.

유엔 비정부기구연락사무소는 미약하거나 소외된 단체가 유엔에서 열리는 대화에 기여할 수 있도록 돕는 일을 한다. 이 기관은 유엔의 고위급 행사에 더 다양하고 균형 잡히고 의미 있는, 이해관계자들의 참여를 유도하기 위해 공개적인 지원 절차를 마련했다. 이것은 포괄적이고 투명하고 공개적이며 참여를 유도하는 방식으로 진행된다. 유엔 비정부기구연락사무소는 지속가능개발, 인권, 환경, 평화, 안보, 인도주의적 활동과 같은 유엔의 의제를 지원하는 적극적인 협력을 촉진해왔다. 또한 가치 있고 건설적인 정보를 수반한 새로운 의견이 유엔 조직에 유입될 수 있게 했다. 그 결과 제3세계 출신의 이해관계자들의 참여와 소외된 단체들의 참여가 크게 증가했다. 마셜 군도 출신의 시인 캐시 제트닐키지너Kathy Jetnil-Kijiner를 2014년 유엔 기후정상회의에 참여시키고, 기후변화로 위기에 빠진 지역사회의 강력하고 열정적인 목소리를 정부 대표, 총리, 유엔 지도자, 재계와 시민사회 지도자에게 전달한 기관이 바로 유엔 비정부기구연락사무소다.

유엔 NGO 컨퍼런스는 유엔 공보국과 연합한 NGO 대표들의 협력으로 설립되었다. 이것은 시민사회단체 회원, 외교관, 유엔 관계자, 정책 전문가, 과학자, 교육자, 기업인, 노동조합, 의회 의원, 지방 정부 당국자, 그 밖에 전 세계에서 모인 사람들이 유엔의 우선순위 의제에 대한 조치를 논의하는 중요한 국제회의가 되었다. 최근에는 이 컨퍼런스가 뉴욕 이외의 지역인 파리, 멜버른, 본에서 개최되었다. 반 총장은 지속가능개발목표를 지원하는 협력을 강화하기 위해 제66차 유엔 NGO 컨퍼런스에 참가했다. 이 컨퍼런스는 '세계 시민 교육: 유엔 지속가능개발목표 이행을 위한 협력'을 주제로 2016년 5월 30일에서 6월 1일까지 한국에서 개최되었다.

전 세계 재계와의 협력: 유엔 글로벌콤팩트

"이 세계는 모든 곳의 기업과 투자가들이 앞으로 우리 가능성을 바꾸어놓는 한편, 오늘날 사람들의 필요를 충족시키며 제 역할을 다해주기를 원합니다."(반 총장이 2015년 4월에 개최된 미주 CEO 정상회의에서 한 발언)

반 총장은 재임 기간에 전 세계의 재계를 향해 유엔 글로벌콤팩트를 지지해주고 책임감 있는 운영과 지속가능개발을 위해 노력해줄 것을 요청했다. 이것은 모든 곳의 기업들이 자사의 운영과 전략을 인권, 노동, 환경, 부패 방지 부문에서 보편적인 10대 원칙에 자발적으로 맞추고 유엔의 목표와 의제를 지원하는 방향으로 행동해줄 것을 요청하는 내용이었다.

2000년 7월에 창설된 유엔 글로벌콤팩트는 기업으로 하여금 자발적으로 지속가능개발목표를 이행하도록 독려하는 범세계적 기관이 되었다. 160개 나라에서 8,500개가 넘는 기업과 4,000개가 넘는 비영리 조직이 협력하고 있다. 더욱이 글로벌콤팩트는 85개가 넘는 나라에서 글로벌 네트워크를 구축해 성장하는 세계적 기업의 지속가능한 경영을 지원한다. 이는 보편적 원칙에 근거한 기업 경영으로 경제·사회·환경 분야에서 상당한 진전을 이룰 수 있다는 신념을 전제로 한 지원이다. 글로벌콤팩트가 창설된 이후 참여 기업들이 이곳의 10대 원칙을 지지하며 취한 행동은 수천 가지에 이른다.

글로벌콤팩트는 기업들에 10대 원칙 준수와 관련한 성과보고서를 매해 요청하며 중요한 책임을 명시한다. 얼마나 진전을 이루었는지 보고하지 못하는 기업은 회원 자격이 종료된다. 이러한 주기적 보고 정책은 투명성을 독려하고 기업의 지속가능개발 경영을 촉진한다. 그뿐 아니라 글로벌콤팩트와 유엔이라는 조직의 완전성을 지키는 데에도 도움이 된다.

글로벌콤팩트는 많은 의제와 많은 지역을 아우르며 성장하여 진정으로 세계적인 기관이 되었다. 2007년 이후 참여 기업들은 3배가 되었다. 선진국 기업에서 개발도상국 기업까지, 규모가 아주 큰 기업에서 작은 기업까지 글로벌콤팩트에 참가하고 있다. 이렇게 참가 기업의 기반이 다양하다는 점은 글로벌콤팩트가 보편적 호소력과 타당한 임무를 내세운다는 점을 잘 보여준다. 반 총장은 기후, 물, 여성, 평화와 관련한 기업들의 4가지 행동강령을 만들었고, 원칙에 근거하여 아동과 식량에 관한 2가지 서약을 정했다.

　기후에 대한 배려는 유엔 글로벌콤팩트, 유엔 환경계획, 유엔 기후변화협약사무소의 공동 계획이다. 60여 개 나라의 450여 개 기업이 이러한 계획에 서명했으며 이는 기후변화와 관련한 기업들의 연합치고 가장 큰 규모를 가지고 있다. 기후에 대한 배려성명서Caring for Climate Statement에 서명한 CEO들은 온실가스 배출 감소와 관련한 목표를 정해야 하고, 기후변화 완화 정책과 저탄소 방안을 설정하고 확장해야 하며, 매해 기후 배려와 관련한 성과를 보고하고 공개해야한다.

　2007년에 반 총장의 주창으로 글로벌콤팩트는 기업들이 수질 관리력과 그 효과를 높이고 이러한 사례를 공개하도록 하는 CEO 수자원관리임무CEO Water Mandate를 제정했다. 100여 개의 글로벌 기업들이 이 임무에 서명했다. 이 임무는 기업들이 수질 관리 관행과 정책을 발전시키고 이행하고 공개하는 데 도움이 되고 있다. 이 기업들은 직접 운영, 공급망과 유역 관리, 단체 행동, 공공 정책, 지역 사회 참여, 투명성이라는 6가지 영역에서 좋은 성과를 내고자 노력한다.

　'평등이 곧 비즈니스다Equality Means Business'는 유엔 글로벌콤팩트와 유엔 여성기구가 공동으로 진행하는 운동으로 2010년에 반 총장이 처음 주창했다. 이것은 세계적으로 기업들이 주도하는 가장 큰 규모의 양성평등 운동으로 80개 나라의 1,100여 명 CEO들이 이 운동을 지지한다. 이 운동과 관련해 기업들이 실천할 수 있는 7가지 주요 원칙이 있다. 여기에는 관리자들의 노력, 업무 관행과 정책, 전문적인 개발, 공급망 관리와 지역사회의 참여가 포함된다.

　'평화를 위한 기업 활동Business for Peace'은 2013년에 반 총장이 주창한 운동이다. 평화를 위한 공동 노력을 촉진하는 이 운동에는 37개 나라의 130개 기업들이 동참했다. 이 운동에 동참한 기업들은 고위험 지역과 분쟁 피해 지역에서 글로벌콤팩트의 10대 원칙을 이행하는 데 전념한다. 이러한 기업들은 개인적 혹은 다른 기업과의 협력으로 평화를 증진하기 위한 행동을 취하며, 진전 상황을 매년 보고한다. 평화를 증진하는 책임감 있는 기업 운영을 촉진하고자 이 운동은 로컬 네트워크를 통해 이루어진다. 이미 18개 로컬 네트워크가 여기에 동참했다.

유엔 책임투자원칙Principles for Responsible Investment, PRI은 2006년에 주창된 이후 규모가 가장 큰 책임감 있는 투자자 네트워크를 형성했다. 여기에 서명한 1,325개 기업들의 관리 자산 규모는 45조 달러(약 5경 4,382조 5,000억 원)에 이른다. 책임투자원칙은 글로벌콤팩트와 유엔 환경계획의 금융계획Finance Initiative과 함께, 기업 소유주들과 경영자들에게 환경, 사회, 관리 문제가 투자 수익에 중요하다는 점을 인식하고 이러한 문제들을 투자 분석과 의사결정에 포함시킬 것을 촉구한다. 이러한 네트워크의 궁극적인 목표는 통합적이고 지속가능한 세계 경제를 지지하는 지속가능한 금융 체계를 만들어내는 것이다.

글로벌콤팩트의 또 다른 계획으로 책임경영교육원칙Principles for Responsible Management Education, PRME이라는 것이 있다. 2007년에 반 총장이 '책임 경영 교육과 연구 및 사려 깊은 리더십을 촉진하고 지원한다'는 임무와 함께 이 계획을 주창했다. 600개가 넘는 경영대학들은 경제적 목표와 지속가능한 목표 사이에 균형을 이루는 데 필요한 기술을 갖춘 미래 경영자들을 배출하기 위해 책임경영교육원칙을 도입했다(이와 함께 250만 명의 학생들에게 이와 관련한 교육을 실시했다).

글로벌콤팩트는 지속가능개발목표를 수립하는 과정에서 책임 있는 기업 경영자들의 검토와 제안을 수렴하기 위해 전 세계 기업들과 협의했다. 이렇게 함으로써 2030 개발의제를 채택하는 일에서 중요한 역할을 했다. 2,000여 개의 기업들이 세계적 난제 및 해결안과 우선순위에 대한 정보를 제공했고, 이러한 자료를 바탕으로 2030 개발의제가 확립되었다. 이제 글로벌콤팩트는 지속가능개발목표를 기업들이 이행할 수 있는 조치로 바꿀 뿐 아니라 책임 있는 경영이 그 목표를 달성하는 데 어떻게 도움이 되는지 기업들에게 적극적으로 이해시켜줄 것이다. 2030 개발의제와 지속가능개발목표는 글로벌콤팩트가 기업들과 연대해 미래로 나아가는 분명한 길을 제시해준다. 유엔의 목표와 의제를 기업의 구체적 조치로 바꾸었다는 점에서 엄청난 업적을 달성한 글로벌콤팩트는 지속가능개발목표를 기업 분야에 설명하고 기업들에 준비 태세를 갖추게 할 수 있는 이상적인 위치에 있다. 글로벌콤팩트는 1만 3,000명의 참여자들과 80여 개의 로컬 네트워크를 통해 기업의 상향식bottom-up 해결책에 초점을 맞춤으로써 기업들이 세계적인 난제들을 해결할 수 있는 조치를 취하는 데 도움을 주고 있다.

디지털 공공재를 위한 협력: 유엔 글로벌펄스

반 총장은 재임 기간에 유엔 전 조직에 걸쳐 데이터 혁명의 필요성을 우선순위에 두었다. 이것은 21세기에 조직의 현대화와 효율성을 위한 아주 중요한 문제다. 반 총장은 세계 경제 위기가 발생한 후 유엔 글로벌펄스 계획을 제시했고 이후에 데이터 혁신을 위한 독립전문가자문단Expert Advisory Group on the Data Revolution을 소집했다. 그 결과 유엔 체제는 더 빠르고 응집력 있게 데이터 혁신 능력을 현대화했다. 반 총장이 공익을 위해 적시에 빅데이터와 관련한 리더십을 발휘했기에 세계적으로 새로운 대화의 장이 촉진되었다. 이러한 사실은 그 후에 서류, 컨퍼런스, 실무 그룹이 급증했으며, 유엔 산하 기관과 국제기구와 각 정부 내에서 '데이터 혁신팀'이 출현했다는 점에서 잘 드러난다. 글로벌펄스는 '데이터사회공헌data philanthropy'으로 알려진, 공공분야와 민간분야 협력의 새로운 형태가 생겨나는 데 도움이 되었다. 이것은 민간분야에서 나온 디지털 데이터가 공익을 위해 쓰일 수 있다는 개념이다.

2010년 이후 글로벌펄스는 70여 가지의 데이터 혁신 프로젝트가 유엔 산하 기관들이나 파트너들과의 직접적인 공조를 통해 이루어질 수 있게 했다. 그리하여 빅데이터 부분에서 혁신을 이루고 있는 민간분야, 학계, 국제기구와 협력하는 새로운 방법을 형성했다. 또한, 개인 정보 데이터 보호와 공익을 위해 빅데이터의 책임감 있는 사용을 주제로 세계적인 대화를 촉진했다. 이를 잘 보여주는 사례로 모바일 네트워크 운영자와 소셜미디어 회사가 빅데이터를 활용하는 데 성공적으로 협력했다는 점을 들 수 있다. 이러한 빅데이터로 말미암아 인도네시아의 재난 관리 본부에 엘리뇨와 연무의 영향을 알려주고, 우간다에 질병 발생의 역학 관계에 대한 실시간 정보를 제공하며, 브라질에서 AIDS 인식 수준을 측정할 수 있게 되었다.

글로벌펄스는 2014년 9월 23일에 개최된 반 총장의 기후정상회의에 앞서 기후 관련 조치와 혁신을 촉진하고자 2014년 5월에 빅데이터기후변화대회Big Data Climate Challenge를 시작했다. 이 대회는 기후변화의 경제적 측면을 중점에 두고 빅데이터와 실시간 분석을 사용하는 프로젝트를 세계적으로 진행하여 기후변화 조치를 강화하는 것을 목표로 두었다. 글로벌펄스는 세계적인 과학자, 최신 과학기술 전문가, 일반 시민에게 기후변화의 영향과 관련한 데이터 증거를 보여주는 좋은 아이디어를 제출해줄 것을 요청했다. 이러한 프로젝트는 기후정상회의 의제에 포함되었고 대중매체와 정부의 지원을 통해 국제적으로 공유되었다.

2014년 8월에 반 총장은 데이터 혁신을 위한 독립전문가자문단에 다음과 같은 사항을 요청했다. '개발을 위한 데이터 혁신'이 실제로 어떤 의미가 있는지 조언해 달라고 했고, 정보 부족 현상을 없애기 위한 조치를 권해 달라고 했으며, 새로운 개발의제를 뒷받침하는 데 필요한 혁신·기술적 진보·새로운 데이터 원천의 증가와 관련된 새로운 기회를 평가해 달라고 한 것이다. 시민사회단체, 민간분야, 학계, 정부, 국제기구 출신의 24명 전문가로 구성된 이 자문단은 혁신·기술적 진보·공공 및 민간의 새로운 데이터 공급자의 증가와 관련된 새로운 기회를 평가하는 업무에 착수했다. 이는 종래의 통계 시스템을 보완하고 세계적·지역적·국가적 차원에서 책임성을 강화하기 위한 작업이었다.

박애주의를 바탕으로 한 협력

유엔 협력사무국UN Office for Partnerships은 지속가능개발목표를 위한 행동을 촉구하는, 공과 사의 협력을 위한 관문 역할을 한다. 그뿐 아니라 국제 협력을 위한 유엔 기금UN Fund for International Partnerships을 감독하고 관리하는 역할을 한다. 이 기금은 유엔 재단, 유엔 체제, 유엔 민주주의기금 사이의 접점 역할을 하는 기관으로 1998년에 설립되었다. 유엔 협력사무국은 잠재적 협력자들을 위한 영향력 있는 행사와 조언을 통해 공사의 협력을 추구하기 때문에 유엔 체제, 각 정부, 비국가 단체의 요구에 맞추어 협력 자문과 지원 서비스도 제공한다.

1998년에 테드 터너는 기금 조성을 위한 민간 재단으로 유엔 재단을 설립했다. 그는 유엔에 투자하는 것의 가치를 보여주고, 다른 분야 관계자가 유엔과 협력하도록 고무시키며, 유엔에서 미국의 강한 리더십을 촉진하는 것을 목표로 삼아 이 재단을 설립했다. 이 재단의 활동은 기금 조성이 주를 이루었다가 유엔의 목표를 지원하기 위한 자원 동원, 교류 활동, 분야별 협력 지원으로 바뀌었다. 유엔 재단은 전 세계의 보건, 여성, 여아, 인구, 에너지, 기후에 초점을 맞추어 세계인의 더 건강하고 더 나은 삶을 보장하기 위해 유엔과 협력하여 혁신적인 협력과 캠페인과 계획을 촉진한다. 그뿐 아니라 미국을 중심에 둔 지원 기반을 확대하고 정책 입안자들과 일반인에게 관련 사항을 보고함으로써 유엔 조직의 임무를 이행하는 데 헌신해왔다.

유엔 재단이 국제 협력을 위한 유엔 기금의 프로젝트를 시행하기 위해 승인한 누적 금액은 2015년 말 기준으로 약 14억 달러(약 1조 7,000억 원)로 보고되었다. 이 가운데 3분의 1은 모금 협력자들이 지원한, 즉 터너의 순수 자금으로 추산된다. 국제 협력을 위한 유엔 기금을 통해 유엔 재단이 2014년 말까지 지원한 유엔 프로젝트와 프로그램은 모두 592가지다. 이러한 프로젝트들은 124개 국가에서 43개 유엔 산하 기관을 통해 시행되었다.[194]

학계 기관과의 협력

반 총장은 2010년 11월에 '세계적 지성인들의 운동'을 주창하며 유엔 아카데믹임팩트UN Academic Impact, UNAI를 출범시켰다. 유엔 아카데믹임팩트는 1,000곳이 넘는 고등 교육기관과 연구기관이 유엔의 특정한 목표와 '지식인들의 사회적 임무'라는 공유 문화에서 비롯한 목표에 협력하도록 도왔다. 그뿐 아니라 열정적인 청년 단체인 어스파이어ASPIRE(교육을 통한 혁신과 개혁을 촉진하는 학생행동Action by Students to Promote Innovation and Reform through Education)도 설립했다.

유엔 아카데믹임팩트는 '세계적 지성인들의 운동'의 일환으로 영어 교육 센터인 ELS와 지속적인 협력을 맺으며 매해 열리는 '수많은 언어, 하나의 세계Many Languages, One World' 에세이 콘테스트를 홍보해왔다. 이것은 세계 각 지역의 대학생들이 참여하여 모국어나 교육을 받을 때 사용한 언어가 아닌 기타 언어로 유엔과 관련된 주제의 에세이를 쓰는 대회다. 유엔 아카데믹임팩트는 이 대회를 통해 대학생들에게 유엔의 성과를 알리며 여러 언어 사용 능력을 유엔의 핵심 가치로 알린다. 매해 60명의 수상자(유엔 공식 언어별로 10명씩 선정된다)가 유엔의 초대를 받아 뉴욕에 있는 청년포럼Youth Forum에서 일주일 동안 지낸다. 수상자들에게는 유엔 총회에서 유엔의 임무를 수행할 수 있는 혁신적 제안을 발표할 기회도 제공된다.

유엔 아카데믹임팩트는 2015년에 세계적인 의류 회사 베네통United Colors of Benetton과 협력하여 다양성 콘테스트를 열었다. 이 대회에 참가한 학생들은 편협한 태도나 차별을 해결하기 위해 지역사회에서 실천할 수 있는 일을 주제로 한 기획제안서를 제출한다. 선정된 10개의 프로젝트에는 각각 2만 유로씩 지원된다. 선정된 프로젝트는 독일에서 이슬람교도 여성에 대한 고용 차별을 해결하기 위한 프로그램부터 남아프리카에서 이주 노동자에 대한 외국인 혐오를 해결하기 위한 교육적 계획에 이르기까지 다양하다. 대회 홍보는 유엔의 소셜미디어 영역, 유엔 정보센터와 유엔 아카데믹임팩트의 네트워크를 통해 이루어지며, 프로젝트에 대한 정보는 언론을 통해 널리 전파된다.

젊은 층과의 협력

유엔 사무총장청년특사사무소Office of the Secretary-General's Envoy on Youth는 2014년에 '포스트 2015 개발의제를 위한 글로벌청년협력' 행사를 벌였다. 이때 세계 각지에서 청년이 이끄는 조직과 NGO 1,700곳이 참석하여 2030 개발의제에 청년들의 우선순위를 반영할 방법에 대한 정보와 의견을 나누었다. 이 행사는 청년들의 중요한 역할을 널리 인식시키는 데 기여하기도 했다. 유엔 사무총장청년특사사무소는 2030 개발의제가 채택된 이후에 '지속가능개발목표를 위한 글로벌 청년협력' 의제를 설정했다. 이것은 유엔 산하 기관, 시민사회단체, 민간분야, 학계, 그 외 이해관계자 사이의 협력과 교환을 촉진하는 것을 목표로 삼는다. 앞으로 이것을 바탕으로 젊은 층으로 하여금 지속가능개발목표를 지지하고 이행하며 검토하게 만드는 핵심 계획이 포함된 중요한 프로그램이 나올 것이다.

미술, 음악, 영화, 스포츠, 문학계와의 협력

"저는 우리 지역에 있는 유능한 작가들에게 우리가 우리 이야기를 전달하는 것을 도와 달라고 부탁합니다. 그분들과 함께 세상 사람들이 더 나은 미래를 보고 믿게 할 수 있다고 생각합니다."[195]

반 총장은 모두에게 중요한 문제들과 사람들을 조명하는 영화와 방송 전문가들을 지원하기 위해 창의적 활동기관 지원계획Creative Community Outreach Initiative, CCOI을 세웠다. 이로 말미암아 전 세계의 영화, 뉴미디어, 텔레비전, 다큐멘터리 전문가들은 유엔의 성과와 유엔이 우선순위로 두는 문제에 대한 정보를 얻을 수 있다. 창의적 활동기관 지원계획은 엔터테인먼트 업계에 유엔 본부, 현장 업무, 유엔 기관의 정보를 제공함으로써 이 업계가 유엔으로 진입하는 일종의 관문 역할을 하고 있다.

또한 반 총장은 미술, 음악, 영화, 스포츠, 문학계에서 저명인사들을 '평화의 메신저Messengers of Peace'로 임명하고 있다. 평화의 메신저는 자진해서 주요 문제에 지원을 하고 사람들의 이목을 집중시키며 유엔이 하는 일에 관심을 기울인다. 이뿐 아니라 유엔 기금, 프로그램, 전문 기구 관계자들은 반 총장의 승인을 받아 각자의 영역을 지원할 친선대사Goodwill Ambassador를 임명한다. 친선대사로 임명된 상당수의 저명인사들은 각자 지닌 선의와 명성 덕분에 긴급한 지역적 사안과 유엔 임무에 대해 국제 언론의 주목을 끄는 일을 지금까지 성공적으로 도왔다. 일부 명사들은 특별한 사안에 대해 사람들의 관심을 이끄는 일 외에도 목소리로 캠페인 홍보에 참여하여 수많은 사람이 행동을 취하도록 고무했다. 과거에 유엔을 지원하는 유명인사들은 유엔 건물에서 열리는 콘서트, 고위급행사에서 하는 기조연설 등 각종 활동과 이벤트에 참여했다. 그들은 소셜미디어 계정을 이용하거나 유엔 프로그램과 활동에 직접 참여하여 캠페인의 영향력을 크게 확장하는 데 도움을 주고 있다.

협력의 효과적인 관리와 책임성

유엔이 설립된 이후로 파트너십에 있는 민간분야, 자선 활동, 시민 사회는 그 규모와 체계성, 세계적 영향력이라는 측면에서 엄청나게 성장했다. 동시에 유엔이 맡고 있는 모든 활동 영역에서 유엔 조직에 대한 요구도 크게 증가했다. 2012년에 반 총장은 유엔의 임무와 회원 국들의 기대를 충족시키기 위해 '5개년 행동계획: 우리가 원하는 미래'를 주제로 연설을 했다. 그는 이 연설을 통해 재계, 금융계, 자선 활동 분야, 시민사회, 학계, 연구소의 영향력을 이용해 새로운 유엔 협력 기구를 창설해서 "변혁적 협력의 영향력을 유엔의 전반적인 활동에 활용하는" 새로운 협업 능력을 요청했다.

협력 기구에 대한 비전은 반 총장의 개인적 경험과 필요에 대한 인식뿐 아니라 협력에 대한 회원국들의 강한 지원에 힘입어 생겨났다. 회원국들의 지원이 강력하다는 점은 중요한 회의 결과문서들 속에 잘 나타나 있다. 가령 유엔 새천년정상선언(2000년), 지속가능개발을 위한 세계정상회의인 요하네스버그선언문, 지속가능개발위원회 제11차 회의(2003년), 세계정상회의 결과문서(2005년), 새천년개발목표 고위급정상회의 결과문서(2010년), 리우+20 정상회의 결과문서가 그렇다. 이러한 결과문서들에는 유엔이 더 많은 영역에서 일관성, 효율성, 성실함을 발휘하며 협력 활동을 달성하도록 요청하는 내용이 담겼다. 또한 협력을 위한 더 나은 환경을 추구하는 내용도 담겼다. 회원국들은 이러한 내용을 2011년 유엔 총회 결의 '글로벌 협력을 향해'에서 더 명백하게 밝혔다. 회원국들은 이 결의에서 유엔에 "영향력, 투명성, 일관성, 책임성, 지속가능성에 크게 초점을 둔, (협력에 대한) 보편적이고 체계적인 접근법을 비롯해⋯⋯ 계속 개발시켜줄 것"

을 요청했다.

2015년 1월 25일에 반 총장은 유엔의 조달 능력과 영향력을 철저하게 강화하고, 전 조직의 협력을 통해 이행의 일관성·조화·책임성을 형성하기 위한 새로운 협력 기구를 의회에 제안했다. 새천년개발목표의 성취 과정을 촉진하고, 리우+20 정상회의 결과를 실천하며, 포스트 2015 개발의제를 이행할 유엔의 능력을 강화하기 위해 이러한 제안을 한 것이다. 그는 재계와 시민사회가 보건, 에너지, 식량, 영양, 기후, 물 같은 유엔의 우선순위 문제들에 전념하게 만들려는 기존의 노력을 강화하는 데 그러한 기구가 필요하다고 설명했다.[196]

협력 기구는 임시적 접근법을 유엔 조직 전체에 걸친 협력으로 바꾸고, 변화를 위한 협력에 초점을 맞추며, 유엔의 실현되지 않은 협력 잠재력을 최대한 활용하고, 기존의 협력에 가속도를 내며, 책임성·일관성·지식 공유·효율성과 효과성을 강화하기 위한 공동 노력을 위해 고안되었다.[197]

회원국들이 이 제안을 만장일치로 지지하지는 않았다. 반 총장은 2030 개발의제의 협상이 지연될 수 있었기에 이 안건을 계속 끌고 나가지 않기로 결정했다. 다만 마무리된 협상 내용에 협력에 대한 확실한 강조가 담겨 있어 반 총장의 제안이 이행될 여지가 있다.

유엔 조직 안팎에서 유지하는 좋은 파트너십

반 총장은 취임 후 유엔 업무의 특별한 요소로서 협력의 힘을 중요하게 여겨왔다. 새천년개발목표와 관련된 유엔 조직의 행동에는 포괄적인 해결책을 도출하기 위한, 다양한 관계자들의 협력이 포함되었다. 협력 덕분에 많은 영역에서 개발이 이루어졌다. 가령 소득 빈곤이 줄었고, 수질이 개선된 물을 쓸 수 있게 되었으며, 초등학교 입학률이 높아졌고, 아동 사망률이 줄었다. 2030 개발의제를 위한 행동은 새천년개발목표에서 얻은 교훈을 바탕으로 결정될 것이다. 이러한 교훈 가운데 하나는 지속적인 시스템 변화에는 대등한 관계의 여러 부문이 제시하는, 효과성과 영향력을 강화하기 위한 접근법들이 필요하다는 점이다. 다양한 이해관계자들의 협력이라는 면에서 반 총장의 위치는 회원국들의 위치와 동일하다. 이러한 회원국들은 협력을 2030 개발의제를 이행하기 위한 핵심 요소로 정의한다(이는 목표 17번에 반영되어 있다).

2030 개발의제는 새로운 협력을 통해 통합적인 개발을 이루기 위한 노력에 힘을 실어주는 공유된 비전이다. 여기서 새로운 협력은 지속가능한 개발의제를 이행하기 위해 형성된 협력을 말한다. 이러한 노력에는 큰 목표 아래 있는 작은 목표들이 다른 큰 목표 아래 있는 작은 목표들에 어떻게 영향을 끼치는지, 개인의 목표가 여러 가지 큰 목표에 어떻게 기여하고, 그 결과 지속가능개발목표 이행에 어떻게 통합되고 어떻게 시너지 작용을 일으키는지 검토하는 일이 포함된다. 협력자들은 업무·행동과 결과 평가 체계와 관련한 공유된 우선순위, 유연하고 투명한 이행, 관리와 보고와 관련한 합의 기준이 필요하다. 이렇게 되려면 새로운 업무 방식이 개발되고 적용되어야 한다.

반 총장이 쓰는 접근법에는 기초가 되는 4가지 원칙이 있다. 첫째, 여러 부문의 협력은 효율성을 향상시키며 유엔이 지역, 국가, 국제적 차원에서 주요 난제를 해결하기 위한 노력의 영향력을 높인다. 한 부문에 한정된 접근법과 초점이 지나치게 편협한 목표로는 지속가능한 시스템 변화를 달성하기 어렵다. 2030 개발의제의 통합적 특성은 여러 부문의 협력을 촉진하며, 이러한 협력으로 여러 목표와 관련한 성과들을 한 번에 달성할 수 있다. 둘째, 유엔 체제의 각 주체들은 함께 성과를 내는 데 초점을 두면서 항상 서로 협력하여 일하는 것을 목표로 삼아야 한다. 함께 성과를 내는 일은 시너지 효과를 추구하고 분열을 줄이며 가능하면 공동 접근법을 채택함으로써 가능하다. 셋째, 유엔 체제에 있는 모든 직원은 각 국가의 정부, 지역 단체 또는 글로벌 기관과 관계를 맺으면서 다양한 이해관계자들과의 효과적인 업무를 촉진하는 방식과 행동을 보여주어야 한다. 넷째, 협력은 조직의 가치를 추구하고 지속가능개발을 수행하기 위해 필요한, 인정된 방식이 되어야 한다.

협력 효과에 대한 입증

반 총장의 재임 기간에 입증된 한 가지 통찰은 수혜자들과 협력자들의 신뢰 형성은 성공에 중요하다는 점이다. 이 부분은 지속가능한 목표를 이행하는 데 훨씬 더 중요하다. 유엔이 주도하거나 유엔과 관련 있는 다양한 이해관계자들과의 협력은 책임성과 투명성이라는 원칙에서 이루어져야 한다. 이는 그들과의 관계에서 유엔 조직의 가치, 기준, 관리 원칙을 준수하게 만드는 신뢰를 구축하기 위해서다.

2030 개발의제가 채택되면서 다양한 이해관계자들의 적극적인 관여와 참여가 회원국들의 약속을 실현하는 데 중요하게 작용할 것이라는 점이 일반적인 의견이다. 이해관계자들의 성공적인 협력에는 명확한 비전, 효과적인 내부 관리 체계, 모든 관계자가 한 약속이 수반된다. 각 정부들 사이에서 인정받은 원칙과 지침은 다양한 이해관계자들과의 협력에서 유엔의 가치를 옹호하는 데 도움이 될 것이다.

회원국들이 정한 원칙은 유엔의 모든 주체가 다양한 이해관계자들과의 협력을 형성하는 데 적용되지만, 협력의 초점과 범위에 따라 다른 지침이 제공될 수 있다. 이러한 지침은 유엔과 기업의 협력에 대한 지침Guidelines on Cooperation between the UN and the Business Sector, 기업과 인권에 관한 유엔 이행지침UN Guiding Principles on Business and Human Rights, 글로벌콤팩트의 10대 원칙Global Compact's Ten Principles 같은 기존의 지침을 바탕으로 하여 2030 개발의제의 통합적·참여적·포괄적 접근법을 통해 만들어질 수 있다.

각 정부 사이에 이러한 문제를 논의할 필요성은 유엔 총회가 2015년 12월에 채택한 결의 제70/224호 '글로벌 협력을 향해: 유엔과 모든 관련 협력자들 사이의 협력 강화를 위해 원칙에 근거한 접근법'에 반영되어 있다. 유엔 경제사회이사회는 2016년 3월에 열린 협력포럼에서 유엔 총회의 요청으로 투명성, 책임성, 협력하는 다양한 이해관계자들과의 경험 공유를 증진하는 방법과 모범 경영에 대해, 그리고 이러한 협력을 검토하고 감시하는 부분에 대해 논의했다. 이 협력포럼에서 나온 핵심 메시지에는 다음과 같은 내용이 강조되어 있다. 협력을 위한 효과적인 내부 관리 체계의 필요성, 기존의 원칙과 지침이 2030 개발의제의 통합적·참여적·포괄적 접근법을 반영해 갱신될 필요성, 원칙과 지침의 이행을 우선순위에 두어야 할 필요성 등의 내용이 강조되고 있다.

협력 플랫폼의 가치

지난 10년 동안 입증된 통찰 가운데 다른 하나는 협력 플랫폼partnership platform의 가치다. 2012년에 반 총장은 유엔 협력전담네트워크

UN Partnership Focal Point Network 설립을 요청했다. 이것은 누구나 아는 사실과 약속의 플랫폼 역할을 하고, 협력 정책과 모범 경영 방침을 조정하고, 능력을 구축하며, 일관성을 강화하기 위한 네트워크다. 2013년에 유엔 민간분야전담네트워크UN Private Sector Focal Points Network가 설립되었다. 이 네트워크에는 유엔의 목표를 이행하기 위한 일관되고 원칙 중심적이며 영향력 있으며, 유엔(기업)의 업무를 촉구하고 지원하는 데 열정과 능력을 갖춘 40여 개의 유엔 산하기관이 포함된다. 이것은 연례로 열리는 유엔 민간분야전담회의의 시기 사이마다 민간분야와 협력하는 유엔 동료들의 빈번한 상호 작용을 촉진한다. 유엔 글로벌콤팩트가 이 회의를 주관한다. 이 네트워크는 기업과 연계된 활동에서 유엔 조직 내의 일관성과 능력 구축을 촉진하는 '이행 공동체' 기능을 하고 조직 전반에 업무 혁신을 퍼뜨린다. 이 네트워크에서 가장 초점을 맞추는 부분은 좋은 관례와 공통의 조사 도구 및 방법을 공유하여 일관성과 능력 구축을 강화하는 것이다.

매해 열리는 유엔 민간분야전담회의는 민간분야와 협력하는 유엔 직원들이 모범 경영, 경험 지식, 협력 혁신에 대한 의견을 교환할 수 있는 중요한 회의다. 유엔 산하 기관, 기금, 프로그램, 로컬 네트워크와, 이것들과 관련 있는 재계 이해관계자들 사이에 국가 차원의 협력을 촉진할 방법으로 2013년 이후 이 회의에 글로벌콤팩트 로컬 네트워크가 포함되었다. 유엔 민간분야전담네트워크의 의장격인 글로벌콤팩트는 광범위한 민간분야 협력과 관련한 지식을 공유하는 도구도 폭넓게 개발해왔다. 실무 직원들이 계획 수립이나 이행과 관련해 민간분야와 더 효과적으로 협력할 수 있는 실질적 안내가 담긴 파트너십 핸드북Partnership Handbook과 계간 회보가 여기에 포함된다. 마지막으로, 2011년에 설립되었으며 유엔과 기업의 협력과 관련한 글로벌 콤팩트 리드 대책위원회Global Compact LEAD Task Force는 변혁적인 협력 촉진과 관련한 주요 보고서를 작성했다. 또한 유엔 민간분야전담네트워크에 더 효과적으로 협력하고 이러한 협력을 바탕으로 혁신적 영향을 끼칠 수 있는 방법을 안내했다. 그뿐 아니라 조사 검토 작업, 협력 수명 주기 관리, 지식 관리, 조직 전반의 능력 구축과 관련한 주요 전문 지식과 통찰력을 제공했다.

유엔은 폭넓은 경험을 통해 전략적 관계에 좀 더 통합적인 접근법을 사용할 필요성을 인식하고 2009년에 온라인 협력 플랫폼인 www.business.un.org를 만들었다. 유엔 글로벌콤팩트가 관리하는 이 유엔-기업 협력 플랫폼은 25개가 넘는 유엔 산하기관, 기금, 프로그램이 유엔과 기업을 좀 더 통합적인 방법으로 연결시킬 수 있도록 전 조직에 걸친 협력 플랫폼을 제공한다. 이것은 지원 도구로서 기업들에 유엔 체제에 대한 폭넓은 개요를 제공하여 기업들이 잠재적 유엔 협력자를 파악할 수 있게 해주어 전 세계의 광범위한 민간분야 관계자들에게 협력 기회를 촉진한다. 그뿐 아니라 광범위한 위기와 자연재해가 발생한 이후 기업에 필요한 유엔의 인도적 지원을 촉진하는 공간 역할도 한다.

가령 에볼라 바이러스가 유행했을 때 위기 대응과 관련해 민간분야의 리더십을 증진하고자 고안된 '에볼라 근절을 위한 기업 행동서약Business Action Pledge on Ebola Elimination'이 www.business.un.org에 게재되었다. 60여 개의 기업들이 이 행동서약에 서명했고 에볼라 근절을 위한 활동 지원과 1,750만여 달러의 재정 및 물품 지원과 관련한 사례를 공유했다. 이와 비슷한 사례로 '난민 문제에 대처하기 위한 기업 행동서

약Business Action Pledge in Response to the Refugee Crisis'도 만들어져 20여 개 기업들이 지원 약속을 했고 협력과 노력의 주요 예를 공유했다. 현재 이 플랫폼에 게시되는 모든 게시물은 지속가능한 목표와 관련이 있다. 이런 연유로 이 플랫폼은 2030 개발의제를 달성하기 위한 유엔과 기업 사이의 협력을 조성하고 촉진하는 중요한 도구 역할을 하고 있다.

수년 동안 글로벌콤팩트는 예전에는 정부 대표들만 참여했던 국제적 협상에서 기업들의 목소리를 강화해왔다. 반 총장이 기관과 관련해 이끈 혁신 가운데 가장 중요한 측면은 유엔 민간분야포럼UN Private Sector Forum을 위해 CEO들을 유엔에 끌어들였다는 점이다. 다른 유엔 협력자들과의 협조로 글로벌콤팩트가 조직한 이 포럼은 CEO들에게 우선순위 문제에 대해 정부들과 직접 논의할 수 있는 기회를 제공했다. 기업들이 유엔을 지지하며 중요한 새 약속을 하고 새 협력을 발표할 수 있다는 점에서 이것은 기업들에게 중요한 포럼이다. 이 포럼은 유엔이 한 조직으로서 임무를 이행할 능력을 보여줄 수 있는 기회이기도 하다.

협력에 필요한 책임성, 건전성, 투명성

오랜 시간에 걸쳐 얻은 세 번째 통찰은 유엔과 기업의 협력을 위한 일반 지침으로서 2000년에 정착했다. 이 지침은 2009년에 개정되었다가 2015년에 다시 개정되었다. 이로써 민간분야와의 협업에서 원칙에 근거한 접근법의 중요성이 커졌고, 기업과의 협력 범위가 점점 확대된다는 측면에서 건전성을 위한 조치를 강화해야 할 필요성이 등장했다. 반 총장은 개정된 지침을 발표함으로써 유엔과 기업의 협력에 적용할 보편적이고 체계적인 접근법의 틀을 유엔에 제공했다.

이와 동시에 투명성, 일관성, 영향력, 책임성, 근면을 전보다 더 강조했다. 회원국들과 시민사회단체들은 유엔이 주도하거나 유엔과 연관된 협력은 항상 책임성과 투명성 원칙을 기반으로 이루어져야 한다는 입장을 밝혔다. 그러면서 그 이유를 유엔의 원칙과 가치가 옹호되고 있기 때문이며, 이러한 협력이 유엔의 가치·기준·운영 원칙에 어긋나지 않고 있다는 신뢰를 구축하기 위해서라고 밝혔다. 협력과 관련한 기존 원칙과 지침은 그 자체로 중요하긴 하지만, 2030 개발의제의 통합적이고 참여적이며 포괄적인 접근법을 반영해 갱신될 필요가 있다.

반 총장이 리더십을 발휘하여 개발한 정책들은 투명성이 강조되고 책임성이 강화된 새 시대를 위한 발판이 되었다. 이러한 정책 중에는 유엔의 모든 협력 활동을 완전히 공표할 것을 명시하고 있는 개정된 유엔-기업 지침이 있다. 유엔의 모든 체제가, 성공과 실패를 포함해 협력과 관련한 모든 활동을 성실하게 보고하는 것은 협력의 건전성을 강화하면서 2030 개발의제를 달성하는 데 중요하다. 투명성이 증가하면 모든 지역의 조직들, 특히 소규모와 중간 규모의 기업들과 시민사회단체들이 유엔과 협력할 기회를 더 많이 인지하게 되어 공평성도 덩달아 증가할 것이다. 이러한 조직들은 2030 개발의제를 달성하기 위한 여정에서 중요한 협력자들이다.

협력이 점차 확대되면서, 위험을 관리하고 유엔의 명성을 보호하며 협력자들에게 높은 윤리적 기준을 따르게 하기 위한 확고한 틀의 필요성도 커졌다. 더 많은 협력을 촉진하면서 유엔 조직의 온전함을 유지하는 전도유망한 방법은 유엔과 기업의 협력 지침을 온전히 이행하고 유엔의 다른 협력 활동을 위한 건전한 틀을 형성하는 것이다.

이 외에 이러한 방법이 더 있다면 유엔의 모든 기업 협력자들을 위해 글로벌콤팩트의 참여를 의무화하는 방안일 것이다. 이는 기업의 지속가능한 활동을 크게 촉진하는 한편, 유엔 협력의 건전성을 강화하고 일관성을 구축하며, 기업 협력자들로 하여금 유엔의 가치를 존중하고 지지하게 만드는 유엔의 능력을 향상시킬 것이다.

협력에 대한 상향식 접근

그동안 입증된 네 번째 통찰은 지역 이해관계자가 주도하는 협력에 상향식으로 접근하는 것이 특정 지역에 국한된 지속가능개발 문제와 인도주의 문제를 해결하는 데 효과가 있다는 점이다. 유엔 체제는 반 총장의 리더십 아래 협력에 대한 새로운 상향식 접근법을 추구해왔다. 글로벌콤팩트 로컬 네트워크는 유엔 협력 활동의 지역화가 어떻게 뿌리를 내렸는지 보여주는 좋은 사례다. 현재 전 세계에 존재하는 80여 개의 로컬 네트워크는 다양한 이해관계자들의 협력 플랫폼 역할을 하며 유엔, 지역 재계, 정부, 시민사회단체 사이의 대화와 협력을 촉진한다. 여러 로컬 네트워크는 전 세계의 수많은 기업과 상의를 촉진함으로써 지속가능개발목표를 수립하는 과정에 중요한 정보를 제공했다. 또한 2030 개발의제가 채택된 이후에는 국가 개발 계획의 수립·이행과 관련해서 정부, 시민사회와 협력할 수 있도록 민간 분야를 동원했다.

업무적 모금에서 공유된 가치로

마지막으로, 지난 10년 동안 협력 양상에 엄청난 변화가 생겼다. 박애주의에 근거하여 자원을 동원하는 식의 협력에서, 전 조직에 영향을 주는 문제를 해결하고 모든 협력자의 핵심 역량을 활용하며 전 분야와 지역에 걸친 다양한 이해관계자들과 함께하는 변혁적 협력으로 바뀐 것이다. 정책 개발, 시장 혁신, 사회 변화를 지원하는 전략적 협력을 통해 공공 목표와 사적 목표를 모두 다루어왔다. 유엔의 특정한 문제들과 목표가 기업을 포함한 변혁적 협력을 통해 처리되었고, 환경·사회·관리 문제와 관련해 기업 협력의 성과가 향상되었다. 이러한 협력이 유엔의 입증된 가치·기준·훌륭한 관리 원칙에 맞게 이루어질 때 모두에게 이익이 돌아갈 수 있다.

CONCLUSION:

THOUGHTS ON A DECADE AS SECRETARY-GENERAL OF THE UNITED NATIONS

유엔 사무총장으로
지낸 10년

반기문 Ban Ki-moon
제8대 유엔 사무총장

이 책은 유엔의 모든 성과가 그렇듯 합동작업과 협력으로 나온 결과물이다. 유엔의 다양한 위치에 있는 동료들이 준비한 이 책에는 유엔 헌장의 가치를 지지하고 목적을 달성하기 위해 지난 10년 동안 기울인 우리 모두의 노력이 고스란히 또 솔직하게 담겨 있다. 우리는 이 책에서 여러 도전들을 뒤돌아보았고, 우리의 접근법을 설명했으며, 득과 실을 따져보았고, 결론적으로 미래의 행동 방안을 제시했다. 내가 영광스럽게도 수장을 맡아온 조직이자 세상에 반드시 필요한 특별한 조직인 유엔을 앞으로 계속 이끌어가게 될 193개 회원국, 모든 파트너와 후임 총장에게, 이 평가 자료가 유용하게 쓰이기를 바라 마지않는다.

유엔 사무총장으로 지낸 10년을 생각하면 만감이 교차한다. 10년이라는 시간이 이렇게 화살처럼 지나가버렸다는 사실이 믿어지지 않을뿐더러 유엔 조직 내외에서 수많은 훌륭한 분들과 긴밀히 협력하던 시간이 끝났다는 사실에 슬픈 기분도 든다. 해결되지 못한 분쟁, 끝나지 않은 고통, 변화가 절실한 분야에서의 미흡한 성과 등 아직 완성되지 못한 과제들을 생각하면 걱정이 앞선다. 하지만 중요한 시기에 사무총장으로 일할 기회를 가졌던 데 대하여 감사함을 느낀다. 우리가 구한 생명, 우리가 보호한 권리와 우리가 새롭게 개척한 영역을 떠올리면 희망도 샘솟는다.

내가 재임한 기간을 잘 나타내는 특징은 유엔에 대한 기대감이 극적으로 상승한 시기였다는 점이다. 전례 없이 소셜미디어와 시민사회를 통해 뜻을 같이한 전 세계 시민들의 요구도 많았다. 또한 우리에게 임무와 물질적 지원을 제공한 각국 정부, 우리를 유일한 희망으로 생각하는 분쟁 지역이나 억압받는 지역 주민들, 수십 년 동안의 남용에 신음하는 지구의 대지도 요구의 목소리를 냈다. 오늘날 유엔은 더 많은 활동 영역, 더 많은 장소, 더 힘겨운 환경에서 임무를 다해줄 것을 요청받고 있다. 우리는 평화 유지 활동을 그 어느 때보다 많이 수행했으며, 유엔 역사상 인도주의적 활동을 가장 많이 했다. 더욱이 유엔은 지속가능성과 기후변화에 중점을 둔 대담하고 새로운 목표들을 채택하여 유엔 창설 이후 가장 야심 찬 개발의제를 마련하게 되었다.

우리는 이렇게 갈수록 커지는 요구 앞에서 문제 해결을 위한 세계적 토론장과 책임을 분담하기 위한 보편적 수단의 역할을 하는 유엔의 지속적 가치를 새롭게 인식하게 된다. 더욱이 오늘날 세계적 활동과 프로그램은 워낙 규모가 크고 복잡하기 때문에 새로운 협력 방식이 요구된다. 한마디로 21세기의 난제들은 21세기의 접근법이 필요한 것이다.

지난 10년은 지각 변동의 시기이자 기하급수적인 변화의 시기였다. 세계화로 말미암아 번영으로 나아가는 여러 경로가 드러났다. 하지만 더 커진 기회와 함께 새로운 위험과 예측하지 못한 문제들이 등장했다. 사람, 물류, 아이디어가 국경을 자유자재로 드나들듯이 질병, 무기, 극단주의자들의 선전도 국경을 마음대로 넘어 다녔다. 금융 위기와 식량 위기, 그리고 중동과 북아프리카에서 자유와 책임 있는 통치를 요구하는 투쟁 등 일련의 격변이 전 세계에 영향을 끼쳤다. 유럽과 아시아에서 새롭게 발생한 지정학적 경쟁으로 분열이 촉진되었다. 악의적인 야심을 품고 전 세계를 누비는 테러단체의 증가로 많은 나라에서 두려움이 증폭되었고, 국수주의적이고 분열적인 선동이 난무했으며, 사회적 결속력이 위협받게 되었다. 이는 바로 테러단체들이 원하고 환영하는 반응이었다.

지도자들과 국제 기구들은 이러한 상황에 대응하고, 더 심해진 상호의존과 변화로 말미암은 문제들을 해결할 능력이 그들에게 있다는 믿음을 사람들에게 심어주려고 부단히 노력해왔다. 사람들은 유엔에 더 많은 것을 요구하듯 이러한 지도자들과 기구들에도 더 많은 것을 요구하고 있다. 나는 취임했을 당시 유엔을 이러한 흐름에 맞도록 만들고 회원국들도 그렇게 하는 데 도움을 주겠다고 굳게 결심했다.

나는 새천년개발목표의 약속을 지키고 이행을 가속화하고자 폭넓게 호소해왔다. 전 세계의 절대빈곤 비율을 절반으로 줄인다는 새천년개발목표 1번이 달성되었다. 이 외에도 전에 비해 더 많은 여학생이 학교에 가게 되었고 더 많은 산모가 출산 후 생존했으며 더 많은 어린이가 건강한 삶을 이어갔다. 이는 물론 상당한 성과이지만 모두를 위한 존엄한 삶이 실현되기에는 아직 역부족이다. 불평등이 심화되었고 자식을 먹여 살리고 생계를 유지하기 위해 끊임없이 고투하는 사람들이 이 세상에 너무나 많기 때문이다. 새천년개발목표의 달성 기한이 다가오자 그동안의 경험에 비추어볼 때 경제 성장, 사회 정의, 환경 관리를 제대로 통합할 후속 계획이 필요했다. 유엔은 전 세계의 협력을 성공적으로 이끌어내 역사적인 2030 개발의제를 만들어냈다. 이 의제는 소외되는 사람이 아무도 없게 만든다는 약속과 함께, 17개의 통합적이고 야심 찬 핵심 목표로 요약된다. 이 새로운 목표들은 보편적이어서 모든 나라에 적용되며, 우리의 사회와 미래를 변화시키기 위해 만들어졌다. 그뿐 아니라 개발, 평화, 통치, 인권, 법규 사이의 관련성을 강조한다는 점에서 새로운 장을 열었다.

우리 세대가 세계의 빈곤을 근절할 수 있는 첫 세대이자, 기후변화로 인한 최악의 영향을 피하기 위해 의미 있는 조치를 취할 수 있는 마지막 세대라는 인식이 2030 개발의제에 반영되어 있다. 기후변화에 대처하는 행동은 지속가능한 세계를 만드는 데 핵심 요소다. 내가 취임했을 당시 국제적인 기후 협약 논의는 천천히 진행되고 있던 반면 기후변화로 말미암은 영향은 급속도로 위험한 수준이 되어가고 있었다. 이 시대의 분명한 도전과제에 지지부진하게 대응하는 광경을 가만히 지켜볼 수 없다는 생각이 들었다.

나는 곧장 세계 지도자들과 소통을 하면서 최악의 피해가 발생한 많은 지역을 방문했으며, 사안의 시급함을 알리기 위한 방안들을 강구했다. 이러한 노력이 세계 지도자, 시민사회, 민간분야, 재계 등 다양한 분야의 노력과 합쳐지면서 기후변화라는 문제가 글로벌 의제의 우선순위에 올랐다. 그 결과 2015년에 역사적인 파리협약이 체결되었다. 이 협약은 전 세계 사람들과 지구와 다자간 공동 정책을 위한 업적이 아닐 수 없다. 지구의 날을 기념하여 2016년 4월 22일에 열린 특별한 행사에서 175개 나라가 이 협약에 서명했다. 이로써 세계적 협약에 하루 만에 최다 서명이라는 기록을 세웠다. 물론 앞으로 가장 어려운 작업이 기다리고 있다. 하지만 나는 이 문제가 당연히 받아야 할 전폭적인 관심을 제때에 받아서 변화를 가져올 수 있었다는 사실에 안도하며 사무총장직에서 물러날 수 있을 것 같다.

여성들은 모두를 위한 지속가능한 미래, 번영한 미래를 만드는 데 열쇠를 쥐고 있다. 나는 이러한 신념을 바탕으로 여성 권익 향상을 중요한 사명으로 여기게 되었다. 나는 회원국들과 협력하여 양성평등을 위한 유엔 최초의 통합 기구(유엔 여성기구)를 창설했고 모자 보건 증진, 성폭력 방지, 여성의 경제적 권익과 정치적 참여를 향상시키기 위한 계획들을 세웠다. 나는 유엔 조직과 본부와 현장의 고위직 인사 임명에 양성평등을 실현함으로써 모범을 보이려고 노력했다. 양성평등이 아직 완전히 실현되지는 못했지만 우리가 보이지 않는 장벽을 많이 깬 것은 사실이다. 내가 취임했을 당시만 해도 평화 활동의 책임자급 자리에 있는 여성이 1명도 없었지만 지금은 모든 유엔 임무단의 약 4분의 1을 여성이 책임지고 있다. 유엔 최초의 여성 법률고문, 최초의 여성 경찰고문, 최초의 여성 유엔군 지휘관 그리고 100명이 넘는 사무차장 및 사무차장보 등 고위직에서 여성이 차지하는 비율은 40퍼센트로 증가했다.

미래는 오늘날 젊은 층의 손에 달려 있다. 우리들은 자신의 삶에 영향을 미치는 여러 가지 결정에 큰 역할을 하고 싶어 하는 젊은 층의 강한 욕구를 실현할 수 있도록 도와줄 의무가 있다. 나는 청년담당 특사를 임명했고(당시 그의 나이가 28세였다) 뒤이어 청년 취업률을 높이기 위한 특사도 임명했다. 청년, 평화, 안보를 다룬 유엔 안전보장이

사회 결의 제2250호가 2015년에 채택되었을 때 적극 환영했다. 이것은 젊은 층의 사고방식을 바꾸고 그들을 좀 더 체계적으로 평화 구축에 참여시킬 잠재력을 지닌 괄목할 만한 성과였다.

　나는 평화와 안보 분야에서 유엔의 중재와 예방 외교 역량을 강화하기 위해 다양한 조치를 취했다. 유엔의 특사, 특별대표, 조정관, 조력자들은 말을 안 듣는 분쟁 당사자들과의 어려운 과정을 겪으면서 시리아, 예멘, 리비아, 남수단을 포함한 여러 지역에서 발생하는 분쟁을 외교적으로 해결하기 위해 지금도 노고를 아끼지 않고 있다. 이와 함께 평화 유지 활동을 담당하는 유엔 본부 직원들과 현지의 유엔 사무소 팀들은 폭력적 충돌을 방지하고 평화를 유지하며 대화를 촉진하기 위해 신중하게 노력하고 있다. 내 재임 중에 팔레스타인이 비회원국 옵저버 지위를 인정받아 현재 유엔에서 팔레스타인 국기가 자랑스럽게 휘날리고 있다. 하지만 나는 유감스럽게도 국제사회가 팔레스타인 문제의 영구적 해결책을 내놓지 못해 크게 실망했고, 채택 가능한 '2국가 해결 방안'이 나올 전망이 하루가 다르게 낮아지는 데 우려했다. 이 가운데 가장 비극적이고 가슴 아픈 사례는 시리아 내전과 관련한 유엔 안전보장이사회의 분열이었다. 애초에 정당한 평화적 시위로 시작된 운동이 결국 광범위한 충돌로 이어지고 말았다. 이러한 충돌로 말미암아 한 국가가 폐허로 변하고 수많은 사람이 형언할 수 없는 고통에 내몰렸으며, 그 영향이 전 세계로 파급되었고, 유엔과 안전보장이사회는 심한 비판을 받았다. 이러한 파장은 앞으로도 계속될 것이다.

　나의 취임 후 새로운 평화 구축 체계에 대한 작업이 시작되었다. 그 후 10년 만에 유엔 총회와 안전보장이사회는 평화 유지와 관련한 획기적인 결의를 채택했다. 이 결의에는 그동안 우리가 얻은 수많은 교훈이 고스란히 반영되었다. 그간 평화 유지 활동, 평화 구축, 평화와 안보를 유지하는 데 여성의 역할을 주제로 한 일련의 객관적 검토 결과를 대하고 회원국들이 분쟁 예방의 필요성을 강조했음을 나는 기쁘게 생각했다. 분쟁 예방은 인간의 고통을 줄이고 그 고통을 완화하기 위해 쓰는 비용을 축소하는 가장 확실한 방법이다. 하지만 이를 실현하기 위해 우리가 해야 할 일이 많다.

또한 유엔 평화유지군과 다른 직원들이 저지른 성추행 및 성적 착취라는 부도덕한 행위를 해결하기 위해서도 해야 할 일이 많다. 이러한 사악하고 비열한 행위는 이미 무력 분쟁에 지칠 대로 지친 사람들의 고통을 가중시켰고 전 세계 수많은 사람이 보여준 용감하고 실질적인 공헌에 먹칠을 했다. 보호자는 절대로 약탈자로 돌변하면 안 된다. 회원국들과 유엔 사무국은 불관용 정책을 분명히 시행하기 위해 노력해야 한다.

유엔군의 배치 인원과 배치의 복잡성이 전에 없이 증가한 상황에서 수많은 유엔군이 자부심을 느끼며 근무했다. 유엔 직원들은 갈수록 위험해지는 작전 환경에서 엄청난 용기를 보여주었고, 이따금 극단주의자들과 조직적인 범죄 집단이 장악하여 국가 권한이 미치지 않는 외진 지역까지 과감히 진출했다. 이렇게 되기까지는 평화 유지 활동을 더 신속하고 효과적이고 책임감 있게 만들기 위한 지속적인 혁신이 필요했다. 주요 혁신들이 내 임기의 초반과 후반에 이루어졌다. 임기 초반에 당초 큰 규모로 활동하던 평화유지활동국이 규모 면에서 관리가 더 쉽고 집중 분야에 더 초점을 둘 수 있는 2개의 기관으로 분리되었다. 새로운 현장지원국이 신설된 것이다. 최근에 유엔 평화 활동을 위한 고위급패널은 유엔이 임무를 더 잘 관리하는 방안과 이러한 임무를 지원하는 국제적 협력을 강화하는 방법에 대해 여러 가지 중요한 제안을 했다. 이 가운데 일부 계획은 내 후임자의 손에 넘어갈 것이고 상당수의 광범위한 계획들은 회원국의 손에 달려 있지만, 내 임기가 끝날 때까지 내가 주도해 많은 계획을 실현시키고자 애썼다.

기관의 혁신만으로는 유엔 활동을 효과적으로 만드는 데 충분하지 못하다. 평화 유지 활동에 기여하는 회원국들 사이의 협정과, 회원국과 유엔 사무국 사이의 협정에는 정치적 의지와 신뢰를 꾸준히 새롭게 할 필요가 있다. 이것은 평화 유지 활동이 안전보장이사회로부터 정치적 지원을 받고, 주둔국 정부로부터 허가를 받고, 모든 회원국으로부터 필요한 자원을 지원받는 데 극히 중요한 요소다.

우리는 지난 10년 동안 맞닥뜨린 일부 난제들에 새로운 접근법을 써야 했다.

서아프리카에서 에볼라 바이러스가 확산되면서 유엔은 유엔 최초로 공공 보건을 위한 비상 대책 본부를 만들었다. 바로 유엔 에볼라 긴급대응임무단UN Mission for Ebola Emergency Response이다. 이것은 유엔의 정치적·기술적 능력과 물류 지원 능력이 어떻게 유연하고 신속하게 적용되었는지 잘 보여주는 중요한 사례다. 에볼라 확산을 저지하는 과정에서 얻은 경험으로 세계보건기구와 국제사회가 앞으로의 세계적 유행병에 대처하는 데 도움이 될 좋은 아이디어와 지식을 얻을 수 있었다.

시리아의 화학무기 사용에 대한 대응 역시 혁신적 접근법이었다. 유엔은 화학무기금지기구Organization for the Prohibition of Chemical Weapons와의 효과적인 합동 임무단 구성으로 시리아에서 화학무기 프로그램을 제거했다. 당시에 화학무기 사용 사례를 조사하기 위해 합동조사 방식을 채택했다. 나는 이러한 조사 방식이 당시 화학무기 사용 여부의 판정을 넘어서 앞으로 이런 비인간적인 화학무기 사용 자체를 억제하는 기능을 해주기를 바란다.

나는 핵무기, 재래 무기, 소형무기에 초점을 맞추어 군비 축소와 핵 확산 방지 의제와 관련해 행동을 촉구했다. 2014년 무기거래조약 Arms Trade Treaty의 체결은 치명적인 무기 이동을 규제하고, 인간의 고통을 줄이며, 더 안전한 세상을 구축한다는 점에서 획기적인 사건이었다. 우리는 사람을 무분별하게 죽이고 불구로 만드는 무기로부터 민간인과 전투원을 보호할 추가 조치를 마련하고 이러한 추세를 유지해야 한다. 2015년 7월에 이란 핵 협상이 타결되어 뿌듯했다. 이것은 인내심을 발휘하는 다자 외교의 가치를 잘 보여주는 사례다.

세계적으로 전례 없는 인도주의적 지원 수요가 생기면서 나는 좀 더 공고하고 책임감 있고 충분한 재정 지원을 받는 인도 지원 체제를 폭넓게 호소하게 되었다. 2016년에 처음 열린 세계인도지원정상회의에는 회원국들과 '인류애를 위한 의제'를 지지하는 모든 협력자들이 참석했다. 새로운 수준의 지원 수요는 가난한 사람들과 위험에 취약한 사람들, 특히 분쟁 지역과 재난 지역에 갇힌 사람들과 새로운 수준의 세계적 결속을 통해 대응해야 한다는 것이 내가 전한 핵심 메시지였다. 이 회의에서 인도 지원의 위기에 대응하는 새로운 방법이 제시되었는데, 이는 회복 탄력성을 키우고 지역 사회 참여를 유도하고 초기 단계에서 수요 발생을 줄이는 것을 강조하는 방법이다.

유엔 인권이사회는 지난 10년 동안 인권 침해에 대한 우리의 대응력을 향상시키고 회원국들의 예방 능력을 강화하기 위해 보편적정

레인권검토를 이행하고, 여러 가지 방법을 통해 인권이사회의 가치를 증명해왔다. 나는 그 추한 모습을 어디서나 드러내는 제도화된 차별을 강하게 반대해왔다. 동성애자·양성애자·성전환자·간성애자의 인간 존엄성을 보호하려고 애써왔다. 성적 성향이나 성 정체성에 근거한 차별을 없애기 위해 노력하다보면 흔히 세계 지도자들과 정면으로 부딪치며, 전통적이고 사회적인 관습의 한계를 넘어서야 한다. 나는 여러 나라의 민주주의 이행을 지지했고 사형 제도 폐지와 장애인의 권리를 옹호하는 캠페인을 성원했다. 또한 전환기 정의 실현, 추모, 보호책임의 중요성을 강조했다. 그랬기에 국제형사재판소나 그 밖에 책임 규명 체계를 지지했고 아우슈비츠 비르케나우 강제수용소, 프놈펜에 소재한 뚜얼슬랭 교도소, 스레브레니차와 르완다에 있는 집단학살 희생자 기념관을 방문했다.

인권 향상을 위한 우리의 노력은 계속해서 심각한 난관에 부딪친다. 이러한 난관은 필요한 변화의 촉진제가 되어야 한다. 나는 이러한 신념으로 인권최우선 정책을 펼쳤다. 스리랑카에서 발생한 내전의 마지막 단계에서 수많은 민간인이 죽었고 그 당시 유엔이 이를 막지 못했는데, 바로 이것이 '인권최우선' 정책을 만들게 된 계기가 되었다. 이 정책은 예방 수단으로서 조기 경보에 초점을 맞춘다. 이러한 접근법 덕분에 2013년 남수단에서 발생한 분쟁에 대한 대응책을 마련할 수 있었다. 그 당시 유엔은 평화 유지 활동의 기회를 민간인에게도 주어서 수많은 생명을 구했다. 나는 전 세계 유엔 대표들에게 인권이 침해될 위험에 처한 사람들을 목격하면 분명히 대처할 것을 강조해왔다. 우리의 첫째 임무는 사람들을 보호하는 일이다.

나는 폭력적인 극단주의로 말미암은 위협의 확대에 대응하고자

2016년에 폭력적 극단주의 예방을 위한 행동계획Plan of Action to Prevent Violent Extremism을 도입했다. 이 계획에는 과격화를 야기하는 근본 상황을 해결하기 위한 포괄적 제안이 포함되었다. 우리는 안보에 기반을 둔 테러 방지 조치들을 취하는 과정에서 우리의 접근법에 반드시 인권 존중이 담겨 있어야 한다는 사실을 알게 되었다. 이는 우리가 불을 끄려고 노력하다가 결국 불을 지피는 상황이 발생하지 않도록 하기 위해서다.

인권(이것은 종종 간과되는 유엔의 세 번째 주요 정책 분야다)에 더 많은 주의를 기울이기 위한 노력은 이따금 방해와 반대에 부딪친다. 우려스럽게도 일부 회원국들은 인권에 대한 강조를 약화시키려는 경향을 보인다. 여기에는 언론 단속, 시민사회 활동의 방해, 인권 수호자의 구금이 포함된다. 이러한 조치들은 유엔의 설립 원칙에 어긋나며 반드시 반대 방향으로 바뀌어야 한다. 나는 인권이 지속가능개발목표에서 상당히 중요한 부분을 차지해서 희망을 느낀다. 이것은 인권이 보편적 주제이자 영속적인 가치라는 점을 잘 보여준다.

지난 10년에 대한 이러한 소견은, 우리가 도움을 준 사람들에게 심한 트라우마를 안겨주었고 유엔의 입지를 훼손시킨 한 사건을 두고 내가 느낀 심한 낭패감과 유감을 표현하며 마무리해야 할 것 같다. 그 사건이란 바로 아이티의 콜레라 발생이다. 아이티에서 엄청난 피해를 야기한 지진이 발생한 이후 콜레라가 확산되었다. 유엔은 콜레라 전염을 종식시키고, 가장 직접적인 피해를 입은 아이티 사람들에게 치료와 물적 지원을 제공하고, 물·위생 관리·보건 제도처럼 장기적으로 접근해야 하는 사안들을 해결하기 위해 아이티 정부와 국민들, 또 국제사회와도 계속 협력하고 있다.

나는 유엔에 입성했을 때 직원들의 헌신적인 자세와 행정과 예산 체계의 결함 사이에 큰 간극이 존재한다는 사실에 충격을 받았다. 나의 전임자들 역시 곤혹스러워 하며 우리의 활동이 미비한 유엔 체계 때문에 좌절되지 않도록 하려고 그들 나름의 조치를 취했다. 물론 회원국들은 유엔이 자원 등을 투명하고 책임감 있고 효과적으로 관리해줄 것이라 기대할 권리를 갖는다. 이런 연유로 지난 10년 동안 진행된 개혁에는 감독 강화, 소청심사제도 개선, 새로운 윤리 강령, 자산 공개, 고위 관리자들과의 '성과 계약' 확대가 포함되었다. 나는 현대 기술, 모범 경영, 효율적인 업무 처리로 뒷받침되는, 진정으로 세계적인 유엔 사무국을 만들고자 순환근무를 포함한 새로운 인적 자원 정책을 도입했다.

기관별 운영 및 예산 편성 절차가 세분화를 조장하긴 했지만, 유엔 전문 기구, 기금, 프로그램, 고위급조정이사회를 망라한 '하나의 유엔Delivering as One' 개혁으로 유엔 체제는 한 가족으로서 더욱 협력할 수 있었다. 하지만 회원국들 사이에 존재하는 입장 차이 때문에 이러한 개혁에 박차를 가하기가 너무 어려워 적잖은 실망감을 느끼기도 했다. 한편 아프리카 중부 대호수 지역, 사헬 사막 지대, 동부 혼 지역, 그리고 중동을 세계은행 총재와 함께 방문하면서 유엔과 세계은행의 협력 범위가 넓어졌다. 나의 바람이라면 이것이 다양한 사안, 특히 2030 개발의제와 파리협약의 이행과 관련해 더 긴밀한 협력으로 이어지는 것이다.

유엔의 큰 강점 가운데 하나는 합법성, 보편성, 형평성에 근거한 회의 소집 능력이다. 나는 유엔의 특수한 지위를 통하여 광범위한 관계자들과 손을 잡았고, 그들의 다양하고 뛰어난 능력을 활용했다. 여성과 출산, 지속가능한 에너지, 지속가능한 농업, 식량 안보, 기아, 물, 위생 관리, 교육, 발전을 위한 자료의 창의적 활용 같은 과제들을 다루기 위해 다양한 이해관계자들과의 협력이라는 원칙을 정했다. 지속가능한 비즈니스 모델의 가치에 대한 민간분야 기업들의 인식이 점차 확대되면서, 글로벌콤팩트의 지속가능한 기업 계획은 상당한 진전을 보였다. 한편 아카데믹임팩트가 기울인 노력으로 연구 기관과 고등 교육 기관과의 생산적인 파트너십이 형성되었다. 선수들과 여러 스포츠 기관 역시 다양하고 생산적인 방식으로 유엔을 지원하고 있는데, 특히 국제올림픽위원회가 그렇다. 유엔 총회는 2009년에 국제올림픽위원회에 상임옵저버 자격을 부여했다. 이는 발전과 평화를 촉진할 엄청난 잠재력이 스포츠에 내재되어 있음을 보여주는 사례다.

지금 유엔은 유엔의 목표를 위한 세계 시민의 참여를 유도할 수 있도록 의회, 시민사회, 학자, 종교 단체, 과학자, 혁신가, 창의적 예술가와 더 긴밀한 관계를 형성하고 있다. 이것은 당연한 일이다. 유엔은 유엔 헌장에 명시된 '모든 국가의 국민들'의 조직이자 '모든 국가의 국민들'을 위한 조직이며, 현재와 미래의 난제들을 성공적으로 해결할 다른 방법이 이것 말고는 없기 때문이다.

지난 10년은 유엔에게도, 사무총장으로 일한 나에게도 잊지 못할 시간이었다. 전쟁과 가난으로 황폐화되었던 나라에서 자라면서 어린 나이에 유엔을 희망의 빛으로 여겼던 내가 유엔의 광범위한 임무들을 떠맡았다는 사실에 겸허한 마음을 가진다. 나는 유엔 본부와 전 세계 동료들의 헌신에 항상 힘을 얻었고, 유엔 헌장의 원칙을 지키다가 목숨을 잃은 사람들의 희생과 그들이 남긴 유산에 깊이 감동했다.

그들에게 경의를 표하는 가장 좋은 방법은 평화, 개발, 인권을 위한 우리의 노력을 강화하는 일이다. 나는 우리가 그러한 희망의 불빛이 계속 꺼지지 않도록 협력할 때 발생되는 변화를 직접 목격했다. 또한 우리가 협력의 손을 놓을 때 어둠이 확산되는 광경도 목격했다.

나의 후임 유엔 사무총장이 하는 모든 일에 성공이 함께하기를 기원한다. 우리의 지식과 여태까지의 협력에도 불구하고 세계인들의 공동 목표 의식은 애석할 정도로 약하다. 유엔은 세계 역사에서 공동의 진보를 달성할 수 있는 최고의 수단으로 남아 있다. 종종 분열상을 보이기는 하지만 회원국들의 손에 많은 것이 달려 있다. 누군가는 이러한 과제를 세상에서 가장 불가능한 일이라고 묘사하기도 했다. 나는 이것을 가장 감동을 주는 일이라고 말하고 싶다.

감사의글

많은 분이 이 책의 집필에 기여했다. 하지만 임무를 막 시작할 당시의 경험을 떠올려보면 당시 임무 수행의 근거와 추진력에 대한 정보를 제공한 분이 바로 반 총장이다. 반 총장은 여러 책임을 떠맡은 자신의 팀이 넘겨받은 문서의 어마어마한 분량에 놀랐던 기억을 떠올렸다. 그러므로 이 책이 집필된 첫째 목적은 유엔 업무의 다양성과 세부 사항을 설득력 있게 전달함으로써 새로 선출된 유엔 사무총장에게 유엔이 직면한 여러 가지 복잡한 사안들에 빨리 익숙해지도록 도움을 주는 것이다. 반 총장은 전략적인 상황 점검 과정이 후임자를 지원하는 것 외에도 지난 10년 동안의 행적을 검토할 수 있는 유일무이한 기회가 될 것이라고 생각했다. 이러한 과정이 세계 환경 변화를 반추하고, 유엔 사무국이 여러 난제들을 해결했던 방식과 새로운 접근법을 도입한 방식, 기회를 활용했던 방식을 솔직하게 평가할 수 있는 유일한 기회가 될 것이라고 여겼다. 반 총장은 이러한 과정을 통해 고위급 지도자들이 솔직히 성찰하고, 지나간 실패와 실망을 철저히 검토하며, 현재 글로벌 관계의 현실에서 유엔이 계속 직면하는 내재적 한계를 개선하는 기회를 얻기를 바랐다. 이 책을 만드는 과정에서 고위직 관리자들과 헌신적인 많은 전문 직원들은 이러한 두 가지 목적을 이루고자 협업팀으로서 노력했다.

이뿐 아니라 반 총장은 이 책이 모든 회원국과 유엔의 모든 직원이 지난 10년 동안 직면한 난제들을 처리하기 위해 쏟아부은 공동의 지혜와 노력에 대해 대중과 그 밖의 이해관계자들에게 알려주기를 바라고, 새로운 지도자가 직면할 엄숙한 난제와 책임에 대한 공감대를 형성하기를 바라고 있다.

이 책의 집필 작업은 공식적으로 2016년 2월에 시작되었다. 그 당시 반 총장은 전략적, 기술적 조언자들로 구성된 팀을 소집했다. 얀 엘리아손 유엔 사무부총장이 의장을 맡고 15명의 사무차장으로 구성된 운영위원회가 결성되었다. 이 위원회에서 이 책의 각 장과 관련한 전략적 지침과 각 기관별 할당 분량을 결정했다.

운영위원회는 편집장 역할을 해준 비제이 남비아르의 조언에서도 많은 도움을 받았다. 김원수의 전략적 조언 아래 사무총장실에서 이 과정이 진행되었다. 기술적 실무팀의 책임자를 맡은 나르도스 베켈레토마스Nardos Bekele-Thomas는 아심 샤르마Asim Sharma, 조지안 암빌Josiane Ambiehl, 미셸 그리핀Michele Griffin의 도움을 받아 구상 단계에서 완성 단계에 이를 때까지 기술적 과정을 꾸준히 이끌었다.

운영위원회는 2016년 3월, 4월, 6월에 3번의 회의를 열어 집필의 전반적인 윤곽을 잡았고 초안 과정에서 정해진 각 장의 취지를 면밀히 검토했다. 운영위원회의 구성원들은 중심 집필자 1명을 정했고, 이 집필자는 접근법과 문체의 일관성을 유지하기 위해 사무총장실과 긴밀하게 협의했다. 핵심 실무팀은 같은 기간에 4번 만나 각 장의 구조와 내용을 구체화했으며, 원고의 조화를 이루기 위해 각 부처 및 각 기관과 상의했다. 러셀 테일러_{Russell Taylor}가 줄리 스넬제임스_{Julie Snell-James}의 적극적인 도움을 받아 원고를 공들여 능숙하게 편집했다.

이렇듯 뛰어난 노력을 기울인 결과 지난 10년 동안의 중요 사건들과 핵심 난제들을 다루고, 완성되지 못한 임무와 미래 방향에 대한 고찰을 담은 포괄적인 책이 탄생했다.

반 총장은 '과거를 더 멀리 뒤돌아볼수록 미래를 더 멀리 내다볼 수 있다'[198]는 신념을 바탕으로 과거와 미래를 연결하기 위해 노력하는 중재자 역할을 다하겠다는 열정을 보이며, 유엔의 성과를 더 진전시키기 위한 이러한 노력을 지지했다.

이 책은 조직 전체의 공동 노력으로 나온 결과물이다. 반 총장의 재임 기간에 유엔이 보인 성과를 통합적인 방식으로 분석하여 제시한 개인들의 헌신적인 기여가 바탕이 되었다. 책 내용을 결정하고 지난 10년간 유엔의 성과를 특징짓는 무수한 활동과 정보를 알아내는 데 중요한 역할을 한 분들의 이름을 아래에 열거했다.

Adam Hodge, Alexander Trepelkov, Ali J. Al-Saidi, Alison Rowe, Andrew Nye, Andrew Painter, AnneMarie van den Berg, Anton Nikiforov, Ard Venema, Ashby Anglin, Beatrice Duncan, Benoit Kalasa, Beth Asher, Birgit Kainz, Brendan McDonald, Byung-Kun Min, Cass CuRant, Chandramouli Ramanathan, Chris King, Christian Saunders, Christina Post, Christine Bendel, Clarice Wilson, Claudia Diaz, Clemens Adams, Craig Mokhiber, Daniel Hogan, Daniele

Violetti, Dirk Druet, Einat Temkin, Elizabeth Leff, Elizabeth Rolando, Eugene Chen, Florence Poussin, Frank Smyth, Gillian Kitley, Hazel Gooding, Heli Pahlman, Hong Sok Kwon, Ivan Simonovic, Jack Howard, Jacques Collignon, James Freda, Joanna Harvey, Joe Colombano, Joscha Kremers, Josiane Ambiehl, Julien Pellaux, Kanni Wignaraja, Katja Hemmerich, Ken Herman, Kersten Jauer, Kyoko Shiotani, Laura Gallacher, Lena Dissin, Linda Taylor, Lokman Hussain, Maarit Kohonen Sheriff, Magdy Martínez-Solimán, Mari Yamashita, Mario Baez, Maymuchka Lauriston, Michael Rosetz, Michael Spies, Michele Griffin, Michele Simone, Michiko Okumara, Nancee Bright, Naomi Miyashita, Nergis Gulasan, Nicole Bjerler, Nik Sekran, Nikki Siahpoush, Oliver Ulich, Patricia Kim, Paul Ladd, Paulos Berglof, Pedro Conceição, Peggy Hicks, Philomena Cleobury, Remo Lalli, Renata Dwan, Renata Rubian, Riann Bezuidenhout, Ronny Lindstrom, Rudolf Muller, Sanna Käki, Shantanu Mukherjee, Sharon Riggle, Sharon Rusu, Sophie Rutenbar, Stefano Losi, Stephen Jackson, Tamara Anderson, Teresa Buerkle, Wayne Whiteside, Werner Schmidt, William Kennedy, Wiryanto Sumitro, Yasna Uberoi.

주요 용어와 기관 명칭

개발재원
Financing for Development, FfD

갱신된 포괄적 행동계획
Updated Comprehensive Framework for
Action, UCFA

경제협력개발기구
Organization for Economic Co-operation and
Development, OECD

고위급관리위원회
High-level Committee on Management, HLCM

고위급위원회
High-level Committee, HLC

고위급전문가패널
High-level Panel of Experts, HLPE

고위급정치포럼
High-level Political Forum, HLPF

고위급조정이사회
United Nations System Chief Executives Board
for Coordination, CEB

고위급태스크포스
High-level Task Force, HLTF

교육을 통한 혁신과 개혁을 촉진하는 학생행동
Action by Students to Promote Innovation and
Reform through Education, 어스파이어ASPIRE

구유고슬라비아국제형사재판소
International Tribunal for the former
Yugoslavia, ICTY

국가인권기구
national human rights institution, NHRI

국내 피난민
internally displaced person, IDPs

국제 협력을 위한 유엔 기금
United Nations Fund for International Partnerships,
UNFIP

국제공공회계기준
International Public Sector Accounting
Standards, IPSAS

국제공무원위원회
International Civil Service Commission, ICSC

국제노동기구
International Labour Organization, ILO

국제농업개발기금
International Fund for Agricultural Development,
IFAD

국제연합
United Nations, 유엔UN

국제원자력기구
International Atomic Energy Agency, IAEA

국제인구개발회의
International Conference on Population and
Development, ICPD

국제적십자위원회
International Committee of the Red Cross,
ICRC

국제통화기금
International Monetary Fund, IMF

국제형사재판소
International Criminal Court, ICC

군축사무실
office for Disarmament Affairs AND official
development assistance, ODA

근동 지역 팔레스타인 난민을 위한 유엔 난민구
제사업국
United Nations Relief and Works Agency for
Palestine Refugees in the Near East, UNRWA

글로벌교육협력구상
Global Education First Initiative, GEFI

글로벌남남개발엑스포
Global South-South Development Expo, GSSD

글로벌현장지원전략
Global Field Support Strategy, GFSS

급조폭발물
improvised explosive device, IED

기술지원팀
technical support team, TST

기아종식사업
Zero Hunger Challenge, ZHC

기후변화 문제 지원팀
Climate Change Support Team, CCST

기후변화에 대응하기 위한 정부 간 패널
Intergovernmental Panel on Climate Change,
IPCC

남남 협력을 위한 유엔 기금
United Nations Fund for South-South Cooperation,
UNFSSC

남반구기후협력육성기구
Southern Climate Partnership Incubator, SCPI

다푸르에 있는 유엔-아프리카연합임무단
African Union-United Nations Hybrid Operation
in Darfur, UNAMID

당사국총회
Conference of the Parties, COP

당사국 추가 의무에 관한 특별작업반(교토의정서
부속서 1)
Ad Hoc Working Group on Further Commitments
for Annex Ⅰ Parties under the Kyoto Protocol,
AWG-KP

대테러이행단
Counter-Terrorism Implementation Task
Force, CTITF

더반선언 및 행동계획
Durban Declaration and Programme of Action,
DDPA

독립국가연합
Commonwealth of Independent States, CIS

독립전문가검토그룹
independent Expert Review Group, iERG

동남아시아국가연합
Association of Southeast Asian Nations, 아세안
ASEAN

동성애자·양성애자·성전환자·간성애자
lesbian, gay, bisexual, transgender and intersex
persons, LGBTI

레바논특별재판소
Special Tribunal for Lebanon, STL

레바논평화유지군
United Nations Interim Force in Lebanon,
UNIFIL

르완다국제형사재판소
International Criminal Tribunal for Rwanda,
ICTR

리마-파리 실천의제
Lima-Paris Action Agenda, LPAA

맵스
MAPS

모두를 위한 지속가능한 에너지
Sustainable Energy for All, SE4All

모든 여성과 모든 아동
Every Woman Every Child, EWEC

무기거래조약
Arms Trade Treaty, ATT

무력개입여단
Force Intervention Brigade, FiB

무인비행체
unmanned aerial vehicles, UAVs

무장 해제, 동원 해제, 재통합
disarmament, demobilization and reintegration,
DDR

미주기구
Organization of American States, OAS

민간분야전담
Private Sector Focal Points, PSFP

민간인 보호
protection of civilians, PoC

ㅂ

법치안보제도실
Office of Rule of Law and Security Institutions,
OROLSI

보편적정례인권검토
Universal Periodic Review, UPR

부룬디 유엔 사무소
United Nations Office in Burundi, BNUB

북대서양협약기구
North Atlantic Treaty Organization, 나토NATO

북한
Democratic People's Republic of Korea, DPRK

분쟁 및 취약성에 대응하기 위한 국제네트워크
International Network on Conflict and Fragility,
INCAF

분쟁과 관련된 성폭력
conflict-related sexual violence, CRSV

비정부단체
non-governmental organization, NGO

ㅅ

상주조정관
Resident Coordinators, RCs

새천년개발목표
Millennium Development Goal, MDG

생물다양성협약
Convention on Biological Diversity, CPB

생식, 모성, 영아, 아동 건강
Reproductive, Maternal, Newborn and Child
Health, RMNCH

서아프리카국가경제공동체
Economic Community of West African States,
ECOWAS

세계무역기구
World Trade Organization, WTO

세계보건기구
World Health Organization, WHO

세계식량계획
World Food Programme, WFP

세계식량안보위원회
Committee on World Food Security, CFS

세계환경기금
Global Environment Fund, GEF

소말리아에 파병된 아프리카연합임무단
African Union Mission in Somalia, AMISOM

시에라리온잔여업무처리특별재판소
Residual Special Court for Sierra Leone,
RSCSL

시에라리온특별재판소
Special Court for Sierra Leone, SCSL

ㅇ

아동권리협약
Convention on the Rights of the Child, CRC

아동 및 무장 분쟁에 대응하기 위한 사무총장특별
대표사무국
Office of the Special Representative of the
Secretary-General for Children and Armed
Conflict, SRSG-CAAC

아동 참여에 대응하기 위한 선택의정서
Optional Protocols on the Sale of Children,
OPSC

아동 폭력에 대응하기 위한 사무총장특별대표사
무국
Office of the Special Representative of the
UN Secretary-General on Violence against
Children, SRSG-VAC

아랍연맹
League of Arab States, LAS

아프리카경제위원회
Economic Commission for Africa, ECA

아프리카연합
African Union, AU

안보 부문 개혁
security sector reform, SSR

여성 할례
female genital mutilation, FGM

여성지위위원회
Commission on the Status of Women, CSW

여성차별철폐위원회
Committee on the Elimination of Discrimination against Women, CEDAW

영양관리확산
Scaling Up Nutrition, 선SUN

온실가스
greenhouse gas, GHG

유럽안보협력기구
Organization for Security and Co-operation in Europe, OSCE

유럽연합
European Union, EU

유엔 개발계획
United Nations Development Programme, UNDP

유엔 개발그룹
United Nations Development Group, UNDG

유엔 개발원조계획
United Nations Development Assistance Frameworks, UNDAFs

유엔 개발활동조정사무소
United Nations Development Operations Coordination Office, DOCO

유엔 경제사회국
Department of Economic and Social Affairs, DESA

유엔 경제사회이사회
Economic and Social Council, ECOSOC

유엔 교육과학문화기구
United Nations Educational, Scientific and Cultural Organization, 유네스코UNESCO

유엔 국가팀
United Nations Country Team, UNCT

유엔 군축연구소
United Nations Institite for Disarmament Research, UNIDIR

유엔 기후변화협약
United Nations Framework Convention on Climate Change, UNFCCC

유엔 난민기구
Office of the United Nations High Commissioner for Refugees, UNHCR

유엔 남남협력사무소
United Nations Office for South-South Cooperation, UNOSSC

유엔 남수단임무단
United Nations Mission in South Sudan, UNMISS

유엔 내부감사실
Office of Internal Oversight Services, OIOS

유엔 라이베리아임무단
United Nations Mission in Liberia, UNMIL

유엔 리비아임무단
United Nations Support Mission in Libya, UNSMIL

유엔 마약범죄사무소
United Nations Office on Drugs and Crime, UNODC

유엔 말리 다면적통합안정화임무단
United Nations Multidimensional Integrated Stabilization Mission in Mali, MINUSMA

유엔 무역개발회의
United Nations Conference on Trade and Development, UNCTAD

유엔 민간분야포럼
United Nations Private Sector Forum, PSF

유엔 민주주의기금
United Nations Democracy Fund, UNDEF

유엔 본부 개보수사업
Capital Master Plan AND Meeting of the Parties, CMP

유엔 분리감시군
United Nations Disengagement Observer Force, UNDOF

유엔 비정부기구연락사무소
United Nations Non-Governmental Liaison Service, UN-NGLS

유엔 사막화방지협약
United Nations Convention to Combat Desertification, UNCCD

유엔 사무국 공보국
Department of Public Information, DPI

유엔 사무국 관리국
Department of Management, DM

유엔 사무국 정무국
Department of Political Affairs, DPA

유엔 사무국 총회운영국
Department for General Assembly Affairs and
Conference Management, DGACM

유엔 사무국 현장지원국
Department of Field Support, DFS

유엔 사무총장경영사무소
Executive Office of the Secretary-General,
EOSG

유엔 사무총장청년특사사무소
United Nations Office of the Secretary-
General's Envoy on Youth, OSGEY

유엔 서아프리카사무소
United Nations Office for West Africa, UNOWA

유엔 서아프리카사헬사무소
United Nations Office for West Africa and the
Sahel, UNOWAS

유엔 선거지원단
Electoral Assistance Division, EAD

유엔 시에라리온평화구축통합사무소
United Nations Integrated Peacebuilding
Office in Sierra Leone, UNIPSIL

유엔 식량농업기구
Food and Agriculture Organization of the
United Nations, FAO

유엔 아동기금
United Nations Children's Fund, 유니세프
UNICEF

유엔 아시아태평양경제사회위원회
Economic and Social Commission for Asia and
the Pacific, ESCAP

유엔 아이티 안정화 임무단
United Nations Stabilization Mission in Haiti,
MINUSTAH

유엔 아카데믹임팩트
United Nations Academic Impact, UNAI

유엔 아프가니스탄임무단
United Nations Assistance Mission in Afghanistan,
UNAMA

유엔-아프리카연합사무소
United Nations Office to the African Union,
UNOAU

유엔 안전관리시스템
United Nations Security Management System,
UNSMS

유엔 안전보안국
United Nations Department of Safety and
Security, UNDSS

유엔 에볼라 긴급대응임무단
United Nations Mission for Ebola Emergency
Response, UNMEER

유엔 에이즈계획
Joint United Nations Programme on HIV/AIDS,
UNAIDS

유엔 여성기구
United Nations Entity for Gender Equality and
the Empowerment of Women, UN Women

유엔 이라크임무단
United Nations Assistance Mission for Iraq,
UNAMI

유엔 인구기금
United Nations Population Fund, UNFPA

유엔 인권최고대표사무소
Office of the United Nations High Commissioner
for Human Rights, OHCHR

유엔 인적자원관리실
Office of Human Resources Management,
OHRM

유엔 재단
United Nations Foundation, UNF

유엔 제네바 사무소 개보수사업
Strategic Heritage Plan, SHP

유엔 중앙아시아예방외교지역센터
United Nations Regional Centre for Preventive
Diplomacy in Central Asia, UNRCCA

유엔 중앙아프리카공화국 다면적통합안정화임무단
United Nations Multidimensional Integrated
Stabilization Mission in the Central African
Republic, MINUSCA

유엔 중앙아프리카지역사무소
United Nations Regional Office for Central
Africa, UNOCA

유엔 차드중앙아프리카공화국임무단
United Nations Mission in the Central African
Republic and Chad, MINURCAT

유엔 책임투자원칙
United Nations Principles for Responsible
Investment, PRI

유엔 커뮤니케이션그룹
United Nations Communications Groups,
UNCGs

유엔 코트디부아르임무단
United Nations Operation in Côte d'Ivoire,
UNOCI

유엔 콩고안정화임무단
United Nations Organization Stabilization
Mission in the Democratic Republic of the
Congo, MONUSCO

유엔 평화유지활동국
United Nations Department of Peacekeeping
Operations, DPKO

유엔 평화 활동을 위한 사무총장 고위급패널
United Nations High-level Independent Panel
on Peace Operations, HIPPO

유엔 프로젝트서비스사무소
United Nations Office for Project Services,
UNOPS

유엔 협력사무국
United Nations Office for Partnerships, UNOP

유엔 환경계획
United Nations Environment Programme,
UNEP

〈인간개발보고서〉
Human Development Report, HDR

인간개발지수
Human Development Index, HDI

인권최우선운동
Human Rights up Front, HRuF

인권이사회
Human Rights Council, HRC

인도지원조정실
Office for the Coordination of Humanitarian
Affairs, OCHA

자발적 감축 목표
Intended Nationally Determined Contribution,
INDC

자율살상무기 시스템
lethal autonomous weapons systems, LAWS

장기 협력 행동을 위한 특별작업반
Ad Hoc Working Group on Long-term Cooperative
Action, AWG-LCA

재해위험 경감
Disaster risk reduction, DRR

전문가자문단
Advisory Group of Experts, AGE

전사적인 자원 관리
enterprise resource planning, ERP

정보통신기술
Information and Communications Technology,
ICT

정보책임위원회
Commission on Information and Accountability,
CoIA

제5차 평가보고서
Fifth Assessment Report, AR5

조사위원회
Commission of Inquiry, COI

종합경영정보시스템
Integrated Management Information System,
IMIS

중앙긴급대응기금
Central Emergency Response Fund, CERF

중앙아프리카공화국
Central African Republic, CAR

지속가능개발목표
Sustainable Development Goal, SDGs

진실화해위원회
Truth, Justice and Reconciliation Commission,
CVJR

창의적 활동 기관 지원계획
Creative Community Outreach Initiative, CCOI

책임경영교육원칙
Principles for Responsible Management
Education, PRME

콩고민주공화국 정부군
Armed Forces of the Democratic Republic of the Congo, FARDC

콩고민주공화국
Democratic Republic of the Congo, DRC

크메르 루즈 특별재판소
Extraordinary Chambers in the Courts of Cambodia, ECCC

퇴직자 건강보험
after-service health insurance, ASHI

특별정치임무단
special political missions, SPM

특정재래식무기금지협약
Conventional Weapons Convention, CCW

평화구축기금
Peacebuilding Fund, PBF

평화구축위원회
Peacebuilding Commission, PBC

평화구축지원실
Peacebuilding Support Office, PBSO

포괄적핵실험금지조약기구
Preparatory Commission for the Comprehensive Nuclear-Test-Ban Treaty Organization, CTBTO

폴넷
Political, Peace and Humanitarian Network, POLNET

핵비확산조약
Treaty on the Non-Proliferation of Nuclear Weapons, NPT

행동 강화를 위한 더반플랫폼에 관한 특별작업반
Ad Hoc Working Group on the Durban Platform for Enhanced Action, ADP

화학, 생물, 방사능, 화생방
chemical, biological, radiological and nuclear, CBRN

화학무기금지기구
Organisation for the Prohibition of Chemical Weapons, OPCW

후진개발도상국
least developed country, LDC

G20
Group of Twenty

G8
Group of Eight

HIV/AIDS
human immunodeficiency virus/acquired immunodeficiency syndrome

주

i   John G. Ruggie, "The United Nations and Globalization: Patterns and Limits of Institutional Adaptation," Global governance 9:3(2003. 7-9) 305.

ii   반 총장이 2015년 2월 5일에 로널드 하이페츠Ronald Heifetz 하버드대학 교수와 가진 회동에서 말한 내용. 반 총장은 하이페츠 교수의 생각에 깊이 공감하고 수석자문들과 논의했다. 참고문헌: Ronald Heifetz, *Leadership Without Easy Answers*, Belknap/Harvard University Press, 1994.

1   http://www.un.org/millennium/declaration/ares552e.htm.

2   http://www.un.org/en/events/pastevents/pdfs/We_The_Peoples.pdf

3   새천년정상선언에서 파생된 새천년개발목표는 1990년대에 열린 여러 국제 정상회의와 또 다른 회의들의 합의 내용에 기초하고 있다. 예를 들면 아동을 위한 국제정상회의(뉴욕, 1990), 기초교육을 위한 국제컨퍼런스(좀티엔, 1990), 국제인구개발회의(카이로, 1994), 제4차 세계여성대회(베이징, 1995) 등이 있다. 이 회의들은 오랜 시기에 걸친 해외개발원조 감소와 구조조정 정책에 대한 집단 반응을 반영하고 있다.

4   http://www.un.org/millenniumgoals/sgreport2001.pdf.

5   http://www.un.org/en/ga/search/view_doc.asp?symbol=A/59/2005.

6   http://www.un.org/millenniumgoals/sgreport2007.pdf.

7   http://www.un.org/millenniumgoals/pdf/mdg2007.pdf.

8   따로 주가 없는 경우는 2015년 새천년개발목표 보고서에서 나온 데이터다.

9   2015년 〈인간개발보고서〉에서 나온 데이터다.

10   2016년 유네스코 〈세계현황보고서〉에서 나온 데이터다.

11   http://unesdoc.unesco.org/images/0024/002452/245238E.pdf

12   코피 아난 전 사무총장이 세운 유엔 밀레니엄프로젝트는 지역 특수성에 맞춰 10가지 다른 방식으로 접근할 것을 제안하고 있다.

13   http://www.un.org/millenniumgoals/pdf/mdg2007.pdf.

14   http://www.un.org/millenniumgoals/pdf/mdg2007.pdf.

15   https://www.imf.org/external/pubs/cat/longres.aspx?sk=25276.0.

16   http://www.un.org/millenniumgoals/pdf/MDG%20Gap%20Task%20Force%20Report%202008.pdf.

17   http://www.un.org/esa/ffd/wp-content/uploads/2015/08/AAAA_Outcome.pdf

18   http://www.un.org/millenniumgoals/pdf/MDG_Gap_%20Task_Force_%20Report_2009.pdf.

19   http://www.un.org/millenniumgoals/pdf/MDG_Report_2009_ENG.pdf.

20   유엔 글로벌펄스의 결과는 다음을 참조하라. http://www.unglobalpulse.org/sites/default/files/FINAL%20RIVAF%20REPORT%20COMPILED_0.pdf.

21   http://www.un.org/sg/statements/index.asp?nid=4431.

22   www.un.org/en/mdg/summit2010/pdf/outcome_documentN1051260.pdf

23   2010년 새천년개발목표 정상회의 세부 사항은 다음을 참조하라. http://www.un.org/en/mdg/summit2010/.

24   http://www2.unwomen.org/-/media/headquarters/attachments/sections/csw/58/csw58_agreed_conclusions.pdf?v=1&d=20140924T011525.

25 UNDP and World Bank(2015), "Managing the transition from the Millennium Development Goals to the sustainable development goals: What it will take".

26 UNDP and World Bank(2015).

27 http://www.un.org/millenniumgoals/2015_MDG_Report/pdf/MDG%202015%20rev%20%28July%201%29.pdf

28 http://www.un.org/en/development/desa/policy/mdg_gap/mdg_gap2015/2015GAP_FULLREPORT_EN.pdf

29 General Asssembly Resolution 65/1, "Keeping the promise: united to achieve the Millennium Development Goals", 19 October 2010, paragraph 81. 다음을 참조하라. http://www.un.org/en/mdg/summit2010/pdf/outcome_documentN1051260.pdf.

30 Annual report of the Secretary-General A/66/126, "Accelerating progress towards the Millennium Development Goals: options for sustained and inclusive growth and issues for advancing the United Nations development agenda beyond 2015", 11 July 2011. 다음을 참조하라. https://documents-dds-ny.un.org/doc/UNDOC/GEN/N11/410/40/pdf/N1141040.pdf?OpenElement.

31 Annual report of the Secretary-General A/66/126, paragraph 68.

32 http://www.undp.org/content/undp/en/home/librarypage/mdg/a-million-voices-the-world-we-want/.

33 Annual report of the Secretary-General A/66/126, "Accelerating progress towards the Millennium Development Goals: options for sustained and inclusive growth and issues for advancing the United Nations development agenda beyond 2015", 11 July 2011, paragraph 72.

34 https://www.un.org/press/en/2010/envdev1149.doc.htm

35 http://www.uncsd2012.org/index.php?page=view&type=400&nr=267&menu=45.

36 General Assembly resolution 66/288, "The future we want", 27 July 2012. 다음을 참조하라. http://www.un.org/en/ga/search/view_doc.asp?symbol=%20A/RES/66/288.

37 Synthesis report of the Secretary-General on the post-2015 development agenda, "The road to dignity by 2030: ending poverty, transforming all lives and protecting the planet", A/69/700, December 2014. http://www.un.org/en/ga/search/view_doc.asp?symbol=A/69/700&Lang=E.

38 General Assembly Resolution 66/288. "The future we want", 27 July 2012, paragraph 246. 다음을 참조하라. http://www.un.org/en/ga/search/view_doc.asp?symbol=%20A/RES/66/288.

39 문서의 주요 내용은 다음과 같다.
  • 지속가능성, 평등성, 인권은 교차 이슈로, 목표와 대상을 알려야 한다.
  • 2015년 이후의 틀은 보편적으로 적용되는 것은 아니며, 국가적·지역적 현실과 상태를 염두에 두고 이행되어야 한다.
  • 회원국과 기타 이해당사자들은 지속가능개발을 중심에 둔 채 포스트 2015 개발의제의 필요성을 인식한 사무총장의 관점을 공유해야 한다.
  • 2015년 이후 의제는 새천년개발목표의 틀에 맞추고 인간 개발에 초점을 두어야 하며, 또한 지속가능개발, 포괄적 성장, 불평등성, 인구 동태, 인권과 계속되는 분쟁 등 다가오는 도전 역시 고심해야 한다.
  • 새 의제는 의제들의 과부하를 막고, 목표와 대상이 분명하고 수치화할 수 있으며 시간을 정하는 동시에 새천년개발목표 틀의 촉매 역할을 해야 한다.

40 Compendium of TST Issues Briefs(October 2014)는 다음을 참조하라. https://sustainabledevelopment.un.org/content/documents/1554TST_compendium_issues_briefs_rev1610.pdf.

41 분쟁과 파괴, 교육, 에너지, 환경 지속가능성, 식량 안보, 거버넌스, 성장과 고용, 건강, 불평등 대응, 인구 동태, 물 등이 포함되어 있다.

42 http://vote.myworld2015.org/.

43 http://www.undp.org/content/undp/en/home/librarypage/mdg/a-million-voices-the-world-we-want/.

44 http://www.undp.org/content/undp/en/home/librarypage/mdg/delivering-the-post-2015-development-agenda/.

45 http://www.un.org/sg/management/pdf/PRpost2015.pdf.

46 Synthesis report of the Secretary-General on the post-2015 development agenda, "The road to dignity by 2030: ending poverty, transforming all lives and protecting the planet", A/69/700, December 2014, paragraph 37b.

47 http://www.se4all.org/sites/default/files/l/2013/09/SG_Sustainable_Energy_for_All_vision_final_clean.pdf.

48 http://www.un.org/apps/news/infocus/sgspeeches/statments_full.asp?statID=1306#.Vyq9IrKUk.

49 http://www.se4all.org/sites/default/files/l/2013/09/SG_Sustainable_Energy_for_All_vision_final_clean.pdf.

50 http://www.un.org/apps/news/infocus/sgspeeches/statments_full.asp?statID=1590#.VyqCSdlrKUl.

51 http://www.un.org/en/zerohunger/pdfs/ZHC%20brochure%20-%20final.pdf.

52 http://www.un.org/en/zerohunger/challenge.shtml.

53 http://www.un.org/sg/priorities/sg_agenda_2012.pdf.

54 http://unsdsn.org/.

55 http://www.un.org/apps/news/story.asp?NewsID-42658&Cr=sustainable+development&Cr1=#.VyqGFtlrKUk.

56 Synthesis report of the Secretary-General on the post –2015 development agenda, "The road to dignity by 2030: ending poverty, transforming all lives and protecting the planet", A/69/700, December 2014, paragraph 37c.

57 http://www.undatarevolution.org/about-ieag/.

58 http://www.undatarevolution.org/report/. 이 보고서의 핵심은 다음과 같다.
  ● 데이터는 결정을 뒷받침해주고 책임성의 근거를 제시해준다. 시의적절하고 유용한 데이터는 누구도 낙오시키지 않는 지속가능개발을 위해 효과적인 정책을 설계하고 감시하고 평가하는 데 필요하다.
  ● 엄청나고 잠재적인 새 기술이 존재한다. 대신에 특히 민간분야의 데이터 혁명이 이미 시작되었다. 하지만 데이터를 향상시킬 기초는 국가 차원의 공기관에 달려 있다.

59 http://www.un.org/ga/search/view_doc.asp?symbol=A/70/L.1&Lang=E.

60 https://undg.org/home/undg-mechanisms/sustainable-%20development-working-group/country-support/.

61 http://www.un.org/sustainabledevelopment/blog/2016/01/sdg-advocates-press-release/.

62 http://www.un.org/sustainabledevelopment/sdgadvocates/.

63 http://www.unsdgcampaign.org/.

64 http://myworld2030.org/.

65 https://www.worldwewant2030.org/.

66 https://unitednationsvirtualreality.wordpress.com/.

67 http://www.un.org/ga/search/view_doc.asp?symbol=A/70/684&Lang=E.

68 http://www.un.org/esa/ffd/ffd-follow-up/inter-agency-task-force.html.

69   UNFCCC, article 2.

70   부속서는 특히 1992년 경제협력개발기구 회원국들 중에서 시장 경제로 이동하는 나라를 포함하여 산업 국가를 대
      상으로 하고 있다.

71   Statement by UN Secretary-General Kofi Annan, 15 November 2006, Nairobi, Kenya. http://www.
      un.org/webcast/unfccc/2006/high_level_segment.asp?go=hl061115.

72   로버트 오와 2016년 4월 29일에 나눈 인터뷰.

73   UN News Centre Press Release, 16 January 2007, "Ban Ki-moon and US President stress joint
      partnership during talks". http://www.un.org/apps/news/story.asp?NewsID=21250&Cr=Ban&Cr1=Ki-
      moon&Kw1=moon&Kw2=bush&Kw3=#.VyVG6D9IdOE.

74   로버트 오와 2016년 4월 29일에 나눈 인터뷰.

75   UN News Centre Press Release, 11 November 2007, "Antarctica shows need for action on climate change,
      Ban Ki-moon says". http://www.un.org/apps/news/story.asp?NewsID=24613#.VyVSQj9IdOF.

76   Earth Negotiations Bulletin, Summary of the Bali Climate Conference. 12 ENB 354(2007).

77   로버트 오와 2016년 4월 29일에 나눈 인터뷰. 또한 다음을 참조하라. Janos Pasztor, *The Role of the United
      Nations Secretary-General in the Climate Change Process*, 7 Global Policy(Forthcoming).

78   UN Secretary-Generals' Report on the Work of the Organization, 2009.

79   Statement by UN Secretary-General Ban Ki-moon, 22 September 2009, New York, US. http://www.un.org/
      sg/STATEMENTS/index.asp?nid=4083.

80   로버트 오와 2016년 4월 29일에 나눈 인터뷰.

81   로버트 오와 2016년 4월 29일에 나눈 인터뷰.

82   Earth Negotiations Bulletin, Summary of the Copenhagen Climate Conference. 12 ENB 459(2009).

83   로버트 오와 2016년 4월 29일에 나눈 인터뷰. Earth Negotiations Bulletin, Summary of the Copenhagen
      Climate Conference. 12 ENB 459(2009).

84   현재는 196개국이 사인했지만, 당시는 194개국만 사인했다.

85   Report of the Secretary-General on the Work of the Organization, 2010.

86   http://www.un.org/wcm/webdav/site/climatechange/shared/ Documents/AGF_reports/AGF_Final_
      Report.pdf.

87   SE4All Website. http://www.se4all.org/about-us.

88   Report of the Secretary-General on the Work of the Organization, 2011.

89   "The Secretary-General's Five-Year Action Agenda", 25 January 2012. http://www.un.org/sg/priorities/.

90   UN News Centre Press Release, 27 March 2014, "Secretary-General wraps up visit to Greenland with
      tour of Ilulissat Icefjord". http://www.un.org/apps/news/story.asp?NewsID=47448#.Vyad5T9IdOE.

91   IPCC, 2014, "Climate Change 2014 Synthesis Report Summary for Policymakers", 1.

92   IPCC, 2014, "Climate Change 2014 Synthesis Report Summary for Policymakers", 13.

93   IPCC, 2014, "Climate Change 2014 Synthesis Report Summary for Policymakers", 19.

94   로버트 오와 2016년 4월 29일에 나눈 인터뷰. 또한 다음을 참조하라. Janos Pasztor, *The Role of the United
      Nations Secretary-General in the Climate Change Process*. 7 Global Policy(Forthcoming).

95   로버트 오와 2016년 4월 29일에 나눈 인터뷰.

96   로버트 오와 2016년 4월 29일에 나눈 인터뷰. 또한 다음을 참조하라. Janos Pasztor, *The Role of the United
      Nations Secretary-General in the Climate Change Process*. 7 Global Policy(Forthcoming).

97   Janos Pasztor, *The Role of the United Nations Secretary-General in the Climate Change Process*. 7 Global Policy(Forthcoming).

98   2007년 5월 15일 뉴욕에서 열린 코리아소사이어티 창립 50주년 기념식에서 있었던 반 총장 연설.

99   다음의 예를 참조하라. http://www.nytimes.com/2011/01/25/world/25ban.html?_r=0.

100   2007년 7월 26일 샌프란시스코 국제문제협의회World Affairs Council에서 있었던 반 총장 연설.

101   Paragraph 76 of the 2005 Summit Outcome Document.

102   Security Council resolution 1645(2005), General Assembly resolution 60/180.

103   The Right War, *Time*, 28 April 2008.

104   그러나 다음 검토 단계(2010년, 2015년)로 나아가는 이 조치는 그 자체만으로는 불충분하다고 판단되었다.

105   UNU-CPR Paper, Major Recent Trends in Violent Conflict, Background Paper for SG's High-Level Independent Panel on Peace Operations, November 2014. 다음에서 인용했다. Uppsala University's conflict data program.

106   UNU-CPR Paper, Major Recent Trends in Violent Conflict, Background Paper for SG's High-Level Independent Panel on Peace Operations, November 2014.

107   UNU-CPR Paper, Major Recent Trends in Violent Conflict, Background Paper for SG's High-Level Independent Panel on Peace Operations, November 2014.

108   National Consortium for the Study of Terrorism and Responses to Terrorism(START)(2013), Global Terrorism Database(Data file). 다음에서 검색해서 인용했다. http://www.start.umd.edu/gtd.

109   UNU-CPR Paper, Major Recent Trends in Violent Conflict, Background Paper for SG's High-Level Independent Panel on Peace Operations, November 2014.

110   HIPPO, para. 12.

111   HIPPO, para. 12.

112   UNU-CPR Paper, Major Recent Trends in Violent Conflict, Background Paper for SG's High-Level Independent Panel on Peace Operations, November 2014.

113   UNU-CPR Paper, Major Recent Trends in Violent Conflict, Background Paper for SG's High-Level Independent Panel on Peace Operations, November 2014.

114   UNODC input.

115   James Cockayne, "Strengthening mediation to deal with criminal agendas"(Geneva, Centre for Humanitarian Dialogue, November 2013). 다음을 참조하라. http://www.hdcentre.org/uploads/tx_news/Strengthening-mediation-to-deal-with-criminal-agendas.pdf.

116   Concept note for the Security Council thematic debate on threats to international peace and security: terrorism and cross-border crime, 19 December 2014, S/2014/869.

117   Concept note for the Security Council thematic debate on threats to international peace and security: terrorism and cross-border crime, 19 December 2014, S/2014/869.

118   http://www.un.org/sg/STATEMENTS/index.asp?nid=3877.

119   UNU Working Paper Series, The UN Security Council in an Age of Great Power Rivalry, Number 04, February 2015.

120   UNU Working Paper Series, The UN Security Council in an Age of Great Power Rivalry, Number 04, February 2015.

121 다음의 예를 참조하라. A/69/968-S/2015/490, "The Challenge of Sustaining Peace", the final report of the Advisory Group of Experts on the UN Review of the Peacebuilding Architecture.

122 HIPPO.

123 HIPPO.

124 폭발이나 분쟁 확산을 막거나 무력충돌의 확대를 완화시키기 위한 초기 단계의 외교 행위로 정의된다. "An Agenda for Peace: Preventive diplomacy, peacemaking and peace-keeping"(A/47/277-S/24111), 17 June 1992.

125 Preventive Diplomacy: Delivering Results, Report of the Secretary-General, 2011.

126 Preventive Diplomacy: Delivering Results, Report of the Secretary-General, 2011.

127 Report of the Secretary-General on the United Nations and conflict prevention: a collective recommitment, S/2015/730, 25 September 2015.

128 In S/PRST/2015.11.

129 2007년 9월 25일 제62회 총회에서 있었던 반 총장 연설.

130 Decision No. 2012/18.

131 1999년부터 2009년까지 최고대표는 공식 회의와 자문 회의를 포함한 회의에서 13차례 연설을 했다. 2010년 초반부터 2015년 후반까지 인권최고대표, 인권사무차장보는 회의에서 52차례 연설을 했다.

132 S.C. Res. 1820, para 1.

133 S.C. Res. 1820, para 15.

134 S.C. Res. 1888, para 4.

135 S.C. Res. 1960, para 3.

136 S.C. Res. 2242(2015), preamble.

137 A/70/741-S/2016/71.

138 다음 나라들이 참여했다. 아프가니스탄, 부룬디, 캄보디아, 코르디부아르, 콩고민주공화국, 과테말라, 기니, 아이티, 케냐, 코소보, 라이베리아, 리비아, 네팔, 우간다, 시에라리온, 스리랑카, 소말리아, 수단, 토고, 튀니지, 동티모르, 예멘.

139 Secretary-General's Address to the Review Conference on the International Criminal Court: "An Age of Accountability", Kampala(Uganda), 31 May 2010.

140 다음 글들을 보라. The 20 year review of the Beijing Platform for Action carried out in 2015, The Report of the Secretary-General on the review, The outcomes of the twenty-third special session of the General Assembly, chapter on women's human rights, E/CN.6/2015/3.

141 Human Rights Council website(http://www.ohchr.org/EN/HRBodies/HRC/Pages/Documents.aspx).

142 Human Rights Council resolution 15/23 of October 2010.

143 UPR info database의 데이터다. 다음을 참조하라. http://www.upr-info.org/database/.

144 http://www.unfe.org/.

145 Human Rights Council resolutions 17/19(A/HRC/RES/17/19) and 27/32(A/HRC/RES/27/32).

146 Reports of the High Commissioner for Human Rights: "Discriminatory Laws and Practices and Acts of Violence against Individuals Based on their Sexual Orientation and Gender Identity", 17 November 2011(A/HRC/19/41); and "Discrimination and Violence against Individuals Based on their Sexual orientation and Gender Identity"(A/HRC/29/23).

147 http://srsg.violenceagainstchildren.org/sites/default/files/publications_final/toward_a_world_free_from_violence.pdf

148 http://www.un.org/sg/statements/index.asp?nid=9528, accessed 7 June 2016.

149 http://www.un.org/sg/statements/index.asp?nid=8681, accessed 7 June 2016.

150 http://www.un.org/apps/news/story.asp?NewsID=49971#.VlXkDfkrLRY, accessed 7 June 2016.

151 http://www.ilo.org/global/research/global- ... reports/youth/2015/WCMS_412015/lang—en/index.htm, accessed 7 June 2016.

152 Inter-Parliamentary Union, World Average, 31 January 2007. http://ipu.org/wmn-e/arc/world310107. htm, accessed 7 June 2016.

153 Inter-Parliamentary Union, World Classification, 31 January 2007, http://ipu.org/wmn-e/arc/ classif310107.htm, accessed 7 June 2016.

154 Inter-Parliamentary Union, World Average, 1 April 2016, http://ipu.org/wmn-e/world.htm, accessed 7 June 2016.

155 Inter-Parliamentary Union, World Classification, 1 April 2016, http://ipu.org/wmn-e/classif.htm, accessed 7 June 2016. 데이터에는 2015년 상원의원과 입법부 선거에서는 연기되었지만 2016년 10월에는 성과를 낼 예정이었던 아이티가 빠져 있다.

156 http://www.un.org/press/en/2016/sgsm17522.doc.htm, accessed 7 June 2016.

157 http://www.un.org/apps/news/story.asp?NewsID=43259#.V1Xnr_krLRY, accessed 7 June 2016.

158 World Health Organization, http://www.who.int/mediacentre/factsheets/fs334/en/, accessed 7 June 2016.

159 http://www.un.org/press/en/2013/sgsm15091.doc.htm, accessed 7 June 2016.

160 UNAIDS, http://www.unaids.org/en/media/unaids/contentassets/ documents/epidemiology/2013/ gr2013/unaids_global_report_2013_en.pdf, accessed 7 June 2016.

161 http://www.un.org/press/2014/sgsm15864.doc.htm, accessed 7 June 2016.

162 http://www.un.org/sg/statements/index.asp?nid=8663, accessed 7 June 2016.

163 Paffenholz et al., "Making Women Count: Assessing Women's Inclusion and Influence on the Quality and Sustainability of Peace Negotiations and Implementation", cited in the Global Study on the implementation of United Nations Security Council resolution 1325, http://wps.unwomen.org/~/media/ files/un%20women/wps/highlights/unw-global-study-1325-2015.pdf, accessed 7 June 2016.

164 Laurel Stone, "Quantitative Analysis of Women's Participation in Peace Processes", Annex II in "Reimagining Peacemaking: Women's Roles in Peace Processes".

165 http://www.un.org/ga/search/view_doc.asp?symbol=S/2015/716(pp.5~7), accessed 7 June 2016.

166 UN Women, http://progress.unwomen.org/en/2015, accessed 7 June 2016.

167 UN Women, http://progress.unwomen.org/en/2015, accessed 7 June 2016.

168 UN Women, http://progress.unwomen.org/en/2015, accessed 7 June 2016.

169 http://www.mckinsey.com/global-themes/employment-and-growth/how-advancing-womens-equality-can-add-12-trillion-to-global-growth, accessed 7 June 2016.

170 http://www.un.org/sg/statements/index.asp?nid=9637, accessed 7 June 2016.

171 World Bank, http://wbl.worldbank.org/~/media/WBG/Documents/Reports/2016/Women-Business-and-the-Law-2016.pdf, accessed 7 June 2016.

172 Eleanor Roosevelt, "In Our Hands"(1958 speech delivered on the tenth anniversary of the Universal Declaration of Human Rights).

173 http://www.un.org/en/events/womensday/2015/sgmessage.shtml, accessed 7 June 2016.

174 http://www.un.org/sg/statements/index.asp?nid=8443, accessed 7 June 2016.

175 FAO, 2014 State of Food and Agriculture, http://www.fao.org/3/a-i4040e.pdf, p.35. http://www.unwomen.org/en/what-we-do/economic-empowerment/facts-and-figures#notes, accessed 7 June 2016.

176 Food and Agriculture Organization, The State of Food and Agriculture 2011: Women and Agriculture, Closing the Gender Gap for Development. http://www.unwomen.org/en/what-we-do/economic-empowerment/facts-and-figures#notes, accessed 7 June 2016.

177 A/61/749, para 1.

178 A/55/305-S/2000/809.

179 A/55/305-S/2000/809, para 6.

180 A/55/305-S/2000/809, para 16.

181 유엔 직원은 유엔 안전관리시스템에 의해 관리되는 모든 직원들을 가리킨다. 여기에는 유엔 내부 직원들, 유엔 자원 봉사자들, 군사와 경찰 분야로 배치된 사람들이 포함된다.

182 Handbook on the Internal Justice System at the United Nations by Helmut Buss, Thomas Fitschen, Thomas Laker, Christian Rohde and Santiago Villalpando.

183 A/RES/59/283, Section IV.

184 A/61/205.

185 A/61/758, para 6.

186 A/61/758.

187 A/RES/61/261, para 4.

188 A/RES/62/228, para 22.

189 A/RES/69/203.

190 A/71/62/REV.1, Executive Summary.

191 A/RES/67/255, para 18.

192 A/70/590.

193 Opening remarks at press conference launch of 2010 Millennium Development Goals Report, 23 June 2010.

194 United Nations Office for Partnerships.

195 Opening remarks to the "Envision: Addressing Global Issues through Documentaries" event, Secretary-General Ban Ki-moon, UN Headquarters, 14 May 2009.

196 SG Remarks at Global Compact Board Meeting, 14 December 2012.

197 Proposed programme budget for the biennium 2014~2015, Sixty-eighth session of the General Assembly, 21 May 2013, A/68/6(Sect. 1), p.69.

198 Winston Churchill.

더 나은 유엔을 위하여:

반기문 사무총장 10년의 기록

초판 1쇄 2017년 2월 20일
초판 2쇄 2017년 4월 10일

지은이 UN
감수자 오준
옮긴이 김태훈 이영래 김은경
펴낸이 전호림
책임편집 강혜진
마케팅·홍보 강동균 박태규 김혜원

펴낸곳 매경출판㈜
등 록 2003년 4월 24일(No. 2-3759)
주 소 (04557) 서울시 중구 충무로 2(필동1가) 매일경제 별관 2층 매경출판㈜
홈페이지 www.mkbook.co.kr   **페이스북** facebook.com/maekyung1
전 화 02)2000-2640(기획편집) 02)2000-2636(마케팅) 02)2000-2606(구입 문의)
팩 스 02)2000-2609 **이메일** publish@mk.co.kr
인쇄·제본 ㈜M-print 031)8071-0961
ISBN 979-11-5542-611-1(03300)